KB157008

HANGIL
GREAT BOOKS

인류의위대한지적유산

HANGIL
GREAT BOOKS
135

키루스의 교육

크세노폰 지음 | 이동수 옮김 | 정기문 감수

한길사

HANGIL
GREAT BOOKS
135

Xenophon
Cyropaedia

Translated by Lee Dong-Soo

Published by Hangilsa Publishing Co. Ltd., Korea, 2015

독배를 마시기 전의 소크라테스

크세노폰은 소크라테스의 제자로서 '좋은 삶'은 '좋은 정치'와 밀접히 연관된다는
소크라테스의 문제의식을 계승한다. 소크라테스의 또 다른 제자인 플라톤은 좋은 정치를
위해서는 '정치교사'가 필요하다고 대답한 반면, 크세노폰은 좋은 '정치가'가 더욱 필요하다고
역설한다. 그리고 크세노폰은 좋은 '정치가'의 예를 자기 스승인 소크라테스를 죽인 그리스
아테네에서 찾는 대신, 페르시아를 대제국으로 건설한 키루스 대왕에서 찾는다. 여기서 주목할
점은 키루스가 정치가로서 위대한 이유는 단지 그가 정복전쟁을 통해 영토를 넓혔다는 사실이
아니라, 정복전쟁을 수행하는 데 페르시아뿐만 아니라 동맹국과 주변국들을 자발적으로
통합시키는 데 성공했다는 것이다.

페르시아인들이 머리에 썼던 관모양의 독특한 장식들

키루스 대왕 이후에도 당시 페르시아 왕들은 페르시아 귀족들의 절대적인 충성뿐만 아니라 피정복 종족들의 지지를 계속 얻을 수 있었다. 그 이유는 페르시아 왕들이 무엇보다 피정복 종족들에게 그들의 고유한 문화와 풍습을 유지하도록 허락했기 때문이다. 피정복민들은 페르시아어를 사용할 것을 강요받는 대신 자신의 말과 글을 사용할 수 있었고, 심지어 고유의 종교를 믿는 것도 가능했다. 기원전 538년 키루스가 바빌로니아로 추방된 유대인들에게 조상의 땅을 되찾고 거기에 야훼의 신전을 다시 짓도록 허락해준 것도 이런 맥락에서 이해할 수 있다.

페르시아 제국 내에서 일어난 반란을 진압하는 다리우스 대왕

키루스 대왕이 정복활동을 펼친 뒤 30년이 흐른 기원전 522년부터 521년 사이에는 페르시아
제국 내에서 반란이 자주 일어났지만, 당시 다리우스 대왕은 이를 진압하는 데 성공했다.
그는 이러한 자신의 공적을 바빌로니아에서 엑바타나로 가는 길에 있는 베히스툰 바위 위에
새겨넣었다. 이 부조는 반란을 진압한 다리우스 대왕이 적에게 발을 올려놓고 있고, 반란에
가담한 다른 종족의 왕들 목에는 밧줄이 매여 있는 모습을 나타낸다. 다리우스 대왕 뒤에는
그가 권력을 장악할 때 공을 세운 여섯 명의 귀족 가운데 두 명이 서 있는데,
그 가운데 한 명은 창꽂이를, 다른 한 명은 화살통을 들고 있다.
조로아스터교의 위대한 신 아후라마즈다가 위에서 내려다보고 있다.

기원전 5세기 초반 페르시아와 그리스 지역을 나타내는 지도

기원전 5세기 초반은 페르시아의 다리우스 대왕의 서진정책으로 인해 그리스와 페르시아의
긴장이 고조되던 시기였다. 위의 지도는 당시 그리스와 페르시아의 영토를 각각 나타낸다.

HANGIL GREAT BOOKS 135

키루스의 교육

크세노폰 지음 | 이동수 옮김 | 정기문 감수

한길사

키루스의 교육

일러두기

1. 이 책은 크세노폰이 그리스어로 쓴 *Cyropaedia*를 밀러(Walter Miller)가 1914년 영어로 처음 번역한 후 여러 차례 수정을 거쳐 1983년도에 재출간한 미국 하버드 대학의 고전시리즈 영어본을 주 텍스트로 사용했다.

2. 본문 외에 부록으로 첨부한 「히에론」은 켄드릭(Marvin Kendrick)이 번역하고 버나데트(Seth Bernardete)가 수정한 영어본을 주 텍스트로 삼았다.

3. 이 책의 각주는 독자의 이해를 돕기 위해 옮긴이가 넣고 '―옮긴이'라고 표기했다. 옮긴이 주가 아닌 것은 밀러의 주석이며, 부록으로 수록된 「히에론」은 켄드릭의 주석이다.

크세노폰의 정치사상과『키루스의 교육』

이동수 경희대 공공대학원 교수

크세노폰의 생애

크세노폰(기원전 430-기원전 354경)은 플라톤(기원전 427-기원전 347)과 동시대인으로서 소크라테스의 제자들 중 한 사람이다. 소크라테스(기원전 469-기원전 399)의 저작이 하나도 남아 있지 않은 오늘날 소크라테스에 관해 비교적 온전히 알려주는 저작은 플라톤과 크세노폰의 것뿐이다.[1]

플라톤은 너무나 잘 알려진 반면, 크세노폰은 우리에게 아직도 이름이 생소하다. 그 이유는 부분적으로 그리스 철학의 전통에 대한 편견 때문이다. 일반적으로 서양 철학사에서는 소크라테스-플라톤-아리스토텔레스로 이어지는 철학적 흐름을 그리스적 전통으로 간주하여 소크라테스 철학이 플라톤에게 계승된 것으로 알려져 있는데,

---

1) 아리스토텔레스(기원전 384-기원전 322)의 저작에서도 소크라테스에 대한 언급을 찾아볼 수 있다. 그러나 플라톤과 크세노폰이 소크라테스의 제자로서 그에게 직접 교육받은 데 비해, 아리스토텔레스는 소크라테스가 죽은 후에 태어났으며 그의 스승인 플라톤을 통해 알게 되었다. 이런 점에서 소크라테스에 대한 직접적인 묘사는 플라톤과 크세노폰에게서만 발견된다고 할 수 있다.

이러한 정통계보에 대한 논의가 우리에게 소크라테스의 다른 제자들, 특히 크세노폰 같이 플라톤과 다른 시각에서 소크라테스를 잇는 철학적 조류를 잊어버리도록 만들었다.

소크라테스 이후의 그리스 철학사에서 크세노폰이 별로 알려지지 않은 또 다른 이유는 그의 성장배경이나 주의·주장이 플라톤과 다르다는 데 있다. 크세노폰은 아테네 기사가문에서 태어났으며, 원래 장군이었고 정치가, 역사가, 철학자 그리고 수필가였다. 특히 그가 철학과 소크라테스에 관심을 갖게 된 계기는, 완전히 확증된 것은 아니지만 전하는 바에 따르면, 델리움(Delium) 전투(기원전 424)에서 그가 위기에 처했을 때 소크라테스가 목숨을 구해준 데서 비롯되었으며, 이때부터 크세노폰은 소크라테스에게 애정을 갖기 시작했다고 한다.[2]

크세노폰은, 비록 플라톤과 다른 시각에서이지만, '좋은 삶', '좋은 정치'에 대한 소크라테스의 문제의식을 충실히 따르고 있는 정치철학자이다. 플라톤은 소크라테스의 문제의식을 '이데아'와 '이상국가'라는 철학적 교의를 앞세워 심화시키는 반면, 크세노폰은 '좋은 삶'이란 '정치적 삶'이며 정치세계에서 진정 필요한 자는 '정치교사'(teacher)가 아니라 '정치가'(statesman)라고 생각한다.[3] 따라서 브루얼에 따르면,[4] 크세노폰은 가장 좋은 삶의 방식에 대한 소크라테스적 질문을 추구하기는 하지만, 그와 같은 삶의 방식이 철학적인 삶이

---

2) Walter Miller, "Introduction," *Cyropaedia*, Tr. Walter Miller(Cambridge: Harvard University Press, 1968), vii.
3) 이러한 크세노폰이 있었기에 아리스토텔레스가 후에 플라톤의 "정치교사론"과 다른 좀더 현실적인 정치론을 펼칠 수 있었던 것 같다.
4) Christopher Bruell, "Xenophon," *History of Political Philosophy*, Eds. Leo Strauss and Joseph Cropsey(Chicago: The University of Chicago Press, 1987), p.91.

라는 플라톤의 소크라테스 해석에는 전혀 동의하지 않았다.[5]

소크라테스만큼 크세노폰의 전체 사유체계에 큰 영향을 미친 또 다른 사람은 키루스(재위: 기원전 557경-기원전 530)[6]이다. 크세노폰에게는 온건하면서도 포용적인 정복을 통하여 페르시아(Persia)[7]를

---

5) 크세노폰과 소크라테스의 차이를 논할 때 흔히 간과하기 쉬운 것은 '플라톤의 소크라테스'와 크세노폰의 차이를 소크라테스 자신과 크세노폰의 차이와 혼동해서는 안 된다는 점이다. 여기서 언급한 브루얼의 견해도 '플라톤의 소크라테스'와 크세노폰의 차이에 관한 것이다. 플라톤의 소크라테스가 진정한 소크라테스의 모습인지는 아직도 논란할 여지가 많다. 오히려 크세노폰이 묘사하는 소크라테스가 더욱 진정한 소크라테스의 모습이라고 생각하는 자들도 있다. 예를 들면, 제퍼슨(Thomas Jefferson)은 "우리는 오직 크세노폰의 『메모라빌리아』(Memorabilia)에서만 순수한 소크라테스를 만나게 된다"고 말한다. 그러나 크세노폰은 소크라테스가 가장 관심을 가졌던 학생이 플라톤이라는 사실을 암시적으로 밝힘으로써 플라톤의 소크라테스 해석에는 어느 정도 인정하는 것같이 보인다. Cf. Thomas Jefferson, The Life and Selected Writings of Thomas Jefferson(New York: Modern Library, 1944), 64쪽에 수록된 William Short에게 보내는 서한; Xenophon, Memorabilia, III. vi. 1.

6) 키루스(Cyrus)는 캄비세스(Cambyses) 1세의 아들로서 대(大)키루스, 노(老)키루스 또는 키루스 2세로 불린다. 우리나라에서는 성경 속에서 흔히 '고레스'로 소개되고 있다. 그는 기원전 557년경 안산(Anshan)이라는 조그만 왕국의 왕이 되었는데 당시 안산 왕국은 메디아 왕국의 속국이었다. 키루스는 먼저 정권의 안정을 도모한 후, 기원전 550년부터 대외 정복전쟁을 시작했다. 기원전 550년에는 메디아를 복속시키고, 기원전 546년에는 사르디스와 리디아를 정벌했으며, 기원전 539년에는 신바빌로니아 왕국을 정복했다. 이로써 키루스는 페르시아의 왕으로는 최초로 대제국을 건설했다.
그의 제국은 메소포타미아와 소아시아에 이르는 거대한 것이었다. 키루스의 정복은 매우 온건하면서도 포용적이었다. 예를 들면, 키루스는 바빌로니아를 정복한 후, 당시 바빌론에 포로로 잡혀왔던 유대인들을 풀어주어 고향으로 돌아가게 했다. 그리스인, 이집트인, 유대인을 비롯한 많은 사람들이 키루스의 포용 정책과 훌륭한 통치를 찬양했다. 그리스의 크세노폰도 그 가운데 한 사람이다. 키루스는 기원전 530년에 죽었으며, 그의 시신은 자신이 건설한 도시인 파사르가다이에 묻혔다.

7) 페르시아라는 말은 과거 페르시스로 알려진 이란 남부지역에서 유래한다. 페

대제국으로 건설한 군주인 키루스가 '좋은 정치'에 대한 해답을 제시해주는 진정한 '정치가'로 보였다. 크세노폰은 시골영지의 영주로도 생활했기 때문에 시골에 기반을 두고 있는 향신들(lords)의 활동에 익숙해 있었으며, 또한 향신들의 취향이나 정치적 견해에도 지지를 표명했다. 그들은 왕도정치를 지지하는 한편 스파르타식 공화주의를 찬양했다.[8] 이러한 모델에 가장 알맞은 타입을 크세노폰은 키루스에서 찾았다.

키루스를 흠모하여 그는 소(少)키루스[9]의 원정(기원전 401)에 참

르시스는 파르스(Pars) 또는 파르사(Parsa)라고도 불렸으며 현재는 파르스(Fars)라고 불린다. 파르사는 기원전 10세기경에 이 지역으로 이주해온 인도유럽어족 계통의 유목민들을 가리키며 파르사인들에 대한 기록은 기원전 844년 아시리아의 왕인 살마네세르 3세가 편찬한 연대기에 처음으로 나온다. 좁은 의미로 페르시아는 자그로스 산맥의 남쪽에 있던 나라를 의미한다. 여기에서 페르시아 종족이 나왔고, 안산 왕국이 성립되었다. 키루스는 키루스 2세로서 흔히 키루스 대왕이라고 불린다. 그는 아케메네스 왕조에 속하는데 이 왕조의 창시자는 아케메네스(페르시아어로는 하하마니시)이다. 그는 기원전 7세기 초에 살았던 인물로 추정되지만, 그의 생애는 거의 알려진 것이 없다. 그의 아들인 테이스페스를 출발점으로 두 왕가가 이어져 내려왔다. 테이스페스의 두 명의 아들 가운데 형의 자손에 속하는 왕으로는 키루스 1세, 캄비세스 1세, 키루스 2세 대왕, 캄비세스 2세 등이 있다. 캄비세스 2세가 죽은(기원전 522) 뒤 테이스페스의 두 아들 가운데 동생의 자손인 다리우스 1세가 왕위에 올랐다. 키루스 2세, 다리우스 1세 등이 대정복활동을 벌인 결과, 페르시아는 메소포타미아의 대제국이 되었다.

8) 크세노폰 역시 이러한 견해에 동의했다는 점은 『키루스의 교육』(Cyropaedia) 외에도 여러 곳에서 보인다. 특히 왕도정치에 대한 지지는 『아나바시스』(Anavasis), V, iii, 7~13, 스파르타식 공화주의에 대한 찬미는 『외코노미쿠스』(Oeconomicus), 21, 10; 4, 4; 1, 5 등에 잘 나타나 있다.

9) 소키루스는 키루스의 후손으로서 키루스 3세로도 불리며 기원전 5세기의 인물이다. 소아시아 총독이면서 키루스 사후 약화된 페르시아의 재건을 꿈꾸던 소키루스는 당시 왕이었던 형에 대항해 왕위를 노리고 반란을 일으켰다가 실패하고 전장에서 죽는다. 그는 열정적이고 엄격한 인물로서 규칙을 지키지 않았다는 이유로 친척 두 사람을 처형한 적도 있었다. Cf. Xenophon, Hellenica, II, i, 8.

가하게 되었다. 이 원정을 다룬 그의 저작 『아나바시스』(Anabasis)는 역사적 사실에 대한 치밀한 기술과 통찰력 있는 원인 분석을 통해 그가 역사에 관한 위대한 저술가로서 명성을 얻는 데 도움을 주었다. 또한 거기에 묘사된 그의 성공적인 '만인대(萬人隊)의 후퇴'(the Retreat of the Ten Thousand)[10]로 그는 세계의 위대한 장군과 전술가들 가운데 높은 위치에 서게 되었다.

크세노폰이 키루스에 경도된 것은 그의 생각이 소크라테스, 특히 플라톤의 소크라테스나 플라톤의 견해와 사뭇 다르기 때문이다. 크세노폰은 '좋은 삶'과 '좋은 정치'라는 소크라테스적 질문을 던지고 있기는 하지만 기본적으로 세상을 "정치적 세계"로 이해하고 있으며, 단순히 철학자라기보다는 정치철학자, 아니 좀더 정확히 말하면 정치철학적으로 사고하는 정치가라고 볼 수 있다.

이러한 견해로 세상을 바라보는 태도로는 투키디데스(Thucydides, 기원전 460-기원전 400경)의 맥을 잇는 것이다. 투키디데스는 『펠로폰네소스 전쟁사』(History of the Peloponnesian War)의 첫 페이지부터 고대 그리스 세계를 일차적으로 정치와 전쟁 그리고 혁명의 세계로 묘사하면서 도시나 정치체제의 부재에 대해 설명한다.[11]

---

10) 아테네의 극단적 민주주의를 혐오하고 페르시아를 동경했던 크세노폰은 페르시아의 왕자이며 소아시아 총독인 소키루스에게 고용된 그리스 용병대에 들어갔다. 처음에 그는 용병으로 복무했지만, 소키루스가 죽은 뒤 '만인대'(萬人隊)라 불리는 그리스 군대의 지휘관으로 선출되었다. 그는 소키루스가 죽었을 때 고국에서 1,500킬로미터 떨어진 곳에 있던 이 부대를 이끌고 이민족과 계속 싸우면서 낯선 땅 쿠르디스탄과 아르메니아 지역을 지나, 기원전 400년 초 흑해 연안에 있는 그리스 도시 트라페주스(지금의 터키 트라브존)에 도착했다. 이 위업은 젊은 그에게 명성과 부를 가져다주었다.

11) 투키디데스의 묘사에 따르면, 그 당시 헬라스의 대부분 지역이 일찍이 전쟁과 파벌싸움 그리고 종족의 이동에 시달리고 있었으며, 유독 아테네만 예외적으로 안정되고 급속히 성장하고 있었다고 한다. 우리가 주의해야 할 것은

오늘날 헬라스(Hellas)라고 부르는 지역은 고대에는 정착한 인구가 전혀 없었다. 반대로 이민이 빈번하게 일어났으며, 어떤 종족은 수적으로 우위에 있는 자들의 압력에 자신의 집을 버릴 준비가 되어 있었다. 상업도 없었으며, 해로나 육로를 통한 소통의 자유가 없는 상태에서 그들은 생명을 부지하기 위한 긴급한 상황에서 땅을 경작할 수 없었고, 자본도 결핍되어 있었으며, 그들의 땅에 나무조차 심을 수 없었다(왜냐하면 그들은 침략자가 언제 쳐들어와서 그것을 모두 가져갈지 몰랐으며, 또한 침략자들이 쳐들어왔을 때 그들을 막아줄 수 있는 방벽도 없었기 때문이다). 그들은 일상을 연명해주는 필수품들을 그곳이 아니더라도 다른 곳에서 얻을 수 있다고 생각했기 때문에, 거주지를 옮기는 데 별다른 주의를 기울이지 않았으며 따라서 거대한 도시나 다른 형태의 큰 집단을 이루지도 않았다.[12]

이러한 현실인식하에서 투키디데스는 전쟁과 혼란에 대한 역사를 기술했지만, 크세노폰은 이러한 역사를 끝내고 궁극적으로 질서와 그것을 보장해줄 정치체 건설의 필요성을 절감하였다. 그리하여 그는 키루스의 능력과 자질, 그리고 그러한 자가 지도하는 군주정에 바탕을 둔 제국의 건설을 자신의 정치적 이상으로 삼았다. 그리고 그 모습을 키루스에 투영시켰다.

아테네를 헬라스의 예외적 현상이 아닌 일반적인 현상으로 받아들이는 착각을 범해서는 안 된다는 점이다. 크세노폰이 투키디데스와 생각이 같다는 점에서, 그의 정치철학은 아테네의 정치철학이 아니라 헬라스의 정치철학이라고 할 수 있다.

12) Thucydides, *History of the Peloponnesian War*, Tr. Rex Warner(New York: Penguin Books, 1972), pp.35~36.

키루스에 대한 흠모는 크세노폰에게 그의 후손인 소키루스의 정치 군사활동에 직접 참여하도록 이끌었다. 크세노폰은 쇠퇴하는 페르시아 제국의 기상을 다시 일으켜 세울 수 있는 인물로 소키루스를 택했으며 그를 도와 자신의 이상을 실천하려 했다. 그러나 지나치게 격정적이고 키루스만큼 사려 깊지 못한 소키루스의 한계로 그들의 시도가 실패로 끝나자 그는 다시 그리스로 돌아왔다.

그러나 거기서 크세노폰은 존경하는 스승인 소크라테스가 우둔한 고향사람들에게 죽임을 당하고, 그 자신이 속한 기사계층이 매우 인기가 없으며, 그를 고향에 묶어둘 어떤 연대감도 남아 있지 않다는 사실을 발견했다. 그는 다시 용병생활을 하면서 떠돌게 되는데, 불가리아에서는 트라키아 군주를 위해 복무했고, 그다음에는 소아시아에서 스파르타의 지휘를 받아 싸웠으며, 여기서 만난 스파르타 왕 아게실라오스(Age-silaos)를 존경하게 되었다. 당시 아게실라오스는 대군을 지휘하여 페르시아와 싸우던 중이었다. 크세노폰은 아게실라오스의 참모로 활약했고, 아게실라오스가 아테네를 비롯한 그리스 국가들의 동맹군을 무찌른 코로네아(Coronea) 전투(기원전 394)에 참전했다. 이 전투가 끝난 뒤 아테네는 그를 추방했다.

그 후 크세노폰은 아테네의 망명자로 행세했으며, 스파르타와 아게실라오스에 깊이 연관되어 계속 아게실라오스를 섬겼다. 그 보답으로 크세노폰은 스파르타에 있는 저택과 올림피아(Olympia) 근처 스킬루스(Scillus)의 영지를 받았다. 스파르타의 운명이 기울던 기원전 371년 그는 코린토스(Corinthos)에서 새로운 피난처를 찾았다. 그 후 아테네와 스파르타가 테베에 대항하여 동맹을 맺었을 때, 아테네는 그에 대한 추방령을 철회했으며 따라서 그는 기원전 365년경 고향으로 돌아갈 수 있었다. 그는 기원전 354년경 코린토스에서 죽음을 맞이했다.

크세노폰의 저작과 소크라테스

크세노폰은 모두 일곱 권 분량의 전집을 남겼다. 그의 저작은 정치, 군사, 역사, 철학, 신변잡기식 수필 등을 모두 망라한다. 이 가운데에서 소크라테스에 관해 쓴 글은 모두 네 편으로 『메모라빌리아』(*Memorabilia*), 『외코노미쿠스』(*Oeconomicus*), 『심포지엄』(*Symposium*), 『소크라테스의 변명』(*Apology of Socrates*)이다. 그런데 이 저작은 그의 전집 중에서 단지 한 권 분량 정도밖에 차지하지 않는다. 따라서 크세노폰 연구자들은 플라톤을 연구할 때는 없었던 새로운 문제에 봉착하게 되는데, 그것은 소크라테스에 대한 저작의 위치를 크세노폰 전체 저작의 넓은 맥락에서 이해해야 한다는 것이다.[13]

크세노폰의 저작 중 단연 긴 저작은 『키루스의 교육』(*Cyropaedia*)으로서 전집의 두 권을 차지한다. 이 저작은 페르시아 제국의 교육과 건국자의 편력을 다루고 있으며, 크세노폰은 키루스를 왕도의 대표적인 실행자로 서술한다. 다음으로 긴 저작은 『헬로니카』(*Hellonica*)인데, 이것은 크세노폰 생전에 그리스에서 일어났던 정치·군사적인 움직임들 중 기록할 만한 것들에 대한 진술이다. 이 책은 대체로 투키디데스의 역사기술이 끝나는 시점에서 시작하기 때문에, 적어도 그 책의 앞부분은 투키디데스의 기술을 연속시켜 끝맺음한 것으로 평가된다.

통상 『아나바시스』로 불리는 『키로아나바시스』(*Cyroanavasis*)는 크세노폰 자신의 정치적 경험과 연관이 깊다. 그것은 친형인 페르시아 왕을 전복시키려는 소키루스의 시도를 지지하여 페르시아 중심부까지 소키루스를 따라갔던 만 명의 그리스인이 위기에 처하자, 그들을

---

13) Bruell, 앞의 논문, p.149.

이끌고 그리스까지 무사히 귀환했던 크세노폰 자신의 경험을 바탕으로 한 이야기다. 소키루스가 전투에서 죽고 그의 다른 부대들이 페르시아 왕에게 투항해버리자 그리스인들은 그곳에서 고립되었다가 크세노폰의 지휘 아래 탈출하는 데 성공했는데, 『아나바시스』는 이 사건을 다룬다. 이 저작에서 크세노폰이 훌륭한 전략가이며 장군이라는 점이 여실히 드러난다.

짧은 글로는 크세노폰이 개인적으로 알고 지냈던 스파르타의 아게실라오스 왕에 대한 송덕문, 전제군주인 히에론(Hieron)과 시인 시모니데스(Simonides)의 대화를 다룬 『히에론』(Hieron), 스파르타와 아테네의 정치체제 및 아테네의 세입에 관한 논문, 기병지휘자와 기마술, 그리고 개를 데리고 하는 사냥의 기예에 관한 글들이 남아 있다.

크세노폰과 플라톤의 글쓰는 스타일은 크게 대비된다. 원래 비극작가가 되고 싶어했던 플라톤이 자신의 대화편에서 보여주는 엄숙하고 감동적이며 비극적이기까지 한 색채는 크세노폰의 글에서 거의 찾아볼 수 없다. 그 대신 항상 그렇지는 않지만, 크세노폰의 글은 유머 때문에 생기가 넘치고 아름답게 장식되어 있으며 쾌활하고 천진난만하게 전개된다.

앞에서 지적한 것처럼, 크세노폰에게 가장 큰 영향을 미친 사람은 소크라테스와 키루스다. 그런데 아무리 소크라테스가 자신의 목숨을 구해주었다고는 하지만 그에게 심취했다는 것은 크세노폰의 배경이나 사상으로 볼 때 특이할 만한 일이다. 그는 자신이 속했던 기사(knight)와 향신(lord)계층의 관심이나 귀족적 삶을 동경하면서도 다른 귀족계층들과 달리 소크라테스 철학을 연구했다. 이것은 소크라테스를 주제로 한 저술에서뿐만 아니라 여타 주요한 그의 저작에서 소크라테스 및 그와 관련된 주제가 항상 등장하고 있다는 점에서 여실히 드러난다.[14] 여기서 크세노폰 저작의 두 측면, 즉 소크라테스적인 것과 소크라테스적이지 않은 것의 두 측면이 나타난다.

그와 같은 증거는 몇 군데에서 보인다. 크세노폰은 『메모라빌리아』, 즉 소크라테스에 대한 회상이 소크라테스에 관한 그의 저작 중 가장 중요한 것이라고 말하면서 소크라테스와 자신의 관계를 빈번히 환기시킨다. 반면 소크라테스와의 우정을 나타내는 두 일화에서, 그는 소크라테스의 가르침과 충고를 받아들이기보다는 그것에 저항했다는 것을 좀더 분명히 보여준다.[15] 그리하여 크세노폰은 소크라테스에서 머무는 것이 아니라 키루스에게 관심을 돌리게 되고, 키루스는 소크라테스와 더불어 크세노폰의 정치사상을 이루는 커다란 두 축을 이루게 된다. 키루스적인 것에 대한 관심은 다음 절에서 좀더 자세히 살펴보기로 하고, 이 절에서는 우선 크세노폰이 소크라테스를 어떻게 보고 있는지 다루도록 하자.

먼저 크세노폰이 소크라테스를 언급하면서도 그와 다른 견해로 키루스적인 면을 강조하는 두 편의 일화를 살펴보자. 첫째, 키루스를 다루는 『키루스의 교육』에 소크라테스의 모습이 직접 등장한다. 키루스와 그의 아버지가 대화하는 중에, 크세노폰은 소크라테스와 같은 식으로 정의(justice)를 가르쳤던 한 선생님에 대해 언급하면서 소크라테스를 슬며시 등장시킨다. 여기서 정의를 가르쳤던 선생님은 바로 소크라테스를 의미한다. 그 후 이어지는 부분에서 아르메니아(Armenia) 왕이 자기 아들의 선생인 어떤 '소피스트'가 자기 아들을 타락시켰다고 비난하면서 그를 죽여버렸다고 말한다. 아르메니아 왕에 따르면, 그 소피스트의 죄는 부모에 대한 아들의 애정 또는 숭

---

14) 예컨대 *Anabasis*, III, i, 4~8; *Hellenica*, I, 7~15; *Memorabilia*, I, i, 17~18; IV, iv, 1~2; *Cyropaedia*, I, vi, 31~34; III, i, 14; III, i, 38~40, VII, ii, 15~25 등이다.

15) *Memorabilia*, I, iii, 8~13; *Anabasis*, III, i, 4~8.

배를 소원하도록 만들었다는 것이다.[16]

또한 『메모라빌리아』에서 묘사된 소크라테스는 테오도테
(Thedote)에 관한 에피소드에서 감정과 애정에 대해 초연한 태도를
보인다. 필설로 형용할 수 없을 정도로 아름다운 테오도테라는 여인
이 도시에 나타났다는 소식을 전해듣자, 소크라테스는 구경을 가겠
다고 말한다. 왜냐하면 그 미모를 듣기만 한 사람은 필설로 형용할
수 없을 정도로 대단한 것이 무엇인지 알 수 없기 때문이라는 것이
다. 이 말속에 담겨 있는 함의는 소크라테스에게는 테오도테를 계속
보고 싶어하는 감정 때문에 그의 일상적인 활동이 저해될 만큼 위험
이 존재하지 않았다는 것이다.[17]

이 에피소드는 키루스와 소크라테스의 차이를 극명하게 보여준다.
『키루스의 교육』에 나오는 판테아(Pantea)의 이야기에서, 키루스는
한 친구가 포로가 된 아름다운 여인 판테아를 만나보라고 재촉하자
거절한다. 그 이유는 키루스가 그녀의 아름다움에 반해 계속 그녀가
보고 싶어지면, 자신이 해야 할 일들을 소홀히 하게 될까봐 두려웠기
때문이다.[18]

이 두 에피소드를 통해서 크세노폰은 소크라테스와 달리 감정과
애정에 세심한 주의를 기울이며, 이러한 주의는 이데아보다 현실적
인 것에 대한 고려를 반영한다. 그러나 이것이 소크라테스에 대한 전
적인 부정은 아니다. 크세노폰은 누구보다도 소크라테스의 죽음을
애통하게 여긴다. 그는 단순히 소크라테스에게 반대하거나 대항한
것이 아니다. 그가 반대한 것은 소크라테스의 질문에 대한 플라톤적
대답이었다.

---

16) *Cyropaedia*, III, i, 14~38.
17) *Memorabilia*, III, xi, 1 이하.
18) *Cyropaedia*, V, i, 2~8 이하.

크세노폰은 소크라테스에게서 자기 정치철학의 출발점을 찾는다. 즉 소크라테스 철학 속에 내재해 있는 현실적인 것에 대한 고려를 그는 명확히 인식하고 있다. 먼저 크세노폰은 소크라테스가 이전의 자연철학자들을 비판한 데에서 소크라테스 철학이 출발했다고 본다. 크세노폰에 따르면, 소크라테스는 사물에 대한 자연철학자들의 추상적 교의를 납득하기 어렵다고 그들을 비판했다. 그들 중 혹자는 존재란 일자(一者)라고 주장하며, 다른 혹자는 무수한 다자(多者)라는 의견이 있었다. 또 혹자는 모든 것은 언제나 운동하고 있다고 하며, 다른 사람은 어떠한 것도 일찍이 운동해본 적이 없다고 말했다. 어떤 사람은 만물은 발생했다가 소멸된다고 하며, 다른 사람은 어떠한 것도 결코 발생하거나 소멸되지 않는다고 주장했다. 이러한 견해를 뛰어넘어, 소크라테스는 그들이 밝혀내려는 사실을 인간은 결코 발견할 수 없다고 보았다.[19] 진리는 오히려 그 교의들의 양극단 사이에 있다는 것이다.

우리가 접근할 수 있는 자연의 측면은 개개 존재들의 변하지 않는 원인들——즉 발생하지도 않고 소멸되지도 않는 원인들——이라기보다는 오히려 이 개개 존재들의 지각가능한 현실적 성질인 '무엇'(what)이다. 개개 존재의 지각가능한 성질은 그 부류의 존재들이 지닌 성질이다.[20] 이러한 성질을 드러내기 위해 소크라테스는 대화법을 사용했다. "대화한다는 것"(to dialegesthai)은 그 종류에 따라 사물들을 가른다(to dialegein)는 뜻으로서 공통으로 함께 협의할 수 있게 된 사람들의 관행에서 그 이름이 비롯되었다.[21]

혹자는 불변의 부류나 종류, 또는 유(類)에 대한 앎이 불변의 원인

---

19) *Memorabilia*, I, i, 14; IV, vii, 6~7.

20) *Memorabilia*, IV, vi.

21) *Memorabilia*, IV, v, 12.

들에 대한 앎을 간단히 대체할 수 있다는 생각에 끌릴 수도 있다. 그러나 이것은 존재들의 부류가 그러한 개별적 존재들의 실존에 명백히 의존하고 있다는 사실을 망각하는 것이다. 크세노폰이 기술하는 소크라테스는 분리되어 존재하는 '이데아'(idea)에 대해 결코 이야기하지 않는다. 그 부류들이나 종류들은 그들의 구성소들과 떨어져 있지 않다. 그 성질들은 언제나 그 성질들을 갖고 있는 사물들의 성질들이다. 따라서 현실을 떠난 이데아는 존재하지 않는다.

소크라테스 철학에 내재된 현실적인 면모는 키루스의 정치로 더욱 발전한다. 『키루스의 교육』에 나오는 키루스가 탄생하기까지는 크세노폰 자신이 직접 겪은 소키루스와의 경험이 바탕이 되었다. 앞에서 언급한 바와 같이, 크세노폰은 실제로 소키루스의 등정에 참여한 바 있으며, 『아나바시스』와 『외코노미쿠스』에서 소키루스를 키루스 이후 페르시아에서 부상한 가장 유능한 정치적 인물로 묘사한다.[22] 크세노폰은 소키루스의 등정에 참여함으로써 자신의 정치적 이상을 실현하려 했다.

그러나 키루스와 달리, 소키루스는 너무나 현실적인 감정이나 애정에 매몰되어 있었다. 앞에서 언급한 키루스의 금욕적 태도와는 대조적으로, 소키루스는 두 명의 아름다운 부인이 있었으며, 다른 여인과의 관계도 너그러운 편이었다. 한번은 자신을 방문한 어느 왕비와 성관계를 맺기도 했다.[23] 키루스에게는 이런 일이 전혀 일어나지 않았다. 그는 아름다운 판테아를 보러 가는 것을 기꺼이 포기하고 대단히 사려 깊게 정략결혼을 했다. 그와 가장 가까운 페르시아 동료는 그를 냉정한 왕으로 묘사하기도 했다.[24]

---

22) *Anabasis*, I, ix, 1; *Oeconomicus*, IV, 18.

23) *Anabasis*, I, x, 2~3; ii, 12.

24) *Cyropaedia*, I, i, 2~18; VIII, v, 28; iv, 22.

그리고 소키루스는 대단히 감정적인 사람이었다. 그는 결정적인 전투에서 그의 형인 페르시아 왕을 발견하자, 자신의 경호대가 흩어지고 있었는데도 감정에 휩쓸려 그를 즉시 공격했다. 이 행위로 그는 자신의 생명은 물론이고 거의 다 얻은 승리까지도 잃고 말았다.[25] 이와 같은 행위는 바빌론을 공략하고 그의 주요한 적인 아시리아 (Assyria)[26] 왕을 죽일 때 노(老)키루스가 보여준 냉정함이나 신중함

---

25) *Anabasis*, I, viii, 21~29.
26) 현재 이라크 지역, 티그리스강 유역에 있던 고대 국가다. 중심지는 티그리스강과 대(大)자브강의 합류점에 가까운 삼각형의 지역이었다. 기원전 15세기 후반 히타이트인이 이웃 미탄니 왕국과 격렬한 싸움을 하고 있는 사이에, 북메소포타미아 지역에서 발흥했다. 아시리아라는 명칭은 아수르라는 신의 이름에서 유래했다. 이 지역은 메소포타미아 남쪽과 소아시아 및 이집트, 페니키아를 연결하는 통상로로서 중요한 지역이었다.
아시리아인은 기원전 1240년경 정복을 시작해 동방지역을 모두 정복했다. 기원전 13세기에 투쿨티니누르타 1세는 바빌로니아를 점령했고, 기원전 11세기 전에는 티글라트필레세르 1세가 히타이트의 쇠퇴를 틈타 페르시아만에서 지중해 연안, 소아시아에 이르는 지역을 차지했다. 기원전 8-기원전 7세기에 이르자 티글라트필레세르 3세, 사르곤 2세, 센나케리브, 에사르하돈, 아슈르바니팔 등의 용감한 왕들이 나와서 시리아, 팔레스타인에서부터 이집트까지 정복하여 일찍이 없었던 세계제국을 건설했다. 아시리아인은 광대한 영토를 잘 훈련된 강력한 군대, 조직화된 관료, 완비된 역전제도 등을 이용하여 효율적으로 통치했다.
아시리아 정복의 최정점은 에사르하돈(기원전 680-기원전 669)왕 때 이루어졌다. 에사르하돈왕은 부왕 센나케리브가 파괴한 바빌론을 재건하는 등 인심을 정비하는 데 힘썼다. 주변의 여러 나라와는 가능한 한 외교적인 수완을 발휘하여 평화를 유지하려고 했다. 기원전 671년 에사르하돈은 대군을 이끌고 메소포타미아와 소아시아의 어떤 왕들도 한 번도 넘어가본 적이 없는 50킬로미터에 이르는 하(下)이집트의 사막을 횡단해 이집트의 수도 멤피스를 함락했다.
그러나 그처럼 강대했던 아시리아도 아슈르바니팔왕이 죽은 뒤에는 내분에 빠졌고, 기원전 6세기 최말기 신바빌로니아와 메디아가 아시리아를 멸망시킨 후 아시리아는 국가로서 더 이상 존재하지 않았다.

과는 특히 비교되는 것이다.[27]

크세노폰에게는 플라톤이 윤색한 현실과 동떨어진 소크라테스와 지나치게 현실적인 격정에 사로잡혀 있는 소키루스를 넘어서는 정치적 인간(political man)의 전형이 필요했다. 자신의 소키루스에 대한 경험을 바탕으로 소크라테스적 문제의식에 대한 플라톤적 철인왕의 해결책이 아닌 정치적 인간으로서의 키루스, 그 키루스를 새롭게 창조한 저작이 바로 『키루스의 교육』이다. 브루얼이 지적하듯이, "키루스는 소키루스의 이상판 또는 완성판"인 것이다."[28]

『키루스의 교육』과 키루스

크세노폰이 보기에, 소크라테스는 정치교사이며 키루스는 바람직한 정치적 인간이다. 키루스는 단순히 정치가들을 교육하고 그들에게 지혜를 일깨워주는 사람이 아니다. 그렇다고 해서 플라톤이 말하는 철인왕은 더더욱 아니다. 키루스는 현실을 주의 깊게 살피지만 현실에 사로잡히지 않음으로써 정치적 인간이 된다. 그는 사람들의 자발적인 동의를 얻어 통치하며 공동체의 안정과 질서 그리고 나아가 발전을 이룩한다. 『키루스의 교육』은 이러한 정치적 인간의 전형을 역사적 사실에 기초하여, 그것을 교묘하게 변형시켜 역사소설(historical roman)이라는 형식을 빌려 설명하는 크세노폰의 최고 걸작이다. 이 절에서는 『키루스의 교육』에서 묘사되는 바람직한 정치적 인간으로서의 키루스의 성격과 그러한 인물을 길러낼 수 있는 교육에 대해 살펴보기로 한다.

---

27) *Cyropaedia*, VII, v, 20~34.
28) Bruell, 앞의 논문, p.115.

크세노폰은『키루스의 교육』에서 인간을 복종하기 싫어하는 존재로 파악하면서, "원자적이고, 비사회적이며, 자기 주장을 앞세우고, 자유를 사랑하는 존재"로 묘사한다. 그리고 이에 덧붙여, "인간은 자신을 지배하려는 사람들을 발견하자마자 그들에 대항하려는 음모를 꾸민다"[29]고 말하면서, 인간의 본성이 비사회적이라고 지적한다.

이와 같이 본성적으로 지배받기 싫어하는 인간을 자발적으로 복종하는 인간으로 변형하는 데 성공한 자가 바로 키루스다. 따라서 키루스는 신이 인간을 지배하듯이 자신의 신민(臣民)을 완전하게 지배했다는 의미에서 "신과 같은 존재"(a god-like being)로 평가된다.

크세노폰은 이러한 통치가 가능했던 이유를 부분적으로 키루스의 혈통(가문)과 자질에서, 다른 한편으론 그가 받은 교육에서 찾는다.[30] 키루스가 특정한 천부적 능력이 없었다면, 위대한 계획을 생각하지도 못했을 뿐만 아니라 그것을 시행하지도 못했을 것이다. 또한 그가 페르시아(Persia)와 메디아(Media)[31]의 두 왕가 사이에서 태어

---

29) *Cyropaedia*, I, i, 2.

30) *Cyropaedia*, I, i, 6.

31) 메디아는 이란 북서부에 있던 고대 국가다. 메디아인은 초기 철기 시대에 북쪽에서 이란 지역으로 이주해온 인도-유럽어족이다. 아시리아 샬마네세르 3세(기원전 858-기원전 824)의 문헌에는 '마다' 지역 사람들이라는 기록이 나오는데, 이들이 후에 메디아인으로 알려졌다. 기원전 8세기에 하마단(고대에는 엑바타나로 불림)을 수도로 왕국을 세웠다. 헤로도토스는 '프라오르테스(기원전 715경으로 추정)의 아들 데이오세스'가 메디아 왕국을 세우고 엑바타나(지금의 하마단)에 수도를 세웠다고 전한다. 데이오세스의 손자인 키악사레스는 기원전 614년 아슈르를 점령했으며 기원전 612년에는 바빌론의 나보폴라사르 왕과 동맹을 맺고 니네베를 함락했다. 이로써 아시리아 제국이 멸망했다. 두 전승국이 아시리아 영토를 나누어 키악사레스가 이란의 대부분과 아시리아 북부, 아르메니아 지방을 차지했다. 메디아인은 화려하게 장식하는 것을 매우 좋아했고, 아시리아에서 미술의 영향을 많이 받았다. 기원전 6세기 초에는 리디아 왕국과 5년에 걸친 전쟁을 치렀고, 기원전 585년에 평화협정

나지 않았다면 — 그의 아버지는 페르시아의 왕이었고, 그의 외할아버지는 메디아의 왕이었다 — 그에게 주어진 기회들은 제한되었을 것이며, 그 결과 그의 업적에 큰 영향을 미쳤을 것이다.

키루스의 아버지는 페르시아의 왕 캄비세스(Cambyses)이며, 그의 어머니는 메디아의 왕 아스티아게스(Astyages)의 딸인 만다네(Mandane)였다. 키루스의 특징을 열거하면, "외모가 출중했고, 마음이 아주 관대했으며, 배우기를 무척 좋아하고, 야심만만했는데," 그래서 그는 "모든 종류의 일을 잘 견뎌나갔고 또한 남의 칭찬을 받기 위해 온갖 종류의 위험도 극복해나갔다."[32]

즉 키루스는 일반 평민 출신이 아니라 왕족 출신이며, 따라서 정치적 인간은 출신이 고귀해야 한다는 것을 말해준다. 또한 키루스는 모든 사람의 찬탄을 사고, 호감을 자아낼 만큼 외모가 출중했으며, 메디아의 사치를 페르시아의 절제와 더불어 허용하는 관대한 자였다. 키루스는 시민들이 많은 재산과 부를 소유하도록 장려했으며, 자신은 항상 재산과 부를 베풀어주는 데에서 기쁨을 느꼈다. 그는 은혜와 친절 베풀기를 좋아했고 친구 사귀는 데 흥미가 있었으며 배우는 것을 즐겼다. 또한 그는 야심찬 사람이었으며, 그런 점에서 명예를 추구했다. 이것은 정치가의 덕성으로서 기개(spiritedness)를 요구했다. 키루스의 영혼 속에서 기개가 중요하다는 것을 나타내주는 예로는, 메디아에 머물던 어린 시절 아시리아 군대가 메디아의 국경을 넘어 사냥하러 왔을 때 그가 취한 행동이 있다. 그는 무모할 정도로 적진 깊숙이 아시리아 군대를 추격해 들어갔으며, 더욱이 아시리아 군대의 시체를 바라보면서 넋이 빠진 듯이 희희낙락하고 있어서 주위 병

을 맺었다. 이후 40여 년 동안 메소포타미아의 제국으로 세력을 과시했으나 기원전 550년 페르시아의 키루스가 메디아를 페르시아에 복속시켰다.

32) *Cyropaedia*, I, ii, 1.

사들이 그를 억지로 끌고 와야 할 형편이었다.[33]

크세노폰은 또한 페르시아의 교육과 정치체제에서 키루스 같은 정치적 인간이 탄생할 수 있었던 원인을 찾았다. 이때 주의해야 할 점은 크세노폰의 설명이 반드시 역사적인 사실을 고집하고 있지 않다는 것이다. 키루스의 자질이 이미 이상적인 최고의 자질로 그려졌듯이, 『키루스의 교육』에서 등장하는 페르시아의 모습은 역사적 사실에 근거를 두고 있지만 그것을 실제 그대로 묘사하고 있지는 않다.[34]

그뿐만 아니라 키루스의 탄생에 대한 이야기도 헤로도토스(Herodotos, 기원전 484-기원전 425경)의 『역사』(History)에서 묘사되고 있는 것과 다르다. 크세노폰에 따르면, 키루스는 12세까지 페르시아에서 교육을 받았고, 12세경 어머니 만다네를 따라 메디아로 아스티아게스를 방문해서 20세까지 머물러 있었으며, 그 후 귀국하여 20대 후반에 페르시아군 사령관이 되어 메디아에 다시 파견된다. 그러나 헤로도토스에 따르면, 키루스는 세상에 태어나기 전부터 메디아 왕 아스티아게스의 미움을 받아 소치기의 아들로 비밀리에 양육된 후, 천신만고 끝에 페르시아로 돌아가 왕이 되어 다시 메디아 제국을 정복하는 것으로 기록되어 있다.[35]

---

33) *Cyropaedia*, I, vi, 24.
34) 밀러(Walter Miller)는 『키루스의 교육』에서 이루어진 역사적 왜곡을 다음과 같이 열거한다(Miller, 앞의 논문, x). 첫째, 메디아는 아스티아게스 생전(기원전 550)에 힘(그리고 음모)에 의해 정복되었지, 키악사레스가 자발적으로 키루스에게 양도한 것이 아니다. 둘째, 아스티아게스의 아들로 등장하는 키악사레스도 크세노폰의 글을 제외하고는 알려지지 않은 인물로서 역사적 실제 인물이 아닌 것으로도 여겨진다. 셋째, 키루스의 공으로 귀속된 이집트 정벌도 실제로는 그의 아들과 그 후계자인 캄비세스가 성취했다. 넷째, 아름답게 묘사된 키루스의 평화로운 죽음은 그가 마사게타이인들(Massagetae)과 전투하다가 죽었다(기원전 529)는 믿을 만한 역사적 기록과는 전적으로 다르다.
35) 헤로도토스, 박광순 옮김, 『역사』, 범우사, 1993, pp.73~83.

그러나 이러한 왜곡은 크세노폰이 역사가이면서도 사실적 역사기술이 아니라 역사소설이라는 형식을 통해 창조해낸 주의 깊은 왜곡이라고 볼 수 있다. 따라서 크세노폰이 키루스를 접근하는 데 관심의 초점은 키루스에 대한 기술의 사실성에 있기보다는 여러 맥락에서 제기되는 정치적 · 철학적 논의와 논쟁의 함의에 있다.

이와 같은 사실을 염두에 두고 크세노폰의 말에 주의를 기울여보자. 크세노폰이 강조하는 것은 키루스가 "페르시아의 법률에 의해 교육되었다"는 점이다. 페르시아는 작은 공화국이거나 입헌군주제 같은 국가였다. 그리고 아테네보다 스파르타의 노선을 따르는 모범적인 공화국, 즉 개선된 스파르타라고 할 수 있다.[36] 만약 크세노폰

---

36) 밀러는 『키루스의 교육』에서 전개된 페르시아 헌법에는 동양적인 리얼리티가 없다고 주장한다. 그는 크세노폰이 스파르타의 아게실라오스, 클레아르쿠스(Clearchus)와 스파르타식 훈련을 찬미했기 때문에 스파르타의 헌법을 변형시켜 이상적인 입헌군주제(constitutional manarchy)의 모델로 삼았다고 본다. 크세노폰의 작품 속에 나오는 페르시아인은 실제 페르시아인이 결코 한 적이 없는 행위들을 하고 있다. 밀러는 다음과 같은 예를 든다(Miller, 위의 논문, ix~x). "그들은 영웅을 숭배하고, 화관을 쓰고 전투에 나가며, 전투를 준비하기 위해 대오를 정비할 때 구호를 전하고, 전투에 참가할 때에는 승리의 찬가를 부르곤 한다. 이것은 스파르타인이 항상 하던 것이다. 페르시아인의 간단한 식사나 의복은 화려한 동방인의 생활보다 유로타스 계곡(Eurotas Valley)의 엄격한 생활의 냄새가 난다. 심지어 페르시아 젊은이들의 교육은 젊은 스파르타인들의 교육과 일치하며, 티그라네스(Tigrnes)의 스승의 모습에서 소크라테스를 읽어내기는 어렵지 않다. 또한 책에서 묘사된 키루스의 무적 전투대형은 흔들거리며 몸집이 큰 동방의 무리들로서 강한 남풍에 날리는 왕겨처럼 그리스의 밀집대형에 의해 쉽게 격퇴되었던 모습이 아니라, 중무장하고 단단한 스파르타 부대의 모습이다. 행진할 때나 분노하여 전투에 임할 때 그가 보여주는 전술은 '야만인' 왕의 전술이 아니라 유명한, 아시아에서 헬라스로 퇴각한 '만 명의 그리스인'(Ten Thousand Greeks)을 이끌던 최고 전술가의 것이다."
밀러의 이와 같은 주장은 크세노폰이 스파르타 또한 경멸하고 있었다는 점을 간과하고 있으며, 밀러 자신은 크세노폰이 동방의 페르시아보다 같은 그리

이 스파르타를 찬양했다면 페르시아는 더욱 찬양했음이 틀림없다. 『키루스의 교육』은 "전체적으로 그러한 법률과 그 법률들을 유지시켰던 페르시아 정치체에 대한 일종의 찬사"[37]인 것이다.

페르시아는 스파르타같이 공식적으로 젊은이들에 대한 교육을 행하였으며, 군사적 기술뿐만 아니라 절제와 복종심을 주입시켰다. 그러면 『키루스의 교육』에서 묘사된 페르시아의 교육과정과 내용을 구체적으로 살펴보자.[38]

페르시아의 교육은 정부건물을 둘러싼 '자유광장'(Free Square)에서 이루어진다. 이 광장은 네 부분으로 구획되어 각 구역에서 소년교육, 청년교육, 장년교육, 노년교육을 행한다. 소년교육은 16, 17세 때까지 이루어지는데, 소년들은 이 기간에 정의(justice)에 대한 교육을 받고 절제와 복종심을 익히게 된다. 소년들은 동료들의 행동이 도덕적으로 옳은지 그른지를 항상 따지고, 도덕적으로 옳지 못한 동료들

스 권역(헬라스)인 스파르타를 모방하고 있다고 생각하고 싶어하는 것 같다. 그러나 브루얼이 지적하듯이, 크세노폰은 『아바나시스』와 『헬로니카』에서 스파르타의 통치가 지혜나 고상함에 있어 뛰어나지 않다고 본다. 크세노폰은 스파르타의 장점을 칭찬한다. 그러나 스파르타의 악도 또한 지적한다. 이것은 아마 그가 소키루스의 등정에 참가하고 그리스로 돌아온 후 펠로폰네소스 전쟁에서 승리한 스파르타가 지배하는 그리스 세계에서 자신의 생존과 적응을 위한 찬양이었다고도 볼 수 있다. 실제로 『아바나시스』에서 크세노폰은 정의롭거나 합당한 것과는 거리가 먼 스파르타인의 요구에 순응해야 할 불가피성, 그리고 현재 그리스를 통치하는 자들에게 자신을 적응시켜야 하는 불가피성에 관해 그의 벗인 그리스인에게 설명하고 있다(*Anabasis*, VI, vi, 8~16; VII, i, 25~31).
따라서 크세노폰이 이상적으로 삼는 모델이 굳이 스파르타의 것이라고는 볼 수 없다. 그 자신의 주장대로 변형된 스파르타, 즉 이상화된 페르시아를 모델로 삼고 있다고 보아야 한다.

37) Bruell, 앞의 논문, p.93.
38) *Cyropaedia*, I, ii.

을 처벌하도록 교육받는데 신(神), 부모, 국가, 친구에 대한 배은망덕(ingratitude)을 가장 엄하게 처벌했다.

소년교육을 성공적으로 마친 사람은 향후 10년 동안(26, 27세까지) 청년교육을 받는다. 청년들은 야간에는 정부건물을 경비하는 훈련을 하고, 낮에는 왕을 수행하여 사냥을 한다. 이러한 훈련의 목적 역시 절제능력을 향상시키는 데 있다. 청년교육을 성공적으로 마친 사람은 향후 25년 동안 장년교육을 받는데, 그들은 정부에서 부여한 임무를 수행하며 때로는 군사원정을 떠나기도 한다. 이들은 51, 52세가 될 때 노년에 속하게 되는데, 노인들은 해외 군사원정 임무에서 면제되어 다른 공적이거나 사적인 사건들을 심리하는 임무를 부여받는다. 노년교육은 노인이 받는 교육이 아니라, 노인이 시행하는 교육이라 할 수 있다. 또한 노인들은 국가의 원로로 자리를 잡는다.

이러한 페르시아의 교육과정이 엄격하고 정의를 추구하며 절제를 키우는 과정이라고 할 때, 단지 이것만으로 키루스가 위대한 정치가가 된 것은 아니다. 크세노폰은 이러한 절제 외에도 메디아에서 보낸 소년기에 습득한 메디아의 장단점을 키루스 교육의 중요 사안으로 덧붙인다. 그러면 키루스가 메디아에서 받았던 교육에 대해 알아보자.

키루스는 13세부터 15세 또는 16세까지 외할아버지인 아스티아게스의 메디아 궁정에서 보냈는데, 거기서 좋아하는 것과 싫어하는 것을 모두 배우게 된다. 예컨대 그는 사치스러움과 화려함이 페르시아를 훨씬 능가하는 메디아식 옷과 장식이 마음에 들었으며,[39] 기마술 익히기를 매우 좋아했다.[40] 그러나 그는 배고픔을 충족시키는 과정

---

39) *Cyropaedia*, I, iii, 2~3.
40) *Cyropaedia*, I, iii, 3; iii, 15; iv, 4~5.

을 쓸데없이 복잡하게 만들고 시간을 낭비하게 하는 메디아인의 음식에 대한 식도락적 욕심을 싫어했다.[41] 또한 메디아인의 마취성 음료를 탐닉하기 싫어했는데, 왜냐하면 이 음료가 왕의 가신들뿐만 아니라 왕 자신조차도 그에게 표해야 할 경의를 망각하게 만들었기 때문이었다.[42]

그러나 그는 부와 명예를 얻을 수 있는 '메디아적' 기회에 자신이 끌렸던 것처럼, 페르시아에 남아 있는 그의 동지들 역시 그것에 매력을 느낄 것이라고 생각했다. 비교할 수 없을 정도로 훨씬 엄격한 페르시아 공화국에서는 그들이 이와 같은 기회를 이용하기란 거의 불가능했다.

페르시아로 돌아와서 청년교육을 받던 시절에, 키루스는 페르시아적 정의관과 다른 견해를 피력한다. 키루스는 한 선생님에게서, 작은 옷을 갖고 있는 덩치 큰 소년이 큰 옷을 갖고 있는 덩치가 작은 소년을 발견하고는 작은 소년에게서 큰 옷을 빼앗아 자신이 입고 자기가 갖고 있던 작은 옷을 소년에게 입혀주었을 때, 어떤 판결을 내리면 좋겠느냐는 질문을 받는다. 이에 키루스는 두 사람 모두 자기 몸에 알맞는 옷을 갖게 되었으므로 둘 다 좋아졌다고 대답했는데, 선생님은 그의 판단이 잘못되었다고 꾸짖었다. 옷이 잘 어울리는지를 판단기준으로 삼을 때에는 키루스의 판단이 옳지만, 옷의 주인이 누구인지를 기준으로 삼을 때에는 판단을 잘못했다는 것이다. 선생님은 키루스에게 법에 따르는 것이 옳은 것이며, 이에 어긋나는 것은 그른 것이라고 지적한다.[43]

키루스는 이것을 명심하겠다고 둘러대지만, 결국 나중에 자신의

---

41) *Cyropaedia*, I, iii, 10~11.

42) *Cyropaedia*, I, vi, 8.

43) *Cyropaedia*, I, iii, 17.

정의관, 즉 '누구의 것인가'라는 원칙보다는 '누구에게 더 어울리고, 적합하고, 이득이 되는가'라는 관점에 따라 제국을 건설해나간다. 이러한 관점은 그가 다른 나라를 정복해나가는 과정에서 정당성을 얻게 된다.

키악사레스의 요청으로 메디아를 돕기 위해 페르시아군을 이끌고 나아갈 때, 키루스는 이러한 정의관을 실천한다. 키루스가 27세쯤 되었을 때, 아시리아의 왕이 이끄는 동맹군이 키루스의 외삼촌인 키악사레스가 다스리는 메디아를 위협하기 시작했다. 메디아에 대한 위협은 동시에 페르시아에 대한 위협이기도 했다. 왜냐하면 인근국가와 페르시아의 동맹은 페르시아의 독립을 유지시켜주던 초석들 중 하나이기 때문이었다. 그리하여 키악사레스의 요청으로 페르시아 정부는 3만 3천 명의 페르시아인을 파견하기로 결정했다. 또한 페르시아 정부는 키루스에게 이 군대를 지휘해달라는 키악사레스의 요청에 동의했다. 키루스는 예전에 메디아에서 오랫동안 머물렀기 때문에 거기에 친구들이 많았던 것이다. 키루스는 이것을 기꺼이 수락하고, 자신이 오랫동안 기다려왔던 야망을 실행할 수 있는 기회로 삼아 과감성, 창의력, 인내심, 과단성, 끈기 등의 덕목을 발휘하여 이 전쟁을 승리로 이끌 뿐만 아니라 자신의 야망을 펼치고 싶어했다.

페르시아 정부는 키루스가 제한적이고 방어적인 전쟁 이외에는 어떠한 싸움에도 개입하지 말아야 한다고 생각했으나, 키루스는 페르시아의 동맹국인 메디아를 도움으로써 단순히 페르시아를 방어하는 데에만 목적을 두지 않았다. 그는 페르시아에 대항하는 모든 국가를 정복해서 다른 국가들과 함께 그가 구상해왔던 좀더 큰 페르시아에 통합시키려고 했다. 더욱이 그는 정복지들을 페르시아 정부에 헌납할 뜻이 없었으며, 부왕이 살아 있는데도 헌법적으로 제한받지 않는 절대군주로서 자신이 정복지들을 다스리려고 했다. 그리하여 키루스는 키악사레스의 명령을 무시하고 패주하는 적을 계속 추격할 수 있도록 병사들과 키악사레스를 설득했으며,[44] 페르시아에 더 많은 지원군을 보내달라고 요청했다.[45]

이러한 키루스의 정의관은 그가 정치적·군사적 행동을 하는 데 융통성과 여유 공간을 제공해주었다. 그리고 이러한 융통성은 단순히 원칙도 없이 자의로 이루어진 것이 아니라 '이데아의 원칙'(principle of idea)은 아니더라도 '신중함의 원칙'(principle of phronesis)에 따라 이루어졌다. 즉 키루스는 신중한 성격을 지닌 정치가였다. 그 과정을 좀더 자세히 살펴보자.

키루스는 정의와 자신의 목표를 실현하기 위해 방대한 군사가 필요했지만, 그에게 주어진 군사는 겨우 3만 3천이었고, 그는 이러한 수적인 열세를 전투력 향상으로 보충하려 했다. 키루스에게 주어진 군대는 3천 명의 귀족들(peers) —— 즉 페르시아의 교육을 이수하고 그에 따라 완전한 시민권이 허용된 사람들 —— 과 3만 명의 평민들로 구성되어 있었다.[46] 페르시아의 관례에 따르면 이중에서 오직 3천 명의 귀족들만이 육박전을 치를 수 있는 무기로 무장할 수 있었다. 페르시아는 법률상으로는 비교적 평등을 앞세운 국가였지만 사실상 차별이 존재하고 있었고,[47] 소수의 귀족계층이 시민적 권리가 없는

---

44) *Cyropaedia*, IV, i, 10~24.
45) *Cyropaedia*, IV, v, 16~17.
46) 전체 페르시아인은 12만 명이다(*Cyropaedia*, I, ii, 15).
47) 법률상으로만 볼 때 페르시아인은 누구나 고위직과 공직, 또 시민적 권리에 대한 몫에서 제외되지 않는다. 모든 사람은 법적으로는 정의를 가르치는 공립학교에 자녀를 보낼 수 있었다. 그러나 실제로는 그들의 자녀에게 일을 시키지 않고, 그들을 뒷받침할 수 있을 정도의 여유 있는 부모들만 자녀를 학교에 보낼 수 있었다. 그리고 공립학교에서 교육을 받고, 다른 단계들의 훈련을 —— 이것은 넉넉한 수입이 있어야 하는데 —— 성공적으로 완전히 통과한 사람만이 고위직과 공직에 참여할 수 있었다. 이러한 법률적 평등과 실질적으

다수의 평민들을 지배하고 있었다. 가장 효과적인 전투에 대한 귀족 계층의 독점은 아마도 그들이 자신의 지배권을 용이하게 유지하는 데 기여했을 것이다.

이러한 상황에서 전투력을 향상시키는 방법은 평민들을 무장시키는 것이었다. 우선 키루스는 공포에 질려 있는 키악사레스에게서 무기의 지원을 얻어내고, 평민들에게는 앞으로 동등한 대우를 해주겠다는 약속으로 설득하여, 육박전을 치르는 전사들의 대열에 그들을 끼워넣었다. 평민들은 자신의 지위와 삶의 상태를 개선시키기 위해 그 기회를 잡을 수 있다고 생각해 이에 동의했다.

그러나 이와 같은 의견에 귀족들이 반대할 가능성이 남아 있었다. 따라서 키루스는 평민들을 무장시키겠다는 말을 꺼내기 전에 먼저 귀족들을 연설로 설득했다. 그는 먼저 기존의 페르시아에 대해 비판했다.

나는 우리의 선조들이 우리보다 나쁘지 않은 상태에 있었다는 점을 주목해왔소. 그들은 덕행이라고 주장하는 것을 실천하는 데 너무 집착했소. 그러나 나는 그들이 이러한 인간이 됨으로써 페르시아 공영체를 위해서나 또는 그들 자신을 위해 어떤 좋은 것을 얻었는지 알 수가 없소이다.[48]

여기서 그가 생각하고 있는 좋은 것들이란 정확하게 페르시아가 제공하지 못했던 것들, 즉 자신과 자신의 나라를 위한 "많은 부, 많은 행복, 그리고 위대한 명예"였다. 이 목적을 위해 키루스는 메디아 방

로 불평등한 상황은, 페르시아에서의 귀족주의적인 계급구분이 귀족들이 공개적으로 옹호하지 않는 세습적인 부에 의존하고 있음을 알려준다.

48) *Cyropaedia*, I, v, 17.

어전쟁을 자신의 목적을 달성하는 출발점으로 삼고 있으며, 이를 위해 그는 귀족들에게 평민들에게도 똑같이 몫을 나누어주고 평등하게 대해주자고 말하는 것이다. 이 연설에 이어 그는 평민들에게 다음과 같이 호소했다.

페르시아인이여, 여러분은 우리[귀족들]가 태어나고 성장한 바로 그 나라에서 태어나고 성장했소. 여러분은 우리 못지않은 육체를 갖고 있소. 그리고 그것은 여러분이 우리 못지않은 영혼을 가지고 있다는 사실과 일치하오. 그러나 여러분이 이런 사람인데도 조국에서 우리와 같은 평등한 몫을 나누어 받지 못했소. 여러분은 우리에 의해서가 아니라, 여러분 자신의 일용할 식량을 구해야 하는 불가피함 때문에 배제되었던 것이오. 이제 여러분이 그러한 것들을 가지게 되는 것이 신과 더불어 나의 관심사가 될 것이오. 만약 여러분이 원한다면, 여러분은 우리와 마찬가지로 무기를 들고 일어나 우리와 똑같은 위험을 겪을 수 있소. 그리고 그럼으로써 귀중하고 훌륭한 무엇인가를 얻게 된다면, 그에 합당한 보답을 받을 자격이 있다고 생각할 수 있을 것이오.[49]

평민들이 이에 동의함으로써 3만 명의 새로운 귀족이 탄생했다. 그들은 자신의 신분상승이 무엇보다도 키루스 덕택이라고 생각했다.

군사력을 증강하기 위한 개혁조치는 두 가지 추가적인 조치를 통해 완성되었다. 첫째, 공적(功績)에 따라 보수를 지급하고 키루스를 공적의 심사자로 하는 원칙이 만장일치로 채택되었다.[50] 이것은 사

49) *Cyropaedia*, II, i, 15 이하.
50) *Cyropaedia*, II, ii, 17~21; iii, 1~16.

람을 유인해 군대에 활기를 불어넣기 위해서였으며, 또한 불신받던 옛 방식 대신 구별과 위계에 대한 새로운 기초를 제공하기 위한 것이었다. 둘째, 키루스는 무가치한 자로 취급되어 계급에서 밀려난 사람들을 그들이 동료시민인지 아닌지 여부에 상관없이, 최선의 위치에 배치시키라고 명령했다. 그는 이것을 "우리가 말을 구입할 때 그 말이 조국산인지 아닌지의 여부에 앞서 가장 훌륭한 말을 구하는 것과 같다"[51]고 정당화시켰다.

이러한 노력들은 키루스가 '페르시아', 즉 고전적인 귀족정의 한계를 인식하고 새로운 정치체제의 필요성을 절감하고 있는 모습을 보여준다. 그는 과거의 페르시아가 요구했던 충성이 인류를 자의적으로 동료시민들(친구들)과 이방인들(실질적이거나 잠재적인 적들)로 구분한다고 생각했으며, 국가 내의 위계적 계급질서가 공적이나 타고난 능력이 아니라 세습적 신분이라는 기준에 의존한다는 사실을 깨달았다.

따라서 그는 자신이 생각하는 새로운 제국, 즉 보편주의적인(따라서 모든 사람들을 포용하는) 신(新)페르시아 제국을 창설하고, 그 제국 안에서의 부, 명예 그리고 책임의 위치를 오직 공적으로만 결정하게 만듦으로써, 구(舊)질서의 결함들을 제거할 수 있다고 생각했다.

크세노폰은 『키루스의 교육』 서문에 해당하는 곳에서 여러 민주정, 군주정, 과두정, 그리고 무엇보다도 참주정들이 숱하게 붕괴되는 사실들을 숙고해보고, 인간이 다른 인간을 성공적으로 지배한다는 것이 불가능하다고는 말할 수 없지만 대단히 어렵다는 결론을 내린 후에 그의 관심을 키루스에게 돌리게 되었다고 말한다.[52] 키루스

---

51) *Cyropaedia*, II, ii, 26.
52) *Cyropaedia*, I, i, 1~6.

는 그와 같은 정치적 문제들을 해결한 듯싶다. 그러나 크세노폰은 결론부에서, 키루스 제국이 그가 죽은 후 즉시 투쟁과 부패에 빠져들기 시작했다는 점을 시인한다. 그 이유는 키루스의 후계자들이 단지 키루스가 가지고 있던 위대한 자질을 결여하고 있어서 과거의 제도를 유지할 수 없었기 때문만이 아니다.[53] 그 이유는 제도 자체에 존재하는 결함에서도 발견된다.[54]

크세노폰은 키루스 제국의 몇 가지 제도적 결함을 지적한다. 새로운 제국을 유지하는 데 필요한 방대한 군사적 장치와 커다란 개인 경호대,[55] 비록 비공식적이지만 실질적으로는 전사회적인 내적 스파이망의 유지,[56] 피지배층을 두려움과 공포로 장악하기 위한 다양한 '주술적' 테크닉들의 사용[57]이 그 결점들이다. 그리고 키루스가 그처럼 아낌없이 보상해주었던 개인적 '공적'이라는 것도 종종 그에 대한 충성과 그의 사적인 목적에 기꺼이 따르는 것과 구별하기 어려

---

53) *Cyropaedia*, VIII, viii, 6~8.

54) 브루얼은 이러한 문제점 때문에, 크세노폰이 키루스에 대해 그의 서문에서 개진했던 논지가 키루스의 경력을 상세히 설명함으로써 유지되었다기보다는 오히려 반박되었다고 본다(Bruell, 앞의 논문, p.100). 이러한 브루얼의 해석은 크세노폰의 문제의식이 지나치게 새로운 정치체제(political regime) 건설에 있었다고 속단하는 데서 비롯된다. 그러나 옮긴이가 보기에, 크세노폰은 정치체제보다는 정치적 인간(political man)에 주된 관심이 있고, 비록 정치적 인간이 아무리 좋은 정치체제를 건설하려고 하더라도 일시적으로는 달성할 수 있으나 체제가 갖고 있는 근본적인 결함들 때문에 체제를 통해서는 '좋은 정치'를 할 수 없으며, 따라서 궁극적으로 키루스 같은 사려 깊고 정치적인 인물을 필요로 한다는 메시지를 전달하고 있다. 그러므로 크세노폰이 『키루스의 교육』의 맨 앞부분에서 제기한 최선의 정치체제를 찾는 것 같은 문제의식은 이미 결론부에서 반박될 운명에 놓여 있었다고 볼 수 있다.

55) *Cyropaedia*, VII, ii, 10~12.

56) *Cyropaedia*, VIII, ii, 10~12.

57) *Cyropaedia*, VIII, i, 40~42; iii, 1~24.

웠으며,[58] 그와 같이 하여 받은 보상들은 키루스의 기분에 따라 언제든지 취소될 수 있었다.[59]

그러나 무엇보다도 키루스 자신이 자신의 친구들, 즉 가장 많은 보상을 받은 친구들이 그의 왕권에 최대의 위협이 될 것이라고 판단했다.[60] 그리고 이 친구들이란 대부분 목적으로서의 미덕에 대한 추구를 보상을 위한 미덕의 추구로 대체하자는 키루스의 제안을 통해 자신의 탐욕(모든 측면에서)을 해방시킨 귀족들이었다.

그러나 이러한 결함 때문에 보상, 평등, 우정에 바탕을 둔 키루스의 제국이 모범답안이 아니라 다시 구페르시아적인 미덕의 숭상으로 크세노폰이 되돌아가고 있다고 보이지는 않는다. 어쩌면 키루스적 제국을 건설하는 데 가장 큰 문제는 키루스의 자질이나 제도의 문제가 아니라, 그러한 일을 할 때 발생하는 과업 자체의 취약함(frailty) 때문이라고 할 수 있다. 이것은 키루스의 아버지가 키루스를 메디아 원정군 사령관으로 내보낼 때 해준 말속에서 잘 드러난다.

그러나 얘야, 사람과 싸우는 것이 아니라 실제 사실과 씨름해야 하는 경우가 있는데, 어려움 없이 이것을 잘 얻기란 쉽지 않다는 것을 말해주고 싶구나.[61]

따라서 정치적 인간의 노력에는 한계가 있다. 진리의 이데아에 입각한 최선의 정치체제의 건설은 단지 최선의 철인왕이 없기 때문만이 아니라 그 일 자체가 불가능한 과업이기 때문이기도 하다. 따라

---

58) *Cyropaedia*, VIII, iv, 3~5; iv, 9~12.
59) *Cyropaedia*, VIII, i, 16~20; ii, 15~19.
60) *Cyropaedia*, VIII, i, 45~48; ii, 26~28; iv, 3.
61) *Cyropaedia*, I, vi, 9.

서 정치적 인간은 이러한 한계를 인지하고 현실을 고려하여 정치세계를 지도하는 정치적 지혜인 프로네시스(phronesis)가 필요하다. 즉 정치는 '신중함의 원칙'에 따라 이루어져야 하는 것이다.[62] 크세노폰은 이러한 프로네시스에 충실했던 사람이 바로 키루스라고 말한다.

크세노폰의 현대적 의의

크세노폰의 저작은 18세기만 하더라도 플라톤, 투키디데스와 더불어 중요한 고전 중 하나로 여겨졌다. 그의 저작은 정치학·철학·역사학 분야에 커다란 영향을 미쳤다. 그는 자신의 저작에서 자신을 '연설자 크세노폰'(the orator Xenophon)이라고 명기하면서 자신의 사상을 수사학(rhetoric)적으로 표현한다. 19세기에 접어들면서 크세노폰이 잊혀지기 시작한 것은 이러한 수사학에 대한 평가가 절하되면서부터이다. 19세기는 정치철학이 몰락하고 그 대신 소위 정치과학(political science)으로서의 정치학만 우대되는 시기였다. 이때 크세노폰은 로마 시대의 리비우스(Livius), 키케로(Cicero)와 함께 잊혀지게 되었다. 그 후 오늘날에 이르기까지 19세기의 묘한 이상주의(idealism)나 현실주의(realism)만이 득세하게 되었으며, 기껏해야 플라톤과 투키디데스에게서만 그러한 수사학의 일단을 발견하고 재평

---

62) 여기서 우리는 한편으로는 소크라테스의 흠모자로서 다른 한편으로는 키루스의 추종자로서 크세노폰의 저작을 통해 고전 정치철학에 새로운 변화의 조짐이 나타나고 있음을 느끼게 된다. 그것은 정치를 보는 태도가 플라톤류의 '에피스테메'(episteme) 중심에서 '프로네시스'(phronesis) 중심으로 옮겨가고 있다는 사실이다. 이 점이 크세노폰이 플라톤과 구별되면서 후에 전개될 아리스토텔레스의 사상을 예비하고 있다고 여겨진다.

가하고 있을 뿐이다.

크세노폰에게 많은 찬사를 보냈던 근대인은 마키아벨리였다. 특히 마키아벨리는 그의 『군주론』(*Prince*)에서 자신의 견해를 전통에서 분리하려는 의도로 크세노폰의 『키루스의 교육』을 언급한다. 『군주론』 14장에서 마키아벨리는 다음과 같이 말한다.

한편 두뇌를 써서 훈련하는 데 있어 군주는 역사서를 읽고 위인들의 행적을 연구해야 하며, 그들이 전쟁을 치르는 데 있어 지휘를 어떻게 했는지 승패의 원인을 검토 연구하여 모범으로 삼아 위인의 뒤를 따르도록 해야 한다. 결국 그 위인도 그들 이전의 위인의 모범을 따랐을 뿐이다. 예를 들어 알렉산드로스 대왕(Alexandros the Great)이 아킬레우스(Achilleus)를, 카이사르(Caesar)가 알렉산드로스를, 스키피오(Scipio)가 키루스를 모범으로 삼은 것을 보면 이에 대해 알 수 있으며, 크세노폰이 쓴 키루스의 생애에 대한 저작을 읽어보면 스키피오의 일생은 키루스 왕을 모방했음을 알 수 있다. 그는 사실상 키루스 왕의 절제, 선의, 인간미, 관용을 그대로 따랐던 것이다.[63]

또한 마키아벨리는 『리비우스에 관한 논고』(*Discourses on the First Ten Books of Titus Livius*)에서 『키루스의 교육』에 대해 적어도 네 차례 명백하게 언급한다. 그리고 이것은 마키아벨리가 플라톤, 아리스토텔레스, 키케로를 모두 합해 언급한 것보다 더 많은 횟수다.

그러나 마키아벨리는 크세노폰을 정확하게 이해하지 못했다. 크세

---

63) Niccolo Machiavelli, *The Prince*, Tr. George Bull(New York: Penguin Books, 1981), Chap. 4.

노폰은 키루스를 '왕도'의 원형으로 삼고 히에론을 '참주'의 대명사로 사용하면서 두 개념을 구별하고 있는 데 비해, 우리가 부정적 의미로 사용하는 '마키아벨리즘'의 성격을 갖는 마키아벨리의 저작에서는 '왕도'(king)와 '참주'(tyrant) 개념을 구별없이 사용한다.[64] 마키아벨리는 군주의 덕목을 논하면서 크세노폰의 왕도인 키루스뿐만 아니라 참주 히에론의 성격도 같이 부가하여 설명한다.[65] 그러나 크세노폰은 키루스와 히에론을 구별하며, 히에론 같은 참주와 반대되는 진정한 군주로서 키루스를 묘사하고 있다. 그런 점에서, 크세노폰의 정치사상이 마키아벨리적이라고는 볼 수 없다.

고전적인 정치사상이 몰락하는 19세기에 그것을 되살리려고 시도한 정치철학자가 헤겔과 니체다. 이 가운데 헤겔은 플라톤과 아리스토텔레스를 적절히 융합하여 자신의 고전적 근대철학을 완성했으며, 니체는 플라톤에 대한 비판과 극복을 자기 철학의 최우선 과제로 삼았다.

특히 플라톤에 반대한다는 점에서 니체와 크세노폰 사이에 어떤 연관성을 찾아볼 수 있다. 니체가 소크라테스 이전 시기의 비극작가들에게 주의를 기울인 것처럼, 크세노폰 역시 플라톤 이전의 소크라테스의 진면목, 그리고 소크라테스가 자연철학자들과 대항하여 그들을 넘어서려고 노력할 때 보여준 일면 소피스트적인 요소 속에서 유사성에 대한 어떤 실마리를 찾을 수 있을 것이다.

물론 니체는 크세노폰에 대해 언급하지 않았다. 그러나 재미있는 사실은 니체의 대표적인 저작에 등장하는 초인(superman)인 차라투

---

64) Leo Strauss, "On Tyranny," *On Tyranny*, Eds. Victor Gourevitch and Michael S. Roth(New York: The Free Press, 1991), p.24.

65) 예를 들면, Niccolo Machiavelli, *Discourses on the First Ten Book of Titus Livius*, Tr. Max Lerner(New York: The Modern Library, 1950), II, 2.

스트라(Zarathustra) 역시 페르시아인이라는 점이다. '키루스'와 '차라투스트라'는 서구정신사에 나타난 두 명의 위대한 페르시아인이다. 옮긴이가 보기에, '키루스'와 '차라투스트라' 간에는 공통점과 아울러 차이점도 엿보인다. 양자는 모두 교육이 중심이 되는 저작이라는 점에서, 그리고 양자 모두 어떤 의미에서 해방자라는 점에서 공통점을 보여준다. 다른 한편 키루스는 철학적 경향을 강하게 나타내는 반면 차라투스트라는 시적 경향을 띄고 있다. 또한 키루스는 영원한 신의 존재를 강조하는 반면 차라투스트라는 신의 죽음을 설교한다는 점에서 차이를 보인다. 이러한 차이는 우리에게 크세노폰이 소크라테스에게서 영향받았다는 사실과 니체가 그리스 비극작가들을 전거하고 있다는 사실을 상기하게 만든다.

이런 점에서 크세노폰은 소크라테스의 제자다. 그리고 오늘날 니체에게서 영향받은 사상가들이 19세기적 정치과학을 대신하려는 현실 속에서 크세노폰의 저작은 플라톤으로 회귀하지 않으면서도 다시금 소크라테스의 언명을 귀담아들을 수 있는 계기를 마련해준다.

참고문헌

김용민, 「정치에 있어서 정의와 우정: 플라톤과 크세노폰」, 『한국정치학회보』, 한국정치학회 34집 3호(2000).

Aristotle, *Politics*.

Christopher Bruell, "Xenophon." *History of Political Philosophy*, Eds. Leo Strauss and Joseph Cropsey, Chicago: The University of Chicago Press, 1987.

헤로도토스, 박광순 옮김, 『역사』, 범우사, 1993.

William Edward Higgins, *Xenophon the Athenian: The Problem of the Individual and the Society of the Polis*, Albany: SUNY Press, 1977.

Werner Jaeger, *Paideia*, Vol. III, Tr. Gilbert Highet, Oxford: Oxford University Press, 1965.

Thomas Jefferson, *The Life and Selected Writings of Thomas Jefferson*, New York: Modern Library, 1944.

Niccolo Machiavelli, *The Prince*, Tr. George Bul, New York: Penguin Books, 1981.

——, *Discourses on the First Ten Book of Titus Livius*, Tr. Max Lerner, New York: The Modern Library, 1950.

Walter Miller, "Introduction," *Cyropaedia*, Tr. Walter Miller, Cambridge: Harvard University Press, 1968.

Friedrich Nietzsche, *Thus Spoke Zarathustra*, Tr. Walter Kaufmann, New York: Penguin Books, 1978.

Plato, *Republic*.

Leo Strauss, "On Tyranny," *On Tyranny*, Eds. Victor Gourevitch and Michael S. Roth, New York: The Free Press, 1991.

——, *Xenophon's Socrates*, Ithaca: Cornell University Press, 1972.

Thucydides, *History of the Peloponnesian War*, Tr. Rex Warner, New York: Penguin Books, 1972.

Xenophon, *Cyropaedia*.

——, *Anabasis*.

——, *Hellenica*.

——, *Hiero*.

——, *Memorabilia*.

——, *Oeconomicus*.

제1권 키루스[1]의 소년시절

I

1 얼마나 많은 예전의 공화정(republic)들이 다른 정치체제에서 살고 싶어하는 사람들에 의해 전복되었는지, 또 얼마나 많은 과거의 군주정(monarchy)과 과두정(oligarchy)들이 그곳에서 살던 내부 사람들에 의해 폐지되었는지 우리는 생각해보았다. 더군다나 절대권력을 열망했던 많은 사람들이 한번에 그것도 그렇게도 재빠르게 권좌에서 물러나거나, 또는 아무리 짧은 기간이라도 계속 권좌에 머물렀을 경우 경탄의 대상이 되어 현명하고 행복한 사람으로 인정받았는지를 우리는 숙고했다. 그리고 심지어 사사로운 가정에서조차 어떤 사람들은 일반인보다 훨씬 많은 하인을 데리고 있는 반면, 또 어떤 사람들은 단지 소수의 하인들만 거느리고 명목상으로만 주인일 뿐이

---

1) 키루스의 그리스어 표기인 'Κύρος'는 원래 '퀴로스'로 발음된다. 그러나 키루스는, 일반적으로 그리스식 발음인 '퀴로스'보다 라틴어식 발음인 '키루스'로 많이 표기하기 때문에 여기서는 '키루스'로 번역하기로 한다. 이밖에도 여기 등장하는 인명이나 지명의 번역들은 '키루스'로 번역하는 것과 일관성을 유지하기 위해 라틴어식 발음을 기초로 하여 표기했다─옮긴이.

지 자신의 권위를 그 소수의 사람들에게조차도 행사하지 못하는 것을 지켜보고 우리는 생각해보았다.

2 이에 덧붙여서, 우리는 소몰이들이 자신이 기르는 가축의 지배자이고, 말구종들이 자신이 부리는 말의 지배자이며, 가축지기라고 불리는 모든 이들이 자신이 담당하고 있는 동물의 지배자로 정당하게 간주되는 것에 대해 성찰해보았다. 우리가 짐작했던 것처럼, 우리는 사람들이 자신의 지배자에게 복종하는 것보다 모든 가축들이 가축지기에게 더욱 기꺼이 복종하는 것을 목도했다. 왜냐하면 가축들은 가축지기가 지시하는 곳은 어디든지 가고, 그가 인도하는 곳에서 풀을 뜯어먹으며, 또한 그가 금지하는 곳은 멀리하기 때문이다. 더욱이 가축들은 가축지기가 앞으로 자신을 돌본 결과로 발생하는 이익을 그가 원하는 만큼 향유하는 것을 허락한다. 가축들이 가축지기에 복종하는 것을 거부하거나, 그 결과로 발생하는 이익을 향유하는 특권을 부정하면서 그 사람에게 대항하는 음모를 꾸몄다는 이야기는 결코 들어본 적이 없다. 또한 동시에 가축들은 차라리 자기를 지배하는 사람이나 자기에게서 이익을 빼앗아가는 사람에게 복종할지언정, 결코 낯선 사람에게 더 복종하거나 유순하게 굴지는 않는다. 그러나 인간은 어떤 사람이 자신을 지배하려고 시도하는 것을 보면 곧 그에게 대항하여 음모를 꾸민다.

3 그러므로 이 비유를 통해 숙고해본 바와 같이, 우리는 인간이 그런 경향이 있기 때문에 인간을 지배하는 것보다 다른 생명체를 지배하는 것이 더 쉽다고 결론짓고 싶었다. 그러나 페르시아(Persia)[2] 사

---

2) 이 거대한 제국의 역사는 오랫동안 무시되어왔다. 페르시아인들이 자기 언어로 자신의 역사를 남기지 못했기 때문에, 고작해야 그리스인들이 남긴 기록을 통해서 단편적인 주목을 받았을 뿐이었다. 19세기 말 이후 고고학 연구가 활발하게 진행되면서 많은 자료가 발굴되어 그 장대한 역사가 서서히 밝혀지고 있

람인 키루스가 수많은 도시와 사람, 그리고 종족을 잘 지배했다는 사실을 상기해볼 때 우리는 우리의 의견을 바꾸지 않을 수 없었으며, 만약 지배가 명민한 방식으로 이루어진다면 인간을 지배하는 것이 전혀 불가능하거나 그렇게 어려운 일이 아니라고 단정하게 되었다. 하여튼 우리가 알기로는, 키루스가 있는 곳에서 며칠씩 또는 몇 달씩 걸리는 거리에 떨어져 있는 사람들, 키루스를 본 적도 없는 사람들, 그리고 키루스를 결코 볼 수 없다는 사실을 잘 알고 있는 사람들 모두 기꺼이 그에게 복종했다. 그들은 모두 자발적으로 키루스의 신민(臣民)이 되려고 했던 것이다.

4 그러나 이것은 키루스가 다른 모든 왕들, 이를테면 아버지에게

다. 특히 제국의 수도였던 페르세폴리스에서 엘람어로 쓰인 중앙 정부의 기록들이 대규모로 발굴되면서, 페르시아에 대한 연구는 일대 전환기를 맞게 되었다. 왜냐하면 타인의 시각에서가 아니라 페르시아인들의 시각에서 페르시아에 대한 연구가 가능해졌기 때문이다.

역사적 관점에서 볼 때 아케메네스 왕조 시기는 중동 역사에서 전환점이었다. 인더스에서 발칸까지, 중앙아시아에서 상(上)이집트에 이르는 넓은 지역에 퍼져 있던 국가들이 하나의 단일 제국으로 최초로 통일되었기 때문이다. 거대한 제국을 성립시킨 키루스와 다리우스 왕은 세계제국의 이념을 적극적으로 펼쳤다. 바빌론에서 발견된 '점토로 만든 원통'에 따르면, 키루스는 자신을 "전체의 왕, 대왕, 강력한 왕, 바빌론의 왕, 수메르와 아카드의 왕, 사방 세계의 왕"이라고 칭했고, 다리우스는 비시툰의 바위에 새긴 기념 비문에서 자신을 "대왕, 왕 중의 왕, 페르시아의 왕, 나라들의 왕"이라고 불렀다. 이 세계제국의 이념을 알렉산드로스 대왕이 물려받았으며, 로마제국도 이 이념을 표방했다. 따라서 페르시아 이후 고대세계는 자신들이 하나의 제국 또는 하나의 세계에 살고 있다는 생각을 발전시켰으며, 이런 생각에서 '사해 동포주의' 같은 사상도 발전했다.

정복한 종족들에게 아케메네스 왕조는 대체로 너그럽게 통치하는 편이었다. 제국은 총독령으로 나뉘어 각각 지방장관인 사트라프(총독)가 다스렸으며, 왕의 직속 관리들이 그들을 자주 조사해 결과를 왕에게 직접 보고했다. 제국의 절정기에는 건축 활동이 활발했는데 아케메네스 제국의 유적 가운데 가장 뛰어난 것은 파사르가다이와 페르세폴리스에 남아 있다―옮긴이.

서 왕관을 물려받은 자나 자신의 노력으로 왕위를 얻은 자와 매우
달랐기 때문이다. 사실 이것은 그다지 놀라운 일이 아니다. 예를 들
면, 스키타이(Scythia)[3]의 왕은 신민들의 수가 많았는데도 자신의 왕
국을 지배하는 것 외에 다른 국가에까지 지배를 확장할 수 없었으
며, 단지 자신의 신민들만 지배하고 현상을 유지하는 정도에만 만
족했다. 트라키아인들을 거느린 트라키아(Thracia)[4]의 왕, 일리리아
인들을 거느린 일리리아(Illyria)[5]의 왕, 그리고 다른 종족의 왕들 모
두가 그랬다고 우리는 듣고 있다. 하여튼 유럽에 있는 국가들은 오
늘날까지도 서로 독립적이고 자유롭다고 알려져 있다. 그러나 키루
스는 아시아의 종족들이 유럽과 마찬가지로 독립적이라는 것을 알
고서, 페르시아의 작은 무리로 시작해서 메디아인들의 전적인 동
의로 메데스(Medes)[6]의 지도자가 되었고, 히르카니아인들의 동의

---

3) 그리스와 로마인들은 다뉴브강에서 돈강, 카우카수스, 보락에 이르는 북동쪽
을 스키타이라고 불렀다. 그리스인들은 오랫동안 이들을 야만인이라고 생각하
고 경멸하였다. 기원전 600년경 그리스인들이 흑해 북쪽 해안으로 진출하면서
스키타이인들과 빈번히 접촉했다. 스키타이는 기원전 400년경에 최초로 드네
프르강 하류에 요새화된 성을 쌓았고, 이를 기반으로 스키타이 왕국을 건설했
다. 스키타이 왕국은 기원전 4세기 아테아스(Atheas) 왕 치하 때 가장 번성했으
나, 기원전 331년 마케도니아의 필립 2세에 의해 멸망했다―옮긴이.

4) 트라케(Thrake)라고도 불리며, 발칸반도 동부에 걸쳐 있는 지역을 통칭한다.
이 지역은 그리스령(領)과 터키령으로 나뉜다. 트라키아인들은 기원전 2000년
경부터 다뉴브강, 흑해, 에게해로 둘러싸인 지방에 정착했다. 기원전 5세기에
오드리사이(Odyrysae) 왕국이 성립되어 번영했으며, 마케도니아의 필립 2세
에게 정복당했다―옮긴이.

5) 발칸반도의 서쪽에 있던 지역을 일컫는다. 호메로스가 『일리아스』에서 노래한
트로이가 있던 곳으로 이곳에는 인도유럽어를 사용하는 수많은 부족들이 활동
했다. 이곳에 있는 일리움이라는 도시에는 아테네 여신의 조각상이 있었고, 당
시 종교적인 중심지였다. 후에 로마에 편입되었다―옮긴이.

6) 카스피해 남서쪽 산악지역을 일컬으며 메디아 왕국이 이곳에 있었다. 메디아
인들은 페르시아 계통의 언어를 썼다. 메디아인들은 자신의 기록을 남기지는

로 히르카니아(Hyrcania)[7]의 지도자가 되었다. 그러고 나서 키루스
는 시리아(Syria),[8] 아시리아(Assyria),[9] 아라비아(Arabia), 카파도
키아(Cappadocia),[10] 두 개의 대소(大小) 프리지아(Phrygia),[11] 리

않았으나 이들이 아시리아와 싸웠기 때문에 아시리아의 기록에 종종 등장한
다. 메디아인들은 기원전 612년경 바빌로니아인들과 연합하여 아시리아를 멸
망시키고, 잠시 소아시아의 패권을 차지하기도 했다. 후에 페르시아에 정복당
했다─옮긴이.
7) 지금의 마잔다란주(州) 지방으로 북쪽은 카스피해, 남쪽은 엘부르즈산맥, 서
   쪽은 기란 지방에 접하는 지역이다. 고대에는 아마르드족과 타피르족이 살았
   다. 키루스 대왕과 캄비세스가 이 지역을 병합해 페르시아의 영토로 만들었다.
   '히르카니아'는 '늑대들의 나라'라는 뜻이다. 이곳은 열대기후에 속하며, 땅이
   매우 비옥했다. 페르시아인들은 이곳을 최고의 신인 아후라마즈다가 직접 만
   든 '좋은 땅과 지역' 가운데 하나라고 여겼다. 헤로도토스도 이 지역에 대규모
   관개시설이 있었다고 전한다. 북동쪽으로는 중앙아시아 스텝이 발달해 있고,
   이 스텝 지역에는 유목민들이 수세기 동안 살고 있었다. 유목민의 침입을 막기
   위해 쌓은 것으로 추측되는 대규모의 성벽이 지금도 남아 있다─옮긴이.
8) 아시아 대륙의 서쪽 끝에 있기 때문에 유럽과 아프리카로 이어지는 길목 역할
   을 하는 지역이다. 현대의 시리아는 이스라엘, 요르단, 레바논, 이라크, 터키
   사이에 있다. 고대 세계에서 시리아는 남쪽으로는 시나이, 서쪽으로는 지중해,
   북쪽으로는 아나톨리아, 동쪽으로는 시리아 사막 사이에 있는 곳이었다. 시리
   아라는 명칭은 아시리아에서 파생되어 나온 그리스어다. 이 용어는 헤로도토
   스의 기록에 처음으로 등장하며, 후에는 프톨레마이오스 왕조와 로마의 속주
   를 가리키는 용어로 사용되었다.
   시리아는 농업 발전사에 중요한 역할을 한 곳으로, 아부 후레야(Abu Hureya)
   같은 신석기 시대 농경 유적지가 이곳에서 발견되었다. 메소포타미아 문명의
   초기 단계에는 페니키아, 히타이트, 아람국가들이 이 지역을 차지했고, 후에는
   아시리아, 바빌로니아, 페르시아가 차지했다─옮긴이.
9) 이 책 26쪽의 주26) 참조.
10) 흑해에서 타우루스산맥에 이르는 소아시아의 북동쪽 지방에 걸쳐 있으며, 타
    타(Tatta) 호수와 유프라테스강 사이의 지역을 말한다. 후에 이 지역의 북쪽을
    폰투스라고 부르게 되었다. 카파도키아에 대한 가장 오래된 기록은 기원전 6
    세기의 문헌이다. 이 당시 카파도키아에서는 봉건 세력이 페르시아 총독의
    지배를 받았고, 조로아스터교가 널리 퍼져 있었다. 이 지역은 로마에 점령당
    할 때까지 페르시아의 성격을 유지했다─옮긴이.

디아(Lydia),[12] 카리아(Caria),[13] 페니키아(Phoeni-cia), 바빌로니아(Babylonia)[14]를 정복하였다. 그는 또한 박트리아(Bactria),[15] 인

---

11) 아나톨리아반도의 중서부 지역을 말한다. 넓은 의미로는 리디아와 카파도키아 사이에 있는 내륙 지역을 의미하고, 좁은 의미로는 헬레스폰트에 있던 트로이와 그 주변 지역 사람들을 말한다. 키루스가 아시리아와 싸울 때에는 아시리아 편에 가담했으나, 아시리아가 멸망한 후에 키루스의 편에 가담했다—옮긴이.

12) 소아시아의 서쪽 지역이며, 아나톨리아 해안에서 내륙으로 통하는 교통의 요지이기도 하였다. 에게해에서 동쪽으로 뻗어나가 헤르무스 계곡과 카이스테르강 유역에 걸쳐 있었다. 헤로도토스를 비롯한 그리스인들이 이들에 대해 자세하게 기록했다. 이 지역은 물산이 풍부했으며, 금속 주화를 최초로 만든 곳으로도 유명하다. 리디아인들은 상업에 밝아서 영구적인 소매상점을 맨 처음 만들었다. 기원전 700-기원전 550년 사이에는 국세가 강성하여 아나톨리아 전체를 차지하기도 했다. 기원전 7세기에 리디아는 킴메르족의 프리지아가 붕괴한 후 소아시아 지역을 정복했다. 기원전 547년 키루스가 이 지역을 정복하여 페르시아 영토에 편입시켰다. 페르시아는 이곳을 병합한 후 이 지역을 중요한 속주로 지정했으며, 사르디스에 중심지를 설치했다—옮긴이.

13) 남서 아나톨리아 지역을 말한다. 남쪽으로는 리디아, 북쪽으로는 프리지아와 인접해 있었다. 리디아의 지배를 받다가, 기원전 546년 페르시아에 의해 정복당했다. 이 지역에는 그리스인들의 도시들이 포함되어 있었기 때문에 그리스와 친했다. 이오니아에 살던 그리스인들이 페르시아에 대항하여 반란을 일으켰을 때, 서(西)카리아인들이 반란에 동참했고, 그리스인들의 동맹인 델로스 동맹에 참가했다. 그러나 페르시아가 다시 이 지역을 정복했으며, 그 후 독립된 왕국으로서 페르시아의 지배를 받았다. 카리아의 왕인 마우솔루스(Mausolus)의 대영묘가 유명하다. 그의 무덤은 마우솔레움이라고 불리는데, 특이한 모양과 복잡한 장식 때문에 세계 7대 불가사의 중 하나로 꼽힌다—옮긴이.

14) 현재의 바그다드에서 페르시아만에 이르는 남이라크 지역에 있던 왕국이다. 기원전 6천 년부터 이 지역에 살고 있었다. 초기에는 도시국가를 이루고 살았으며, 기원전 1830년경 이신·라르사와 아모리인의 수무아붐(재위: 기원전 1831-기원전 1817)이 바빌론 제1왕조를 개창했다. 바빌론 제1왕조의 6대왕 함무라비는 숙적인 이신·라르사를 토벌하고 가까운 이웃을 평정하여, 엘람에서 시리아에 이르는 대제국을 건설하였다. 또한 중앙집권제도를 확립하고 수도 바빌론에 성벽을 쌓았으며, 각지의 신전을 재흥하여 마르두크 신(神)을

도(India), 킬리키아(Cilicia)를 지배했다. 마찬가지로 그는 사키아인들(Sacians), 파플라고니아인들(Paphlagonians), 마가디다인들(Magadidae), 그리고 우리가 이름도 들어보지 못한 수많은 국가에서 왕 같은 존재가 되었다. 그는 아시아계 그리스인들을 자신의 영향력 하에 두었으며, 바다로 내려가서 키프로스(Cyprus)와 이집트(Egypt)를 자신의 제국에 덧붙였다.

5 키루스는 위의 종족들이 비록 자신이 사용하는 것과 같은 언어를 사용하지 않았고, 한 종족도 다른 종족과 같은 언어를 사용하지 않았음에도 이들 종족을 지배했다. 그런데도 그는 그 광대한 지역을 자신에 대한 두려움으로 가득 차게 해서 모든 사람을 공포에 떨게 했으며 아무도 그에게 저항할 엄두가 나지 않도록 할 수 있었다. 그리고 키루스는 자신을 즐겁게 해주려는 생기 넘치는 모든 욕망 속에서도 깨어 있을 수 있었기 때문에, 다른 사람들이 항상 그의 의지에 따

중심으로 하는 종교를 재편성하여 신상(神像)을 안치했다. 운하를 파고 도로도 정비하여 무역을 융성하게 했기 때문에 국력이 충실해져서, 바빌론은 오리엔트의 중심도시로 번영했다. 그러나 기원전 8세기 후엽 아시리아에 종속되었고, 7세기 말에 독립하여 신바빌로니아 왕국을 세웠다. 신바빌로니아의 네부카드네자르 왕은 유대를 침공했고, 많은 유대인들을 바빌론으로 끌고 왔다. 이른바 '바빌론의 유수'가 이것이다―옮긴이.
15) 남쪽으로 옥수스에서 출발하여 북쪽으로 힌두쿠시에 이르는 넓은 지역으로서, 고대 아프가니스탄의 북서쪽과 타지키스탄(Tajikistan) 사이에 있던 지역이다. 페르시아 아케메네스 왕조 시기에 박트리아나주(州)로 편입되었다. 수도는 박트라였으며, 중국인들은 이곳을 대하(大夏)라고 불렀다. 기원전 600년경부터 기원후 600년경 사이에 동서양 간 육로통상의 중요한 교차지였다. 이 지역은 기원전 6세기에 키루스에게 정복된 듯하며 그 뒤 2백여 년 동안 아케메네스 왕조의 지배를 받았다. 알렉산드로스 대왕이 다리우스 3세를 격파했을 때 박트리아의 총독 베수스는 동부의 저항군을 조직하려 했으나 실패했다. 알렉산드로스 대왕이 죽은 후 박트리아는 셀레우코스 1세 니카토르의 지배를 받았다―옮긴이.

르려고 했다. 더욱이 그에게 복속된 부족이 너무 많았기 때문에 그는 자신의 왕궁에서 동서남북 어느 쪽으로 여행을 가더라도, 모든 부족을 다 여행하기가 어려울 지경이었다.

6 우리는 이 사람이 모든 찬사를 들을 만한 자격이 있다고 믿으면서 그의 출신이 어떠하며, 본성적 자질이 어떤지, 그리고 어떤 종류의 교육을 받아서 사람을 다스리는 데 그토록 탁월했는지 조사했다. 따라서 우리는 이제부터 그에 관하여 우리가 발견한 것 또는 우리가 안다고 생각하는 것을 제시하여 보여주도록 노력할 것이다.

II

1 키루스의 아버지는 페르시아의 왕인 캄비세스(Cambyses)[16]였다고 전해진다. 캄비세스는 페리시디아인(Perisidae)의 혈통에 속하며, 이 페리시디아는 페르세우스(Perseus)[17]에서 그 이름을 따왔다. 그

---

16) 기원전 530년에 왕위에 올랐다. 아버지의 유지를 받들어 이집트를 정복했고, 이집트의 귀족들과 협조하여 통치했다. 이집트에 체류하던 중 형제인 세메르디스(Semerdis)가 반역을 일으켜서 급히 귀국했고, 시리아에서 죽음을 맞이했다—옮긴이.

17) 그리스 신화에 등장하는 영웅이다. 하늘의 신 제우스와 아르고스의 왕녀 다나에 사이에서 태어났다. 아르고스의 왕 아크리시오스는 딸이 낳은 자식에게 살해될 것이라는 신탁을 믿고, 다나에를 청동으로 만든 밀실에 가두었다. 그러나 그녀에게 마음을 두고 있던 제우스가 황금의 비로 변신하여 지붕으로 스며들어가 페르세우스를 낳게 했다. 아르고스 왕은 모자(母子)를 방주에 실어 바다에 떠내려보냈다. 방주는 세리포스에 도착했고, 그 섬의 왕 폴리데크테스가 모자를 보호했다. 그 후 폴리데크테스는 다나에를 사랑하게 되면서 청년이 된 페르세우스를 방해물로 여겨, 그에게 괴물 메두사의 목을 베어오도록 명했다. 메두사를 보는 자는 그 자리에서 돌이 되어버리기 때문에 페르세우스는 잘 닦은 방패 속에 괴물의 모습을 비추어보면서 접근하여 괴물의 목을 베는 데 성공했다. 그 후 페르세우스는 아르고스를 떠나 티린스로 가서

의 어머니는 만다네(Mandane)라고 일반적으로 알려져 있다. 그녀는 한때 메디아의 왕이었던 아스티아게스(Astyages)의 딸이었다. 심지어 오늘날까지도 야만인들은 이야기와 노래를 통해 키루스는 매우 잘생겼으며, 마음이 아주 관대하고, 배우는 데 매우 헌신적이었으며, 야망이 큰 사람이어서 칭찬받기 위해 온갖 힘든 일을 견뎌내고, 모든 종류의 위험을 극복했다고 전한다.

2 그는 육체적·정신적 면으로 타고난 자질이 매우 훌륭해서 위와 같은 평판을 얻었다. 그러나 그는 페르시아의 법에 따라 교육을 받았다. 페르시아 법은 다른 대부분의 국가들이 취하고 있는 것과 달리 공동의 복리를 염려하는 데서 출발한다는 것이 특징이다. 대부분의 국가들은 모든 이에게 원하는 대로 자기 자식을 훈련시키는 것을 허락하고 있으며, 나이든 사람들도 원하는 대로 살 수 있도록 허락한다. 그리고 대부분의 국가들은 사람들에게 도둑질하지 말라, 훔치지 말라, 남의 집에 침입하지 말라, 자신이 때릴 수 있는 권리가 있는 사람이 아니면 남을 때리지 말라, 간통하지 말라, 관리에게 불복종하지 말라고 명령하며, 만일 이 법률들 중 어느 것을 위반했을 때에는 국가가 그를 처벌한다. 3 그러나 페르시아의 법은 인간이 태어나면서 적용되기 시작하며, 처음부터 시민이 부적절하고 비도덕적인 것을 갈망하는 마음을 결코 갖지 못하도록 하는 데 관심을 기울였다. 그들이 취했던 조처는 다음과 같다.

페르시아에는 소위 "자유광장(Free Square)"이라 부르는 곳이 있다. 이곳에는 왕의 궁전과 다른 관청들이 있다. 소상인들은 물건을 팔고, 소리도 지르며, 비속하기 때문에 법석거리는 그들의 생활이 교양 있는 자들의 질서 있는 삶을 침해하기도 한다. 따라서 이런 침해

티린스의 국왕이 되었다고 전해진다—옮긴이.

를 못하게 하기 위해 소상인들은 여기서 쫓겨나 도시의 다른 지역으로 추방된다. **4** 이 광장은 관청들로 둘러싸여 있으며 네 부분으로 나뉘어 있다. 네 부분은 각각 소년들, 청년들, 성숙한 장년들, 국방의 의무를 마친 노년들로 구성되어 있다. 법은 그들에게 각각 그들의 본부에 오도록 요구한다. 소년들과 청장년들은 동틀 때 그곳에 와야 하고, 노인들은 참석해야 하는 특정한 날을 제외하고는 자신이 가장 편리한 때에 아무 때나 올 수 있다. 또한 청년들은 결혼한 사람들을 제외하고는 관청 주변에서 가벼운 갑옷 차림으로 밤을 보낸다. 그들에게 거기 있도록 미리 특별하게 명령을 하달하지 않았다면 출석하라고 강요하지는 않는다. 그러나 그들이 자주 결석하는 것은 적절치 않다.

5 네 부분에는 각각 12명의 관리들이 있다. 왜냐하면 페르시아인은 12개 부족으로 나뉘어 있기 때문이다. 소년들을 담당하기 위해 노인들 중에서 소년들을 최고의 남자로 만들어낼 수 있을 만한 능력이 있는 사람을 선택한다. 청년들을 담당하기 위해서는, 장년의 사람들 중 청년들을 장년층으로 가장 잘 발전시킬 수 있는 것으로 보이는 사람을 선택한다. 장년층을 주재하기 위해서는, 최고 권위체[18]의 명령과 요구를 수행하는 데 가장 적합해 보이는 사람을 선발한다. 또한 노년층 중에서도 그들 계급의 의무를 수행하는지 여부를 살피는 감독관의 입장에서 바라보는 행위를 하는 사람을 선발한다. 이제 각 세대가 수행하도록 할당된 것이 어떤 의무인지에 대해 이야기를 시작해보자. 그러면 페르시아인들이 스스로 가장 훌륭한 시민임을 증명하기 위해 어떤 고통을 감수하는지 좀더 잘 이해할 수 있을 것이다.

6 소년들은 학교에 가서 정의(正義)를 배우는 데 시간을 보낸다. 소

---

18) 왕의 주재하에 있는 원로위원회(a Council of Elders).

년들 자신도 이 목적을 위해 학교에 간다고 말한다. 마치 우리 그리스 소년들이 읽고 쓰는 것을 배우러 학교에 간다고 말하는 것과 같다. 관리들은 소년들 사이에서 벌어지는 사건들의 시시비비를 결정하는 데 더 많은 시간을 보낸다. 왜냐하면 사실 소년들은 어른들과 마찬가지로 절도, 도둑, 폭행, 사기, 중상비방, 그밖에 자연스럽게 발생하는 그러한 종류의 것들에 대해 고발하기를 좋아하기 때문이다. 소년들은 자기들 중 어느 한 사람이 이러한 범죄 가운데 어느 하나를 범했을 경우 그에게 벌을 준다. 7 그들 중 어느 한 사람이 거짓으로 고발했을 때에도 그들은 벌을 준다. 또한 배은망덕한 행위와 같이 사람들이 싫어하면서도 법에 호소하지는 않는 범칙을 죄로 간주하여 재판에 부친다. 그리고 그들은 누군가 호의를 받았을 때 그 호의를 되돌려 갚을 수 있는데도 그렇게 하지 않았다는 사실을 알게 되면 그런 자에게도 심한 벌을 내린다. 왜냐하면 감사할 줄 모르는 것은 신(神), 부모, 국가, 친구들에 대한 자신의 의무를 매우 게을리한 것과 같다고 생각하기 때문이다. 즉 수치심을 모르는 것은 배은망덕한 행위와 동시에 발생한다고 생각하는 것이다. 그리고 우리가 알기로는, 도덕적으로 잘못한 모든 행위는 바로 그와 같은 행위다.

8 페르시아인들은 또한 소년들에게 자기를 통제하는 법을 가르친다. 그리고 어른들이 날마다 절제하며 사는 것을 보는 것은 그들이 자기 통제를 배우는 데 큰 도움이 된다. 페르시아인들은 또한 소년들에게, 관리에게 복종하는 법을 가르친다. 어른들이 관리에게 절대적으로 복종하는 것을 보는 것 또한 복종심을 기르는 데 크게 공헌한다. 그외에도 먹고 마시는 일에서 자기를 절제하는 법을 가르친다. 어른들이 관리가 가도 좋다고 말할 때까지 배고픔을 달래면서 자신의 위치에서 이탈하지 않는 것을 보는 것 또한 소년들이 자기 절제를 함양하는 데 도움이 된다. 그리고 관리가 지정해준 다음부터 소년

들은 엄마와 함께 식사하는 것이 아니라 선생님과 같이 식사하게 되는데, 이것 또한 자기 절제의 목표를 증진시켜준다. 더욱이 소년들은 자신의 식사용으로 집에서 빵과 양념으로 후추풀(cress)을 가져오고, 목이 마른 사람이 있다면 물을 마시기 위해 강에서 물을 뜰 수 있도록 컵을 가져온다. 이외에 그들은 활을 쏘고, 창을 던지는 법을 배운다.

소년들은 16~17세가 될 때까지 이런 식으로 보내다가 소년반에서 진급하여 청년반에 등록하게 된다.

9 청년들은 이제 다음과 같은 방식으로 살게 된다. 청년들은 소년반에서 진급하고 난 후 10년 동안은, 앞에서 우리가 말했던 것처럼, 관청을 지키면서 밤을 보낸다. 야간근무는 도시를 지키기 위한 것이며 또한 자기 통제 능력을 발전시키기 위한 것이다. 왜냐하면 이 시기가 청년들을 가장 조심스럽게 돌봐야 할 시기이기 때문이다. 그리고 낮에 국가에 대한 봉사가 필요하면 권위체는 그들을 마음대로 사용한다. 필요한 경우에는 언제든지 그들은 공공건물 주변에 머무른다. 그러나 왕이 사냥을 나갈 때 그 병력의 절반을 데리고 간다. 한 달에 여러 번씩 이와 같은 일을 하는데, 같이 나가는 사람은 활과 화살을 지참하고, 화살통과 더불어 칼집에 군도(sabre)나 미늘창(bill)[19]을 지참한다. 그들은 또한 한 개의 가벼운 방패, 두 개의 창—하나는 던지기 위한 것이고, 다른 하나는 백병전에서 사용하기 위한 것—을 함께 가지고 간다. **10** 그들은 국가재정의 도움을 받아 이와 같이 사냥준비를 한다. 왕은 전쟁에서도 지도자이기 때문에 직접 사냥에 참가할 뿐만 아니라 다른 사람들이 사냥을 하는지 않는지를 살핀다.

---

19) 동방의 미늘창은 곡선으로 된 날이 있는 도구 또는 무기였다. 이것은 군도보다는 짧으며 중남미 원주민의 칼(machete)과 매우 흡사하다.

사냥할 때 드는 비용은 국가가 부담하는데, 그 이유는 사냥을 하면서 얻는 훈련효과가 나중에 전쟁을 수행하는 데 가장 좋은 준비이기 때문이다. 즉 사냥은 사람들을 아침에 일찍 일어나게 하고 더운 것이나 추운 것에 견디는 데 익숙하게 해주며, 오랫동안 도보로 걷거나 달리는 것에 대한 연습을 제공해주고, 야생동물이 그들이 있는 곳에 나타날 때마다 그것을 활로 쏘거나 창으로 찌르는 기회를 주기 때문이다. 그리고 그들은 종종 사나운 맹수가 싸움을 걸어올 때 용기를 내야 하는데, 왜냐하면 당연하게도 자기 진영에 가까이 다가오는 동물을 넘어뜨리고 또한 자기를 공격하려고 위협하는 동물에 맞서 자신을 지켜야 하기 때문이다. 요컨대 사냥할 때 요구되는 어떤 재능이 전쟁터에서도 필요하다는 것을 발견하기란 그리 어렵지 않다.

11 사냥을 하러 밖으로 나갈 때, 그들은 한 끼분의 점심식사[20]를 지참한다. 왕이 소년들의 점심식사보다 많은 것은 당연하지만, 그외에는 소년들의 것과 똑같다. 그러나 사냥감을 추적하느라고 바쁠 때 그들은 점심식사할 생각을 결코 하지 않는다. 어떤 이유 때문에 사냥감을 위해 더 오래 머물러야 한다면, 또는 다른 이유 때문에 그들이 사냥감을 계속 추적하려 한다면, 그들은 점심을 저녁식사로 대용하고 다음 날 저녁식사 시간까지 계속해서 사냥을 한다. 그들은 이 이틀 동안을 하루로 간주한다. 왜냐하면 단지 하루분의 음식만 소비했기 때문이다. 그들은 자신을 단련시키기 위해 그렇게 한다. 전쟁터에서 필요할 때 이와 똑같은 일을 그대로 할 수 있게 대비하기 위해서이다. 이 나이의 청년들에게 자신이 잡은 사냥감은 곧 반찬이다. 만일 그들이 아무것도 잡지 못하면, 후추풀만이 반찬이다. 어떤 분들은

---

20) 그리스인들은 하루에 두 끼만 먹었다. 첫 번째 식사는 정오가 되어갈 무렵에, 두 번째 식사는 해가 질 무렵에 먹었다.

그들이 빵 위에 후추풀만 얹어서 먹는다고 했을 때 그들이 먹는 것을 즐기지 않는다고 생각하고, 또 그들이 물만 마신다고 했을 때 술 마시는 것을 즐기지 않는다고 생각할 수도 있는데, 그런 분들에게는 다음과 같은 사실을 상기시켜주고 싶다. 즉 사람이 배가 고플 때 한 조각의 보리빵과 밀가루빵이 얼마나 달콤한 맛이 나며, 목이 마를 때 한 모금의 물이 얼마나 달콤한지를 말이다.

12 사냥에 참가하지 않고 그냥 집에 남아 있던 나머지 분반의 청년들은 활쏘기와 창던지기, 그리고 소년이었을 때 배웠던 다른 종류의 모든 기술들을 연습하면서 시간을 보낸다. 그리고 그들은 다른 사람들과 함께 이런 종류의 경연대회에 계속하여 참여한다. 이런 종류의 경기를 겨루는 공적인 경연대회들이 많으며, 상(賞)을 수여한다. 어느 분반이 가장 숙달되고, 가장 남자다우며, 가장 훈련이 잘된 사람을 많이 가지고 있을 때, 시민들은 그 분반의 현재 최고위 교육관뿐만 아니라 그들이 소년이었을 때 훈련시켰던 교육관들도 칭찬해주고 명예를 부여한다. 그리고 당국에서는 사냥에 참가하지 않고 뒤에 남아 있는 젊은이들 중에서 병영의무를 위해, 범죄자를 체포하기 위해, 도둑을 추적해서 붙잡기 위해, 또는 어떤 종류든 힘과 속도를 필요로 하는 다른 종류의 봉사를 위해 필요한 자를 누구나 이용한다.

청년들이 하는 일은 이상과 같다. 그리고 그들이 10년 동안 이와 같은 일을 완수했을 때 장년층으로 진급하여 편입된다. **13** 이번에는 장년층에 관한 이야기를 해보자. 그들이 여기에 편입된 지 25년 동안 하는 일은 다음과 같다. 우선, 청년들과 마찬가지로, 이미 정신적으로 신중하고 여전히 육체적으로 건장한 사람이 공동체의 이익을 위한 봉사에 필요하다면, 그들은 당국의 처분에 맡겨진다. 어디든지 군대가 원정을 가야 할 필요가 있을 때, 그와 같이 교육받은 사람들은 야전에 나선다. 그러나 그들은 활과 화살을 메고 창을 들고서가 아니라, "근접전을 위한 무기"라고 불리는 것, 즉 가슴엔 흉갑(corselet)을 두르고 왼쪽 팔에는 둥그런 방패를 들고(페르시아인들이 그림에서 표현하고 있듯이), 오른쪽 손에는 군도나 미늘창을 들고서 싸움터에 나간다. 그리고 장년층에서 소년들의 교사를 제외한 행정관이 선출된다.

그들이 25년 동안 이러한 일을 완수하고 나면, 우리가 예상하듯이, 그들은 50세를 조금 넘는다. 이때 그들은 장년층에서 벗어나서 진짜로 '원로'라고 불리는 사람들 사이에 자리를 차지한다.

14 노인들은 이 단계의 나이가 되면 더 이상 나라 밖에서 행하는 군사적인 의무를 수행하지 않는다. 그 대신 그들은 집에 남아서 공적인 일이든 사적인 일이든 모든 종류의 사건들을 심리한다. 그들은 주요 범죄에 대해 기소하고, 모든 관리들을 선출한다. 그리고 만일 어떤 사람이 — 그가 청년이든 장년이든 — 법으로 정해놓은 어떤 의무를 수행하지 않으면, 그 분반의 개개의 관리들이나 또는 그 불이행에 대해 못마땅하다고 생각하는 사람이 불평하게 되는데, 그 사건을 전해 들은 노인들은 죄지은 당사자를 쫓아낸다. 쫓겨난 사람들은 여생을 모욕 받고 공민권을 상실한 채 살아야 한다.

15 이제 페르시아인들의 전반적인 정치적 조직원리를 명확하게 개진하기 위해 나는 조금 뒤로 돌아가서 얘기해보려고 한다. 내가 이미 말한 것에 비추어보면, 짤막하게 언급할 수 있다. 페르시아인은 약 12만 명의 남자[21]로 구성되어 있다고 알려져 있다. 그리고 이들 중 어느 누구도, 법으로, 어떤 지위나 명예직에서 제외되지 않는다. 모든 페르시아인들은 자기 자녀들을 "정의를 가르치는 공공학교"에 보낸

---

21) 이 숫자는 동료 귀족계층(peers)을 의미하며, 페르시아의 전체 인구를 가리키는 것은 아니다.

다. 그러나 노동을 하지 않으며 아이들을 교육시킬 수 있는 지위에 있는 사람만이 자녀들을 학교에 보낸다. 그럴 상황이 아닌 사람들은 보내지 않는다. 일반학교의 교사들이 교육한 사람들은 젊은 시절을 청년반에서 보낼 수 있다. 반면 이러한 훈련과정을 완수하지 않은 사람들에게는 이것이 허락되지 않는다. 법이 요구하는 과정을 완수한 청년들은 장년층에 합류하게 되고 높은 관리직과 지위를 갖도록 허락된다. 반면 청년들 중에서 자신의 과정을 끝내지 못한 사람들은 장년층으로 진급할 수 없다. 그리고 장년층 중에서 자신의 과정을 별다른 허물 없이 끝마친 사람은 원로 계층이 된다. 원로들은 모든 명예와 탁월함을 누려온 사람들로 구성된다. 그들은 이러한 정책을 준수함으로써 그들의 시민이 최고의 시민이 될 수 있다고 여기는 것이다.

16 심지어 오늘날까지도 페르시아인들이 사용했던 적절한 식단과 그들이 식사한 후 운동으로 먹은 것을 소화시켰다는 증거가 남아 있다. 오늘날까지도 페르시아인들은 침을 뱉고, 코를 풀고, 또는 가스로 배가 불러 보이는 것을 예법에 어긋나는 행위로 간주한다. 소변을 보기 위해 또는 그런 종류의 일 때문에 다른 사람과 떨어져 가는 것 또한 예법에 어긋나는 일이다. 그리고 그들이 절제하는 생활을 하지 않고 힘든 작업을 통해 수분을 날려보내지 않았더라면, 그들에게 이러한 일은 불가능했을 것이며, 따라서 그것은 다른 식으로 행해진다.

이상이 일반적인 페르시아인들에 관해 우리가 이야기해야 되는 것들이다. 이제 우리가 이야기를 시작할 때의 목적을 완수하기 위해 키루스의 개인적인 역사를 그의 어린 시절부터 관련시켜 진행하려고 한다.

III

1 이상이 키루스가 12세 때까지 또는 그보다 조금 후까지 받은 교육 내용이었다. 그는 자신의 임무를 재빨리 숙지하고, 모든 일을 완벽하게 남자다운 방식으로 행하는 데 있어 또래의 다른 소년들보다 훨씬 뛰어났다. 아스티아게스가 자신의 딸과 외손자를 부르러 사람을 보낸 것은 키루스가 이 나이 때쯤이었다. 왜냐하면 아스티아게스는 때때로 키루스가 아주 드물게 타고난 미소년이라는 이야기를 듣고서 그 아이를 몹시 보고 싶어했기 때문이다. 따라서 만다네는 자신의 아들인 키루스를 데리고 그녀의 아버지에게 갔다.

2 그녀의 일행이 도착했을 때 선천적으로 다정다감한 키루스는 아스티아게스가 자신의 외할아버지임을 알아채고서, 마치 오랫동안 함께 살았거나 오랫동안 사랑했던 사람들이 그러하듯이 아스티아게스에게 키스했다. 키루스는 외할아버지가 눈 밑에 연필로 화장을 했고, 얼굴에는 입술연지를 칠했으며 머리에는 가발을 써서 장식하고 있다는 사실을 알아챘다. 이 모든 복장은 일반적인 메디아식 패션으로서, 메디아인들은 보라색 속옷인 튜닉[22]을 입고, 그 위에 망토를 걸쳤으며, 목에는 목걸이로 장식하고, 팔목에는 팔찌를 꼈다. 반면 페르시아인들은 오늘날까지도 집에서는 보통 간편한 복장을 하고 검소한 생활을 한다. 하여튼 키루스는 외할아버지의 치장한 모습을 응시하면서, "어머니! 외할아버지가 얼마나 멋있는지 모르겠어요!"라고 말했다. 그리고 만다네가 키루스에게 아버지와 외할아버지 중에서 누가 더 멋있냐고 질문하자, 키루스는 즉시 다음과 같이 대답

---

22) 고대 그리스 로마 시대에 입었던 소매가 짧고 무릎까지 내려오는 속옷―옮긴이.

했다. "어머니, 페르시아인 중에서는 아버지가 가장 멋있는 사람이지요. 그러나 메디아인들 중에서는, 그동안 길에서 보거나 궁궐 안에서 본 바로는, 여기 계신 외할아버지가 가장 멋진 분이십니다."

3 이 말을 듣고서 키루스의 외할아버지는 보답으로 그에게 키스를 하고 아름다운 옷을 주었으며, 왕의 총애의 징표로서 목걸이와 팔찌로 장식을 해주었다. 그리고 아스티아게스는 어디든지 말을 타고 갈 때에는 금으로 장식된 고삐가 달린 말에 키루스를 태워서 함께 데리고 갔다. 마치 예전부터 그렇게 나들이하는 것이 습관이었던 것처럼 말이다. 키루스는 원래 아름다운 것을 좋아하고 스스로 빼어나기를 열망하는 소년이었기 때문에, 자신의 치장된 옷에 기뻐하였으며, 말타기를 배우는 것을 매우 즐거워하였다. 페르시아에서는 말을 키우는 데 여러 어려움이 있었고, 지형 자체가 산으로 이루어져 있어서 말타기 연습을 하기가 어려웠기 때문에, 심지어 말을 보는 것만도 대단히 드문 일이었다.

4 그리고 아스티아게스는 자기 딸과 외손자와 같이 식사할 때, 키루스 앞에다 맛있는 반찬들뿐만 아니라 모든 종류의 양념과 고기를 가져다놓았다. 왜냐하면 그는 어린 소년이 향수병에 덜 시달리게 하기 위해 가능한 한 식사를 즐기기를 원했기 때문이다. 키루스는 그것을 관찰한 후 다음과 같이 말했다. "외할아버지께서는 식사하실 때 여기 있는 모든 음식에 팔을 뻗어서 맛을 보려면 어려움이 많으시겠어요!"

"왜 그렇지?" 아스티아게스가 물었다, "지금 너는 이 식사가 페르시아에서 하던 것보다 더 훌륭하다고 생각하지 않니?"

"아니오, 외할아버지," 키루스가 이에 대답했다, " 우리 페르시아에서는 배부르는 방법이 메디아보다 더욱 간단하고 직접적이에요. 왜냐하면 빵과 고기가 우리를 포만 상태로 이끌기 때문이죠. 그러나 외할아버지는 우리와 같은 목적을 추구하면서도 너무나 많은 미로를 헤매다가, 즉 위로 올라갔다가 다시 아래로 내려갔다가 하면서, 나중에야 겨우 우리가 이미 오래전에 도달했던 그 지점에 도착할 뿐이지요."

5 "그러나 애야," 아스티아게스가 말했다, "우리는 이렇게 헤매는 것에 반대하지 않는단다." 그는 덧붙여 말했다, "너 역시 이것을 맛보게 되면 얼마나 즐거운 일인지 알게 될 것이다."

"그러나 외할아버지," 키루스가 말했다, "저는 외할아버지께서도 이런 고급요리에 구역질나 하시는 것을 목격했어요."

"애야," 아스티아게스가 물었다, "왜 그렇게 판단했지?"

"왜냐하면," 키루스가 말했다, "외할아버지께서 빵을 집을 때에는 아무것에도 손을 씻지 않으셨는데, 다른 것들을 집을 때에는 그때마다 손을 수건에 닦는 것을 보았기 때문이지요. 외할아버지께서는 마치 그것에 손이 닿으면 그것 때문에 손이 더럽혀지는 것을 싫어하시는 것 같았어요."

6 "이 녀석아," 이에 아스티아게스가 대답했다, "네 판단이 정 그렇다면 적어도 고기라도 마음껏 먹어라. 나중에 집에 돌아갈 때 튼튼한 사람이 되어 있게 말이다." 이렇게 말하고 아스티아게스는 들에서 잡은 짐승의 고기와 집에서 기르는 가축의 고기를 듬뿍 집어 그의 앞에 갖다놓았다.

키루스가 그 많은 양의 고기를 보고 말했다. "외할아버지는 정말 이 모든 고기를 제가 마음대로 처리할 수 있도록 주신 거지요?"

"물론이지," 아스티아게스가 말했다, "제우스 신[23]에 맹세코 그게

---

23) 크세노폰은 제우스 신을 들먹이지만, 제우스는 그리스의 신이므로 여기서는 단지 '최고 신'이라는 뜻이다—옮긴이.

사실이다."

7 그러자 키루스는 고기를 어느 정도 집어들고서, 거기 서 있던 외할아버지의 하인들에게 나누어주려고 다가갔다. 그는 이번에는 이렇게 말했다. "나는 이것을 당신에게 주겠어요. 왜냐하면 당신은 나에게 말타기를 가르치느라고 수고가 많았으니까요. 또 당신은 나에게 창을 주었으니까 이것을 나누어드리죠. 지금 제가 가진 것이라고는 이게 전부니까요. 또 당신은 우리 외할아버지의 시중을 잘 들어주었으니까 당신에게도 드리죠. 또 당신은 우리 어머니에게 예의 바르고 공손하게 대해주니까 당신 역시 나누어드리죠." 그는 자신이 받은 고기를 모두 나누어줄 때까지 이와 같이 계속 말했다.

8 "그러나," 아스티아게스가 말했다, "너는 이중에서 내가 제일 좋아하는 사람인 술을 따라주는 사카스(Sacas)에게는 아무것도 나누어주지 않는구나." 사카스는 아스티아게스에게 용무가 있는 사람들을 그에게 인도해주거나, 또는 들어오게 하는 것이 편하지 않겠다고 판단되는 사람들은 밖으로 나가게 하는 임무를 맡고 있는 멋지게 생긴 자다.

키루스는 아직까지 부끄러움을 모르는 소년이 그러하듯이 주제넘게 물었다. "제발, 외할아버지, 왜 이런 사람을 그렇게 좋아하십니까?"

그러자 아스티아게스는 농담처럼 대답했다. "너는 그가 얼마나 멋지고 우아하게 포도주를 따르는지 보지 못했느냐?" 오늘날 왕에게 술을 따라주는 사람들은 점잖은 태도로 그 직무를 수행한다. 그들은 산뜻하게 술을 따르고 세 손가락으로 술잔을 날라서 술을 마시려는 사람에게 가장 편리하게 술잔을 잡을 수 있도록 술잔을 제공한다.

9 "그러면 외할아버지," 키루스가 말했다, "사카스한테 제가 그를 대신해서 술잔을 갖다주게 하라고 명령해주세요. 그러면 제가 외할

아버지가 드실 수 있도록 가능하다면 능숙하게 술을 따라서 외할아버지의 총애를 받아야겠어요."

그러자 아스티아게스는 사카스에게 술잔을 주도록 명령했다. 키루스는 그 잔을 건네받고는, 사카스가 예전에 했던 방식을 잘 기억해두었다가 바로 그대로 술잔을 잘 닦은 다음 외할아버지에게 그것을 가져갔다. 키루스가 술잔을 가져가는 모습이 매우 비장하고 중요한 일을 하는 것같아서, 그것을 보는 그의 어머니와 아스티아게스는 마음속으로 웃었다. 키루스 자신도 역시 웃으며 외할아버지의 무릎 위로 뛰어올라 키스하면서 다음과 같이 말했다. "사카스, 너는 이제 끝장이야. 나는 너를 내쫓을 거야. 왜냐하면 나는 어떤 점에서는 너보다 술 따르는 일을 더 잘할 수 있어. 더욱이 나는 술을 한 방울도 마시지 않아."

왕에게 술 따르는 시종이 잔을 가져갈 때 국자로 술을 조금 떠서 자신의 왼쪽 손에 붓고 그것을 삼켜보기 때문에, 설사 거기에 독을 넣었어도 그 일로 어떤 이득도 얻지 못하게 된다는 것은 이제는 잘 알려진 사실이다.

10 그러자 아스티아게스가 농담삼아 말했다. "얘야, 너는 다른 모든 점에서는 사카스를 모방하면서 왜 술은 한 모금도 마시지 않느냐?"

키루스가 말했다. "제우스 신에 맹세코, 저는 독약이 잔에 섞여 있을까봐 두려웠습니다. 그리고 제가 두려워하는 이유가 있지요. 왜냐하면 외할아버지 생신날 외할아버지께서 친구들을 초대하여 파티를 즐기실 때 저는 사카스가 외할아버지 친구분들의 술잔에 독약을 넣는 것을 발견했습니다."

"아니, 얘야," 아스티아게스가 말했다, "어떻게 그것을 발견했지?"

키루스가 말했다. "왜냐하면 저는 모든 분의 몸과 마음이 불안정한 것을 보았습니다. 먼저 그분들 스스로 저와 같은 소년에게는 결코 허락되지 않는 일을 계속하셨습니다. 예를 들면 그들은 계속해서 소리를 질러댔습니다. 그리고 동시에 다른 사람이 말하는 것을 아무도 듣지 않았습니다. 그들은 아주 우스꽝스러운 모습으로 노래하는 데 빠져 있었으며, 가수가 노래하는 것을 귀담아 듣지 않았는데도 그가 노래를 뛰어나게 잘 불렀다고 맹세했습니다. 각자 자신의 힘에 관해 이야기하고 있었지만, 모두 일어서서 춤을 추게 되었을 때 박자에 맞춰 춤을 잘 추기는커녕 똑바로 서 있을 수조차 없었습니다. 그들 모두는 외할아버지께서 왕이며, 다른 나머지 사람들의 주군이라는 사실을 잊고 있었습니다. 바로 그때, 제가 처음으로 발견한 것은 외할아버지께서 하고 계신 일이 외할아버지가 자랑스러워하시는 '평등하게 말할 자유'라는 것을 발견했습니다. 하여튼 그들 중 어느 누구도 침묵을 지키는 자는 없었습니다."

11 "그러나, 얘야," 아스티아게스가 물었다, "네 아버지도 술 마시면 취하지 않니?"

"아니오," 그가 대답했다.

"그러면, 네 아버지는 어떻게 그것을 조절하지?"

"제 아버지는 단지 갈증을 해소할 뿐이지 더 이상의 해를 겪지 않습니다. 왜냐하면 아버지에게는 사카스처럼 술을 따라주는 사람이 없기 때문이라고 생각합니다."

이때 키루스의 어머니가 물었다. "아들아, 너는 도대체 왜 사카스에게 그토록 적대적이니?"

"제우스 신에 맹세코," 키루스가 대답했다, "저는 그가 싫어요. 왜냐하면 제가 때때로 외할아버지를 뵈러 막 달려가고 싶어할 때 이 비열한 악당이 저를 막으니까요." 그리고 그는 덧붙여 말했다. "그러나 외할아버지, 바라옵건대 제가 그를 지배할 수 있도록 3일 동안의 시간을 저에게 허락해주세요."

"어떻게 그를 다스리겠느냐?" 아스티아게스가 물었다.

키루스가 대답했다. "그가 하는 것처럼 문가에 서 있겠어요. 그리고 그가 점심식사를 하기 위해 들어오려고 할 때, '너는 아직 점심을 만날 수 없어. 왜냐하면 점심은 다른 사람에게 이미 예정되어 있어'라고 말하겠어요. 그리고 그가 저녁식사를 하러 올 때, '저녁은 목욕중이야'라고 말하고, 또한 그가 몹시 배가 고파서 먹는 것에 혈안이 되어 있을 때, '저녁은 여자들과 같이 있어'라고 말할 거예요. 그가 지금까지 제가 외할아버지에게 접근하는 것을 가로막으면서 저를 괴롭혔던 것만큼, 저는 그를 괴롭힐 때까지 그 일을 계속할 것입니다."

12 이와 같이 키루스는 저녁식사 자리에서 즐거움을 제공해주었다. 낮에 그의 외할아버지나 외삼촌이 어떤 것이 필요할 때, 그보다 앞서서 다른 사람이 그것을 조달하기는 어려웠다. 왜냐하면 키루스가 자신이 할 수 있는 것은 어떤 서비스든지 그들에게 제공해주면서 매우 기뻐했기 때문이다.

13 만다네가 남편에게 돌아가려고 준비할 때, 아스티아게스는 그녀에게 키루스를 이곳에 남겨두고 가라고 요청했다. 그녀는 아버지에게 즐거움을 주는 일은 무엇이든지 하고 싶었지만, 어린아이를 그의 의사에 반해서 남겨두고 가는 것은 어려운 일이라고 대답했다.

14 그러자 아스티아게스는 키루스에게 말했다. "얘야, 네가 여기서 나와 머물고 싶어한다면, 먼저 사카스에게 명령하여 네가 나에게 접근하려 할 때 제지하는 것을 못하게 하겠다. 그러니 네가 나를 보고 싶을 때마다 나를 보러 오는 것은 오직 너에게 달려 있을 것이다. 네가 자주 오면 올수록 나는 너에게 더욱 감사하게 생각하겠다. 둘째로, 너는 나의 말들뿐만 아니라 그밖의 네가 원하는 것은 무엇이든지

사용할 수 있을 것이다. 그리고 나중에 네가 집으로 돌아갈 때 그것들 중 네가 원하는 것은 무엇이든지 가져갈 수 있을 것이다. 또한 식사 때에는 절제하기 위해 네가 원하는 어떤 방식을 택해도 된다. 그리고 지금 동물공원에 있는 동물들을 너에게 줄 것이며, 모든 종류의 동물도 내가 다 모아주겠다. 네가 말타는 법을 배우기만 하면 그것을 배우자마자 어른들이 그러는 것처럼 활과 창을 가지고 동물을 사냥하고 죽일 수도 있을 것이다. 나는 또한 네 놀이친구들을 찾아줄 것이며, 그밖에 네가 원하는 어떤 것들도 네가 말하기만 하면 그것을 받을 수 있을 것이다."

15 아스티아게스가 이렇게 말하고 난 후, 키루스의 어머니는 그에게 계속 머무르고 싶은지 아니면 집으로 돌아가고 싶은지 물어보았다. 그는 별로 망설이지도 않고 즉시 머무르고 싶다고 말했다. 이번에는 어머니가 머무르고 싶어하는 이유를 물어보니까, 그는 다음과 같이 대답했다고 한다. "어머니, 고향에서 저는 제 또래의 애들 중 창던지기와 활쏘기는 최고라는 명성을 얻고 있습니다. 그러나 여기서는 제 또래의 다른 애들보다 말타기에는 열등합니다. 그리고 이 사실이 저를 몹시 화나게 합니다. 저를 여기에 두고 가시면 저는 말타기를 배울 것이고, 나중에 페르시아로 돌아갔을 때 거기 있는 아이들이 걸어서 운동하는 데에만 익숙한 것에 비해 그들을 쉽게 능가할 수 있을 것이며, 후에 다시 메디아에 오게 될 때 가장 능숙하게 말타는 사람이 되어서 외할아버지를 도와드릴 수 있는 사람이 될 것입니다."

16 "그러나 내 아들아," 그의 어머니가 물었다, "너를 가르치는 선생님들이 고향 페르시아에 있는데 너는 어떻게 여기서 정의에 대해 배울 수 있겠니?"

"어머니," 키루스가 말했다, "그것이 바로 제가 완전히 이해하고 있는 것들 중 하나지요."

"어째서 그렇지?" 만다네가 물었다.

키루스가 대답했다. "제 선생님은 제가 이미 정의가 무엇인지에 대해 능숙하다고 전제하고서 다른 사람들에 관한 사건들에 판결을 내리라고 지시하셨어요. 그리고 한 번은 제가 올바르게 결정하지 않았다고 채찍질을 맞은 적이 있지요. **17** 그것은 이런 사건이었습니다. 작은 튜닉을 입고 있는 어느 덩치 큰 소년이 큰 튜닉을 입고 있는 덩치가 작은 다른 소년을 발견하고서 자신의 옷을 그에게 주고 그의 옷은 벗겨서 자신이 입었답니다. 그래서 제가 그 사건을 심리하게 되었는데, 저는 그들 각자가 자신의 몸에 맞는 튜닉을 입게 되었기 때문에 두 사람이 서로 옷을 바꿔 입은 것이 모두에게 낫다고 결정했습니다. 그러자 선생님은 저를 매질하시면서 말씀하시기를, 만일 제가 모양새를 재판하는 재판관이라면 제가 판결했던 것과 같이 그렇게 해야 하지만, 그 옷이 누구의 튜닉인지를 결정하는 것이 제 의무였다면 누가 소유하는 것이 정당한지 조사해야 했다고 말씀하셨습니다. 즉 옷을 강제로 벗긴 사람이 그 옷을 소유하는 것이 옳은지, 아니면 옷을 자신이 만들어서 입거나 사서 입은 사람이 그것을 소유하는 것이 옳은지를 말입니다. 그리고 법에 따르는 것이 옳고, 법에 따르지 않는 것은 그르기 때문에 재판관은 항상 법에 따라 판결을 내려야 한다고 말씀하셨습니다. 어머니, 지금 들으셔서 잘 아시겠지만, 저는 이미 정의에 관한 모든 함의에 있어 이와 같이 완전히 이해하고 있습니다." 그리고 그는 덧붙여서 말했다. "제가 그 이상의 어떤 것을 더 알기를 원한다면, 여기 계신 외할아버지께서 그것을 가르쳐주실 것입니다."

18 "얘야, 내 아들아," 그녀가 말했다, "그러나 외할아버지의 법정에서는 페르시아 사람들이 인정했던 것과 같은 종류의 정의 원칙을 인정하지 않는단다. 외할아버지께서는 스스로의 힘으로 메디아

에 있는 모든 것의 지배자가 되셨지만, 페르시아에서는 권리의 평등을 정의로 간주한단다. 그리고 페르시아에 계신 네 아버지는 국가가 명령하는 것을 행하고 법률로 선포된 것을 가장 먼저 받아들이는 사람이며, 그것의 기준은 자신의 의지가 아니라 법이란다. 그러므로 네가 외할아버지에게서 왕정(kingship)이 아니라 폭정(tyranny)의 원칙들—그 폭정의 원칙 중 하나는 한 사람이 다른 모든 사람들보다 더 많이 갖는 것이 옳다는 원칙—에 관한 지식을 얻어서 집으로 돌아온다면, 너는 반죽음이 될 정도로 매맞을 각오를 하거라."

"그러나, 어머니," 키루스가 말했다, "적어도 외할아버지께서는 사람들에게 더 많이 갖게 하기보다는 더 적게 갖도록 가르치는 데 더욱 빈틈이 없으십니다." 그는 계속해서 말했다. "어머니께서는 왜 외할아버지께서 모든 메디아 사람에게 자신보다 덜 갖도록 가르쳐왔는지 모르시겠습니까? 하여튼 어머니는 외할아버지께서 당신의 지도 하에서 저나 다른 누구에게도 너무 많이 갖도록 훈련시킬까봐 두려워하지 마십시오."

IV

1 이런 식으로 키루스는 종종 수다를 떨었다. 그러나 결국 그의 어머니는 가버렸고, 키루스는 남아 메디아에서 양육되었다. 그는 곧 또래의 다른 소년들과 아주 친밀하게 지내게 되었으며 그들과 친한 사이가 되었다. 그리고 그는 친구들의 아버지를 방문했을 때 자신이 그들의 아이들을 사랑하고 있다는 것을 보여줌으로써 그들의 마음을 사로잡았다. 그래서 그들은 왕의 호의를 받고 싶을 때는 자식을 충동질해서 키루스로 하여금 왕에게 부탁해달라고 시켰다. 키루스는 친절하고 인기에 대한 갈망이 컸기 때문에, 친구들이 요청하는 것은 무

엇이든 확실하게 들어주기 위해 모든 노력을 다했다. 2 아스티아게스는 키루스가 요청하는 어떠한 부탁도 거절할 수 없었다. 이것은 당연했다. 왜냐하면 외할아버지가 아팠을 때 키루스는 그의 곁을 한시도 떠나지 않고 비탄에 잠겨 눈물을 내내 흘렸고, 주위의 모든 사람에게 외할아버지가 돌아가실까봐 몹시 두려워하고 있다는 것을 분명히 보여주었기 때문이다. 심지어 한밤중에도 아스티아게스가 원하는 것이면 키루스는 다른 누구와도 견줄 수 없을 정도로 재빠르게 그것을 발견해서 가장 먼저 가져왔으며, 아스티아게스를 즐겁게 해줄 수 있다고 생각되는 일은 만사를 제쳐두고 뛰어가서 수행하곤 했기 때문에 키루스는 아스티아게스의 마음을 완전히 사로잡았다.

3 아마도 그는 부분적으로는 그의 교육 때문에, 즉 선생님이 항상 그가 한 일에 대해 설명하라고 했고 그가 재판관일 때마다 다른 사람들에게 설명을 얻어내라고 요청했기 때문에, 말수가 너무 많은 편이었다. 또한 부분적으로는 타고난 호기심 때문에 그는 습관적으로 자기 주변에 있는 사물들이 왜 이러저러한지에 대해 많은 질문을 제기했다. 그리고 그의 정신은 깨어 있었기 때문에 다른 사람들이 그에게 제기한 질문에도 즉시 대답했다. 따라서 이 모든 이유 때문에 그에게는 수다스러움이 자라났던 것이다. 그러나 이것은 불쾌한 것이 아니었다. 왜냐하면 아직 나이가 어린데도 육체적으로 성장한 사람들에게서 어리다는 풋내음이 나타나는 것처럼, 키루스도 그의 수다스러움이 주제넘고 건방져 보이기보다는 순진하고 애정 있는 성격을 드러내주어서, 단지 그의 곁에 앉아서 그가 침묵을 지키도록 만드는 것보다는 그의 입에서 조금 더 많은 이야기를 듣는 것이 즐거운 일이었다.

4 그러나 그의 키가 커지고 나이가 들어감에 따라, 또 이제 청년의 신분이 되어감에 따라 그는 점점 말수가 적어졌고, 목소리는 좀더 가

라앉았으며, 수줍어해서 어른들을 만날 때마다 실제로 얼굴을 붉히곤 했다. 그리고 다른 사람들이 말하는데 불쑥 끼어드는 것과 같은, 주제넘게 앞에 나서는 건방진 태도는 더는 보이지 않게 되었다. 따라서 그는 매우 조용해졌지만 사회적인 교류에서는 여전히 매력적인 태도를 견지했다는 것은 틀림없는 사실이다. 소년들도 역시 그를 좋아했다. 왜냐하면 같은 나이 또래의 아이들이 종종 습관적으로 함께 참여하는 모든 시합에서 그는, 자신이 동료들보다 우월하다는 것을 알고 있는 경기에서는 동료들과 겨루지 않는 반면, 자신이 동료들보다 훨씬 못하다는 것을 알고 있는 경기에서는 자신이 그들보다 잘할 수 있을 것이라고 말하면서 시합을 제안했기 때문이다. 그는 아직까지 말을 잘 타지 못했는데도 즉시 앞장서서 말 위로 뛰어올라 말 위에서 활쏘기와 창던지기를 겨뤘다. 그리고 그가 승부에 졌을 때에는 매우 진심 어린 표정으로 크게 웃곤 했다.

5 그는 패배했다고 움츠러들지 않았으며, 패배할지도 모르는 것을 외면함으로써 발뺌하지도 않았다. 그는 다음에 더 잘하려고 끈질기게 시도했다. 따라서 그는 말타기에서 아주 빠른 속도로 동료들과 비슷한 수준이 되었으며, 또한 운동을 남다르게 좋아했기 때문에 곧바로 그들을 능가하게 되었다. 그리고 오래지 않아 동물원에 있는 동물들을 사냥하고, 쏘고, 죽이고 함으로써 공급된 사냥감을 모두 고갈시켰다. 그 결과 아스티아게스는 그를 위해 더 이상의 동물들을 끌어모을 수가 없었다. 키루스는 자신이 그렇게 원하는데도 아스티아게스 왕이 더 이상 살아 있는 동물을 조달해주지 못하는 것을 보고, 그에게 다음과 같이 말했다. "외할아버지, 저 때문에 동물을 얻으려고 왜 그렇게 애쓰세요? 저를 외삼촌과 함께 사냥하도록 밖으로 보내주시기만 하면, 제가 발견하는 모든 동물이 곧 사냥감이 될 텐데요." 6 그는 밖으로 나가서 사냥하는 것을 몹시 원했지만, 소년시절처럼 애걸

복걸할 수는 없었다. 그는 접근하는 데 점점 조심스러워졌다. 그리고 예전에 사카스에게서 발견했던 문제점, 즉 그가 외할아버지에게 접근하는 것을 사카스가 허용하지 않았던 것과 같이, 이제 키루스는 자기 자신이 사카스가 되어 외할아버지에게 다가가는 것을 가로막았다. 왜냐하면 그는 적절한 시간이 아니면 외할아버지의 거처에 들어가지 않았기 때문이다. 그리고 그는 모든 수단을 동원하여 사카스에게 어느 때가 편리한 시간인지 알려달라고 요청했다. 그러자 사카스는 다른 사람들이 그러하듯이 이제 그를 소중히 사랑하게 되었다.

7 아스티아게스는 키루스가 밖으로 나가서 사냥하는 것을 몹시 갈망하고 있다는 사실을 깨닫고, 그에게 외삼촌과 함께 사냥 나가는 것을 허락했다. 또한 왕은 그를 돌봐주고, 위험한 장소에서 멀리하게 하며, 만약 나타날지도 모르는 맹수들의 공격에서 그를 보호하기 위해, 일단의 연장자들을 말에 태워 딸려 보냈다. 키루스는 그를 시중드는 사람들에게 어떤 동물에게 접근해서는 안 되는지, 또 어떤 동물은 두려움 없이 쫓아갈 수 있는지 등에 관해 열심히 물어보았다. 그들은 키루스에게 곰, 멧돼지, 사자, 표범 같은 맹수들은 자기에게 접근하는 사람들을 많이 죽이며, 사슴, 영양, 산양, 당나귀 같은 동물들은 해가 없다고 말해주었다. 또한 맹수만 조심해야 하는 것이 아니라 위험한 장소에도 주의를 기울여야 한다고 일러주었다. 왜냐하면 수많은 사람들이 말타고 사냥감을 쫓아가다가 말과 함께 절벽으로 떨어져버리곤 했기 때문이다.

8 이 모든 교훈들을 키루스는 열심히 배웠다. 그러나 사슴 한 마리가 숲속에서 뛰어나오는 것을 보자, 그는 지금까지 들었던 모든 것을 잊어버리고 사슴이 달려가는 방향을 보고 쫓아갔다. 그가 타고 있던 말이 장애물을 뛰어넘으려다 무릎을 구부리면서 넘어지게 되자 하마터면 말머리 너머로 던져질 뻔했다. 그러나 키루스는 가까스로 안

장에 붙어 말이 다시 일어날 때 중심을 유지해주었다. 다시 안정된 자세를 취하게 되자, 그는 창을 던져서 커다란 사냥감인 사슴을 쓰러뜨렸다. 물론 그는 크게 기뻐했다. 그러나 그의 보호자들이 다가와서 그를 꾸짖었다. 그리고 그가 어떤 위험에 처했었는지 말해주면서, 그의 행동을 왕에게 보고하겠다고 선언했다. 그때 키루스는 거기에 서 있었다. 왜냐하면 그는 이미 말에서 내린 상태였기 때문이다. 그는 그들이 이런 식으로 말하는 것에 당혹해했다. 그러나 그는 어떤 고함 소리를 듣고서 미친 듯이 말에 뛰어 올라탔다. 그는 멧돼지 한 마리가 자기 쪽으로 똑바로 달려오는 것을 보고, 그것을 잡으러 말을 달려가서 창을 잘 겨냥하여 두 눈 사이의 정수를 맞추고 그놈을 쓰러뜨렸다. 9 그러자 이번에는 외삼촌이 그를 비난했다. 왜냐하면 그는 조카의 무모함을 목격했기 때문이다. 그러나 외삼촌의 꾸짖음을 들었는데도 키루스는 자기 힘으로 잡은 모든 사냥감들을 집으로 가져가서 외할아버지께 보여드릴 수 있도록 허락해달라고 요청했다. 그의 외삼촌은 이렇게 말했다고 전해진다. "그러나 외할아버지께서 네가 사냥감들을 추적했다는 사실을 아시게 되면 너뿐만 아니라 나까지도 너에게 그것을 허락했다는 죄목으로 혼내실 것이다."

키루스가 말했다. "만일 외할아버지께서 그렇게 하시겠다면 저를 채찍질하게 그냥 내버려두십시오. 저는 사냥감들을 할아버지께 드릴 수만 있다면, 외삼촌께서 원하시는 어떤 방식으로든지 저를 벌주셔도 좋습니다. 단지 저의 이 부탁만은 들어주십시오."

결국 키악사레스(Cyaxares)[24]는 마지못해 말했다. "네가 원하는 대로 하거라. 지금은 네가 우리들의 왕인 것 같구나."

---

24) 키루스의 외삼촌 이름이다. 후에 그는 아스티아게스의 뒤를 이어 메디아의 왕이 된다―옮긴이.

10 그래서 키루스는 자신이 잡은 동물들을 성안으로 가져가서 외할아버지께 드렸다. 그는 외할아버지를 위해서 자신이 직접 잡았노라고 말했다. 사냥할 때 사용한 창을 외할아버지께 보여드리지는 않았지만, 그가 생각하기에 외할아버지가 지나다니다가 잘 볼 수 있도록 눈에 띄는 곳에다 그 창을 피가 묻어 있는 채로 놓아두도록 했다. 그러자 아스티아게스가 말했다. "얘야, 네가 준 것들을 받아보니 매우 기쁘구나. 그러나 이것들 중에는 네가 그것을 위해 네 생명을 걸만큼 나에게 필요한 것은 없구나."

"외할아버지," 키루스가 말했다, "그것들이 필요없으시다면, 저에게 주세요. 그러면 제 친구들과 나누어 가질게요."

"좋다, 얘야," 아스티아게스가 말했다, "이것들과 나머지 사냥감들을 네가 원하는 만큼 가져가서 네가 주고 싶은 사람에게 나누어주도록 해라."

11 그래서 키루스는 사냥감들을 받아들고 밖으로 나가 소년들에게 나누어주었다. 그때 그는 이렇게 말했다. "얘들아, 우리가 놀이터에서 사냥했던 건 참으로 시시했어. 그것은 적어도 나에게는 꽁꽁 묶여 있는 동물들을 사냥하는 것 같았거든. 우선 그 동물들은 작은 공간에만 있었고, 게다가 야위고 더러웠어. 그 가운데 한 마리는 다리를 절었고 다른 하나는 다리가 아예 잘려 있었지. 그러나 산과 들에 있던 야생 동물들은 얼마나 훌륭해 보이던지, 그리고 또 얼마나 커다랗고 윤기가 있어 보이던지! 하늘로 뛰어오르는 사슴은 마치 날개를 단 듯했고, 사람에게 달려들던 멧돼지는 마치 용감한 병사가 전쟁터에서 그러는 것처럼 보였어. 그리고 몸집이 컸기 때문에 그놈들을 놓친다는 것은 불가능했어. 나에게는 살아 있지만 우리에 갇혀 있는 동물보다 죽었지만 내가 사냥한 것들이 진실로 더욱 아름다워 보였어. 그러나 너희 아버지들은 너희들에게 밖으로 나가 사냥하는 것을 허락하

지 않으시겠지?"

"아무렴," 그들이 말했다, "아스티아게스 왕께서 말씀만 해주시면 가능하기도 할 텐데."

12 "아스티아게스 왕에게 그와 같이 말해줄 사람이 누구라고 생각하니?" 키루스가 물었다.

"그분의 동의를 얻어내기에 너보다 더 적합한 사람이 어디 있겠니?" 그들이 말했다.

"제우스 신에 맹세코 아니야," 키루스가 말했다, "나는 아니야. 내가 어떤 종류의 사람이 되었는지 나도 모르겠어. 왜냐하면 나는 예전에 그랬던 것처럼 외할아버지한테 말을 건넬 수도 없고, 심지어 더이상 그를 쳐다볼 수도 없어. 그리고 이러다가 바보나 얼간이가 되어버릴까봐 두려워. 내가 어린아이였을 때에는 수다에 가깝도록 말을 잘한다는 소리를 들었는데 말이야."

아이들이 말했다. "그거 우리한테는 아주 나쁜 소식이구나. 필요한 경우에 네가 우리를 위해서 행동할 수 없게 된다면 말이야. 우리는 이제 다른 사람에게 너의 역할을 대신해달라고 요청해야겠는걸."

13 이 말을 듣고 키루스는 초조해져서 아무 말도 없이 가버렸다. 모험을 하기 위해 용기를 내어, 또한 가장 성가시지 않게 외할아버지에게 이 얘기를 꺼내서 자신과 아이들을 위해 그 아이들이 원하는 것을 성취하려면 어떤 계획을 세워야 하는지 숙고한 후 그는 안으로 들어갔다. 그는 이렇게 시작했다. "외할아버지, 만일 외할아버지의 하인 중 한 사람이 도망갔는데 그를 다시 붙잡는다면 그에게 어떻게 하시겠는지 저에게 말씀해주시겠어요?"

외할아버지가 말했다. "그를 사슬로 묶어서 일을 시키는 것 외에 달리 무슨 방도가 있겠느냐?"

"하지만 그가 자발적으로 다시 돌아온다면요?"

"그와 같은 일을 다시는 저지르지 못하게 그를 채찍질한 다음, 예전처럼 다루는 수밖에 별도리가 있겠니?" 키루스의 외할아버지가 말했다.

"그렇다면 외할아버지께서 저를 회초리로 때리실 때가 바로 지금입니다." 키루스가 말했다. "왜냐하면 저는 외할아버지에게서 도망쳐서 친구들을 데리고 밖으로 나가 사냥할 계획을 세우고 있었으니까요."

"네가 나에게 미리 말해준 것은 잘한 일이다." 아스티아게스가 말했다. "이제부터 나는 네가 궁궐에서 벗어나 휘젓고 다니는 것을 금한다. 조그마한 고깃덩어리를 얻기 위해 부주의하게 행동하다가 내 딸이 자신의 아들을 잃게 되는 것은 곤란한 일이 될 테니까 말이다."

14 키루스는 이 말에 복종하기로 하고 집에서 머물렀다. 그는 아무 말도 하지 않았으며, 계속해서 풀이 죽은 채 뾰로통하게 지냈다. 아스티아게스는 그가 심히 우울해하고 실망해 있는 것을 보고서, 그에게 기쁨을 주기 위해 그를 데리고 밖으로 사냥을 나갔다. 그는 다른 소년들도 함께 가는 것을 허락했으며, 수많은 사람들이 걷거나 말을 타고 함께 갔다. 그리고 말을 타고 쫓아가기에 가능한 지역으로 야수들을 몰아갔을 때, 그는 대규모 사냥을 시작했다. 왕인 그가 직접 참석했기 때문에, 그는 왕의 명령으로 키루스가 사냥을 시작하기 전에 다른 사람들이 창을 던져서는 안 된다고 명령했다. 그러나 키루스는 외할아버지가 참견하는 것을 받아들이지 못하고 이렇게 말했다. "만약 외할아버지께서 제가 사냥을 즐기기를 원하신다면, 저의 모든 친구들도 같이 쫓아가서 서로가 자신의 능력을 보일 수 있게 분투하며 최선을 다하도록 허락해주세요."

15 그러자 아스티아게스는 이 말에 동의하고 그 자리에 서서 그들이 맹수에게 경쟁적으로 달려가서 열심히 추적하며 창 던지는 것을

지켜보았다. 키루스가 기쁜 나머지 더 이상 침묵하지 않고 동물에 가까이 접근할 때마다, 그리고 친구들의 이름을 부르면서 격려할 때마다 잘 길러진 사냥개처럼 소리 지르는 것을 보고 왕은 매우 즐거워했다. 또한 왕은 키루스가 질투하지 않고 어떤 친구에게는 웃음을 지어 보이고 또 다른 친구한테는 칭찬하는 것을 보고 기뻐했다. 결국 아스티아게스는 많은 양의 사냥감을 들고 집으로 돌아왔다. 그는 그때의 사냥에 대해 매우 기뻐했으며, 그 후로도 가능할 때마다 키루스와 함께 사냥을 가곤 했다. 그리고 그때마다 그는 다른 많은 사람을 데리고 갔을 뿐만 아니라, 특히 키루스를 위해서 다른 소년들도 함께 데리고 갔다.

따라서 키루스는 모두에게 즐겁고 좋으면서 어느 누구에게도 불쾌한 것에 책임질 것이 없는 것을 만들어내는 데 대부분의 시간을 보냈다.

16 키루스가 15, 16세쯤 되었을 때, 아시리아 왕의 아들이 자신의 결혼식 때 사용할 사냥감들을 직접 얻고 싶어했다. 그는 아시리아와 메디아의 국경지역이 전쟁 때문에 사냥할 수가 없어서 수많은 사냥감들이 그대로 보존되어 있다는 이야기를 듣고, 그곳에서 사냥하기를 원했던 것이다. 그래서 그는 어떤 위험한 상황에도 부딪치지 않은 채 사냥을 하기 위해 많은 수의 기병과 몰이꾼들—즉 그가 말을 달리면서 사냥할 수 있게 넓고 사냥하기에 적합한 곳으로 사냥감을 수풀 속에서 몰아내는 자들—을 함께 데리고 갔다. 전방 요새와 병영이 있는 곳에 도착해서, 그는 저녁식사를 하면서 다음 날 일찍부터 사냥할 수 있도록 계획을 세웠다.

17 저녁 무렵이 되었을 때 병영에 기병과 보병으로 구성된 증원군이 도시에서 왔다. 그러므로 그는 자신이 즉시 사용할 수 있는 대규모의 군대를 갖고 있다고 생각했다. 두 개의 수비대가 그곳에 함께

있었으며, 그 자신도 많은 수의 기병과 보병을 데리고 왔기 때문이다. 따라서 그는 메디아의 경계선을 넘어 약탈할 수 있는 최상의 기회라고 생각하고, 사냥의 성과가 더욱 훌륭해질 것이며 잡을 수 있는 사냥감이 더 많아질 것이라고 기대했다. 그래서 그는 날이 밝자마자 군대를 이끌고 밖으로 나왔다. 보병부대는 전선에 남겨두었다. 반면 그 자신은 메디아인들의 전초기지를 향해 말을 타고 달려가서 가장 용감한 병사들과 함께 거기서 번을 섰다. 왜냐하면 메디아 군대가 자기 땅을 약탈하는 사람들에게 대항하기 위해 달려오는 것을 방해하기 위해서였다. 그는 각 부대에 적절한 사람들을 파견했다. 누구는 어느 방향으로, 또 다른 누구는 다른 방향으로 병사들을 보내, 그에게 가져올 수 있는 것은 무엇이든지 잡아오라고 명령을 내리고 그 지역을 약탈하게 했다.

그래서 메디아 군대는 이 작전에 참가하게 되었다. **18** 아스티아게스는 자기네 국경 안에 적군인 아시리아인들이 들어와 있다는 말을 전해듣자, 친히 근위병들을 데리고 출동했으며, 그의 아들도 마찬가지로 그때 마침 가까이에 있던 기사들을 이끌고 전선으로 출동했다. 또한 아스티아게스는 다른 모든 사람들에게 그를 도우러 오라는 지침을 내렸다. 그러나 메디아인들은 많은 수의 아시리아 군대가 정렬해 있고 기병들이 움직이지 않고 서 있는 것을 보자 멈추어 섰다.

키루스는 나머지 사람들이 전력으로 달려가는 것을 보고 처음으로 자신의 갑옷과 투구를 몸에 걸치고 출발했다. 그가 생각하기에 이것은 결코 다시 올 것 같지 않은 좋은 기회였다. 그는 너무도 자신의 몸에 무장을 걸치고 싶어했다. 그것은 외할아버지가 그를 위해 특별히 주문한 것으로 매우 아름답고 그에게 잘 맞는 갑옷과 투구였다. 그는 이렇게 무장을 갖추고 말 위에 올라타 있었다. 아스티아게스는 키루스가 누구의 명령으로 그곳에 왔는지 의아했지만, 그를 자기 곁으로

와 있으라고 말했다.

19 키루스는 말을 탄 수많은 사람들이 그들과 대치한 채 저편에 서 있는 것을 보고 다음과 같이 물었다. "외할아버지, 말안장에 조용히 앉아 있는 저들은 적인가요?"

"그래, 저들은 적이란다." 아스티아게스가 대답했다.

키루스가 말했다. "저기 말 위에 타고 있거나 내려와 있는 자들도 모두 적인가요?"

"그래, 저들도 적이란다."

"그렇다면 외할아버지," 키루스가 말했다, "분명히 저들은 우리의 영토를 침범하는 잘못을 저질렀으며, 흉악한 말을 타고 있는 악당들이군요. 음, 우리들 중 누군가 그들의 잘못에 대해서 벌을 주어야만 하겠는데요."

"그러나 저렇게 많은 수의 기병이 저기 밀집대형으로 서 있는 것이 보이지 않느냐," 왕이 말했다, "만일 우리가 저기 있는 자들의 책임을 물으려 한다면, 그들이 우리를 공격하지 않겠니? 우리는 주력부대가 아직 도착하지 않았단다."

키루스가 말했다. "그러나 외할아버지께서 여기에 머물러 있으면서 원군이 합류하기를 기다리며 전력강화에만 힘쓰다 보면, 우리 군대는 적을 두려워하고 움직이려 들지 않을 거예요. 반면 저기 있는 침입자들은 우리들 중 누군가가 그들을 책하려 하는 것을 보자마자 노획물을 버리고 도망치고 말 것입니다."

20 키루스가 이렇게 말했을 때, 아스티아게스에게는 그 제안 속에 무엇인가 들어 있는 것처럼 보였다. 아스티아게스는 외손자가 이토록 영리하고 빈틈이 없는지 놀라워하면서, 자기 아들에게 일단의 기병을 이끌고 가서 침범해온 자들을 공격하라고 명령했다. 아스티아게스가 말했다. "만일 다른 놈들이 너에게 대항해서 움직이면 내가

그들을 공격해서 그들의 주의를 우리에게 돌리도록 만들겠다."

그러자 키악사레스는 가장 강력한 일단의 기병과 보병을 데리고 앞으로 나아갔다. 그들이 움직이기 시작하는 것을 보고 키루스는 재빨리 달려가서 선두에 섰다. 반면 키악사레스는 키루스의 뒤를 따르게 되었고 나머지 사람들도 그의 뒤를 뒤쫓게 되었다. 약탈자들은 그들이 다가오는 것을 보고 곧장 노획품을 버리고 도망쳤다. 21 키루스와 그의 뒤를 따르던 병사들은 약탈자들을 베어버리려고 노력했다. 키루스가 선봉에 서서 그들을 따라잡아 즉시 때려눕혔다. 또한 성공적으로 도망가고 있는 자들을 추적하는 것도 포기하지 않고 계속하여, 그들 중 일부를 포로로 붙잡아왔다.

마치 잘 길러졌으나 아직 훈련받지 않은 사냥개가 무모하게 멧돼지에게 달려들 듯이, 키루스도 달려가서 다른 것은 생각하지도 않고 자기가 따라잡은 자는 누구든지 그를 때려눕히는 데에만 신경을 썼다.

적들은 자신의 동료가 심하게 압박당하는 것을 보고서 자기들이 나서면 메디아인들이 이것을 보고 추격을 포기하리라는 희망을 갖고 군대를 앞으로 진격시켰다. 22 그러나 키루스는 포기하기는커녕 전쟁의 기쁨에 도취되어 외삼촌을 부르면서 추적을 계속했다. 그리고 계속해서 압박을 가하면서 적을 곤두박질치듯이 도망가도록 만들었다. 키악사레스는 그를 따라가지 않을 수 없었다. 아마도 부분적으로는 자기 아버지 앞에서 망신당하지 않기 위해서 그랬을 것이다. 나머지 사람들도 마찬가지로 쫓아가고 있었다. 왜냐하면 그런 상황에서는 적과 정면 대응할 때 그 정도로 용감하지 못한 자들도 쫓아가는 데 더욱더 열심이었기 때문이다.

그러나 아스티아게스는 그들이 무모하게 쫓아가고 있으며, 적들이 그들과 조우하기 위해 질서정연하게 전진해오는 것을 보고서, 자기 아들과 키루스가 전투할 준비를 갖춘 적과 마주쳐서 혼란상태에 빠지면 어떤 일이 벌어질까 두려워한 나머지, 그 자신도 곧장 적을 향해 달려갔다.

23 적들은 메디아인들이 전진해오는 것을 보고 멈추어 섰다. 그들은 일부는 창을 겨누어 잡고 일부는 화살을 장전한 채로 서서 화살의 사정권 내에 오면 관례적으로 그랬던 것처럼 상대방도 멈출 것이라고 기대했다. 왜냐하면 가장 근접한 진영까지 적이 왔을 때 대치할 수 있을 정도의 거리까지만 전진하고, 저녁이 될 때까지 화살을 쏘는 전초전을 벌이는 것이 그들의 습관이었기 때문이다. 그러나 그들은 자기 동료들이 자기가 있는 쪽으로 달려오고, 키루스와 그를 따르는 자들이 그들의 코앞에까지 왔으며, 아스티아게스가 이미 사정거리 내에서 기병부대를 이끌고 달려오는 것을 보고서, 결국 전열이 흩어진 채 그들을 열심히 쫓아오는 메디아인들에게서 사력을 다해 도망치려 했다.

메디아인들은 많은 적군을 붙잡았으며, 그들이 추격한 보병과 기병들을 때려죽였고, 누워 있는 사람들을 살해했다. 그들은 아시리아의 보병부대와 마주치게 될 때까지 멈추지 않았다. 그러나 그들은 더 큰 병력이 숲속에 매복해 있지 않을까 두려워서 결국 멈추어 섰다.

24 아스티아게스는 기병부대의 승리에 매우 기뻐하며 회군하여 돌아왔다. 그러나 그는 키루스에게 무슨 말을 해야 할지 몰랐다. 왜냐하면 그는 외손자가 그 결과에 대해 공로가 있음을 알기는 하지만, 그가 무모할 정도로 거의 미쳐 있었다는 것을 깨달았기 때문이다. 이에 대한 증거는 많았다. 나머지 사람들이 집으로 돌아올 때 키루스는 홀로 말을 타고 주위를 배회하고 죽은 시체를 보면서 혼자 히죽히죽 웃어서, 결국 군사들을 보내 그를 어렵사리 끌고 와서 아스티아게스에게 데리고 갔기 때문이다. 키루스는 돌아오면서 자신의 앞에 경

호를 세웠다. 왜냐하면 그는 자신이 죽은 시체를 보고 히죽히죽 웃었기 때문에 외할아버지가 얼굴에 노기를 띠고 있는 것을 보았기 때문이다.

25 메디아에서 보낸 그의 생활은 이와 같았다. 키루스에 관한 일은 이야기나 노래를 통해 다른 모든 사람들의 입에 회자되었다. 그리고 아스티아게스 역시 예전에도 그를 높게 평가하기는 했지만, 이제는 그에 대해 대단히 기쁨을 느끼고 있었다. 키루스의 아버지인 캄비세스도 이것을 알고 기뻐했다. 그러나 그는 키루스가 이미 어른들이 하는 행위를 똑같이 하고 있다는 이야기를 듣고서, 아들을 페르시아에서 정상적인 교과과정을 완수하도록 하기 위해 집으로 소환했다. 전하는 바로는, 키루스 역시 그때 아버지가 어떤 심기불편함을 느끼지 않도록 하기 위해, 그리고 자신의 조국이 그를 비난하지 못하게 하기 위해 집으로 돌아가고 싶다고 말했다고 한다. 아스티아게스 역시 그를 집으로 보내는 것이 편하다고 생각했다.

그래서 아스티아게스는 키루스가 집으로 돌아가도록 허락했으며, 키루스가 예전부터 갖기를 원했던 말들을 주었을 뿐만 아니라 그에 대한 사랑의 표시로, 또한 외손자가 그의 친구들을 도와주고 적이 어려워하는 사람이 되라는 높은 기대의 표시로 다른 많은 것들을 싸주었다. 그리고 노소를 불문하고 소년들이나 어른들 모두, 또한 아스티아게스 자신도 키루스가 갈 때 말을 타고 호위해주었다. 전하는 바로는, 눈물을 흘리지 않고 돌아오는 사람은 아무도 없었다고 한다. **26** 키루스 자신도 매우 슬퍼하면서 헤어졌다고 한다. 그는 젊은 친구들에게 예전에 자신이 아스티아게스에게서 받았던 많은 것들을 선물의 표시로 나누어주었다고 한다. 그리고 마지막으로 그는 자신이 입고 있던 메디아식 옷을 벗어서 자신이 가장 사랑했던 사람에게 주었다. 그러나 그의 선물을 받은 자들은 아스티아게스에게 그것을 가져갔고, 아스티아게스는 그것을 받아서 다시 키루스에게 돌려주었다고 한다. 그러나 키루스는 그 선물들을 다시 메디아로 돌려보내면서 다음과 같은 편지를 전했다. "외할아버지, 제가 언젠가 부끄러움을 느끼지 않으면서 되돌아오기를 원하신다면, 이것들을 제가 원래 주려고 했던 사람들이 가질 수 있도록 허락해주세요." 아스티아게스는 이 말을 듣고 키루스가 부탁하는 대로 들어주었다.

27 이제 낭만적인 이야기를 진행시켜보자. 키루스가 떠나면서 작별인사를 나눌 때, 그의 친척들은 페르시아 풍습에 따라 그의 입술 위에 키스를 하면서 작별인사를 했다. 이 관습은 오늘날까지도 남아 있다. 매우 고상한 어느 메디아 신사가 오랫동안 키루스의 아름다움에 매료되어 멍하게 있었는데, 키루스의 친척들이 그에게 키스하는 것을 보고서 머뭇거리고 있었다. 나머지 사람들이 가고 난 후 그는 키루스에게 다가와서 말했다. "네가 알아보지 못한 너의 친척으로는 내가 유일하지 않니?"

"뭐라구요? 당신도 친척이시라구요?" 키루스가 말했다.

"분명히," 그가 말했다.

"그래서 당신이 저를 뚫어지게 응시하셨군요." 키루스가 말했다. "왜냐하면 제가 잘못 본 것이 아니라면 저는 당신이 저를 그렇게 종종 쳐다보시는 것을 알아채고 있었답니다."

"맞아," 그가 말했다, "나는 항상 너에게 다가가기를 바랐는데, 나는 천성이 너무 수줍음을 많이 탄단다."

"그러세요. 당신이 만일 제 친척이라면 그럴 필요는 없었는데요." 키루스는 이렇게 말하면서 그 신사에게 다가가서 키스했다.

28 그 메디아인은 키루스에게 키스를 받자 다음과 같이 물었다. "정말로, 페르시아에서는 친척들에게 키스하는 풍습이 있니?"

"물론이에요," 키루스가 말했다, "적어도 서로 헤어지게 되었을 때나 서로 헤어졌다가 다시 보게 되었을 때에는 키스를 하지요."

"그렇다면 이제 네가 한 번 더 나에게 키스해줄 시간인 것 같구나." 그 메디아인이 말했다. "왜냐하면 너도 알다시피 나는 지금 너와 헤어지려는 중이니까 말이다."

그래서 키루스는 그에게 작별의 키스를 한 번 더 해주고 길을 떠났다. 그러나 그의 일행이 얼마 멀리 가지 않았을 때 그 메디아 사람이 땀투성이가 되어 말을 타고 달려왔다. 키루스가 그를 보고 물었다. "왜 그러세요. 무슨 할 말이 있었는데 그것을 잊으셨나요?"

"아니다," 그가 말했다, "나는 헤어지고 난 후 다시 이렇게 돌아왔단다."

"아니, 아저씨," 키루스가 말했다, "그동안은 매우 짧은 시간이었는데요?"

"짧다고?" 그가 말했다, "비록 눈 깜짝할 사이라도 나에게는 영원처럼 느껴진단다. 그 짧은 동안이라도 이렇게 잘생긴 너를 볼 수 없었지 않니?"

그러자 키루스는 눈물이 날 정도로 웃었다. 그러고 나서 그에게 다시 돌아가라고 간청하고 작별인사를 했다. 키루스는 자신이 머지않아 그들에게로 다시 돌아올 것이며 그가 원한다면 눈 깜짝할 새도 없이 곧 자기를 볼 수 있을 것이라고 말했다.

V

1 앞에서 언급한 바와 같이, 키루스는 페르시아로 돌아와 소년반에서 1년 조금 넘게 보냈다고 전해진다. 처음엔 소년들이 그를 놀려대는 경향이 있었다. 소년들은 그가 메디아인들과 지내면서 화려하고 편안하게 사는 법을 배우고 돌아왔다고 말하면서 그를 놀려댔다. 그

러나 그들은 키루스가 식사할 때 자기들보다 더 많은 양념을 사용하지 않고 먹고 마시는 것을 보고, 그리고 어떤 기념식날 잔치가 열렸을 때 키루스가 더 많은 것을 요구하지 않고 자신의 몫의 일부를 다른 사람들에게 공짜로 나누어주는 것을 보고, 또 그가 자기들보다 다른 점에서도 마찬가지로 월등한 것을 보고서, 다시 그에게 걸맞은 존경심을 품기 시작했다.

키루스는 소년반의 훈련과정을 통과한 후 청년반에 들어갔다. 이번에도 그는 청년들 중에서 자신의 의무를 다하고, 인내하며, 어른을 존경할 뿐만 아니라, 관리들에게 복종하는 데 가장 훌륭하다는 평판을 얻게 되었다.

2 그러던 중, 아스티아게스가 메디아에서 죽었고, 아스티아게스의 아들이자 키루스의 외삼촌인 키악사레스가 메디아의 왕위를 계승하게 되었다.

그때 아시리아의 왕은 매우 큰 종족인 시리아인 모두를 복속시키고, 아라비아의 왕을 그의 봉신으로 만들었다. 그는 이미 히르카니아를 자신의 지배하에 두었으며, 박트리아를 거의 포위하여 압박하고 있었다. 따라서 아시리아의 왕은 메디아의 힘을 분쇄한다면 그 주변에 있는 모든 나라들을 쉽게 지배할 수 있다고 생각했다. 왜냐하면 그는 이웃해 있는 부족들 중에서 메디아 사람들이 가장 강한 사람들이라고 인정하고 있었기 때문이다. **3** 따라서 그는 자신의 영향력하에 있는 주변의 모든 나라의 왕과 리디아의 왕인 크로이소스(Croisos)[25]를 비롯해 카파도키아, 두 개의 프리지아, 파플라고니아

---

25) 크로이소스는 리디아의 마지막 왕(재위: 기원전 560경-기원전 546)이다. 취임한 후 그리스인들과 우호적인 관계를 맺고, 리디아의 중흥에 힘썼다. 엄청난 부자로 유명했으며, 서부 아나톨리아에 있는 에페소스를 비롯한 여러 도시를 점령함으로써 이오니아 본토를 차지했다. 페르시아가 성장하자 그리스 및 이

(Paphlagonia), 인도, 카리아, 킬리키아의 왕들에게 사람을 파견했다. 그리고 그는 메디아와 페르시아에 대해서는 어느 정도 거짓으로 전했다. 즉 그들이 거대하고 강력한 국가로서 서로 혼인관계를 유지하고 있으며 공동의 이해관계 때문에 연합하고 있어서, 누군가 그들을 먼저 공격하여 그들의 힘을 분쇄하지 않는다면, 그들은 각기 다른 나라들과 하나하나씩 전쟁을 해서 자신들에게 복속시키려 할 것이라고 말했다. 그러자 몇몇 국가는 그의 말을 사실로 믿고서 그와 동맹을 맺었다. 또 어떤 국가들은 아시리아 왕의 거대한 부에 매료되어 그에게서 선물이나 돈 같은 뇌물을 받고서 동맹을 맺었다.

4 메디아의 키악사레스는 아시리아 왕의 이러한 계획과 그리고 자신에 대항하는 동맹에 속해 있는 국가들이 전쟁준비를 한다는 소식을 듣고서, 지체없이 그가 할 수 있는 모든 대항준비를 했다. 그는 서둘러 페르시아의 민회(the general assembly)와 페르시아의 왕이며 자신의 매부인 캄비세스에게 사람을 보냈다. 키루스에게도 역시 전갈을 보내 페르시아가 군대를 파견하면 그 군대의 사령관으로 오도록 노력해달라고 요청했다. 왜냐하면 키루스는 이때 청년반에서 10년 동안의 복무를 완수하고 이제는 장년반에 있었기 때문이다.

5 키루스는 이 요청을 승낙했고 원로위원회 위원들은 그를 메디아 원정대의 사령관으로 선택했다. 그들은 또한 키루스에게 그와 동행할 2백 명의 동료 귀족들(peers)[26]을 선택하도록 허락했다. 이번에는 2백 명의 동료 귀족들에게 다른 동료들 중에서 각각 네 명씩을 더 선택할 권한을 주었다. 따라서 1천 명의 동료 귀족들이 원정

집트의 후원을 얻어 대항하려 했으나 키루스 대왕에게 패배했다─옮긴이.

26) 그들은 교육, 정치, 명예와 칭찬의 전당에서 동등한 권리를 향유하고 있었기 때문에 "동류집단" 또는 "명예에 있어서 동등한 자들"(equals-in-honor)이라고도 불렸다.

에 참가하게 되었다. 또한 그들은 이번에는 페르시아의 평민들(the common people) 중에서 10명의 방패수(targeteer)[27]와 10명의 투석수(slingers), 10명의 궁수(bowmen)들을 각각 선발하도록 명령받았다. 그리하여 원정대는 만 명씩의 방패수, 투석수, 궁수로 구성되었다. 키루스는 결국 아주 많은 수의 군대를 거느린 것이다.

6 키루스는 사령관으로 임명되자마자 먼저 신에게 상의했다. 그는 제사를 올리고 상서로운 신탁이 나올 때까지 2백 명의 동료 귀족들을 선택하려 하지 않았다.[28] 그리고 동료 귀족들이 각자 네 명씩 다른 동료들을 선택했을 때 키루스는 그들을 모두 함께 불러 처음으로 다음과 같이 연설했다.

7 "나의 친구 여러분, 내가 여러분을 선택한 것은 여러분의 가치를

---

27) 방패와 칼로 무장한 병사. 여기서 'target'란 작은 방패를 뜻한다 — 옮긴이.

28) 키루스가 중요한 일을 앞두고 제사를 지내는 장면이 이 책에서 자주 등장한다. 이것은 키루스가 남달리 신앙심이 깊었거나 종교에 애착이 있었기 때문이 아니다. 메소포타미아 문명 이래로 고대 세계의 모든 종족들은 신이 세상을 주관한다고 생각했으며, 인간은 신의 의사를 물어서 그에 따라 행동해야 한다고 생각했다. 특히 고대인 가운데에서도 로마인이 가장 신앙심이 깊었다고 전해진다. 신의 뜻을 알기 위해 로마인들이 중요시했던 것으로는 새점과 동물내장 점이 있었다. 새점은 새들이 우는 모양, 나는 모양, 앉은 모양, 노는 모양을 보고 신의 뜻을 알아내는 것이다. 가령 제단을 설치해놓고 새가 왼쪽에서 나타나면 재수가 좋다고 생각했고, 오른쪽에서 나타나면 재수가 없다고 생각했다. 로마인들은 전쟁을 할 때도 항상 점을 치기 위해 신성한 새(주로 닭)를 데리고 다녔다. 동물내장 점은 희생의식에 바쳐진 동물의 내장을 관찰하여 신의 뜻을 알아내는 것이다. 특히 동물의 간 모양을 보고 점을 치는 방식이 성행했다. 정확하게 신의 뜻을 알아내기 위해서 로마인들은 모형으로 간을 만들어놓고, 간의 각 부위가 어떤 신의 영역이고, 어떤 의미가 있는지를 교육시켰다. 로마인들은 전쟁뿐만 아니라 공적이고 사적인 모든 일들을 신의 뜻에 따라 행했다. 가령 로마인들은 복점관들이 축성하지 않는 건물이라면 불경한 것이고 그 안에서는 공공의 업무를 보아서는 안 된다고 생각했다 — 옮긴이.

이제야 처음 알았기 때문이 아니라, 여러분이 소년시절부터 국가가 옳다고 생각하는 것을 열심히 추구해왔으며 또한 국가가 그르다고 간주하는 모든 것을 함께 금해왔음을 그동안 계속 지켜보았기 때문이오. 나로서는, 이 임무를 맡는 데 조금도 주저하지 않았소이다. 왜 내가 여러분들을 나와 함께 출정하는 데 초대했는지 이제 여러분에게 알려주고 싶소.

8 나는 우리 선조들이 우리보다 조금도 나쁜 점이 없다는 사실을 깨닫게 되었소. 그들은 덕스러운 일이라고 여기는 일들을 행하면서 자신의 일생을 보냈소. 그러나 그들이 그렇게 함으로써 페르시아 공동체나 자기 자신을 위해 무엇을 얻었는지는 의심할 여지가 있소. 9 게다가 나는 선이 악보다 많은 것을 얻게 될 것이라는 목적을 제외하고는 사람들이 어떠한 덕도 실천하지 않는다고 생각하오. 그리고 현재의 즐거움을 금하는 사람은 자신이 결코 즐길 수 없기 때문에 금하는 것이 아니라, 이러한 자기 절제를 통해 때가 오면 더 많은 양의 즐거움을 누릴 수 있도록 자신을 준비하기 때문에 금한다고 나는 믿고 있소. 능력 있는 연설자가 되기를 갈망하는 사람은 유창하게 말하는 것을 멈출 수 없어서가 아니라, 그 유창함으로 다른 사람을 설득하고 위대한 선(善)을 완수할 수 있다는 희망으로 웅변술을 공부하오. 또한 군사행동을 하는 사람은 결코 싸움을 멈출 수 없기 때문이 아니라, 전쟁기술들을 숙달함으로써 자기 자신과 조국을 위해 커다란 부와 행복과 명예를 획득할 수 있기 때문에 그와 같은 고역을 하는 것이라오.

10 그러나 사람들이 이와 같은 모든 종류의 노고를 겪으면서도 자신이 수행한 노력의 열매를 거둬들이기도 전에 어쩔 수 없이 늙고 약해질 때, 나는 적어도 그 사람들이 좋은 농부가 되기 위해 씨를 뿌리고 나무를 잘 심었으나 추수할 때가 되었을 때 농작물을 다시 땅에

흩어서 되돌려주는 사람들처럼 보이오. 그리고 운동선수가 오랫동안 훈련하고 승리할 수 있는 조건을 갖추고 난 후에도 고집스럽게 경쟁하기를 거부한다면, 내가 생각하기에 심지어 그 운동선수가 어리석음이라는 죄가 없다고 여기는 것은 정당하지 않을 것이오. 11 그러나 나의 친구이자 군인인 여러분, 우리는 이와 같은 잘못을 저지르지 맙시다. 우리는 소년시절부터 계속해서 선한 것과 명예로운 것을 실행해왔다는 사실을 명심하고, 적과 싸우러 갑시다. 확언컨대 그들은 너무나 훈련이 되어 있지 않아서 우리를 대적할 수 없을 것이오. 그들은 아직 용맹한 전사가 아니오. 그들이 아무리 활쏘기, 창던지기, 또는 말타기에 능숙하다고 할지라도, 그들은 고통을 이겨내는 것이 필요할 때 부족한 면이 발견될 것이오. 그러한 사람들은 고통을 인내해야 할 때에 부딪치게 되면 단순히 초보자에 불과해지오. 그들은 용맹한 전사가 아니며, 깨어 있어야 할 때 깨어 있지 못하고, 졸음에 직면해서는 단순히 초보자에 불과할 뿐이외다. 그들은 전쟁에서 요구되는 이러한 자질들이 있는 용맹한 전사가 아니며, 친구에게 어떻게 대해야 할지, 또 적에게는 어떻게 대처해야 할지 배운 바가 없는 자들이오. 그들이 교육에 있어서 가장 중요한 부문에 익숙하지 않다는 것은 아주 명백하오.

12 나는 여러분이 다른 사람들이 낮을 이용하듯이 밤도 선용할 수 있다고 생각하오. 그리고 여러분은 노고를 행복한 삶의 안내자로 간주하고 있소. 여러분은 배가 고파도 그것을 규칙적으로 하나의 양념으로 사용하며(허기를 정식 양념으로 여겼으며), 맹수인 사자보다도 더 잘 목마름을 견딜 수 있소. 여러분의 영혼에는 모든 소유물 중에서 가장 으뜸인 것과 전쟁에 가장 적합한 것들이 저장되어 있소. 내가 말하는 것은 여러분이 다른 어떤 것보다도 칭찬을 즐긴다는 것을 뜻하오. 칭찬을 사랑하는 사람은 그 칭찬 때문에 모든 종류의 역경과

위험을 기쁘게 겪어나가게 마련이오.

13 내가 이것이 사실이 아니라고 믿으면서도 여러분에 관해 이렇게 말한다면, 그것은 내 자신을 완전히 속이는 일이오. 왜냐하면 이러한 자질들 중 어떤 것이라도 여러분에게서 곧바로 나타나지 않는다면, 그 손실은 바로 나에게 주어지기 때문이오. 그러나 여러분이 보는 것처럼 나는 내 자신의 경험에 비추어 보아, 또한 여러분이 나에게 베푸는 호의에서, 그리고 적이 무지하다는 사실에 의거해서, 이러한 낙관적인 희망이 나를 속이지 않을 것이라고 확신하오. 따라서 우리는 심지어 다른 사람의 소유물을 부당하게 추구하는 것같이 보이는 의심에서 해방되어 선한 마음으로 우리의 일을 시작하도록 합시다. 왜냐하면 보다시피 적은 다가오고 있으며, 침략자들은 그릇된 자이고, 우리의 친구들은 우리에게 도와달라고 요청하고 있기 때문이오. 자기 자신을 지키는 것보다 다른 그 무엇이 더 정당화될 수 있으며, 친구를 돕는 것보다 어떤 것이 더 고상할 수 있단 말이오?

14 더욱이 내 생각으로는, 이것이 여러분의 확신을 더욱 강화시켜 줄 것이오. 나는 이 원정을 시작하면서 신들을 섬기고 제사 지내는 것을 게을리하지 않았소. 여러분은 나와 오랫동안 함께 해왔기 때문에 큰 일이나 작은 일이나 내가 항상 신의 동의를 얻으려고 노력한다는 사실을 충분히 알 것이외다."

"내가 무엇을 더 덧붙일 필요가 있겠소?" 그는 연설을 마무리하면서 말했다. "여러분은 각자 여러분의 동료들을 선택하고 그들과 함께합시다. 그리고 필요한 준비를 완료했을 때 메디아로 진격합시다. 나는 먼저 아버지에게 돌아가서 여러분보다 앞서 적의 계획이 무엇인지 가능한 한 빨리 알아보도록 하겠소. 그리고 신의 도움으로 우리가 가능한 한 훌륭한 전쟁을 하기 위해 필요한 모든 것을 준비할 것이오."

그들은 키루스가 말했던 것을 그들 나름대로 준비하기 시작했다.

VI

1 키루스는 집으로 돌아가서 조상 대대로 받들어온 헤스티아 신(Hestia),[29] 제우스 신(Zeus), 그리고 나머지 신에게 기도하면서 원정준비에 착수했다. 그의 아버지 역시 그가 장도에 오르는 것을 호위해주기 위해 합류했다. 그들이 집을 나섰을 때 키루스를 위한 길조로 천둥이 울리고 번개가 쳤다고 전해진다. 그들이 전진해갈 때 이러한 길조가 명백히 드러난 다음에는 더 이상의 징조는 없었는데, 그들은 최상의 신이 내려준 길조를 누구도 무효화시킬 수 없다고 확신하고 계속 나아갔다. **2** 그들이 전진해갈 때 그의 아버지는 키루스에게 다음과 같이 속삭여주었다.

"내 아들아, 제를 올린 것에서 그리고 하늘의 징조로 보아, 너의 장도에는 신의 은총과 호의가 깃들어 있음이 틀림없다. 너 자신은 이 점을 잘 인지해야 한다. 왜냐하면 내가 이러한 기술을 너한테 가르쳐줄 때에는 의도하는 바가 있기 때문이다. 즉 너는 다른 사람을 통해 신의 충고를 해석하고 그것에 따라서는 안 되며, 네 자신이 신이 보여주는 것을 보고, 신이 들려주는 것을 들으면서 그 조언을 이해해야 한다. 예언자란 사람들이 신이 계시해주는 것과 다른 것을 말하여 너를 속이려고 하는 경우, 너는 그들의 말에 좌우되지 말아야 한다. 더욱이 네 곁에 예언자가 없을 경우, 너는 무엇을 신의 계시로 삼아야 하는지에 관하여 너 자신을 의심하지 않아야 한다. 예언자의 기술을

---

29) 그리스 신화에 나오는 화로의 여신. 로마 신화의 베스타 신(Vesta)에 해당한다─옮긴이.

너 자신이 습득함으로써 네 힘으로 신의 조언을 이해하고 또한 그것에 복종해야 하는 것이다."

3 "예, 아버지," 키루스가 말했다, "아버지께서 가르치신 대로 저는 신이 우리에게 은혜롭게 대한다는 사실과 그들이 우리에게 기꺼이 충고를 전해주려고 한다는 사실에 가능한 한 항상 유의하겠습니다. 예전에 아버지께서 말씀하시기를, 역경에 처했을 때 신에게 아첨하지 않으며, 가장 발전하고 있을 때 무엇보다도 신을 기억하는 자는 사람에게서 힘을 얻을 뿐만 아니라 신과 함께함으로써 더욱더 힘을 얻게 된다고 하셨는데, 저는 그 말씀을 기억하고 있습니다. 친구에게도 마찬가지로, 아버지께서는 사람은 항상 친구들에게 경의를 보여야 한다고 말씀하셨습니다."

4 "얘야," 키루스의 아버지가 말했다, "바로 그 점 때문에 너는 신에게 좀더 진심 어린 기도를 할 수 있으며 그들에게 더욱 가까이 다가갈 수 있지 않겠니? 그리고 신을 결코 게을리한 적이 없다는 것을 스스로 느끼고 있기 때문에, 너는 네가 기원하는 것을 좀더 확실하게 얻을 수 있다고 기대할 수 있지 않겠니?"

"예, 아버지," 키루스가 대답했다, "참으로 저는 신이 마치 제 친구인 것처럼 느끼고 있습니다."

5 "확실히 그렇지," 그의 아버지가 말했다, "너는 예전에 우리가 도달했던 결론을 기억하고 있니? 즉 신이 자신에게 어떤 것을 부여해주었는지 알고 있는 사람은 그렇지 못한 사람보다 더 순조롭게 세상을 살아갈 수 있단다. 일하는 사람은 게으른 사람보다 더 많은 것을 성취할 수 있고, 주의 깊은 사람은 무관심한 사람보다 더 안정적으로 살 수 있듯이, 자신이 마땅히 되어야 하는 어떤 모습으로 자신을 만들어가는 사람은 신에게 그에 상응하는 은총을 요구할 수 있는 권리가 있지 않겠니?"

6 "예, 제우스 신에 맹세코," 키루스가 대답했다, "저는 아버지께서 그렇게 말씀하셨던 것을 분명히 기억하고 있습니다. 또한 저는 아버지께서 말씀하셨던 것에 전적으로 동의할 수밖에 없었기 때문에 더욱 그렇습니다. 말타기를 배우지 못한 사람은 신에게 기병전에서 승리하도록 해달라고 요청할 권리가 없고, 활쏘기를 어떻게 하는지 모르는 사람은 그것을 아는 사람보다 궁수로서 그를 능가할 수 있는 권리가 없으며, 배를 항해할 줄 모르는 사람은 배가 나아갈 방향을 찾아서 배를 구할 수 있도록 기도할 권리가 없다고 아버지께서 말씀하시곤 했던 것을 기억합니다. 파종하지 않은 사람은 좋은 수확을 하게 해달라고 기도할 권리가 없으며, 전쟁터에서 주의 깊지 않은 사람은 자신을 보존케 해달라고 기도할 수 없습니다. 왜냐하면 그 모든 것은 신의 포고와 정반대되기 때문입니다. 더욱이 아버지께서는 인간의 법에 반대되는 것을 요청하는 사람은 인간의 손에 의해 실망하게 되는 것과 마찬가지로, 올바르지 않은 것을 위해 기도하는 사람은 신의 도움을 얻어 성공할 수 없을 것이라고 말씀하셨습니다."

7 "그러나 내 아들아, 너는 나와 예전에 했던 토론을 잊었느냐? 즉 자기 자신이 진정 선하고 고상한 사람임을 증명하는 데뿐만 아니라 자기 자신과 자신의 가정에 좋은 삶을 제공해주는 데 최선을 다하는 것이 남자에게 가장 훌륭하며 가치 있는 임무라는 것 말이다. 이것은 여전히 훌륭한 임무인 반면, 또한 사람들이 생활필수품들을 풍요롭게 가질 수 있도록 해주고 그들 모두가 마땅히 그렇게 되어야만 하는 사람이 되도록 해주기 위해 다른 사람들을 지배하는 방법을 이해하는 것은 위대한 작업이며, 이것은 우리 모두에게 경탄할 만한 가치가 있는 것처럼 보인다고 말했지."

8 "예, 제우스 신에 맹세코," 키루스가 말했다, "아버지께서 그렇게 말씀하신 것을 기억하고 말고요. 저 역시 잘 지배한다는 것이 매우

어려운 일이라는 아버지의 말씀에 동의했습니다. 저는 그 문제를 고려하여 지배의 원칙에 관해 생각할 때 아직도 같은 의견을 견지하고 있습니다. 그러나 다른 사람들을 그들이 지닌 품성과 상관없이 계속 지배하는 사람은 어떤 종류의 사람인지, 또 우리가 어떤 부류의 적과 마주치게 될지에 대해 숙고해볼 때, 그들에게 존경심만 표하고 싸우려 하지 않는 것은 저에게는 크나큰 불명예인 것같이 여겨집니다." 그는 계속해서 말했다. "여기 있는 우리 친구들부터 이야기해보면, 메디아인들은 지배하는 사람이 피지배자들보다 더욱 성대한 음식을 먹으며, 궁정에 더 많은 돈을 소유하고, 잠도 더 오래 자며, 좀더 사치스러운 생활을 하고, 모든 점에서 피지배자들을 능가하는 것이 필요하다고 여기는 것을 목격했습니다. 그러나 저는 지배자란 자기 탐닉에서 다른 사람들을 능가하는 사람이 아니라, 선견지명을 갖고 자신의 지배하에 있는 사람들보다 기꺼이 고통을 겪는 데 더 우월해야 한다고 생각합니다."

9 "그러나 얘야," 왕이 말했다, "사람과 싸우는 것이 아니라 실제 사실과 씨름해야 하는 경우가 있는데, 어려움 없이 이것을 얻기란 쉽지 않다는 것을 말해주고 싶구나. 예를 들면, 만일 너의 군대가 식량 보급을 받지 못한다면, 너의 권위가 곧 쓸모없게 되리라는 것을 너는 틀림없이 알고 있지 않느냐."

"예, 아버지," 키루스가 말했다, "그러나 키악사레스는 여기서 아무리 많은 사람이 온다고 하더라도 그 모든 사람의 보급품을 자신이 제공해주겠다고 말했습니다."

"내 아들아," 왕이 물었다, "너는 지금 키악사레스의 명령하에 있는 자금을 믿고 전쟁터로 나아간다고 말하는 것이냐?"

"예, 그렇습니다." 키루스가 대답했다.

"그러나 너는 그가 얼마나 가지고 있는지 아느냐?" 왕이 물었다.

"아니오, 제우스 신에 맹세코," 키루스가 대답했다, "저는 그것에 대해서는 아무것도 모릅니다."

"그런데도 이와 같이 불확실한 것을 믿고 있단 말이냐? 너는 많은 물품이 필요할 것이고, 그가 돈을 써야 할 곳이 달리 많다는 것을 모르느냐?"

"예, 압니다." 키루스가 말했다.

"그러면," 왕이 말했다, "그의 자원이 모두 고갈되거나 그가 너에게 잘못되게 행동한다면, 너의 군대를 어떻게 먹이겠느냐?"

"분명히 잘 먹이지는 못할 것입니다." 키루스가 대답했다. "그러나 아버지께서 제 명령에 따라 보급품을 얻을 수 있는 방법을 마음에 두고 계신 것이 있으시면, 우리가 아직 아군 지역에 있는 동안 그것에 관해 말씀해주십시오."

10 "얘야," 왕이 말했다, "너는 지금 어디서 그 수단을 발견할 수 있는지에 대해 묻고 있는 것이냐? 보급품을 얻는 수단을 발견하는 데에는 군대를 갖고 있는 사람보다 더 나은 사람이 없지 않을까? 이제 너는 그보다 몇 배 더 크다고 하더라도 다른 어느 것과 바꿀 수 없는 일단의 보병부대를 이끌고 행진해간다. 그리고 너는 세계 최고의 기병부대인 메디아의 말을 너의 기병부대를 유지하는 데 사용하게 될 것이다. 그렇다면 주변의 어느 국가든지간에 한편으로는 너의 편에서서 이익을 얻기 위하여, 또 다른 한편으로는 너의 부대에게해를 당하지 않으려는 두려움 때문에 그들이 너에게 봉사하기를 거절할 수 있다고 생각하느냐? 그러므로 키악사레스와 함께 너에게 꼭 필요한 것들 중 어떤 것도 빠짐없이 갖출 수 있고, 늘 그러했던 것처럼 어떻게 수입을 얻을 수 있을지에 관해 배려해야 한다. 무엇보다도 나는 네가 이것을 기억하라고 요청하고 싶구나. 보급품이 다 떨어지고 난 후 할 수 없이 그것을 구하게 될 때까지 보급품 얻는 것을 미루어서

는 안 된다. 그리고 보급품이 아주 풍족하게 남아 있을 때에도 다 떨어질 경우를 대비해서 조치를 취해야 한다. 이것이 가장 편리한 방법이다. 네가 궁핍해 보이지 않는다면 너에게 필요한 것들을 갖고 있는 자들에게서 더 많은 것을 얻을 수 있을 것이다. 또한 그럼으로써 너는 너의 병사들의 비난하는 눈초리를 받지 않을 것이다. 더욱이 이렇게 하면 너는 다른 사람에게서 더욱 많은 존경을 얻게 될 것이다. 네가 너의 군대의 힘을 빌려 어떤 사람에게 이익을 주거나 해를 끼치고자 원할 때, 네가 병사들이 필요로 하는 것을 가지고 있는 한 너에게 더욱 잘 복종할 것이다. 네가 그들에게 이익을 줄 수도 있고 해를 끼칠 수도 있는 상황에 놓여 있다는 것을 충분히 증명할 수 있을 때, 네가 하는 말들이 그들을 더욱 확신시켜주는 힘을 갖게 될 것이다. 나는 이러한 사실들을 너에게 확실하게 해주고 싶단다."

11 "아버지," 키루스가 말했다, "저에게는 아버지께서 말씀해주신 모든 것들이 다 옳은 것같이 보입니다. 다른 이유에서와 마찬가지로, 저의 병사들 중 어느 누구도 약속에 따라서 자신이 받게 될 몫 때문에 저에게 감사하지는 않을 것입니다. 왜냐하면 그들은 무슨 이유로 키악사레스가 자신들을 동맹군으로 요청했는지 잘 알고 있기 때문입니다. 그러나 원래 받기로 되어 있는 것에 덧붙여서 보상이라고 간주되는 어떤 것을 더 받게 되면, 그들은 아마도 그것을 준 사람에게 감사할 것입니다. 그러나 친구들에게 이익을 주고 그에 대한 대가로 그들의 도움을 얻으며 적을 벌할 수 있도록 노력하는 군대를 가지려 하지만 그 군대를 유지하기 위해 필요한 식량보급을 게을리한다면, 그것은 땅과 그 땅을 경작할 노동자더라도 결국 그 땅을 내버려두어 이익이 나지 않게 방치해두는 것과 마찬가지로 고상하지 못한 일이라고 생각하지 않으세요?" 키루스는 덧붙였다. "그러나 저는 저희에게 우호적인 곳이든 적대적인 곳이든 간에 군사들을 위해 보급품을

준비하는 데 실패하지 않을 것입니다. 아버지께서는 아마 이 점을 확신하실 것입니다."

12 "음, 애야," 그의 아버지가 말했다, "우리가 예전에 동의했으며 또한 게을러서는 안 되는 다른 중요한 것들을 아직도 기억하고 있는지 말해주겠느냐?"

"예," 키루스가 말했다, "예전에 제가 장군이 될 수 있도록 전문적으로 가르쳐주는 분에게 지불할 돈을 얻으러 아버지한테 갔던 때를 기억합니다. 그때 아버지께서는 저에게 돈을 주시면서 다음과 같은 질문을 하셨지요. '물론, 네가 돈을 지불하려고 하는 그 사람은 장군으로서의 의무의 일부분으로 국내경제에 대해 너에게 강의를 해주었지, 그렇지 않느냐? 하여튼 군인은 집에 있는 하인만큼이나 식량을 필요로 한다'라고요. 제가 진실을 말씀드렸을 때, 즉 그 장군이 저에게 이 점에 대해 아무런 가르침을 주지 못했다고 말씀드렸을 때 아버지께서 질문하시기를, 장군이 전투하는 행위뿐만 아니라 이러한 것들에 대해 생각하는 것이 필수불가결한 일인 한 그가 저에게 건강이나 힘에 관한 어떤 것에 대해 말해준 적이 있는지 없는지를 물으셨습니다. **13** 그리고 제가 이 질문에 대해서도 '아니오'라고 대답했을 때, 아버지께서는 한 번 더 그가 전쟁을 수행하는 데 가장 도움이 될 만한 기술을 저에게 가르쳐준 적이 있는지 없는지를 물으셨습니다. 이 질문에도 제가 '아니오'라고 대답하자, 이번에는 아버지께서 그가 저에게 어떤 훈련을 통해서 저의 군사들을 열정을 가지고 고무할 수 있도록 해주었는지에 관해 또 물으셨습니다. 그리고 이에 덧붙여, 아버지께서는 모든 일에서 열정이나 무기력함이 세상의 모든 차이를 만들어낼 수 있다고 말씀하셨습니다. 이 질문에도 마찬가지로 제가 고개를 흔들었을 때 아버지께서는 다시 물으시기를, 군대에서 복종을 안전하게 확보할 수 있는 가장 좋은 방법에 관한 교훈을 그가 제공해주었는지에 대해서도 물으셨습니다. **14** 그리고 이 문제 역시 전혀 언급된 바가 없는 것으로 보여졌을 때, 아버지께서는 마지막으로 장군다워지기 위해 전문적으로 가르쳐주어야 하는 것들 중에서 저에게 도대체 무엇을 가르쳤느냐고 물으셨습니다. 그래서 저는 이 질문에 대해서 '전술'이라고 대답했습니다. 그러자 아버지께서는 웃음을 터뜨리시면서 하나하나에 대해 자세히 설명해주셨습니다. 우선 충분한 식량이 없거나 건강이 양호하게 유지되지 않는다면 전술이 군대에 무슨 소용이 있겠으며, 전쟁을 위해 고안된 기술에 대한 지식과 복종심 없이 전술만 알아서 무슨 소용이 있겠느냐고 말씀하셨습니다. 아버지께서 전술이라는 것은 장군이 되기 위한 것 중에 아주 작은 부분에 지나지 않는다는 것을 명확하게 해주셨을 때, 저는 아버지께 이러한 것들 중 어떤 것을 저에게 가르쳐주실 수 있는지를 여쭈어보았습니다. 그러자 아버지께서 저에게 명령하시기를, 군사과학의 달인이라는 평판을 얻고 있는 사람에게 가서 함께 이야기를 나누고, 이 문제에 대해 하나하나 대처해나가는 방법을 발견하라고 하셨습니다. **15** 그래서 저는 그 분야에서 가장 뛰어나다고 소문난 사람에게 달려갔습니다. 식량 문제에 관해서, 키악사레스가 제공해주는 것이 현실화된다면 그것으로 충분할 것이라고 그들은 저를 설득했습니다. 건강에 관해서는, 국민이 건강하기를 원하는 국가에서는 건강담당관을 선출하고 있으며, 어떤 장군은 자신의 병사를 위해 의사를 데리고 전쟁에 참가한다는 것을 저는 항상 눈으로 보고 귀로 들어왔기 때문에 저는 사령관에 임명되자마자 즉시 이것을 생각해냈습니다." 키루스는 덧붙였다. "그리고 저는 아버지께서 제가 훌륭한 의술을 지닌 사람들과 함께 출정하는 것을 보시게 될 것이라고 생각합니다."

16 "그래, 내 아들아," 키루스의 아버지는 이 문제에 대해 대답했

다, "옷이 찢어졌을 때 그것을 수선하는 사람이 있는 것처럼, 네가 언급한 의사는 우리가 아플 때 우리를 치료해줄 사람들이다. 그러나 건강에 대한 너의 책임은 그것보다 더욱 큰 것이다. 너는 반드시 너의 병사들이 아프지 않도록 주의해야 한단다."

"그렇다면 바라건대," 키루스가 말했다, "제가 이 일을 충분히 잘해낼 수 있기 위해서 어떤 길을 택해야 합니까?"

"먼저 한 지역에 얼마 동안 머무르려 한다면, 너는 진영을 정할 때 위생적인 곳을 발견하려는 노력을 게을리해서는 안 된다. 그리고 적절한 주의를 기울인다면 이 문제에 실패하지 않을 것이다. 왜냐하면 사람들은 건강에 이롭지 못한 장소와 이로운 장소에 관하여 계속해서 말을 하기 때문이다. 그리고 그곳 주민들의 체격과 안색을 유심히 살펴보면 그런 것에 관한 명백한 증거들을 찾을 수 있을 것이다. 둘째로, 단지 장소만을 고려하는 것으로는 충분하지 않다. 너는 네 자신의 안녕을 도모하기 위해서 어떤 방법들을 채택할 것인지 말해보아라."

17 "제우스 신에 맹세코, 첫째로," 키루스가 말했다, "저는 지나치게 과식하지 않도록 노력할 것입니다. 왜냐하면 그것은 사람의 숨을 막히게 합니다. 그리고 둘째로, 제가 먹은 것은 운동을 통해 소화시키도록 할 것입니다. 그렇게 해야만 건강을 더욱 잘 유지하고, 힘이 더 솟는 것 같기 때문입니다."

"얘야, 그것은 옳구나," 왕이 말했다, "그런 식으로 다른 나머지 사람들도 돌보아야 한다."

"예, 아버지," 키루스가 말했다, "그러나 병사들이 운동할 수 있을 정도의 여가시간이 있을까요?"

"글쎄," 그의 아버지가 말했다, "내 생각에는 그렇게 할 수 있을 뿐만 아니라 그렇게 해야만 할 것 같다. 왜냐하면 군대가 자신의 의무를 다하려면, 적에게는 나쁜 것을 행하고 자기 자신을 위해서는 좋은 것을 끊임없이 행하도록 하는 것이 절대적으로 필요하기 때문이다. 심지어 단 한 명의 게으른 사람을 데리고 있는 것이 얼마나 부담스러운 일인가! 또한 게으름에 빠져 있는 전체 가정을 지탱하는 것은 더욱 부담스러운 일이다. 그러나 모든 것 중에서 가장 부담스러운 것은 게으름에 빠져 있는 군대를 지탱하는 일이지. 군대에 있는 병사의 입은 매우 많으나, 그들에게 지급해야 하는 보급품은 매우 제한되어 있고, 그들은 자신이 얻은 것은 무엇이든지 아주 사치스럽게 소비해버리기 때문에 군대는 결코 한가롭고 게으른 상태로 내버려두어서는 안 된단다."

18 "제가 생각하기에는," 키루스가 말했다, "아버지께서 하신 말씀은 게으른 농부를 경시하는 것처럼 게으른 장군도 전혀 가치가 없다는 것을 뜻하는 것 같습니다."

"하여튼 의욕 있는 장군이란," 그의 아버지가 말했다, "신이 방해하지만 않는다면, 자신의 병사에게 식량을 풍족하게 보급해주고 동시에 가장 좋은 육체적 조건을 유지시켜주는 사람이라고 단언할 수 있다."

"예, 아버지," 키루스가 말했다, "그러나 모든 경우에 대비해서 여러 종류의 전쟁술을 연습하기 위해서는 각 종목의 경연대회를 개최하고 거기서 포상을 제공해야 할 것 같습니다. 그래야만 어떤 기술이 필요한 경우가 발생할 때마다 그것을 사용할 준비가 되어 있을 것 같기 때문입니다."

"바로 그렇다, 아들아," 왕이 말했다, "너의 군대가 잘 훈련된 일단의 무희들처럼 자신이 맡은 역할을 적절하게 수행하기 위해서는 그렇게 해야 한다."

19 "다음으로," 키루스가 말했다, "병사들에게 열정을 불어넣기 위

해서는 희망을 통해 그들을 고무하는 힘보다 더 효과적인 것은 없는 것 같습니다."

"그래, 아들아," 왕이 말했다, "그러나 그것은 사냥꾼이 어떤 사냥감을 보았을 때 항상 사용하는 신호로 그의 사냥개를 부르는 것과 마찬가지이다. 그는 처음에는 자신의 사냥개들이 매우 열심히 복종하는 것을 분명히 발견할 것이다. 그러나 사냥개들을 자주 속인다면, 결국 그가 진짜 야수를 보고 신호할 때 사냥개들은 복종하지 않을 것이다. 이것은 희망과 관련해서도 마찬가지이다. 만일 어떤 자가 너무 자주 미래에 있을 좋은 것에 대해 거짓된 기대를 불러일으킨다면, 결국 그가 심지어 잘 다듬어진 희망을 견지한다고 하더라도 아무런 신뢰를 얻을 수 없을 것이다. 그러니 내 아들아, 네가 완전히 확신할 수 없는 것에 대해 말하는 것은 삼가야만 한다. 그러나 다른 사람을 너의 대변자로 삼아 말하게 함으로써 네가 원하는 목적을 성취할 수 있다. 하지만 커다란 위기상황에서 너에게 도움이 될 수 있도록, 네 자신이 격려하는 말에 대한 신뢰를 최대한 신성한 것으로 유지해야 한다."

"예, 아버지," 키루스가 말했다, "제우스 신에 맹세코, 저는 아버님이 하신 말씀이 옳다고 생각합니다. 그리고 저는 아버님의 의견을 좋아합니다." **20** 키루스는 계속했다. "아버지, 병사들을 복종상태로 유지하는 것에 관해서는 제가 경험이 없다고 생각하지 않습니다. 제가 어렸을 때부터 아버지께서는 계속해서 저를 복종하도록 강제하면서 저를 복종상태에 있도록 가르치셨습니다. 그러다가 아버지께서는 그 일을 제 선생님의 책무로 넘기셨고, 그분들도 같은 길을 추구했습니다. 그리고 제가 청년반에 있을 때, 저를 담당하던 교관은 이와 같은 문제에 특별한 관심을 기울였습니다. 저에게는 대부분의 법률들이 지배하는 것과 지배받는 것, 이 두 가지에 대해 가르치는 것처럼 보입니다. 지배에 관해 생각할 때 저는 복종에 대한 중요한 자극제가 여기에 있다고 봅니다. 즉 복종하는 자에게는 칭찬과 명예를 주고, 복종하지 않는 자에게는 처벌과 불명예를 주는 것이지요."

21 "얘야, 그것은 강제적인 복종을 추구하는 길이다. 그러나 진실로 다른 길, 즉 지름길이 있는데, 그것은 더욱 좋은 길로서 자발적인 복종을 추구하는 것이다. 사람들은 자신의 이익에 관해 자기 자신보다 더 현명하게 생각하고 돌보아준다고 믿는 사람에게 복종하는 것을 너무도 기쁘게 생각하기 때문이다. 이런 경우는 많이 볼 수 있는데, 특히 환자들이 그렇다. 환자들은 그들이 무엇을 해야 할지를 처방해주는 사람을 모셔올 마음의 준비가 기꺼이 되어 있다. 배를 타고 바다를 건너는 승객들은 또 얼마나 기쁘게 선장에게 복종하는가! 그리고 낯선 곳을 지나가는 여행자들은 자신이 가고 있는 길에 그들 자신보다 더욱 익숙하다고 생각되는 사람들에게서 멀리 떨어져 가지 않기를 또한 얼마나 진심으로 갈망하는가! 그러나 사람들은 자신이 복종하면 오히려 곤경에 처하게 될지도 모른다고 생각하는 경우에는, 복종하지 않으면 설사 처벌을 받는다손 치더라도 순종하지 않을 것이며 또한 복종에 대한 대가로 선물을 준다고 하더라도 움직이지 않을 것이다. 아무리 선물을 준다 하더라도 누구도 자기 자신이 곤경에 처하는 것을 대가로 삼아 그것을 기꺼이 받지는 않을 것이기 때문이다."

22 "아버지, 그렇다면 다른 사람에 비해 현명하게 보이는 것보다 그들을 복종시키는 데 더 효과적인 방법은 없다고 말씀하시는 것인가요?"

"그렇다," 왕이 말했다, "그것이 바로 내가 의미하는 바다."

"그렇다면 바라옵건대, 아버지, 어떻게 하면 가장 빨리 그와 같은 평판을 얻을 수 있을까요?"

"애야," 왕이 대답했다, "거기에는 네가 진정으로 현명한 것보다 더 빠른 지름길은 없단다. 구체적인 경우를 조사해보면, 너는 내가 말한 것이 사실이라고 깨닫게 될 것이다. 예를 들면 네가 실제로 그렇지도 않은데 좋은 농부처럼 보이기를 원한다면, 또는 말을 잘 타는 사람이나, 의사, 플루트 연주자, 그밖에 네가 익숙하지 않은 어떤 것에 네가 그럴듯하게 보이게 하기 위해서는, 얼마나 많은 책략을 고안해내야 하겠느냐. 그리고 네가 그러한 평판을 얻기 위해 설사 얼마의 사람들이 너를 칭찬하도록 설득한다손 치더라도, 또한 너의 전문적인 일 중에서 어떤 좋은 결과를 얻었다 하더라도, 네가 속임수를 행했다는 것이 곧 발견되고 말 것이다. 그 후 머지않아 네 기술을 과시하려 할 때 너는 역시 사기꾼으로 확신되고 보여질 것이다."

23 "그러나 어떻게 유용하다고 판명될 것을 미리 예견할 수 있는 현명한 사람이 될 수 있습니까?"

"내 아들아," 왕이 말했다, "명백히 그것은 네가 전술을 배울 때와 마찬가지로 배움을 통해 네가 얻을 수 있는 것들을 모두 배울 때 가능하단다. 그러나 인간이 배우기에 불가능한 것과 인간의 지혜가 예견하기에 불가능한 것들은 모두 예언가의 기술을 통해 신에게서 발견해낼 수 있으며, 그럼으로써 네가 다른 사람들보다 더 현명하다는 것을 증명하게 된다. 그리고 네가 그렇게 하는 것이 최상이라는 점을 알고 있다면, 너 자신이 그것에 대한 전문가가 될 때 다른 사람들보다 네가 더 현명하다는 것을 보여줄 수 있을 것이다. 필요한 것을 확보하기에 게을리하는 것보다 그것을 획득하려고 노력하는 것이 사람에게는 좀더 위대한 지혜의 상징이기 때문이다."

24 "예, 그러나 신민(臣民)들의 사랑—이것이 적어도 저에게는 가장 중요한 질문 중 하나인 것처럼 보이는데—에 관해 말하면, 아버지께서 친구들의 애정을 얻으려 할 때 취하는 것과 같은 방식이 그것

을 얻을 수 있는 길로 이끌어갑니다. 즉 제 생각으로는, 아버지께서 친구의 애정을 얻으려 하신다면 당신 자신이 그들에게 은혜를 베푸는 자라는 것을 보여주어야만 합니다."

"그렇다, 애야," 왕이 말했다, "그러나 네가 이익을 주고 싶어하는 사람을 위해 실제로 이익을 줄 수 있는 위치에 항상 있기는 어려운 일이다. 하지만 만일 그들에게 좋은 일이 생기면 함께 기뻐하고, 좋지 않은 일이 생기면 같이 슬퍼하며, 그들이 어려운 처지에 놓였을 때 열심히 그들을 도우려 노력하고, 다른 곳에서 그들이 침해받지 않도록 걱정해주며, 실제로 침해당하지 않도록 막아주기 위해 노력하는 것을 보여주도록 하거라. 어쨌든 이런 점에서 그들과 제휴해야 한다. 25 장군이라면, 여름철에 군대가 출정하게 되었을 때 자신의 병사보다 태양의 열기를 잘 견뎌낼 수 있어야 하며, 겨울철에는 추위를 더욱 잘 견디고, 길이 험할 때에도 어려움을 잘 참을 수 있다는 것을 보여주어야만 한다."

"아버지께서 하시는 말씀은," 키루스가 말했다, "모든 점에서 장군은 병사보다 더욱 인내심이 있어야 한다는 뜻이군요."

"그렇다," 왕이 말했다, "그것이 바로 내가 의미하는 바다. 그러나 그것을 결코 두려워하지 말아라, 애야. 장군과 일반인이 같은 종류의 몸을 갖고 있다 하더라도, 같은 종류의 고통이 그들에게 똑같이 부여되는 것은 아니다. 그러나 장군이라는 지위에 얹혀진 명예와 장군은 다른 사람들의 주목에서 벗어날 수 없다는 의식이 있다면 그 짐은 가벼워진단다."

26 "그러나 아버지, 일단 병사들이 충분한 보급품을 지급받아 잘 지내고 있고, 그들에게 고통을 견뎌낼 만한 능력이 있으며, 전쟁술에 대하여 그동안 연습을 해왔고, 그들 자신이 용맹하다는 것을 증명하기를 열망하고 있으며, 또한 불복종하기보다는 복종하는 것을 좋아

한다면, 이런 상황에서는 첫 번째 기회 때 바로 적과 교전하는 것이 현명하다고 생각하지 않으세요?"

"제우스 신에 맹세코, 그렇게 해서 어떤 이점을 얻을 수 있다고 기대된다면 그렇다." 왕이 말했다. "그러나 그렇지 않다면, 내 생각에는, 나 자신 더 좋은 사람이 되고 부하들이 더 좋아지는 것에 대해 숙고하면 할수록 더욱더 경계를 늦추지 않을 것이다. 마치 가장 귀중한 어떤 것이 가장 안전한 상태에 있을 때 그 상태를 계속 유지하기 위해 노력하듯이 말이다."

27 "그러나 아버지, 적에 비해 제가 가장 유리한 것을 얻을 수 있는 방법은 무엇인가요?"

"제우스 신에 맹세코, 애야," 왕이 말했다, "네가 지금 질문하는 것은 그렇게 쉽고 간단한 문제가 아니구나. 어떻게 하라고 제안하는 사람은 어떤 의도가 있으며, 영리하고, 교활하며, 또한 속임수를 잘 쓰는 사람임이 틀림없다. 모든 점에서 적을 기만하는 도둑이나 강도같이 말이다."

"오, 아버지," 키루스가 웃으면서 말했다, "아버지께서는 지금 저에게 어떤 사람이 되라고 말씀하시는 것입니까!"

"애야," 왕이 말했다, "너는 동시에 세상에서 가장 올바르고 법을 잘 준수하는 사람이 되어야 한다."

28 "그런데 아버지께서는 왜 우리들의 소년기와 청소년기에는 이것과 정반대되는 것을 가르치는 방식을 사용하셨나요?"

"음, 제우스 신에 맹세코," 왕이 말했다, "우리는 너희들이 여전히 친구와 동료시민을 위하는 사람이 되기를 원하지만, 적에 대해서는 해를 끼칠 수 있어야 한다고 생각한다. 너희들 모두 그동안 수많은 악행들을 배워왔다는 것을 모르느냐?"

"아니오, 아버지," 키루스가 말했다, "제 경우에는 전혀 아닌데요."

"너는 왜 활 쏘는 법을 배웠느냐, 그리고 왜 창 던지는 법을 배웠지?" 왕이 말했다. "왜 그물과 구덩이를 이용해서 멧돼지를 잡았으며, 덫과 미끼를 이용해서 사슴 잡는 법을 배웠지? 왜 사냥 경연대회에서 사자, 곰, 표범 등과 같은 야수와 직접 마주쳐 경쟁하는 대신, 너에게 어떤 유리한 것을 주고서 그들과 상대하도록 만들었지? 너는 왜 이 모든 것들이 불공정하며 너에게 유리하게 해주는 일종의 비열한 짓이고, 속임수며, 교활한 술책이라는 것을 모르느냐?"

29 "제우스 신에 맹세코, 야생동물에 관해서는 그렇습니다," 키루스가 말했다, "그러나 제가 심지어 어떤 사람을 속이고 싶어하는 척만 하더라도 저는 그것 때문에 심한 매질을 받았다는 것을 기억하고 있습니다."

"그렇다," 왕이 말했다, "내가 생각하기에, 우리는 너희들에게 사람을 향해 활을 쏘거나 창을 던지라고 허락하지 않았다. 그러나 우리는 너희들에게 과녁에다 활을 쏘라고 가르쳤다. 왜냐하면 그때는 적어도 친구에게 해를 입히지 않도록 했지만, 반면 전쟁이 발발했을 때에는 사람을 표적으로 삼아서 목표를 잘 수행할 수 있도록 하기 위해서였다. 그리고 마찬가지로 사람이 아닌 동물에 대해서만 상대방을 속이고 이용하라고 가르쳤다. 왜냐하면 그렇게 함으로써 친구들에게는 해를 끼치지 못하도록 하고, 반면 전쟁이 발발했을 때에는 이러한 기술에 대해 훈련을 받지 않은 상태로 전쟁에 임하지 않기 위해 그랬던 것이다."

30 "아버지," 키루스가 말했다, "사람에게 이익을 주거나 해를 끼치는 것에 대해 모두 이해하는 것이 필요하다면, 사람에게도 역시 우리는 이 두 종류 모두에 대해 배웠어야 하지 않나요?"

31 "그래, 내 아들아," 왕이 말했다, "전하는 바에 따르면, 우리의 선조들이 살았던 시대에 네가 지금 제안한 것과 같은 방식으로 소년들

에게 정의를 가르쳤던 스승이 한 사람 있었다. 즉 그는 거짓말하는 것과 거짓말하지 않는 것, 속이는 것과 속이지 않는 것, 중상비방하는 것과 그렇지 않은 것, 불공정하게 이용하는 것과 그렇지 않은 것에 대하여 가르쳤다. 그는 사람이 친구에게해야 하는 것과 적에게해야 하는 것 사이에 어떤 경계선을 그어놓았다. 더욱이 그는 다음과 같은 것을 가르치곤 했단다. 만약 목적이 좋았다면 심지어 친구를 속이는 것도 옳은 일이며, 의도가 좋았다면 친구의 물건을 훔치는 것도 옳다고 말이다. 32 이러한 교훈을 가르치면서 그는 또한 소년들에게 그것을 서로에게 실행해보도록 훈련시켰다. 그리스인들이 소년들에게 레슬링 경기에서 사용하는 속임수를 가르치고 그들에게 서로 속임수를 쓰도록 훈련시키는 것과 마찬가지라는 것이다. 그러므로 어떤 아이가 이런 식으로 남을 성공적으로 속이거나 부당하게 이익을 취하는 데 전문가가 되었을 때, 또한 남에게 뒤지지 않을 정도로 탐욕스러운 경우에 그들은 심지어 친구들에게서도 공정하지 못한 이익을 취하는 것을 금하지 않았다. 33 그 결과, 오늘날까지도 통용되는 한 가지 법령이 통과되었다. 그것은 우리가 하인들과의 관계에서 그들을 가르치듯이, 아이들에게 진실을 말하게 하고 공정하지 못한 이익을 취하지 못하게 하기 위해 단지 아이들을 가르치는 것이었다. 그리고 그 법은 만일 아이들이 이에 반대되는 행동을 한다면 그들을 벌주도록 했다. 그들이 이러한 습관에 단련되어서 후에 사회의 세련된 구성원이 될 수 있도록 하기 위해 그랬던 것이다. 34 그러나 그들이 지금의 너희들과 같은 나이가 되면, 적에게 타당한 바를 가르치는 것이 안전한 것 같다. 서로 존중하는 분위기에서 함께 자라고 난 후에는, 너희들이 그런 분위기에서 벗어나 야만인처럼 타락할 것 같지는 않기 때문이다. 마찬가지로 우리는 아주 어린아이들이 있을 때에는 성에 관한 문제에 대해서 토론하지 않는다. 왜냐하면 그것은 규율을 느슨하게 하여 어린 소년들이 과도하게 빠지기 쉬운 욕망을 억제해주는 고삐를 헐겁게 하지 않기 위해서 그런 것이다."

35 "제우스 신에 맹세코, 그것은 사실입니다," 키루스가 말했다, "그러나 제가 다른 사람을 이용하는 기술에 관해 배우기에 늦었다는 점을 고려하면, 아버지께서는 저에게 적을 이용하는 방법에 대해서 가르쳐주시는 것을 가능한 한 게을리하지 말아주십시오."

"그러면," 왕이 말했다, "잘 무장된 병사들로 무질서한 적을 붙잡아 무장 해제시킬 수 있는 방법, 그리고 아군으로 적을 잠에서 깜짝 놀라 깨어나게 할 수 있는 방법에 대해서 너의 병사들과 함께 잘 연구해보아라. 그러면 네 자신은 적에게 보이지 않는 반면 그들이 네 시야에 들어왔을 때 너는 유리한 위치에 있으면서 불리한 상황에 놓여 있는 적을 붙잡을 수 있을 것이다."

36 "아버지," 키루스가 말했다, "어떻게 하면 그와 같은 실수를 저지르는 적을 붙잡을 수 있을까요?"

"얘야," 왕이 말했다, "너나 적은 모두 다 반드시 상대방에게 그와 같은 기회를 제공할 것임이 틀림없다. 예를 들면 너희는 모두 식사를 할 것이고, 잠도 잘 것이며, 이른 아침 거의 동시에 자연의 부름으로 잠에서 깨어날 것이다. 너는 네가 발견하는 길을 잘 선용해야 한다. 너는 이 모든 것을 관찰하고, 네가 생각하기에 그들보다 더 취약하다고 여기는 곳에 특별한 경계를 더욱 늘려야 한다. 그리고 가장 공격하기 쉬워 보이는 곳에 있는 적을 공격해야 한다."

37 "이러한 방식들만 이용해야 하나요," 키루스가 말했다, "아니면 다른 방식들을 사용하는 것이 가능할까요?"

"음, 다른 방법들이 훨씬 많이 있다, 얘야." 왕이 말했다. "대체로 모든 사람들이 이런 점에는 엄격한 주의를 기울이며 또한 그래야 한다는 것을 잘 알고 있기 때문이다. 그러나 적을 속이는 것을 일로 삼는 사람은 적들에게 자기 자신을 과신하도록 고무하여 그들의 경계를 무너뜨리고 결국 그들을 붙잡는단다. 그리고 적에게 추격의 기회를 제공해줌으로써 그들을 무질서 상태로 몰아넣을 수도 있다. 또한 거짓되게 싸우는 척하면서 적을 불리한 곳으로 유도한 후에 되돌아서서 그들을 공격할 수도 있지." **38** 그는 계속해서 말했다. "그러나 얘야, 너는 이 모든 것에 대해 몹시 배우고 싶어하기 때문에 다른 사람에게서 배운 것을 활용해야 할 뿐만 아니라, 적에 대항하는 전략을 네 스스로 발명해내야 한다. 마치 음악가가 이미 배웠던 작품들만 연주하는 것이 아니라 새로운 다른 것을 작곡하려고 노력하는 것처럼 말이다. 새롭고 신선한 음악이 칭찬받는다면, 전쟁에서 새로운 전략을 사용하는 것 역시 더욱 커다란 칭송을 얻을 것이다. 그와 같은 전략이 적을 더욱 성공적으로 속일 수 있기 때문이다."

39 "그리고 얘야," 그는 계속했다, "네가 만약 작은 규모의 사냥경기에서 항상 사용하던 속임수를 사람에게도 그냥 적용하기만 한다면, 적을 이용하는 기술을 현저히 발전시켰다고 생각할 수는 없지 않겠니? 너는 제일 추운 겨울날에도 동트기 전에 일찍 일어나서 새를 잡기 위해 밖으로 나가, 새들이 활동을 시작하기 전에 덫을 미리 준비하고 함정을 파면서 그것이 있는 땅을 그렇지 않은 땅과 똑같이 만들어놓았으며, 유인하는 새들을 잘 훈련시켜서 너의 목적에 잘 종사하게 하여 같은 종류의 새들을 속이게 만들곤 했단다. 반면에 너 자신은 몸을 숨기고 새들을 잘 볼 수 있게, 그러나 새들은 너를 볼 수 없도록 만들었지. 그리고 새들이 도망가기 전에 그물을 던져서 잡곤 했단다. **40** 그리고 너는 산토끼를 잡기 위해—산토끼는 밤에 식량을 구하러 다니고 낮에는 숨어 있기 때문에—냄새로 그것을 발견할 수 있는 개들을 사육하곤 했다. 또한 산토끼를 발견했을 때에는, 그 녀석들이 하도 빨리 달리기 때문에 추적해서 그것을 잡을 수 있도록 훈

련된 또 다른 사냥개를 사용했지. 산토끼가 이것까지도 따돌리고 도망갔을 경우, 도망간 자국과 흔적을 찾아내어 그들이 모여 살고 있는 피난처를 발견하고, 거기에다 그물을 눈에 띄지 않게 널리 펼쳐두었다가 산토끼가 곤두박질치듯이 날쌔게 달려갈 때 그물로 스스로 뛰어들게 해서 붙잡곤 했다. 그리고 심지어 여기서도 도망가지 못하게 하기 위해 너는 거기서 일어날 일에 대비해서 지키는 사람들을 배치해두었다가 가까운 곳에서 갑자기 덤벼들도록 하곤 했지. 앞에 있는 사람들은 정숙을 유지하면서 숲속에 자신의 몸을 숨긴 채 숨어 있도록 하는 한편, 너 자신은 뒤쪽에서 계속 추격하는 소리를 질러서 그 녀석을 놀라게 만들고 기지를 잃게 하여 결국 붙잡을 수 있도록 했단다.

41 내가 앞에서 말한 것처럼 그러한 계획들을 사람에게 똑같이 적용한다면, 너는 세상에 있는 어떤 적들에게도 모자람이 없다고 생각한다. 그러나 때로는 필요한 경우——그리고 이것은 당연히 발생하게 마련인데——넓게 펼쳐진 평원에서, 즉 시야가 확 트여 있어서 모든 것이 다 보이는 곳에서 양쪽 군대를 모두 정렬시켜놓고 전투를 하게 되는 경우에는, 오래전부터 인정되어온 장점들이 매우 효용이 있을 것이다. 이 장점들이란 병사들이 육체적으로 잘 훈련되어 있는지 없는지, 병사들의 마음이 잘 단련되어 있는지 없는지, 그리고 전쟁기술이 잘 연구되어 있는지 아닌지에 대한 것을 의미한다. 42 더욱이 너는 다음과 같은 사실을 명심해야 한다. 즉 너에게 복종해주기를 기대하는 사람들은 모두 그들 자신의 처지에서는 네가 그들을 고려해주기를 기대한다는 점을 말이다. 그래서 너는 결코 부주의해서는 안 된다. 밤에는 너의 병사들이 너를 위해 무엇을 하도록 만들 것인지 숙고하고, 아침이 되고 낮 동안에는 밤을 위해 준비를 어떻게 해야 하는지 숙고하도록 하여라. 43 그러나 전투부대를 배치할 때는 군대

를 어떻게 정렬시켜야 하는지, 밤에는 군대를 어떻게 이끌고 낮에는 어떻게 이끌어야 하는지, 좁은 곳에서는 어떻게 이끌고 넓은 곳에서는 어떻게 이끌어야 하는지, 산에서는 어떻게 하고 평지에서는 어떻게 군막을 세울지, 밤에는 보초를 어떻게 배치하고 낮에는 어떻게 할지, 적과 마주쳐서 어떻게 진격하고 어떻게 퇴각할지, 너에게 비우호적인 도시를 어떻게 지나갈지, 어떻게 요새를 공격할지 또는 어떻게 공격에서 물러날지, 협곡과 강물을 어떻게 건너갈지, 어떻게 적의 기병이나 창병, 궁수들에게서 너 자신을 보호할 수 있을지, 네가 군대를 이끌고 나아가는데 갑자기 적이 시야에 포착된다면 어떻게 적에 대항해서 너의 위치를 정하고 군대를 전개할지, 밀집형태의 방진형을 이루면서 군대가 행진하고 있는데 앞쪽이 아닌 다른 방면에서 적군이 눈에 들어올 때 어떻게 군대의 대형을 형성하고 적과 마주칠지, 어떻게 적군의 계획이나 의도를 가장 잘 발견해낼 수 있을지, 어떻게 하면 적이 너의 계획을 가장 적게 알아채도록 할 수 있을지 등등— 왜 내가 이 모든 것들에 대해 너에게 말해주어야만 하지? 왜냐하면 생각건대, 이 모든 것들은 네가 이미 그동안 자주 들어왔던 것들이기 때문이다. 그리고 다른 누군가가 이와 같은 종류의 것을 이해하고 있다는 소문이 들리거든, 너는 그에게서 이에 관한 정보를 얻는 데 결코 게을리해서는 안 되며, 또한 네가 그에게서 지침을 받지 않아서도 안 된다. 그리고 너는 이러한 각각의 지식들이 너에게 도움이 될 수 있을지도 모르기 때문에 이것들을 상황에 따라 알맞은 것으로 전환시켜야 할 것이다."

44 "얘야," 왕이 말했다, "이러한 교훈을 역시 나에게서 배우거라. 다음과 같은 것이 모든 것 중에서 가장 중요하단다. 즉 흉조나 길조가 보일 때 결코 그것에 반하여 너 자신이나 너의 병사들에게 어떠한 위험 속으로 들어가지 말도록 하여라. 그리고 보통 사람들은 추

측에 따라 자신의 행동 방향을 선택할 뿐이며 어떤 방향에서 성공이 다가올지 전혀 모른다는 사실을 명심하거라. **45** 이러한 교훈은 역사적 사실에서 얻을 수 있을 것이다. 많은 사람, 그리고 매우 현명해 보이는 사람도 국민을 설득하여 무장시키고 다른 나라를 공격하도록 했다가 오히려 무너진 경우가 많이 있기 때문이다. 또한 많은 사람이 다른 많은 사람과 국가를 위대하게 만들었으나, 그들이 그 위대한 사람이나 국가를 찬양할 때 오히려 그들의 손에 의해 가장 슬픈 악행을 겪기도 했단다. 그리고 국민을 친구로 대하고, 그들에게 선의를 베풀고, 그들에게서 호의를 얻어냈을 수도 있는 많은 자들이 오히려 그 국민을 친구가 아니라 노예같이 취급했기 때문에 바로 그 국민에게서 응분의 벌을 받기도 했다. 또한 자신에게 적당한 몫을 즐기면서 사는 것에 만족하지 못한 많은 자들이 심지어 그나마 가지고 있던 것을 모두 잃어버리곤 했다. 왜냐하면 그들은 모든 것의 주인이 되려고 했기 때문이다. 또한 많은 사람은 몹시 갈망하던 부를 얻었을 때 오히려 그것 때문에 멸망하기도 했지. **46** 그래서 단순한 인간의 지혜란 마치 제비뽑기를 할 때 어떻게 나올지 모르는 것과 마찬가지로 무엇이 최상인지를 선택하는 방법에 대해 모른다는 것을 우리는 보게 된다. 그러나 애야, 영원한 신들은 과거에 이미 일어났고, 현재에도 일어나고 있으며, 과거나 현재의 결과로 미래에 일어날 모든 것들을 알고 있다. 그리고 인간이 신에게 상의한다면 그들은 자신이 호의를 품고 있는 사람에게는 무엇을 해야 하고 무엇을 하지 말아야 하는지를 계시해준단다. 그러나 신이 모든 사람에게 충고해주기를 원치 않는다면, 그것은 놀라운 일이 아니다. 왜냐하면 그들이 원하지 않는 경우, 신은 누군가를 돌봐주어야만 한다는 강압을 받지 않기 때문이다.”

제2권 군대의 재조직

I

1 이와 같은 대화를 하며 그들은 페르시아의 경계선에 도착했다. 독수리 한 마리가 오른편에서 나타나 머리 위로 날아가자, 그들은 은총과 호의로 인도하면서 페르시아 땅을 지켜보고 있는 신과 영웅에게 기도했다. 그리고 그들은 국경선을 가로질러 나아갔다. 국경선을 넘었을 때 그들은 또다시 메디아 땅을 후견하는 신에게 은총과 호의를 얻기 위해 기도했다. 헌신적인 기도를 끝내고 나서 그들은 자연스럽게 서로 껴안았으며, 키루스의 아버지는 다시 페르시아로 돌아가고 키루스는 메디아에 있는 키악사레스에게로 계속 나아갔다.

2 키루스가 메디아에 도착했을 때 먼저 그들은 자연스럽게 서로 껴안았다. 그리고 나서 키악사레스는 키루스에게 데리고 온 군사가 얼마나 되느냐고 물었다.

키루스가 대답했다. "예전에 용병으로 왔을 때와 마찬가지로 3만 명 정도 됩니다. 그러나 이번에는 조국을 결코 떠나본 적이 없는 다른 동료 귀족들 또한 같이 왔습니다."

"그들의 숫자는 대략 얼마나 되지?" 키악사레스가 물었다.

3 "그 수에 관해 듣고 싶어하신다면 말씀드리겠습니다만, 총 숫자는 외삼촌께 기쁨을 줄 수 있는 정도는 아닙니다. 동료 귀족들의 수는 얼마 되지 않지만 그들은 능숙하게 페르시아인들을 잘 다스린다는 사실을 기억하세요. 외삼촌은 그들이 필요하지 않나요, 아니면 잘못된 경고였나요? 그리고 지금 적이 쳐들어오고 있지 않나요?"

"그래, 분명히," 키악사레스가 말했다, "적은 지금 이곳으로 쳐들어오고 있을 뿐만 아니라 그 수도 대단히 많단다."

4 "어떻게 그렇게 확신하시지요?"

키악사레스가 말했다, "많은 사람들이 그곳에서 오고 있기 때문이지. 어떤 사람은 어떤 식으로, 다른 사람은 또 다른 식으로 자신의 이야기를 들려주는데 그들은 모두 한결같이 같은 것을 말하고 있단다."

"그러면 우리는 그 사람들과 싸워야겠지요?"

"음," 키악사레스가 말했다, "필연적으로 그럴 수밖에 없을 거야."

"그들에 관해 알고 계시다면," 키루스가 말했다, "우리가 싸워야 하는 적의 힘이 얼마나 대단한지 말씀해주시겠어요? 그리고 우리 군대의 힘에 관해서도요. 양쪽 군대에 대한 정보를 모두 다 알고 있어야 그에 따라 우리의 계획을 세울 수 있고, 전투상황에 들어가기 전에 최선의 계획을 세울 수 있으니까요."

"그러면 잘 들어보아라," 키악사레스가 말했다, **5** "리디아의 왕인 크로이소스는 1만의 마필과 4만 명에 이르는 투석수(peltasts)와 궁수를 데리고 앞장서서 오고 있다. 또한 대(大)프리지아의 왕인 아르타카마스(Artacamas)는 8천의 마필과 4만 명보다 적지 않은 수의 투창병과 투석수들을 데리고 앞장서서 오고 있지. 카파도키아의 왕인 아리바에우스(Aribaeus)는 6천의 마필과 3만 명은 족히 되는 궁수와 투석수가 있다. 반면 아라비아의 아라그두스(Aragdus)는 1만 명의 기병과 약 1백 개의 전쟁용 전차 그리고 수많은 투석수들이 있다. 그러나 아시아에 거주하는 그리스인들에 관해서는, 그들이 연합군에 포함되어 있는지 없는지 아직까지 정확한 정보가 없단다. 그러나 헬레스폰트(Hellespont)에 있는 프리지아의 파견대는 가바에두스(Gabaedus)의 지휘하에 카이스투 페디움(Ca?tru-Pedium)에 도착했는데, 그들은 6천 마리의 말과 1만 명의 투석수로 이루어져 있다. 그러나 카리아인들(Carians)과 킬리키아인(Cilicians), 파플라고니아인들은 함께 초청되었는데도 이 원정대에 참여하지 않았다고 전해진다. 하지만 아시리아인들은 바빌론과 나머지 다른 지역에서 모두 합해 2만보다 적지 않은 수의 마필과 2백보다 적지 않은 수라고 확신할 수 있는 전차대, 그리고 거대한 수의 보병부대를 데리고 올 것이라고 나는 생각한다. 하여튼 그들이 우리나라를 침범해올 때마다 많은 병력을 거느리곤 했단다."

6 이에 키루스가 말했다, "외삼촌 말에 따르면, 적들은 6만이 넘는 마필과 20만 명 이상의 투석수 및 궁수가 있군요. 그렇다면 외삼촌의 군대는 모두 얼마로 추산되지요?"

"메디아에는," 키악사레스가 말했다, "1만 마리 이상의 말이 있다. 그리고 투석수와 궁수는 아마 6만 명쯤 되겠지. 또 우리의 이웃인 아르메니아인들에게서 4천 마리의 말과 2만 명의 보병을 얻을 수 있을 것이다."

"말하자면," 키루스가 말했다, "우리는 적의 기병들보다 사분의 일에 해당하는 병력이 있고, 보병은 절반 정도 된다는 말씀이군요."

7 "지금," 키악사레스가 말했다, "이 계산은 네가 데리고 온 조그마한 규모의 페르시아군 병력을 포함하지 않은 것이지?"

"아니오, 포함한 것입니다," 키루스가 말했다, "그러나 우리가 더이상의 병력이 필요할지 그렇지 않을지는 나중에 생각해보겠습니다." 그는 계속해서 말했다, "이제 양쪽 진영이 어떤 방법으로 싸울 것인지에 대해 말씀해주십시오."

"다른 모든 전쟁과 마찬가지일 거다." 키악사레스가 말했다. "왜냐 하면 그쪽이나 우리 쪽 모두 궁수와 창병이 있기 때문이지."

"그들의 무기가 그와 같다면," 키루스가 말했다, "우리는 반드시 먼 거리에서 싸워야 합니다."

8 "그렇지," 키악사레스가 말했다, "그렇게 해야 할 거야."

"이런 경우 승리는 더 많은 병사가 있는 쪽으로 돌아가게 됩니다. 왜냐하면 수가 적은 쪽은 많은 쪽에 의해 더 빨리 부상을 당하거나 죽임을 당하기 때문입니다."

"만일 그렇다면, 키루스, 지금 페르시아에 전갈을 보내 메디아에 무슨 일이 생겼을 때 그 위험이 페르시아에까지 확장된다는 것을 알 려주어서 더 많은 수의 군대를 요청하는 것이 가장 좋은 계획이 아 닐까?"

키루스가 말했다, "심지어 모든 페르시아인이 온다 하더라도 수로 는 우리가 적을 능가할 수 없다는 것을 외삼촌은 아셔야 합니다."

9 "이보다 더 좋은 방법이 무엇이라고 생각하지?"

"제가 만일 외삼촌이라면," 키루스가 말했다, "가능한 한 빨리 여 기 와 있는 모든 페르시아인을 위해 무기를 만들라고 명령하겠습니 다. 우리나라에서 지금 오고 있는 동료 귀족들이 갖고 있는 무기와 같은 것들 말입니다. 즉 가슴에 입고 허리를 두르는 흉갑, 왼손에 드 는 작은 방패(shield), 오른손에 드는 언월도(scimitar)나 군도 같은 것 이지요. 이러한 무기들을 준비한다면 우리가 적과 근접전에서 싸울 때 안전하게 전투에 임할 수 있으며, 반면 적의 처지에서는 그냥 그 자리에 서 있다가 죽는 것보다 재빨리 도망가는 게 더 좋으리라는 것 이 증명될 것입니다." 그는 말을 계속했다. "저는 적의 진지를 지키고 있는 자들과 대항하는 데 저의 부대를 배치시키고, 반면 외삼촌의 기병들은 그들 중 도망가는 자들을 추적하는 임무를 맡는 것이 좋겠다고 제안합니다. 그러면 적들은 자기네 진지를 지키거나 되돌아서서 싸울 수 있는 기회를 갖지 못할 것입니다.”

10 키루스는 이와 같이 말했다. 키악사레스에게는 키루스가 요점을 말하고 있는 것처럼 보였다. 그는 더 이상 군대를 요청하는 것에 관하여 말하지 않았다. 그리고 그는 키루스가 제안한 대로 무기들을 얻기 위해 곧바로 일에 착수했다. 동료 귀족들이 페르시아에서 자신의 군대와 함께 도착했을 때 무기들은 거의 준비되어 있었다.

11 그때 키루스는 동료 귀족들을 함께 불러 다음과 같이 말했다. “나의 친구들이여, 여러분이 이처럼 무장을 하고 적과 직접 조우하여 싸울 수 있는 마음의 준비가 되어 있는 것을 볼 때, 그리고 여러분을 따르는 우리 페르시아인이 이와 같이 무장을 하고 고향에서 멀리 떠나와 싸움을 진행할 수 있게 된 것을 지켜보며, 나는 여러분의 군사가 적은 수에 불과하며 도와줄 다른 사람들이 더 이상 없다는 것을 알기 때문에, 수많은 적과 부딪쳐서 해를 입지나 않을까 걱정이 되오. 여러분은 육체적인 힘에서 전혀 결함이 없는 자들과 함께 여기에 와 있으며, 그들 모두는 우리가 지니고 있는 것과 같은 종류의 무기들을 갖추게 될 것이오. 그러나 그들의 마음을 단련시키는 것은 우리들의 몫이오. 왜냐하면 자기 자신이 용감하다는 것을 보여주는 것만이 장교가 수행하는 의무의 전부가 아니기 때문이오. 무릇 장교란 자신의 병사들을 가능한 한 용감한 병사로 돌봐야 하오.”

12 그는 이와 같이 말했다. 그리고 그들은 모두 기뻐했다. 왜냐하면 그들이 전쟁터에 나갈 때 자신의 생명을 유지해줄 수 있는 것을 더 많이 지니고 갈 수 있게 되었기 때문이다. 그들 중 한 사람이 다음과 같이 말했다. 13 “이제 우리와 함께 싸우러 가야 하는 병사들이 그

와 같은 무기를 받게 되었으므로, 키루스에게 우리를 위해 어떤 말을 해달라고 충고하는 것은 아마 이상하게 들릴 것입니다. 그러나 나는 감히 제안하고 싶습니다. 왜냐하면 나는 어떤 사람이 선과 악을 모두 행할 수 있는 강력한 힘을 지니고 있을 때, 그의 말이 듣는 이의 마음 속 깊이 스며들 것 같다고 생각하기 때문입니다. 그리고 그런 사람이 선물을 준다면, 비록 그것이 동등한 위치에 있는 사람이 주는 것보다 가치가 적을지라도, 받는 사람들은 그것을 더욱 가치 있게 평가합니다. 우리 페르시아의 동지들(comrades)은 우리보다 키루스가 그들을 직접 고무해주면 더욱 기뻐할 것입니다. 그리고 그들이 동료 귀족들 사이에서 자리를 차지한다면, 더욱더 명예롭게 느낄 것입니다. 왜냐 하면 그 명예가 우리에게서 주어지는 것이라기보다 그들의 주인인 왕자와 장군에게서 수여되는 것이기 때문입니다. 그러나 우리의 협력이 부족해서는 안 됩니다. 우리는 모두 수단과 방법을 다 동원해서 우리 병사들의 마음을 단련시켜야 합니다. 병사들이 더욱더 용감하면 용감할수록 우리에게 훨씬 이득이 될 것이기 때문입니다."

14 그러자 키루스는 무기들을 가져오게 하여 눈에 잘 보일 수 있도록 정렬시켜놓은 다음, 모든 페르시아 병사를 함께 불러 다음과 같이 연설했다. **15** "페르시아의 동료 시민 여러분, 여러분은 우리들과 같은 땅에서 태어나고 자라왔소이다. 여러분의 육체는 우리들의 육체에 비해 조금도 열등하지 않소. 그리고 우리들의 마음보다 조금도 덜 용감하지 않은 것 같소. 그런데도 페르시아에서 여러분은 우리들이 누리는 것과 같은 특권을 향유하고 있지 못하오. 그 이유는 우리들이 여러분에게 그 특권을 갖지 못하도록 일부러 배제시켜놓았기 때문이 아니라, 여러분은 자신의 생계를 유지하기 위해 돈을 벌어야만 하기 때문이오. 그러나 이제 신들의 도움으로, 여러분은 생활필수품을 제공받고, 원한다면 우리들이 부딪치는 것과 같은 종류의 위험에 대

처하기 위해 우리들의 것과 같은 종류의 무기를 지급받게 될 것이오. 그리고 우리의 일이 성공을 거둔다면 우리들이 받는 것과 같은 가치에 해당하는 몫을 받게 될 것이오. 나는 이것을 앞으로 지켜볼 것이외다.

16 지금까지 여러분은 궁수나 투석수였소. 그리고 우리들도 마찬가지였소. 그러나 여러분이 이런 무기를 사용하는 데 우리들처럼 능숙하지 않다면 그것은 별로 놀라운 일이 아니오. 왜냐하면 여러분은 우리들이 연습하는 것만큼 충분한 여가시간을 갖지 못했기 때문이오. 그러나 이제 지급되는 이 무장에 관해서는 우리들이 여러분보다 유리한 점은 아무것도 없소. 어떤 경우든지, 모든 사람은 자신의 가슴에 알맞은 흉갑을 입을 것이고, 왼쪽 팔에는 우리 모두 그동안 익숙하게 사용해왔던 창을 들게 되며, 오른손에는 군도나 언월도를 들게 될 것이오. 그 칼로 여러분은 우리에게 대항하는 적과 마주해서 아주 근접한 거리에서 싸울 것이며, 또한 전투할 때 더 이상 우리의 목표물을 놓칠까봐 염려할 필요가 없을 것이오. **17** 그렇다면 이와 같이 무장을 한 상태에서 우리들 중 어느 누가 용기를 제외하고는 다른 사람보다 유리하다고 말할 수 있겠소? 여러분은 우리만큼 마음속에 용기를 품고 있는 것이 좋을 것이오. 여러분이 승리를 갈망하는 마음보다 우리에게 더 적절한 것이 무엇이겠소? 그것이야말로 모든 아름답고 선한 것들을 안전하게 지켜줄 것이오. 여러분뿐만 아니라 우리 모두가 우월한 무기를 갖기를 열망하는 이유는 승리했을 때 피정복자의 모든 소유물을 얻으려는 것이 아니고 무엇이겠소?"

18 그는 결론적으로 말했다. "여러분은 모든 이야기를 들었소. 이제 여러분의 무기를 보시오. 그리고 원하는 사람들은 그것을 집어서 자신의 이름과 함께 온 부대장의 이름을 새기시오. 그러나 용병의 위치에 남아 있는 것에 만족하는 사람은 고용된 병사들을 위한 무장을

한 채로 남아 있을 수 있소."

그는 이와 같이 말했다. 19 이 연설을 듣고서 페르시아인은 만약 이러한 무장을 받아들이기를 원하지 않는다면 같이 고통을 나누고 같이 보상을 받게 될 때 그들은 항상 궁핍하게 살 수밖에 없을 것이라고 생각했다. 그러자 그들은 모두 자신의 이름을 병적에 올리고 무기를 가져갔다.

20 키루스는 적군이 접근해오고는 있지만 아직 도착하지 않았다는 보고를 받고 있는 동안에 병사들의 육체적인 힘을 발전시키고, 그들에게 전술을 가르치며, 전쟁수행을 위한 마음을 단련시키도록 노력했다. 21 그는 우선 키악사레스에게서 병참부대원을 지원받고서, 그들에게 전 병사를 위해 필요한 일반적인 보급품을 준비하라고 명령했다. 이러한 보급품이 준비되자, 그는 병사에게 군사기술을 연습시키는 것 이외에 다른 일은 아무것도 시키지 않았다. 왜냐하면 그는 많은 것에 주의를 기울이지 않고 단지 한 가지 일에 전력을 다하는 사람들이 어떤 주어진 일에서 최고가 된다는 것을 보아왔기 때문이다. 그래서 그는 훈련 자체에서도 활과 창으로 하는 연습을 하지 못하게 하고, 병사들에게 오직 칼과 방패와 갑옷만 가지고 하는 훈련을 시켰다. 단번에 병사들은 자신이 적과 맨손으로 마주쳐야 하며, 그렇지 않으면 동맹군으로서 아무 쓸모가 없다는 점을 인정해야 한다고 확신했다. 그러나 그들은 자신을 유지시켜주는 자를 위해 싸우는 것 외에 다른 목적으로 유지되지 않는다는 것을 알기 때문에 그것을 인정하기는 어려웠다.

22 이와 더불어 키루스는 사람들이 서로 경쟁하는 부분을 더욱 연습하고 싶어한다는 사실을 알고서, 병사들이 연습하는 것이 중요하다고 여겨지는 모든 것에서 그들에게 경연대회를 열도록 명령했다. 그가 제안한 것은 다음과 같다. 말단의 일반병사들에게는 장교에게

복종하고, 어려움을 견뎌낼 준비가 되어 있으며, 위험을 갈망하지만 규율에 복종해야 하며, 좋은 병사에게 요구되어지는 의무에 친숙하며, 자신의 무장을 깔끔하게 돌보고, 이 모든 일을 야심 있게 해야 한다는 것을 보여주어야 한다고 제안했다. 하사에게는 자신이 하나의 좋은 병사가 되는 것 외에 자신에게 주어진 5인의 부대를 하나의 모범적인 부대로 만들도록 제안했다. 상사에게는 이와 마찬가지로 자신이 지휘하는 10인의 병사를 하나의 모범적인 부대로 만들도록 했고, 중위에게는 그의 소대원을 그렇게 만들도록 제안했다.[1] 또한 대위에게는 자신이 예외적이지 않은 사람이 되어야 하며, 장교의 명령을 받는 이들이 자신의 의무를 다하는지 살펴야 한다고 제안했다.

23 더욱이 키루스는 그에 대한 보상으로 다음과 같이 제안했다. 중대장의 경우 자신의 중대를 최고 상태로 만들어놓았다고 여기는 사람은 연대장이 될 것이며, 소대장의 경우 자신의 소대를 최고 상태로 만들었다고 평가되는 자는 중대장의 위치로 진급할 것이다. 같은 방식으로 상사 중에서는 능력과 장점이 가장 많이 있는 자가 소대장의 지위로 승진할 것이다. 마지막으로 개개의 병사들 중에서 훌륭한 병사는 하사의 지위로 올라갈 것이다. 더욱이 모든 장교는 자신의 부하

---

1) 키루스 군대의 편제는 다음과 같다.

	편성	장교	전체 숫자
5인	1 하사의 분대(squad)	하사(corporal)	5
2 하사의 분대	1 상사의 분대	상사(sergeant)	10
5 상사의 분대	1 소대(platoon)	중위(lieutenant)	50
2 소대	1 중대(company)	대위(captain)	100
10 중대	1 연대(regiment)	중령(colonel)	1,000
10 연대	1 여단(brigade)	장군(general)	10,000

들에게서 존경을 요구할 수 있는 권리가 있을 뿐만 아니라 그 지위에 적합한 각기 다른 명예가 각 장교들에게 주어질 것이다. 그리고 칭찬을 받을 만한 자격이 있는 사람에게는 더 큰 행운이 생길 경우에 더 큰 희망을 줄 것이다. **24** 더욱이 그는 병사들이 상관에게 내면에서 우러나는 복종을 하는 것을 보거나 앞서 말했던 임무를 수행하는 데 충분히 준비가 되어 있다고 여길 경우, 모든 중대나 모든 소대 또는 모든 5인의 분대나 10인의 분대에게 마찬가지로 승리에 대한 포상을 제공했다. 이러한 포상은 각 부대에 적절한 것들이었다.

이와 같은 포상경쟁이 정해지고 난 후, 각 부대는 병사들을 훈련시키기 시작했다.

25 키루스는 병사들을 위해 막사를 짓도록 명령했다. 각각의 막사는 수로는 중대장들의 수만큼, 그리고 크기는 한 중대를 모두 수용하기에 충분한 만큼의 크기로 지어졌다. 한 중대는 100명의 병사들로 구성되었다. 따라서 그들은 각 중대 단위로 생활했다. 키루스는 중대원들이 막사를 함께 쓰는 것이 부대 내에서 발생하게 될 갈등 문제를 해결하는 데 여러 장점이 있다고 생각했기 때문이다. 또한 막사를 같이 쓰게 되면 그들은 서로 자기 자신이 다른 병사들과 동등하게 보급품이 제공되는 것을 볼 수 있고, 자신이 부당하게 차별 받고 있다는 핑계를 댈 수 없기 때문이다. 또한 이것은 부당하게 차별을 받았다는 것을 핑계로 적과 마주쳤을 때 다른 사람보다 용감하지 않을 수 없게 만들기 위한 것이다. 그리고 키루스는 병사들이 서로 친숙하게 되면 배려하는 감정이 그들 모두에게서 더욱 발생할 것이며, 반면에 서로 친숙하지 않은 사람은 마치 어둠 속에 있는 것처럼 서로에게 어느 정도 더욱 무관심한 사이가 될 것이라고 생각했다. **26** 그는 또한 병사들이 함께 막사생활을 하게 되면 자신의 지위에 완전히 친숙해지는 데 적지 않은 도움을 줄 것이라고 생각했다. 그렇게 함으로써 중

대장들은 자기 휘하에 있는 중대원들을 마치 하나의 부대가 일사불란하게 행진해나가는 것과 같이 완벽한 질서하에 둘 수 있으며, 소대장들은 자신의 소대를, 또 상사나 하사들은 자신의 분대를 그와 같은 식으로 만들어나갈 수 있기 때문이다. **27** 더욱이 병사들이 정렬할 때 자신의 위치에 완벽하게 친숙해지면, 그것은 부대가 혼란에 빠지는 것을 막아주고 또한 혼란에 빠졌을 경우 곧바로 질서를 회복하는 데 매우 큰 도움을 줄 것이라고 생각했다. 마치 함께 잘 맞추어져야 하는 돌과 나무의 경우, 아무리 큰 혼란에 던져졌다손 치더라도 그것들이 어느 위치에 있었는지 쉽게 알려주는 표시가 있으면 다시 잘 들어맞게 짜맞출 수 있도록 준비되어 있는 것처럼 말이다. **28** 그리고 마지막으로, 키루스는 병사들이 함께 섞여 생활하면 동지애가 더욱 북돋아지고, 그들이 위급한 상황에 놓였을 때 서로 버리고 도망가는 행위를 덜 하게 될 것이라고 생각했다. 왜냐하면 그는 종종 함께 사육한 동물들이 서로 떨어져 있을 때 놀랍게도 서로를 몹시 그리워하는 것을 보았기 때문이다.

29 키루스는 또한 병사들이 땀을 흘리지 않고는 점심이나 저녁식사에 결코 오지 못하도록 주의를 기울였다. 즉 그는 병사들에게 밖에서 사냥을 하도록 시킴으로써 그들을 땀에 젖게 하거나 또는 그들에게 땀나게 하는 운동을 고안해냈다. 만약 다른 일이 우연히 생기거나 참석해야 할 일이 발생했을 때 그는 병사들이 땀을 빼지 않고는 막사로 돌아오지 못하도록 만들었다. 그는 이와 같은 훈련방법이 병사들에게 식사를 즐길 수 있도록 유도하고, 건강을 유지시켜 주며, 전쟁터에서 부딪치게 될 여러 어려움을 참아낼 수 있는 인내심을 기르도록 유도한다고 생각했다. 그리고 고된 일이 병사들을 서로에게 좀더 이성적으로 대하도록 인도한다고 생각했다. 심지어 말들도 함께 일하는 경우 서로에게 더욱 조용히 대하면서 서 있기 때문이다. 하여튼

자신이 잘 훈련되었다는 것을 의식하는 사람은 적과 마주쳐서 확실히 더욱 용감해진다.

30 키루스는 저녁식사에 초대할 사람을 모두 수용할 수 있을 정도로 충분한 크기의 막사를 지었다. 그는 적절하다고 생각하는 수만큼의 중대장들을 종종 자신의 막사로 초대했으며, 가끔 소대장들이나 상사 또는 하사들 몇몇을 초대했다. 그리고 이따금 약간 명의 사병을 초대했으며, 때때로 5인의 분대원이나 10인의 분대원, 소대, 또는 중대 전체를 함께 초대하기도 했다. 그는 모든 사람이 그렇게 해주었으면 하고 바라는 일을 어떤 자가 행하는 것을 볼 때마다 그 사람을 명예의 표시로 초대하곤 했다. 그리고 저녁식사에 초대된 자들 앞에는 항상 키루스 자신이 먹는 음식과 같은 종류의 음식이 놓여 있었다.

31 그는 보급품 담당관들에게도 모든 것에서 병사들과 같은 몫을 갖도록 허락했다. 왜냐하면 의전관이나 사절단보다 군수품을 조달하는 사람들에게 병사들 못지않은 관심을 주는 것이 공평하다고 생각했기 때문이다. 그것은 합리적이었다. 그들은 신뢰할 만한 사람이어야 하고, 군대 일에도 친숙해야 하며, 영리하고, 이와 더불어 의욕있고, 재빠르며, 결의가 굳고, 한결같아야 한다고 그는 생각했기 때문이다. 더욱이 보급품 담당관들 역시 가장 유능한 사람이 갖춰야 하는 자질이 있어야 하고, 어떤 종류의 서비스도 거절하지 않으며, 장군이 그들에게 원하는 것은 무엇이든지간에 그것을 수행하는 것을 의무로 여기도록 자기 자신을 단련해야 한다는 것을 키루스는 잘 알고 있었다.

II

1 부대원들을 저녁식사에 초대해서 함께 즐길 때마다 키루스는 항

상 그 자리에서 오고가는 대화가 가능한 한 모두를 즐겁게 해주고, 또 선(善)을 자극하는 것이 되도록 애썼다. 한번은 다음과 같이 대화의 문을 열었다.

"자네들," 키루스가 말했다. "우리의 새로운 동지들이 우리와 같은 방식으로 교육받지 않았기 때문에 우리보다 더 열등하다고 생각하는지, 또는 서로 사교적인 행동을 하는 데 있어서나 적과 싸워야 할 때 우리들 사이에 어떤 차이도 없다고 생각하는지 나에게 말해주겠나?"

2 "음," 히스타스파스(Hystaspas)가 대답했다. "저로서는 적과 마주하여 대치했을 때 그들이 어떻게 보일지에 대해 아직 드릴 말씀이 없습니다. 그러나 사교적인 행동에서는 분명히 그들 중 몇몇은 매너가 나쁩니다. 지난 어느 날 키악사레스가 중대마다 고기를 보내왔습니다. 그래서 우리들 각자에게 고기가 세 조각이나 그 이상 배당되었습니다. 요리사가 고기를 돌릴 때 처음엔 저에게서 시작했습니다. 그러나 두 번째 돌릴 때 저는 그것을 맨 마지막 사람에게서 시작하여 반대 방향으로 진행하라고 명령했습니다. 3 그러자 그 원(圓)의 중간에 앉아 있던 사람 중 하나가 소리를 지르면서 다음과 같이 말했습니다. '맙소사, 만일 가운데 있는 우리부터 고기를 돌리지 않는다면, 이것은 전혀 공평하지 않군.' 제가 그 말을 들었을 때 저는 다른 사람이 그가 어느 누구보다도 적게 가졌을 것이라고 생각할까봐 화가 났습니다. 그래서 당장 그를 제 곁으로 불렀습니다. 그는 적어도 이 점에서는 잘 훈련된 모습을 보여주면서 제 명령에 따랐습니다. 그러나 우리들에게 건네진 고깃조각은 남아 있던 것 중 가장 작은 크기의 고깃조각뿐이었습니다. 왜냐하면 누구나 예상했던 대로, 우리들이 제일 마지막으로 그것을 건네받게 되었기 때문입니다. 그러자 그는 매우 화를 내면서 혼자 중얼거렸습니다. '이런 젠장! 이리로 불려왔더니 이

렇게 됐네!' 4 저는 이렇게 말했습니다. '걱정하지 말게나, 다음번에는 우리부터 배급이 시작될 테니까 말이야. 자네는 첫 번째 순서이니까 그중 가장 큼직한 고깃조각을 집어들게나.' 요리사가 이제 세 번째 배급을 시작하게 되자 당연히 그렇게 되었습니다. 그 친구는 자기 마음대로 고기를 고를 수 있게 되었지요. 그리고 그는 먼저 배급받은 고기가 너무 작은 조각이라고 생각한 나머지 다른 것을 집으려고 먼저 받은 고깃조각을 그릇에 다시 올려놓았습니다. 그러자 요리사는 그가 더 이상 먹기를 원하지 않는다고 생각하고는 그가 다른 것을 집기도 전에 그릇을 옆으로 돌렸습니다. 5 그러자 그는 그것을 자신의 불운 탓으로 돌리면서, 그가 가질 수 있었던 고깃조각뿐만 아니라 자기 접시 위에 있던 것까지 모두 잃어버렸습니다. 이것 때문에 그는 결국 화가 치밀고 거기에다가 불운에 대한 분노까지 섞여서 거의 미쳐버리고 말았습니다. 우리 곁에 가장 가까이 앉아 있던 어느 소대장이 이 모습을 보고 웃으면서 즐거움에 겨워 손뼉을 마구 쳤습니다. 그리고 저는 기침을 하는 척했지요. 왜냐하면 저 자신조차도 웃음을 그칠 수 없었기 때문입니다. 키루스, 우리 동지들 중에 그런 사람이 있다는 것을 알려드립니다."

이 이야기에 그들은 물론 모두 웃었다. 6 그러자 중대장들 중 다른 한 사람이 말했다. "키루스, 여기 있는 이 친구는 매너가 매우 나쁜 동료와 함께 있는 듯합니다. 그러나 저는 당신이 우리에게 대열을 정렬하는 법을 가르쳐주고, 당신에게 배운 것을 다른 중대원들에게 가서 가르치라는 명령을 받고 헤어지고 난 후, 다른 사람이 그랬던 것처럼 저도 어느 소대에 부대원들을 훈련시키러 갔습니다. 저는 소대장에게 먼저 그의 위치를 정해주었습니다. 그다음에는 어느 젊은 신병에게 그 곁에 자리를 잡게 하고, 제가 보기에 적절하다고 생각하는 대로 나머지 병사를 배치했습니다. 그리고 저는 소대원들을 정면으로 바라보면서 우뚝 서 있었습니다. 그리고 적당한 시점이라고 생각했을 때 그들에게 전진하라고 명령했습니다. 7 그러자 그 젊은 신병이 소대장 앞으로 나서면서 그보다 앞에 서서 행진하는 것이었습니다! 제가 그것을 보고 이렇게 말했습니다. '이봐, 친구, 자네 무슨 짓을 하고 있는 건가?' '저는 중대장님이 명령하신 대로 앞으로 전진하고 있습니다.' '나는 자네뿐만 아니라 모두에게 전진하라고 했네.' 이 말을 듣자 그는 동료들에게 뒤돌아서서 말하기를, '이봐, 중대장님이 자네들을 꾸짖고 있는 소리를 듣지 못했나? 중대장님은 우리 모두한테 앞서 나가라고 명령했단 말이야.' 그러자 거기 있던 모든 병사가 자기네 소대장을 지나쳐서 저에게 다가오는 것이었습니다. 8 그리고 소대장이 그들에게 다시 제자리로 돌아오라고 명령했을 때 그들은 분개하면서 다음과 같이 말했습니다. '이런 젠장, 지금 어떤 명령은 우리보고 앞서 가라 하고 또 다른 어떤 명령은 그러지 말라고 하는데 도대체 어느 명령에 따라야 하는 겁니까?' 그러나 저는 이것을 그들의 품성이 좋다는 것의 한 예로 생각합니다. 제가 그들에게 다시 자기 위치로 돌아가도록 하면서, 그들에게 지침을 주기를 뒤에 있는 사람은 누구도 앞에 가는 사람보다 더 앞으로 끼어들어 방해해서는 안 된다고 했으며, 그리고 모두들 앞서가는 사람을 따라가라는 이 한 가지 말에만 주의를 기울여야 한다고 했습니다. 9 그때 페르시아를 향해 막 출발하려던 어떤 사람이 저에게 다가와서 집에 보내기 위해 미리 써두었던 편지가 있으면 자기에게 달라고 요청하기에, 저는 소대장에게 제 숙소로 달려가서 그것을 가져오라고 명령했습니다. 왜냐하면 그는 제 편지가 어디에 있는지 알고 있었기 때문입니다. 그는 뛰어가기 시작했고, 조금 전에도 그랬던 것처럼 그 젊은 신병은 흉갑과 칼을 집어들고서 그를 쫓아갔습니다. 그러자 전체 50명의 소대원들은 그 신병이 달려가는 것을 보고 모두 그를 쫓아서 달려갔습니다.

그리고 그 사람들은 편지를 가지고 돌아왔습니다. 따라서 분명히, 키루스 당신도 보시다시피, 우리의 동지들은 적어도 당신의 모든 명령을 잘 수행하고 있는 것입니다."

10 물론 나머지 사람들은 전 소대원들이 편지를 에스코트했다는 이야기를 듣고 마구 웃어댔다. 그리고 키루스는 다음과 같이 말했다. "오, 놀랄 만한 일이로군! 그렇다면 우리는 어떤 종류의 사람을 우리의 동지로 데리고 있는가? 그들은 너무나 쉽게 친절에 감화되기 때문에 우리는 단지 조그만 고깃조각으로도 그들 중 많은 사람을 우리의 굳은 친구로 만들 수 있다네. 그들은 너무도 복종적이어서 심지어 명령이 떨어지기도 전에 복종을 하는군. 나로서는, 이러한 병사들보다 더 선호되는 자들을 갖게 해달라고 요청할 수는 없다고 생각하네!"

11 이와 같이 키루스는 자신의 병사들을 칭찬하고 동시에 웃음을 지었다. 그러나 중대장 중 한 사람인 아글라이타다스(Aglaïtadas)라는 자가—그는 가장 엄격한 사람들 중 하나였는데—우연히도 그때 키루스의 막사에 함께 있었으며 다음과 같이 말했다. "키루스, 당신은 설마 이 친구들이 하는 말이 사실이라고 생각하지는 않으시겠죠?"

"글쎄," 키루스가 말했다, "그들이 거짓말할 이유가 무엇이겠는가?"

아글라이타다스가 대답했다. "그들에게 웃으려는 것 외에 또 다른 무슨 목적이 있겠습니까? 그래서 그들은 이런 이야기를 하는 것이며, 우리한테 아첨하고 기만하는 것입니다."

12 "쉿!" 키루스가 말했다. "그들을 야바위꾼이라고 부르지 말게. 왜냐하면 나에게는, 야바위꾼이라는 말은 실제보다 더 부자인 척하는 사람이나, 실제보다 더 용감한 척하는 사람에게 적용되는 말일

세. 그리고 자신이 할 수 없는 일을 하겠다고 약속하는 사람과 또한 단지 무엇을 얻거나 이익을 취하려고 어떤 일을 하는 것이 명백할 때 적용되는 말일세. 그러나 친구들을 즐겁게 해주기 위해서, 그들 자신의 어떤 이익을 얻거나 듣는 사람들한테 어떤 대가를 치르게 하거나, 또는 다른 사람들에게 전혀 해를 끼치지 않는 그와 같은 이야기를 발명하는 사람들은 '야바위꾼'이라는 말보다는 오히려 '재치가 있다'거나 '즐겁게 해주는' 사람이라고 부르는 것이 더 낫지 않은가?"

13 이와 같이 키루스는 즐거움을 제공해주는 사람들을 옹호해주었다. 방금 전에 자기 소대의 이야기를 해주었던 중대장이 다음과 같이 말했다. "아글라이타다스, 시(詩)나 이야기를 통해 사람의 마음을 감동시키고 우리에게 눈물 흘리게 감동시키는 작가들처럼, 만약 우리가 자네를 눈물 흘리도록 만든다면 자네는 참으로 우리에게 심각한 비난을 하겠군 그래.[2] 그러나 자네는 지금 우리가 자네를 즐겁게 해주고 어떤 해도 끼치려 하지 않는다는 점을 잘 알고 있는데도, 여전히 우리에게 그러한 비난을 퍼붓는구면."

14 "제우스 신에 맹세코 분명히," 아글라이타다스가 말했다, "내 생각으로는, 자기의 친구를 웃게 만드는 사람은 눈물 흘리게 만드는 것보다 작은 서비스를 제공하고 있는 것처럼 보이네. 그리고 이것을 올바로 파악한다면 자네들 역시 내가 진실을 말하고 있다는 것을 발견할 걸세. 아버지는 아들에게 눈물 흘리게 함으로써 그들의 자제심을 발전시키고, 선생님은 마찬가지 방식으로 생도에게 좋은 교훈을 간직하게 해주고, 법 역시 시민들에게 눈물을 흘리게 함으로써 정의에

---

2) 여기서 작가들이란 그리스 비극시인들을 가리킨다. 크세노폰은 플라톤과 달리 비극시인들에 대해 비교적 호의적이다. 그는 이 장면을 통해서 비극시인들을 젊은이들을 혹세무민하고 타락시키는 자로 비난하는 플라톤을 조롱한다―옮긴이.

의존하도록 만드네. 그러나 자네들은 우리를 웃게 만드는 자가 우리 몸에 이로운 어떤 것을 제공해주거나, 또는 우리의 마음을 사적인 일이나 국가의 일을 운영하는 데 더욱 그것에 알맞은 마음으로 만든다고 말할 수 있겠나?"

15 이 문제에 대하여 히스타스파스가 다음과 같이 대답했다. "아글라이타다스, 만일 나의 말에 주의를 기울인다면, 자네는 이 값비싼 물건을 적군에게 자유로이 소비시켜서 그들이 눈물을 흘리도록 노력할 것이며, 반대로 여기 있는 우리와 우리 친구들에게는 이 값싼 물품인 웃음을 마구 소비하면서 즐거워하도록 할걸세. 자네는 그렇게 할 수 있네. 왜냐하면 나는 자네가 틀림없이 자신의 속에 많은 양의 웃음을 저장하고 있다는 것을 알고 있기 때문이지. 또 자네는 그것을 자신에게 결코 소비한 적이 없으며, 자네가 그렇게 할 수 있는 경우에도 친구나 적에게 어떤 웃음을 제공한 적이 결코 없기 때문이지. 따라서 자네가 마지못해 우리를 웃게끔 하는 것에 대해 미안해 할 필요는 없네."

"무엇이라고!" 아글라이타다스가 물었다. "히스타스파스, 자네는 진정 나에게서 웃음을 얻을 수 있다고 생각하나?"

"음, 제우스 신에 맹세코," 다른 중대장이 말했다, "그는 매우 어리석은 친구일세. 나에게 그가 자네에게 그렇게 할 것인지 아닌지에 대해 말할 수 있도록 해주게. 나는 자네에게서 웃음을 끌어내는 것보다 자네를 비벼서 불을 지피게 하는 편이 훨씬 쉽다고 믿기 때문이지."

16 물론 이 말에 나머지 사람들은 다시 웃었다. 왜냐하면 그들은 그의 성격을 이미 알고 있었기 때문이다. 그리고 아글라이타다스 자신도 이렇게 자신을 비꼬는 것을 보고 미소를 지었다. 그리고 키루스는 그가 명랑해지는 것을 보고서 다음과 같이 말했다. "대위, 자네가 우리들 중 가장 심각한 사람을 웃도록 설득함으로써 그를 타락시킨다

면, 그것은 옳은 일이 아니야. 그가 웃음에 대하여 그와 같은 적개심이 있을 때는 더욱 그렇지."

17 이 말과 더불어 그 주제에 대해서는 이제 대화를 그만두었다. 그러나 이때 크리산타스(Chrysantas)가 다음과 같이 말했다. **18** "키루스 그리고 여기 있는 모든 사람들이여, 내가 관찰하건대, 남보다 뛰어난 장점이 있는 사람들이 우리에게 자신을 드러내 보였고, 또한 우리보다 덜 가치 있는 다른 일단의 사람들도 그러했네. 이제 우리가 성공을 거둔다면, 이 모든 사람이 몫을 함께 가지고 또한 똑같이 나누기를 기대할 걸세. 그러나 나는 악한 자와 선한 자가 동등한 몫을 상으로 받는 것보다 이 세상에서 더 불공평한 것은 없다고 믿네."

이에 대해 키루스는 대답했다. "음, 이보게들, 신의 이름을 걸고, 우리가 이 문제에 대하여 병사들에게 논쟁하자고 제안하면 매우 좋은 일이 아닐까? 우리가 수행한 여러 노고에 대해 신이 우리에게 보상하는 경우, 우리는 모든 사람이 똑같이 나누어가져야 할까, 아니면 사람들이 수고한 것을 고려해서 그에게 적합한 분량에 따라 각기 다르게 포상해야 할까?"

19 크리산타스가 말했다. "이 문제에 관하여 토론을 시작하는 것이 무슨 소용이 있을까요? 왜 키루스 당신은 이렇게 또는 저렇게 하자고 제안한다고 공표하지 않습니까? 당신은 이미 경기를 선포하고 어떤 방식으로 상을 주기로 했다고 미리 정하지 않았나요?"

"물론이지," 키루스가 말했다, "그러나 이것은 그와 똑같은 경우가 아니야. 나는 사람들이 싸워서 무엇을 얻었을 때 그것을 공동의 소유물로 간주할 것이라고 생각하네. 그러나 그들은 여전히 나의 명령을 분명히 군대의 명령으로 간주하고, 따라서 내가 판정관을 임명하면 내가 자신의 권리를 다 행사하고 있다고 생각할 거야."

20 크리산타스가 말했다. "키루스 당신은 대중들이 모여서 각자

똑같은 몫을 갖지 않고 명예나 재능에서 가장 최고의 사람이 우선권을 갖자는 해결책을 택할 것이라고 진정으로 믿습니까?"

"물론이지," 키루스가 말했다, "나는 그렇게 믿고 있네. 부분적으로는 우리가 그 방법을 추천했기 때문이며, 또한 부분적으로는 가장 고생을 많이 하고 국가를 위해 가장 많은 일을 한 사람이 가장 큰 보상을 받아야 한다는 제안에 반대하는 것은 야비하기 때문이지. 나는 심지어 가장 열등한 자라도 좋은 사람이 더 큰 몫을 받는 것을 더 적절한 것으로 간주하리라고 생각하네."

21 키루스는 동료 귀족들을 위해 이러한 기준이 통과되기를 바랐다. 왜냐하면 심지어 그들도 자신이 한 일에 따라 판단되고 자신의 공과에 맞게 보상받는다는 것을 안다면 그들 자신에게 더 좋을 것이라고 생각했기 때문이다. 그들은 동등하게 분배해달라는 평민들의 주장에 의문을 품고 있었기 때문에 키루스는 이 문제를 지금 투표에 부치는 것이 적절한 시기라고 여겼다. 따라서 막사에 있던 사람들은 이 문제를 토론에 부치도록 제출하는 데 동의했으며, 누구든지 자신을 남자라고 생각하는 사람이라면 이것을 지지해야 한다고 말했다.

22 그러나 중대장들 중 한 사람이 웃으면서 말했다. "음, 저는 평민 중에도 몫을 똑같이 나누지 말자는 제안을 지지할 만한 사람을 한 사람 알고 있습니다."

다른 사람들이 그가 누구냐고 물었다. 그러자 그는 대답했다. "제우스 신에 맹세코, 그는 모든 점에서 가장 큰 몫을 얻기 위해 최선을 다하는 우리들의 전우입니다."

"뭐라고! 힘든 일을 똑같이 공유하겠다고?" 다른 사람이 물었다.

"아닙니다," 그가 말했다, "결코 그런 것은 아닙니다. 그러나 저는 여기서 모순에 빠졌습니다. 제가 관찰한 바로는, 그는 아주 자연스럽게 다른 사람들보다 힘든 일과 그러한 종류의 다른 것에서 좀더 작은 몫을 가지는 데 동의했습니다."

23 "그렇다면," 키루스가 말했다, "우리 군대가 부지런하며 명령에 복종하는 군대로 유지되기를 원한다면, 여기 이 친구가 말하는 그 자는 그 지위에서 쫓겨나야 하네. 내 생각으로는, 대다수의 병사들은 어떤 자가 앞장서서 그들을 이끄는 곳은 어디든지 그 뒤를 쫓아가는 그런 종류의 사람들이기 때문이지. 그리고 선한 자와 고상한 자는 오직 선하고 고상한 것만을 향해 나아가며, 사악한 자는 사악한 것만을 향해 나아간다네. 24 따라서 비열한 것에는 종종 고상한 것에서보다 자신을 따르는 추종자가 선천적으로 더 많이 발견되네. 왜냐하면 악덕은 순간의 즐거움으로 사람의 마음을 사로잡기 때문에 많은 사람들이 자신의 견해를 받아들이도록 설득하는 데 있어서 그 순간의 즐거움이 제공하는 도움을 받기 때문이지. 그러나 우리를 언덕으로 끌고 올라가는 미덕은 처음 얼핏 보기에는, 그리고 숙고해보지 않으면, 사람들에게 매력을 느끼게 하는 데 결코 영리하지 못하네. 특히 반대편에 있는 내리막의 쉬운 길로 가기를 외치는 사람들이 존재할 때 더욱 그러하네. 25 그래서 어떤 사람이 단지 게으르고 나태하기 때문에 나쁘다고 할 때, 나는 그가 수벌처럼 단지 함께 있다는 사실만으로도 자신의 동료들에게 해를 끼치고 있다고 믿고 있네. 그리고 열심히 일하지 않거나 어떤 이익을 얻으려는 욕망이 과도하여 수치심을 모르는 자들 역시 다른 사람들을 사악한 데로 몰고 갈 것일세. 왜냐하면 그들은 종종 악덕이 어떤 이익을 얻도록 해준다는 것을 증명해주기 때문이지. 우리는 그런 자들을 어떤 희생을 감수하더라도 잡초를 제거하듯이 제거해야 하네.

26 그러나 그들이 차지하던 자리를 단지 자네들 나라 사람으로만 채우려 하지 말아야 하네. 자기 집안에서 기른 말을 찾지 않고 최고의 말을 찾는 것처럼, 한 사람의 부대원을 선택하는 데서도 모든 공

급원에서 찾아야 하네. 자네들이 생각하기에 자신의 힘과 명예를 증진시키는 데 가장 공헌할 것 같은 사람이면 누구나 선택해야 하네. 내 제안의 가치를 증명하기 위해 다음과 같은 일례를 들어 말하겠네. 만약 느린 말이 전차를 끌고 있을 때 그 전차는 결코 빠를 수 없으며, 그 전차에 알맞지 않은 마구를 갖추고 있다면 그것 또한 결코 좋은 서비스를 제공해주지 못할 것이고, 사악한 하인을 고용했다면 그 말을 잘 돌보지 않을 것이네. 능력 없는 하인들 때문에 혼돈에 빠지는 것보다 하인을 전혀 두지 않는 것이 오히려 어려움을 덜 겪을 것일세."

27 키루스는 덧붙여서 말했다. "나의 친구들이여, 이 점을 자네들이 명심했으면 좋겠네. 사악한 자를 제거하는 것은 이와 같이 이익을 가져올 뿐만 아니라, 사악한 자가 제거되면 남아 있는 자들 중 악덕에 이미 감염된 자들이 자신의 악을 깨끗이 씻어버리려고 하며, 또한 사악한 것을 불명예스러운 것으로 보는 덕스러운 자들은 미덕을 더욱 열심히 고수하려는 이득이 있을 것이네."

28 이렇게 그는 결론을 맺었다. 그리고 그의 모든 친구는 그가 말한 것이 모두 진실이라는 데 동의했다. 그리고 그들은 그와 같은 원칙하에서 행동했다.

그러고 나서 키루스는 그들과 함께 다시 잡담을 하기 시작했다. 소대장들 중 어느 한 사람이 자신의 손님이자 친구인, 아주 머리가 길고 용모가 매우 추한 사람과 함께 그들의 탁자로 오는 것을 보았기 때문이다. 키루스는 그 소대장의 이름을 부르며 다음과 같이 말을 건넸다. "음, 삼바울라스(Sambaulas), 자네도 역시 그리스식을 택했군. 지금 자네 옆에 있는 젊은 친구는 너무 잘생겼기 때문에 자네는 어느 곳이든지 그를 함께 데리고 다니지 않나?"

"예, 제우스 신에 맹세코," 삼바울라스가 말했다, "저는 어디든지

이 친구랑 함께 있기를 좋아하며, 또한 이 친구의 용모를 즐깁니다."

29 이 말을 듣고서 그의 전우들은 모두 그 사람을 쳐다보았다. 그의 용모가 지나치게 추한 것을 보자 그들은 모두 웃었다. 그들 중 한 사람이 말했다. "신의 이름을 걸고 말일세, 삼바울라스, 이 친구가 자네에게 어떻게 했기에 그렇게 마음에 들어 하는가?"

30 "제우스 신에 맹세코, 여러분," 삼바울라스가 대답했다, "제가 여러분에게 모두 말씀드리겠습니다. 낮이든 밤이든 간에 제가 이 친구를 부를 때마다 그는 결코 '시간이 없는데요'라고 변명한 적이 없으며, 제가 묻는 말에 결코 늦게 대답한 적도 없이 항상 곧바로 달려왔습니다. 제가 그에게 무엇을 하라고 명령을 내릴 때 그는 보통 땀에 젖지 않고서 그 일을 수행한 것을 본 적이 없습니다. 게다가 그는 자신의 분대원들에게 어떤 종류의 사람이 되어야 하는지에 대해 단지 교훈적인 말로써뿐만 아니라 행동으로 하나의 예를 보여줌으로써 그의 분대원 10명을 모두 자신과 같은 사람으로 만들었습니다."

31 "그러나," 그들 중 어느 한 사람이 말했다, "그가 그렇게 뛰어난 자라고 하더라도, 자네는 친척들에게 하는 것처럼 그에게 키스하지는 않을 것 아닌가?"

그러자 못생긴 남자가 이에 답했다. "제우스 신에 맹세코, 아닙니다. 왜냐하면 그는 힘든 일을 즐기지 않습니다. 그가 저에게 키스하기를 원한다면 그것은 그의 다른 모든 힘든 훈련보다 더욱 어려운 일일 것이기 때문입니다."

III

1 저녁식사를 하는 파티장소에서 이와 같은 종류의 심각하고 즐거운 이야기들이 오고갔다. 그리고 마지막으로 세 번째 헌주(libation)[3]

를 하고 신에게 은총을 기도한 다음, 파티는 끝이 나고 그들은 모두 잠자리에 들었다. 이튿날 키루스는 자기 휘하의 모든 병사를 함께 불러모으고 다음과 같이 연설했다.

2 "나의 친구들이여, 갈등의 순간이 다가왔소. 왜냐하면 적들이 우리를 향해 접근해오고 있기 때문이오. 만일 우리가 승리한다면 ― 그리고 우리는 마땅히 우리가 승리할 것이라고 가정해야 하며 그 목적을 위해 싸워야 하는데 ― 승리에 대한 보상으로 적들과 그들이 소유했던 모든 것이 우리 것으로 될 것이오. 피정복자들의 모든 소유물은 변함없이 승리자를 위해 준비된 포상품이오. **3** 따라서 전쟁터에서 동료로 함께 묶여 있는 여러분은 이제 각자 개인이 노력하지 않는다면, 마땅히 얻을 수 있는 것이라고 하더라도 아무런 결과도 얻을 수 없다는 점을 완전히 이해해야 하오. 그러면 수많은 훌륭한 업적들이 재빠르게 성취될 것이오. 왜냐하면 행해야 할 필요가 있는 것은 무엇이든지 간에 그것을 게을리해서는 안 되기 때문이오. 그러나 각자 다른 누군가가 그 일을 할 것이며 싸우겠지라고 상상하는 경우에, 설사 그가 병약자임이 증명된다고 하더라도, 그와 같은 사람에게는 누구에게나 마찬가지로 모든 슬픈 일들이 홍수처럼 밀어닥칠 것이라는 점을 명심하기 바라오. **4** 그리고 신도 다음과 같은 식으로 그것을 제정하였소. 즉 자신을 강제하여 자기에게 좋은 것을 하지 않는 사람들의 경우에, 그들을 위해 신은 다른 사람을 그들의 사령관으로 지정했소. 그러므로 이제 누구든지 일어나서 우리 모두 앞에서 이 질문에 대해 말하도록 해줍시다. 즉 가장 열심히 또한 가장 용감하게 싸운

---

3) 크세노폰은 여기서 그리스의 관습을 하나 소개하고 있다. 페르시아 사람들은 일반적으로 헌주를 따르지 않는다. 그러나 저녁식사가 끝날 무렵 그리스 사람들은 세 번의 헌주를 한다. 첫 번째는 신들에게, 두 번째는 영웅들에게 그리고 세 번째는 제우스 신이나 신들의 사자인 헤르메스에게 바친다.

사람이 가장 큰 보상을 받도록 하는 것이 우리들 사이에서 용기를 더 북돋울 것인지, 아니면 겁쟁이나 그렇지 않은 사람이나 별로 차이가 없다는 것을 알고 있기 때문에 우리 모두가 공유하고 똑같이 몫을 나누는 것이 더 용기를 북돋울지에 대해서 말이오."

5 그러자 동료 귀족들 중 한 사람인 크리산타스가 일어나서 말했다. 그는 다른 사람들이 쳐다볼 정도로 몸집이 크거나 강하지 않았지만 이해력만큼은 탁월한 자였다. 그가 말했다. "키루스, 당신이 이 논의를 소개하는 이유를 생각해보면, 그것은 당신이 나쁜 사람이 좋은 사람과 동등한 양의 몫을 분배받아야 한다고 생각하기 때문이 아니라, 자기 자신은 좋고 고상한 일을 하지 않으면서도 다른 사람들이 용맹을 발휘하여 얻은 것과 똑같이 나누어 가져야 한다고 생각하는 사람을 진정 한 사람이라도 발견할 수 있는지를 증명하고 싶어하기 때문 아닙니까?" 6 그는 계속했다. "나는 걸음이 빠른 것도 아니고 팔의 힘이 강한 것도 아닙니다. 내 몸에 있는 힘으로 성취할 수 있는 것을 예견해보면 나는 첫 번째도 아니고, 두 번째도 아니며, 심지어 내 생각으로는 천 번째, 아니 어쩌면 만 번째도 아니라는 것을 알고 있습니다. 그러나 만일 어떤 강력한 사람이 확실하게 이 문제를 관장한다면, 나는 나에게해당되는 만큼의 몫을 가질 것이라는 점은 틀림없이 명백합니다. 그러나 나쁜 자들이 아무 일도 하지 않고 좋고 강한 자들이 싸울 의욕을 잃어버린다면, 나는 좋지 않은 그 어떤 것을 내가 바라는 것보다 더 많이 갖게 될까봐 두렵습니다."

7 크리산타스는 이와 같이 말했다. 그리고 뒤이어 페르시아의 평민들 중 하나인, 그러나 어떤 이유에서인지 처음부터 키루스의 신임을 얻고 그의 애정까지 받고 있으며, 게다가 용모가 수려하고 마음이 신사 같은 페라울라스(Pheraulas)라는 자가 일어섰다. 그의 연설은 다음과 같다. 8 "키루스여, 제 생각으로는," 페라울라스가 말했다, "모

든 페르시아 사람이 여기 다 모여 있으며 우리는 이제 각자 자기의 장기를 자랑하려는 순간 똑같은 출발선상에 놓여 있습니다. 저는 우리 모두가 같은 종류의 육체적인 훈련을 받았고, 같은 종류의 군사식량을 배급받았으며, 같은 사회에서 살 만한 가치가 있다고 여겨지고, 또한 포상이 우리 모두에게 똑같이 제공된다고 알았습니다. 우리 모두는 장교에게 복종하는 것을 동등하게 즐겼으며, 누구든지 재빨리 응하는 것을 보여주는 자는 키루스에게서 명예를 수여받는다는 것도 보았습니다. 적과 마주쳐서 용감해지는 것은 누구에게는 기대되고, 또 다른 누구에게는 기대되지 않는 것이 아니라 모두에게 똑같이 가장 고상한 것이라고 여깁니다."

9 그는 계속해서 말했다. "제가 보기에 이제 우리는 모든 사람이 자연스럽게 이해하고 있는 싸움방법을 체득했습니다. 마치 다른 피조물의 경우, 각자 본능으로 배울 수 있는 싸움방법을 이해하는 것과 같습니다. 예를 들면 황소는 자신의 뿔을 이용해 싸우는 방법을 본능적으로 알고 있으며, 말은 자신의 말발굽을 이용하고, 개는 자신의 이빨을 사용하며, 멧돼지는 자신의 어금니를 사용하여 본능적으로 싸우듯이 말입니다. 그리고 우리 모두는 그것 때문에 예전에 교관에게서 배우거나 학교에 가본 적이 없는데도 공격으로부터 자신을 보호하기 위해 방어하는 방법에 대해 잘 알고 있습니다. **10** 저는 아주 어렸을 적부터 상대방의 일격을 받기 쉬운 데라고 생각되는 곳을 보호하는 방법을 이해하고 있습니다. 만일 방어할 만한 다른 어떤 것이 없을 때 때리려는 상대방을 가능한 한 방해하기 위해 제 손을 앞으로 내밉니다. 저는 이렇게 하라고 누군가에게서 배웠기 때문에 그러는 것이 아니며, 심지어 제 손을 뻗는 그 행위 때문에 제가 맞게 되더라도 그렇게 합니다. 제가 어린아이였을 때, 심지어 어떻게 칼을 잡아야 하는지 배운 적이 결코 없는데도 본능적으로 칼을 보게 되면 어

디에서든지 그것을 집어들곤 했습니다. 그렇게 하지 못하도록 금지되어 있었지만—그리고 확실히 그렇게 하라고 가르침을 받지 않았지만—저는 그렇게 하곤 했던 것입니다. 부모님이 저를 그것에게서 멀리하려고 했던 그런 일들이 저에게는 자연스럽게 강제되었던 것 같습니다. 그리고 제우스 신에 맹세코, 저는 그것에 익숙하지 않았지만 제가 할 수 있는 한 그 칼로 모든 것을 자르곤 했습니다. 왜냐하면 그것은 걷거나 달리는 것처럼 본능적인 것일 뿐만 아니라 자연스럽게 그것이 즐겁다고 생각했기 때문입니다."

11 그는 계속해서 말했다. "사정이 이와 같을진대, 기술보다도 용기를 더욱 필요로 하는 전쟁이 우리를 기다리고 있기 때문에 우리는 즐거이 여기 있는 동료 귀족들과 같이 경쟁하지 않을 수 있겠습니까? 자신이 남보다 뛰어나다는 것을 보여주었을 때 받게 되는 포상은 누구에게나 동등한 것입니다. 그러나 우리는 동료 귀족들과 같은 종류의 이해관계를 갖고 싸움터에 나가는 것은 아닙니다. 왜냐하면 그들의 당면한 이해관계는 모든 것 중에서 가장 행복한 것인 명예로운 삶에 놓여 있으며, 반면 우리에게는 단지 아주 부담스러우며 존경받지 못하는 수고로운 삶에 위험을 무릅써야 하기 때문입니다.

12 동지들이여, 다른 귀족신사들(gentlemen)과 경쟁하는 데 저에게 가장 큰 용기를 주는 요인이 있습니다. 그것은 키루스가 올바른 판정관이 될 것이라는 점입니다. 그는 어느 한쪽에 치우쳐서 불공평하게 결정하지 않으며, 제우스 신에 맹세컨대 용감하다고 인정되는 사람을 자기 자신 못지않게 진실로 사랑한다고 여기기 때문입니다. 저는 그가 자신의 모든 것을 자기 자신을 위해 계속 가지려 하기보다는 그것을 용감한 사람에게 나누어주는 데 더욱 기뻐하는 것을 보았습니다. **13** 저는 이 귀족신사들이 그들이 말하는 것처럼 배고픔, 목마름, 또는 추위를 견뎌낼 수 있도록 훈련받은 것에 대해 자기 자신을 얼마

나 자랑스럽게 생각하고 있는지 알고 있습니다. 그러나 그와 같은 훈련에 있어서 우리 평민들이 그들을 그동안 가르쳐왔던 교관들보다 더 좋은 교사에 의해 단련되었다는 것을 그들은 모르고 있습니다. 왜냐하면 이러한 훈련에서 가장 훌륭한 교사는 바로 필요이기 때문입니다. 필요는 우리에게 지나칠 정도로 이러한 훈련에서 완전한 지침을 주었습니다. **14** 귀족신사들은 그들이 쉽게 지닐 수 있도록 고안된 무기를 갖고 다니면서 힘든 일을 하도록 훈련되어 왔습니다. 반면에 우리 평민들은 무거운 짐을 지고 걷거나 뛰는 것이 의무처럼 되어 있어서, 이제 그와 같은 무기를 지니게 되면 짐을 지고 가는 것보다 훨씬 가벼워서 마치 날개를 단 것과 같이 보일 것입니다."

15 "그러므로 키루스여," 그가 말했다, "저는 저 혼자서라도 이 경쟁에 참가할 뿐만 아니라 저의 공과에 따라——그것이 제가 남들보다 더 잘했든 못했든지 간에——당신이 판단하여 보상해주기를 기대하고 있다는 것을 알려드립니다." 그는 이제 결론을 맺었다. "나의 동료 평민들이여, 이런 종류의 전쟁에서는 이 귀족신사들과 함께 경쟁하는 데 아무런 주저 없이 재빨리 참여하자고 추천하는 바입니다. 왜냐하면 이제 그들은 평민들과 경쟁해야 하는 덫에 걸려들었기 때문입니다."

16 페라울라스는 이렇게 말했다. 그리고 양쪽 계층의 다른 많은 사람들이 일어서서 이러한 조처에 찬성하는 발언을 했다. 그들은 각자 자신의 공과에 따라 보상받기로 했고, 키루스를 공과의 판정관으로 삼기로 결정했다. 그러자 이 문제는 만족스럽게 해결되었다.

17 한번은 키루스가 어느 중대장과 그의 중대원 모두를 저녁식사에 초대했다. 왜냐하면 키루스는 그 중대가 모의전투에서 부대원의 반을 나머지 반과 대치하여 정렬시키는 것을 목격했기 때문이다. 양쪽 부대원 모두 가슴에 두르는 갑옷을 입고 왼쪽 팔에는 방패를 들었

다. 한쪽 편은 손에 단단한 곤봉을 들었으며, 그 반대편은 진흙덩어리를 던질 수 있도록 준비를 했다.

18 이렇게 무기를 갖추고 각자 자기 진영에 정렬했을 때 그 중대장은 전투를 시작하라고 명령을 내렸다. 그러자 한쪽 편에서는 진흙덩어리를 던졌다. 몇 개는 상대편의 갑옷을 맞추고 방패를 때렸으며, 다른 몇 개는 허벅지와 정강이를 때렸다. 그러나 그들이 근접전을 하게 되었을 때 곤봉을 들고 있던 자들이 다른 편을 곤봉으로 때렸다. 어떤 자는 허벅지를, 또 어떤 자는 팔을, 또 다른 어떤 자는 정강이를 맞았다. 그들이 여전히 진흙덩어리를 집어들려고 몸을 구부리자, 상대편의 곤봉이 그들의 목과 등으로 날아왔다. 결국 곤봉을 들고 싸운 자들이 상대편을 도망치게 만들었을 때 그들은 도망자들을 쳐다보면서 웃음을 터뜨리고 즐겁게 소리를 질렀으며, 또한 웃고 있는 자신들에게 화살을 쏘아보라고 흰소리를 치기도 했다. 그다음에 그들은 편을 바꾸어서 먼저 진흙덩어리를 집어들고 있던 자들이 이번에는 다시 곤봉을 들고 훈련을 했고, 그 결과 진흙덩어리를 들고 있던 상대편에게 똑같은 결과를 빚게 했다.

19 키루스는 이 모의전투를 지휘한 중대장이 매우 영리한 것을 발견했으며 또한 중대원들이 명령에 잘 복종하는 것을 보고 그들 모두를 칭찬했다. 그는 또한 중대원들이 훈련하면서 동시에 그것을 즐기고 있는 것을 보고 즐거워했으며, 다른 한편 페르시아식으로 무장을 한 쪽이 승리하는 것을 보고 더욱 즐거워했다. 이렇게 즐거움을 얻게 되었기 때문에, 키루스는 그 중대원들을 모두 저녁식사에 초대했던 것이다. 그들이 그의 막사에 도착하자 키루스는 그들 중 일부가 어떤 자는 다리에, 또 다른 자는 팔에 붕대를 감고 있는 것을 보고서 그들에게 무슨 문제가 있었느냐고 물었다. 그들은 진흙덩어리로 맞았기 때문에 그랬다고 대답했다. **20** 그는 이번엔 그들이 가까이 있

을 때 그랬는지 아니면 멀리 떨어져 있을 때 그랬는지를 물어보았다. 그들은 멀리 떨어져 있을 때였다고 대답했다. 그러나 곤봉을 들고 싸운 병사들은 양쪽 진영이 서로 접근해갔을 때에는 자기들에게 즐거움이 있었다고 말했다. 그러자 곤봉으로 완전히 두들겨 맞은 자들은 소리를 질렀다. 그렇게 가까운 곳에서 곤봉으로 얻어맞는 것이 그들에게는 어떤 즐거움도 되지 못했다는 것이다. 동시에 그들은 자신의 팔과 목에 있는, 그리고 몇몇은 얼굴에 있는 곤봉자국을 보여주었다. 그러자 그들은 서로 보며 자연스럽게 웃었다.

다음 날, 들판 전체에는 전날 있었던 모의전투의 예를 따르는 병사들로 가득 찼다. 그리고 달리 더 중요하게 할 일이 없는 경우, 병사들은 이 운동에 흠뻑 빠졌다.

21 키루스는 또 다른 어느 중대장이 자기 부대를 다음과 같이 지휘하는 것을 보았다. 그 중대장은 자기 부대원들을 줄줄이 좌로 하여 강에서 올라오도록 유도하면서 적절하다고 판단되는 순간에 2조와 3조, 4조를 앞으로 나아가게 명령했다.[4] 각 소대장들이 앞에서 일렬로

---

4) 여기서 묘사한 작전은 아주 간단하다. 그들은 줄줄이 좌로 하여 강에서 올라와 다음과 같이 행진했다(아래 그림에서 ·은 사병을, :은 하사를, †은 상사를, •은 25명으로 이루어진 소대를 지휘하는 중위를, §은 중대장인 대위를 의미한다).

제1대형 —

  제4소대   제3소대   제2소대   제1소대
제1소대가 멈추면, 다른 3개 소대는 차례로 제1소대와 나란히 선다. 두 번째 대형에서는 4명의 소대장이 앞에서 나란히 가고 25명의 소대원은 그 뒤를 각각 따른다.

제2대형 —

  ·····:····†····:····†•
  ·····:····†····:····†•

그런 다음 각 소대는 2열로 늘어서서 세 번째 대형을 이루는데, 이때에는 8명의 상사들이 앞에 서고, 8명의 하사들은 아래 그림과 같이 뒤에 선다.

제3대형 ——

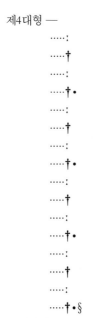

이 대형은 다시 둘로 더 나뉘어 16명의 하사관들이 앞에 서고 그 뒤에 5명의 사병들이 뒤를 따른다.

제4대형 ——

마지막으로 6명씩 이루어진 줄은 하나로 전개되어 저녁식사 하는 곳으로 인도된다.

서서 가고 있을 때 그는 각 조에게 2열 종대로 나아가도록 명령했다. 그러자 상사들이 맨 앞에 서게 되었다. 다시 그는 적절하다고 생각되는 순간에 4열로 나아가라고 명령했다. 그러자 이 대형에서는 하사들이 그들의 차례가 되어 각 열의 앞에 서게 되었다. 그리고 그들이 막사의 문 앞에 도착했을 때 그는 다시 일렬 종대로 서라고 명령했고, 차례에 따라 첫 번째 조부터 막사 안으로 들어갔다. 두 번째 조는 첫 번째 조의 뒤에 서서 따라가라고 명령했다. 그리고 같은 방식으로 세 번째, 네 번째 조에게 명령하고 그들을 안으로 인도했다. 이렇게 하여 부대원들이 모두 안으로 들어갔을 때 그는 그들에게 들어온 순서대로 저녁식사할 장소로 이동하라고 했다. 키루스는 그 지휘관이 훈련을 신사적으로 수고를 다하여 수행하는 것을 보고 기뻐서 그 부대를 저녁식사에 초대했다.

22 거기에는 저녁식사에 초대된 또 다른 중대장 한 사람이 참석해 있었다. 그는 다음과 같이 말했다. "키루스여, 저희 부대는 당신 막사에 초대를 안 해주십니까? 우리 부대 역시 대열이 흐트러졌을 때 이와 같이 질서를 유지하게 합니다. 그리고 식사가 끝나면 마지막 조에 있는 후방 지휘자가 그 조를 이끌고 밖으로 나가는데 이때 전투대형에서 맨 앞에 서 있던 자들이 뒤로 오게 됩니다. 그리고 나서 그들의 뒤를 따라 두 번째 후방조의 지휘자가 자신의 조를 이끌고 나가고 세 번째 조, 네 번째 조도 같은 방식으로 나갑니다. 이것은 적과 마주하여 후퇴할 필요가 있는 경우, 어떻게 퇴각해야 하는지를 알 수 있도록 해주기 위해서 그러는 것입니다. 그리고 우리가 연병장으로 나와 동쪽으로 행진해갈 때 저는 그 선두에 섭니다. 첫 번째 조가 먼저 가고, 두 번째 조가 그다음에 적절한 차례에 따라갑니다. 그리고 세 번째, 네 번째 조, 그리고 각 조의 10명인 분대, 5명인 분대순으로 갑니다. 제가 대열을 바꾸라는 다른 명령을 내릴 때까지 그대로 유지합니

다. 그리고 서쪽으로 행진해갈 때는 후방 조의 지휘자와 그 조가 앞장을 섭니다. 이때 저는 맨 뒤에서 행진하게 되는데, 이때에도 역시 부대원들은 다른 명령을 경청하기 위해 저에게 주의를 기울입니다. 그래서 그들은 앞에서 갈 때나 뒤에서 따라갈 때 모두 같은 방식으로 저에게 복종하는 습관을 들이게 되었습니다."

23 "자네는 항상 그렇게 한단 말이지?" 키루스가 물었다.

"예," 그 중대장이 말했다, "식사하러 갈 때에는 보통 그렇게 합니다."

"음, 자네 부대도 초대해야겠구먼." 키루스가 말했다. "왜냐하면 자네는 밤이나 낮이나 행진하면서 부대원들에게 대오에 관한 훈련을 시키니까 말이야. 그리고 또한 행진을 하면 육체에 대한 훈련도 되고, 그 지시에 따름으로써 마음이 증진되니까 말일세. 자네는 이 모든 것을 두 배로 하고 있으니, 자네 부대원들에게는 두 배의 만찬을 제공하는 것이 공평하겠군."

24 "아닙니다," 그 중대장이 말했다, "저희들에게 위장도 두 배의 크기로 제공해주지 않는다면, 같은 날 그렇게 해서는 안 되겠지요."

그날의 만찬은 그렇게 끝이 났다. 그리고 다음 날 키루스는 약속한 대로 그 부대를 초대했고, 그다음 날에도 역시 그 부대를 초대했다. 다른 사람들은 그 이야기를 듣고서, 다음부터는 그 부대의 예를 따라 했다.

IV

1 일단 키루스가 자기 휘하에 있는 병사들에 대해 전반적인 점검을 하고 있을 때, 키악사레스가 전령을 보내 인도에서 사절단이 도착했다고 알려왔다. 그 전령이 키루스에게 말했다. "그러므로 키악사레스

께서 당신에게 가능한 한 빨리 오라고 하셨습니다. 더욱이 그분은 당신을 위해 매우 아름다운 옷을 보내셨습니다. 인도인들은 당신이 어떤 모습으로 키악사레스를 대하는지 보려고 하기 때문에 당신이 오실 때에는 가능한 한 화려하고 빛나 보이기를 원하십니다. 그래서 이렇게 아름다운 옷을 보내어 당신이 입고 오시도록 한 것이지요.”

2 키루스는 이 말을 듣고 제일 앞에 서 있는 중대장에게 명령하기를, 부대의 선두에 서서 부대원을 일렬 종대로 세워 우측통행을 시키라고 했다. 또한 그 명령을 그다음에 있는 중대장에게 전달해서, 그와 같은 방식으로 모든 부대에 전하도록 하라고 말했다. 그들은 즉시 이에 복종하여 그의 명령을 전달한 후 그것을 재빠르게 실행에 옮겼다. 조금 후 앞에 선 3백 명이 나란히 정렬했다. 그것은 키루스군 중대장의 숫자이며 그 뒤에 백 명씩 줄을 서 있었다. 3 그들이 자신의 위치를 찾아갔을 때 키루스는 자신이 선도하는 대로 뒤를 따라오라고 명령했다. 그러고 나서 그는 즉시 두 배 빠르기로 가면서 그들을 선도했다. 그러나 키악사레스 왕의 본부로 가는 길이 너무 좁아서 그와 같은 대형을 유지할 수 없다는 것을 깨닫고서, 키루스는 첫 번째 연대에게는 현 상태를 유지하라고 명령했고, 두 번째 연대에게는 첫 번째 연대를 뒤따라오라고 했으며 나머지도 그런 식으로 따라오도록 했다. 그는 잠시도 쉬거나 멈추지 않고 계속하여 부대를 이끌고 나아갔으며, 각 연대들이 줄을 지어서 그를 뒤쫓아갔다.

4 키루스는 길 입구에 두 명의 부관을 보내어 만일 누구라도 그의 말을 이해하지 못하는 사람이 있으면 어떻게 해야 할지 알려주라고 말했다. 그들이 키악사레스 왕의 본부 문 앞에 당도했을 때, 그는 첫 번째 중대장에게 부대를 한 줄에 12명씩 정렬시키라고 명령하는 한편, 그 중대의 상사들은 왕의 본부를 향하여 줄의 앞쪽에 위치를 잡으라고 지시했다. 그는 제1중대장에게 같은 명령을 제2중대장에게

전달하고, 또한 그런 식으로 나머지 모든 중대장에게 전달하라고 명령했다. 5 그들이 그와 같이 대열을 정비하는 동안, 키루스는 전혀 화려해 보이지 않는 페르시아식 옷을 입은 채 키악사레스 앞으로 나아갔다. 키악사레스는 키루스가 그렇게 신속하게 달려온 것은 기뻐했으나, 그의 옷이 너무 평범한 것을 보고는 불쾌해했다. 키악사레스가 말했다. "이게 뭔가, 키루스? 인도 사람들 앞에 이렇게 하고 나타나는 것이 무엇을 뜻하는지 아는가? 나는 자네가 가능한 한 장엄한 모습으로 나타나기를 바랐다. 왜냐하면 내 누이의 아들이 가능한 한 훌륭한 모습으로 나타나는 게 나에 대한 존경의 표시이니까 말이야."

6 키루스가 이에 대답했다. "만일 제가 보라색 옷으로 성장을 하고, 팔찌로 치장하며, 목걸이를 걸친 채 느긋하게 외삼촌의 명령에 복종한다면, 그것이 이렇게 많은 수의 유능한 병사들을 데리고 급히 달려와 명령에 복종하는 것보다 외삼촌에게 더 존경심을 보이는 것이라고 생각하십니까? 외삼촌에 대한 존경을 표현하기 위해, 저는 지금 땀으로 치장을 하고 급히 달려오는 표시를 한 것입니다. 저는 다른 사람에게도 이와 같은 방식으로 외삼촌에게 복종하라고 일렀습니다."

키루스는 이와 같이 말했다. 키악사레스는 그가 옳다고 인정하고, 인도 사람들을 불러들였다. 7 인도 사람들이 안으로 들어왔다. 그들은 인도의 왕이 무슨 이유로 메디아인들과 아시리아인들이 전쟁을 선포했는지 물어보라고 명령하여 이곳에 왔노라고 말했다. 인도 사신들이 말했다. "저희 왕께서 명령하시기를, 당신들의 말을 들어보고 난 후 아시리아 사람에게 가서 똑같은 질문을 하라고 하셨습니다. 그리고 마지막으로 명령하시기를, 인도의 왕은 이 경우 서로가 말하는 장점들의 무게를 재어 나쁜 짓을 당한 쪽의 편을 들겠다고 선언할 것이라는 점을 당신네 양쪽 모두에게 전하라고 하셨습니다."

8 "그렇다면," 키악사레스가 이에 대답했다, "나로서는 우리가 아시리아인에게 어떤 잘못도 저지른 적이 없기 때문에 아무런 죄가 없다고 말씀드리고 싶소. 그러나 당신들이 원한다면 지금 그들에게 가서 그들이 무엇을 말하려고 하는지 물어보시구려."

거기 있던 키루스가 키악사레스에게 물었다. "제가 생각하는 바를 저들에게 말해도 되겠습니까?" 그러자 키악사레스는 그에게 그렇게 하도록 명했다.

키루스가 말했다. "키악사레스 왕께서 반대하시지만 않는다면, 아시리아인이 자기들이 피해를 당했다고 주장하는 경우 우리는 인도의 왕이 스스로 우리들의 중재자가 되어주기를 제안한다고 그에게 전해주시오."

이 말을 듣고 그들은 가버렸다. 9 그들이 밖으로 나가자 키루스는 키악사레스에게 다음과 같이 설명했다.

"키악사레스여, 저는 집에서 별로 돈을 많이 가지고 오지 못했으며, 가지고 온 돈 중에서도 지금 남아 있는 것은 얼마 되지 않습니다. 이미 그것을 저의 병사들에게 다 써버렸습니다. 외삼촌은 아마 지금 당신이 저의 군사들을 유지시켜주고 있는데 제가 어떻게 그 돈을 그들에게 다 써버렸을까 하고 의아하게 생각하실지도 모릅니다. 그러나 저는 저의 군사 어느 누구와도 즐거웠을 때마다 언제나 그들에게 그에 대한 보상과 여흥을 제공하는 데에만 그 돈을 써버렸다는 사실을 알아주시기 바랍니다." 10 키루스는 계속 말했다. "왜냐하면 어떤 일을 할 때 어떤 자가 효율적인 조수를 얻으려는 경우, 저에게는 강제와 힘으로 그렇게 만드는 것보다는 친절한 말과 친절한 봉사로 이끄는 것이 더욱 즐거운 일로 보이며, 반면 어떤 사람이 전쟁 같은 일을 계획하면서 다른 사람들을 열성적인 추종자로 만들기를 원하는 경우에는, 모든 수단을 동원해 친절한 말과 친절한 주선으로 그들을 사로잡기 위해 노력해야만 하기 때문입니다. 신뢰할 만한 동지가 되려는 사람들, 승리했을 때 자신의 사령관을 부러워하지 않는 사람들, 사령관이 역경에 처했을 때 그를 배반하지 않을 사람들이야말로 그의 친구이지 적이 아님이 틀림없습니다. **11** 따라서 저는 이것을 미리 알고 있기 때문에 돈이 더 필요하다고 생각합니다. 그러나 모든 사람이 외삼촌을 쳐다보면서 외삼촌에게 많이 지출하게 하는 것은 온당하지 않은 것 같습니다. 제가 생각하기에는, 외삼촌과 제가 함께 외삼촌한테 돈이 떨어지지 않도록 계획을 세워야 합니다. 왜냐하면 만일 외삼촌이 많은 돈을 갖고 있으면 제가 필요할 때마다, 그리고 특히 그것이 외삼촌에게 더욱 이익이 되는 어떤 일을 위해 쓸 때마다 그것을 끌어다 쓰기가 용이하다고 확신하기 때문입니다.

12 저는 최근 언젠가 아르메니아(Armenia)[5] 왕이 외삼촌께서 적에게 침공당했다는 말을 듣고 난 다음부터 외삼촌을 경멸하기 시작했으며, 그리하여 외삼촌에게 군대를 보내거나 마땅히 지불해야 할 공물을 갖다 바치지 않았다는 이야기를 들었던 것을 기억합니다."

"맞아, 키루스," 키악사레스가 대답했다, "그자는 분명 그렇게 행동했어. 나는 그와 싸우기 위해 진격해서 충성을 강화하려고 노력할 것인지 아니면 당분간 그를 홀로 내버려두는 것이 더 좋을 것인지 고심하고 있다네. 왜냐하면 우리는 다른 적들에 덧붙여 그를 또 하나의 적으로 삼게 될까봐 두려워하기 때문이지."

13 "그들의 본거지는 모두 요새 같은 곳에 있습니까, 아니면 그 가운데 몇몇은 그래도 접근하기 쉬운 곳에 있습니까?" 키루스가 물

---

5) 아나톨리아반도 동쪽의 산악 지역을 말한다. 시리아의 북쪽이며, 메디아의 동쪽 지역이다. 로마의 장군 폼페이우스가 이곳을 정복한 후에는 대(大)아르메니아로 알려졌다. 이 지역은 고도가 높아서 다른 지역과 접촉이 많지는 않았다. 이곳은 키루스 대왕 시절 메디아의 영향력하에 있었다—옮긴이.

었다.

키악사레스가 대답했다. "그의 주거지는 그렇게 요새 같은 곳에 있는 것은 아니다. 그곳에 못 갈 정도는 아니지. 그러나 그는 은신처를 구할 수 있단다. 당분간 우리의 수중에서 벗어나 안전하게 숨어 있을 수 있고, 또한 우리 아버지가 그랬던 것처럼 접근로를 장악하여 그를 포위하지 않는다면 은밀하게 길을 빠져나갈 수 있을 정도의 안전성을 보장해주는, 그런 산들이 거기 있지."

14 "음," 그러자 키루스가 대답했다, "외삼촌이 생각하시기에 그 정도면 합리적이겠다 싶은 정도의 기병을 저에게 주어 그곳으로 보내주시면, 제 생각으로는 신의 도움으로 그가 다시 외삼촌께 군대를 보내고 공물을 바칠 수 있게 될 것이라고 생각합니다. 더욱이 저는 그가 지금보다도 우리에게 더욱 좋은 친구가 될 것을 희망합니다."

15 키악사레스가 대답했다. "나 역시 그들이 너보다 더 빨리 나에게 달려올 것이라고 생각했다. 왜냐하면 그의 아들 중 몇몇은 예전에 사냥을 할 때 너와 함께 있었거든. 그래서 그들이 아마도 다시금 너와 합류할 것이라고 생각했지. 만일 그들이 너의 수중에 들어오면, 모든 것이 네가 원하는 대로 이루어질 수 있을 것이다."

"그러면," 키루스가 말했다, "외삼촌께서는 우리의 이러한 계획을 비밀로 하는 것이 좋다고 생각하십니까?"

"물론이지, 키루스," 키악사레스가 말했다. "그러면 그들 중 몇몇은 너의 수중에 쉽게 떨어질 것이고, 게다가 누군가 그들을 공격한다면 그들은 무방비 상태에서 함락될 수도 있을 것이다."

16 "그러면 이제 제 이야기를 들어보세요." 키루스가 말했다. "그리고 제 이야기가 일리가 있는지 없는지 생각해보세요. 저는 외삼촌의 국가와 아르메니아인 사이에 있는 국경지대 근처에서 제 군대를 데리고 종종 사냥을 하곤 했습니다. 심지어 여기 있는 제 동료들 중에

도 말을 잘 타는 몇몇 친구들이 거기에 함께 갔었지요."

키악사레스가 말했다. "그래서 네가 그와 같은 일을 다시 한다고 해도 그것은 어떤 의심도 불러일으키지 않을 것이다. 그러나 만일 그들이 너의 군대가 평소에 사냥할 때보다 더 많은 수인 것을 알아채면, 그것은 당장 의심스럽게 보일 텐데."

17 "그러나," 키루스가 말했다. "만일 누군가 그들에게 제가 사냥을 한번 거창하게 하려고 조직하고 있다는 말을 전해주고, 제가 외삼촌께 기병을 공공연하게 요청한다면, 그것은 여기뿐만 아니라 거기에서도 모두 신뢰받을 만한 구실로 작용할 텐데요."

"아주 영리한 계획이야!" 키악사레스가 말했다. "그리고 내가 아시리아와의 경계선에 있는 전초기지를 방문하고 싶어한다는 핑계를 대서 너에게 사냥에 필요한 적당한 정도의 병사보다 더 많이 줄 수 없다고 거절하면, 그들이 더욱 신뢰할 만하겠지. 그리고 그것은 거짓말이 아니다. 왜냐하면 사실 나는 거기에 가고 싶고 가능한 한 전초기지들을 강하게 만들고 싶어하기 때문이지. 그리고 네가 데리고 온 병사들과 함께 거기에 가서 이틀 동안 사냥하고 있으면, 내가 너한테 충분한 수의 기병과 보병을 보내줄 테니 그때 그들을 데리고 당장 쳐들어가도록 하거라. 그리고 나는 만일 필요하면 현장에 바로 나타날 수 있도록 나머지 군대와 함께 그리 멀리 떨어져 있지 않은 곳에 머물러 있도록 노력하겠다."

18 그러고 나서 키악사레스는 즉시 전초기지를 방문하기 위해 기병부대와 보병부대를 함께 모으고, 가는 길목에다 식량을 실은 짐마차들을 보내는 일을 진행시켰다. 키루스는 출정의 성공을 빌기 위해 제사를 지내러 갔으며, 이와 동시에 키악사레스에게 사람을 보내 그의 휘하 중 젊은 기병들을 요청했다. 많은 기병들이 함께 가기를 원했으나 키악사레스는 키루스에게 많은 기병을 주지 않았다.

키악사레스가 자신의 기병, 보병부대와 함께 전초기지로 가는 길을 이미 출발하고 난 후, 키루스가 올린 제사는 아르메니아에 대한 진격이 호의적이라고 점지했다. 따라서 그는 마치 사냥을 하러 가는 것처럼 장비를 갖추고서 군대를 이끌고 나아갔다.

19 키루스가 길을 가고 있는데, 바로 첫 번째 들판에서 토끼 한 마리가 나타났다. 그러자 독수리 한 마리가 동쪽에서 날아와서[6] 토끼가 뛰어가는 것을 발견하고는 공중에서 와락 달려들어 그것을 쪼고, 붙잡고, 높이 쳐들어, 그리 멀지 않은 언덕으로 데리고 가서 즐겁게 잡아먹었다. 키루스는 이 장면이 보여주는 징조를 보고 기뻐했으며, 주신인 제우스 신에게 경의를 표하고, 곁에 있던 사람들에게 말했다. "동지들이여, 바라건대, 우리의 사냥은 성공적일 것이오."

20 그들이 국경에 도착했을 때 키루스는 예전에 그랬던 것처럼 즉시 사냥을 하러 나갔다. 그리고 그가 데리고 온 사람들의 대부분은 걷거나 말을 타고 그의 앞에서 한 줄로 똑바로 열을 지어 나아갔다. 그것은 그렇게 접근해가면서 사냥감들을 흠칫 놀라게 하려는 의도에서였다. 그러나 보병과 기병들 중 최고의 병사들은 그들과 약간의 거리를 둔 채 기다리고 있다가 놀라서 튀어나오는 사냥감들이 달리기 시작하면 마치 이어달리기 경주를 하는 것처럼 추적했다. 그들은 수많은 멧돼지, 사슴, 영양, 야생 당나귀를 잡았다. 왜냐하면 그곳은 오늘날까지도 많은 야생 당나귀들이 자라는 지역이기 때문이다.

21 사냥하는 것을 멈추고서, 키루스는 아르메니아 국경선 쪽으로 행진하여 그곳에서 저녁식사를 했다. 그리고 다음 날에는, 전날 그가 목표로 했던 산으로 가서 다시 사냥을 했다. 그는 다시 거기서 멈추

---

6) 'αἴσιος'는, 엄밀하게 말하면, "길조의" 또는 "좋은 징조를 가져오는"이라는 뜻이다. 그리고 좋은 징조는 빛의 고향인 동쪽에서 온다고 여긴다.

고 그곳에서 저녁식사를 했다. 키악사레스가 보낸 군대가 다가오는 것을 보자, 그는 비밀리에 그곳으로 사람을 보내 자기 부대에서 2파라상[7] 정도의 거리를 두고 식사를 하도록 명령했다. 이렇게 하는 것이 계획의 비밀성을 유지하는 데 도움이 될 것이라고 생각했기 때문이다. 그러나 그는 키악사레스가 보낸 부대의 지휘관에게 식사를 끝낸 후 그에게 오라고 명령했다. 저녁식사 후, 키루스는 자기 부대의 중대장들을 함께 불러모았다. 그들이 당도하자, 그는 다음과 같이 연설했다.

22 "나의 친구들이여, 아르메니아의 왕은 예전에 키악사레스의 동맹자이자 그에게 종속된 자였소. 그러나 이제 그는 적들이 우리에게 다가오는 것을 보자 거만하게 굴기 시작했으며, 또한 우리에게 보충병도 보내지 않고 공물도 갖다 바치지 않았소. 그러므로 그는 이제 우리가 그럴 수만 있다면 붙잡아야 하는 우리의 사냥감인 것이오. 우리가 실행해야 할 계획이 나에게 있소이다. 크리산타스, 네가 합리적으로 필요한 만큼 휴식을 취하고 난 후, 함께 온 페르시아인들의 절반을 데리고 산길을 따라가서 비상시 그가 은신처로 삼아 도망갈 만한 고원들을 먼저 접수하도록 해라. 너에게 안내인을 딸려주마. **23** 지금 그 산에는 나무가 아주 울창하게 우거져 있다고 하니 너희가 눈에 띄지 않으리라 본다. 그럼에도 군대가 진격하기에 앞서 민첩한 몇몇 병사들을 그 수로나 복장에서 산적인 것처럼 위장하여 미리 보낸다면, 그들이 만일 도중에 아르메니아인을 만나 붙잡아서 어떤 보고가 전달되는 것을 막을 수 있을 것이다. 또는 만일 그들을 붙잡지 못한다손 치더라도, 놀라게 해서 멀리 쫓아버림으로써 그들은 너의 군

---

7) 고대 페르시아에서 사용했던 거리의 단위. 1파라상은 약 3.5마일(5.6킬로미터) 정도에 해당한다─옮긴이.

대 전체를 보지 못할 것이며, 단지 일단의 도적들로 오인하여 도적에 대항하는 경고만 울리게 될 것이다." **24** "그러면," 키루스가 말했다, "너는 이렇게 하겠느냐? 나는 아침에 동틀 무렵 나머지 절반의 보병과 기병부대 전체를 이끌고 적의 수도를 향해 평원을 가로질러 나아갈 것이다. 만일 아르메니아의 왕이 저항한다면 그때는 물론 그와 싸울 것이다. 그리고 그가 평야지대를 포기한다면 우리는 물론 그를 추적할 것이다. 그러나 그가 산속으로 도망간다면 너의 손아귀로 들어오는 어떤 자도 도망가지 못하게 하는 것이 너의 임무인 것이다. **25** 그리고 우리가 사냥할 때 늘 그렇듯이 너는 단지 둥지를 책임지고 있는 사람이고, 우리가 사냥감을 때려잡는 역할을 할 것이다. 사냥감이 출발하기 전에 그놈이 달리지 못하게 막아야 한다는 것을 기억해라. 사냥감에 다가갈 때 그놈이 슬쩍 도망치지 못하도록 하려면 앞에서 추적하는 사람들이 눈에 띄지 않도록 해야 한다." **26** "그러나 크리산타스," 그는 덧붙여서 말했다, "이번 경우에는 네가 사냥할 때 즐겨하는 방식과 같은 식으로 해서는 안 된다. 너는 종종 잠을 자지 않고 밤을 새우는 경향이 있다. 그러나 지금은 너의 군사를 충분히 쉬게 해야만 한다. 그리하여 그들이 졸지 않게 해야 한다.

27 개인적으로 너는 안내인의 도움 없이 사냥감을 쫓아 그놈이 이끄는 대로 어디든지 달려가면서 산의 아래위로 헤매고 다니는 데 익숙하지만, 이번에는 아주 위험하고 어려운 장소에는 들어가지 말고 안내인에게 물어서 그리 멀지 않다면 가장 쉬운 길로 가도록 해라. 왜냐하면 가장 쉬운 길이 군대에게는 가장 빠른 길이기 때문이다. **28** 그리고 네가 산을 뛰어올라가는 데 익숙하다고 해서 너의 군대를 너무 뛰도록 인도해서는 안 된다. 적당한 정도로 서두르면서 너의 군대가 쉽게 너를 따라올 수 있도록 해야 한다. **29** 가장 힘 있는 자와 가장 질투심 많은 자들 몇몇이 종종 뒤로 물러나 나머지 사람을 격려하

는 것이 좋을 것이다. 그리고 종대를 지어 옆으로 지나가는 사람들이 걷기보다는 뛰면서 지나가는 것을 보게 되면, 그것은 모두에게 서두르게 하는 자극제가 된다."

30 크리산타스는 키루스에게서 이와 같이 그의 임무를 듣고 나서 매우 고무되었다. 그는 안내인을 데리고 나갔다. 자신과 함께 갈 병사들에게 필요한 명령을 내리고, 크리산타스는 잠시 휴식을 취하러 갔다. 적당하다고 생각되는 만큼 잠을 자고 난 후 그는 산을 향해 출발했다.

31 그날이 되자, 키루스는 사자(使者)에게 다음과 같은 주의사항을 말해주고 아르메니아인에게 보냈다. "'아르메니아의 왕이여, 키루스는 가능한 한 빨리 그대에게 공물과 군대를 보내기 위해 서두르라고 명령하노라.' 그리고 만일 그가 내가 어디 있느냐고 물으면, 사실대로 국경선에 있다고 말해라. 그리고 내가 몸소 올 것인지 아닌지 물으면, 사실대로 말해주고, 너는 잘 모른다고 해라. 그러나 만일 그가 우리의 수가 얼마나 되느냐고 물으면, 그에게 너와 함께 사람을 보내 확인하라고 해라."

32 이러한 주의사항을 주고서 키루스는 사자를 보냈다. 왜냐하면 그는 아무것도 알리지 않고 그들을 향해 전진하는 것보다 이렇게 하는 것이 더 우호적이라고 생각했기 때문이다. 그는 거리를 유지하면서 필요한 경우 싸우기에 알맞은 대형을 갖추고 직접 자신의 군대와 함께 출발했다. 그는 병사들에게 어느 누구도 괴롭히지 말고, 아르메니아인을 만났을 때에는 그들이 두려워하지 않게 하고, 또한 싸움에 대해 두려움을 갖지 말라고 말했다. 그리고 아르메니아인 중에서 누구라도 음식이나 음료수를 팔기를 원하는 사람은 그들이 있는 곳 어디든지 와서 시장을 마음 놓고 열도록 하라고 지시했다.

제3권 아르메니아와 스키타이 정복
첫 번째 위대한 전투

I

1 키루스는 이와 같이 진용을 짰다. 그러나 아르메니아 왕은 키루스가 보낸 특사의 메시지를 듣고 깜짝 놀랐다. 왜냐하면 그는 마땅히 보내야 할 공물을 보내지 않고 보류하고 있는 것과 메디아를 지원하는 군대를 보내지 않는 것이 잘못이라는 점을 잘 알고 있었기 때문이다. 그리고 그는 무엇보다도 적군의 침입에 대항할 수 있을 만큼 충분히 튼튼한 방식으로 궁전을 새로 짓기 시작한 자신의 행위가 그들에게 감지되었다고 확신했기 때문에 두려워했다.

2 이러한 모든 잘못을 인식하고서 더욱 혼란에 빠진 그는 연통을 돌리고 군대를 불러모았다. 그리고 동시에 그는 자신의 동생 사바리스(Sabaris)와 자신의 여인들, 즉 부인인 여왕, 며느리, 딸 들을 산악지대로 보냈다. 또한 가장 값비싼 보석과 가재도구를 함께 보냈으며 그들에게 경호를 딸려 보냈다. 이와 동시에 그는 키루스가 무엇을 하고 있는지 염탐해오도록 정찰병을 보냈으며, 다른 한편 아르메니아인이 달려오자 각자 그들의 위치를 정해주었다. 곧 다른 사람들이 키루스가 아주 가까이 전진해오고 있다는 소식을 가지고 도착했다. **3**

그러자 그는 더 이상 키루스와 전쟁을 벌일 용기가 없어 후퇴했다. 왕이 그와 같이 행동하는 것을 보고서, 아르메니아인은 당장 흩어져 자신의 재산을 챙기고 그것을 키루스의 손이 미치지 못하는 곳으로 가져가기를 원했다.

키루스는 이리저리 달리는 사람들로 평야지대가 꽉 차 있는 것을 보고, 비밀리에 사람을 보내 그곳에 남아 있는 어느 누구와도 전쟁을 하지 않겠지만, 만일 도망가다 잡히는 자가 있으면 어느 누구든지 간에 적으로 간주하겠다고 선언했다. 따라서 대부분의 아르메니아인은 그냥 남아 있었지만, 얼마간의 사람은 왕을 따라 도망쳤다.

4 왕의 여인들을 책임지던 사람들이 산으로 갔을 때 그들은 거기서 키루스의 군대와 마주쳤다. 그러자 그들은 즉시 비명을 질렀으며, 도망려고 하다가 대부분 붙잡혔다. 결국 젊은 왕자와 부인들, 공주들이 붙잡혔으며, 또한 마차에 실려 있던 보물들도 모두 빼앗겼다.

언덕 위쪽에 있는 은신처로 가려면 어느 길을 택해야 할지 아르메니아 왕이 고민하면서 곤경에 처해 있을 때 무슨 일이 벌어지고 있는지 알게 되었다. **5** 키루스는 이 광경을 보고 그와 함께 온 병사들에게 언덕을 포위하도록 했으며, 크리산타스에게는 산 위에 경계병력만 남겨두고 내려오라는 명령을 보냈다. 따라서 키루스의 군대는 이제 합쳐지게 되었다.

그리고 그는 아르메니아의 왕에게 다음과 같은 전갈을 보냈다. "아르메니아의 왕이여, 거기 그렇게 남아서 굶주림이나 목마름과 싸우기를 원하는지, 아니면 평야지대로 내려와 우리와 함께 싸우겠는지 말해보시오."

아르메니아의 왕은 어느 누구와도 싸우기를 원하지 않는다고 대답했다. **6** 다시 키루스는 그에게 사람을 보내어 물었다. "왜 그대는 거기에 앉아 있기만 하고 내려오기를 거절하는가?"

"왜냐하면," 아르메니아의 왕이 대답했다, "나는 무엇을 해야 할지 모르는 곤경에 처해 있기 때문이오."

"그러나," 키루스가 말했다, "거기에는 아무런 이유가 없소. 당신은 자유롭게 내려와서 재판을 받을 수 있기 때문이오."

"그러면 누가 나를 심판할 것이오?" 그가 물었다.

"분명히, 심지어 재판을 하지 않아도 신이 원하는 대로 당신을 다룰 수 있는 힘을 가진 자이오."

그러자 아르메니아의 왕은 사태의 위급함을 깨닫고 산에서 내려왔다. 그리고 키루스는 아르메니아의 왕과 그의 소유물들을 한가운데에서 인계받고, 그 주변에 막사를 세웠다. 왜냐하면 이때쯤 그는 자신의 모든 병력과 함께할 수 있었기 때문이다.

7 이렇게 중대한 때, 아르메니아 왕의 큰아들인 티그라네스(Tigranes)가 외국 여행에서 돌아왔다. 예전에 키루스와 같이 사냥을 했던 친구가 바로 그였다. 그는 무슨 일이 벌어졌는지 이야기를 듣고서, 예전에도 그랬듯이 당장 키루스에게 달려온 것이다. 자기 아버지와 어머니, 형제들, 누이들, 그리고 자신의 아내까지 모두 포로가 된 것을 보고, 그는 울음을 터뜨렸다. **8** 그러나 키루스가 티그라네스를 쳐다보았을 때 그의 눈에는 어떤 우정의 기미도 보이지 않았으며 그는 단지 다음과 같이 말했을 뿐이다. "자네 아버지 재판에 참석할 수 있도록 때맞추어 돌아왔군."

그리고 그는 즉시 메디아와 페르시아의 관리들, 그리고 거기 있던 모든 아르메니아의 귀족들(nobles)을 함께 불러모았다. 또한 마차에 있던 여인들도 배제시키지 않고 모두 참석하도록 허락했다.

9 모든 것이 정돈되자 그는 조사를 시작했다. "아르메니아의 왕이여, 나는 그대에게 먼저 이 재판에서 진실을 말하라고 충고하노라. 왜냐하면 나는 진심으로 그대가 다른 어떤 것보다 더욱더 증오의 대

상이 되는 범법행위를 저지르지 않도록 하기 위해서 말이다. 뻔뻔스러운 거짓말에 사로잡혀 있는 것은 자비를 얻을 수 있는 기회를 가장 심각하게 방해한다는 점을 명심하도록 하라. 다음으로 여기 있는 그대의 자녀들과 부인들, 그리고 여기 참석한 아르메니아인이 그대가 한 일을 모두 인지하고 있다. 따라서 그대가 사실이 아닌 다른 어떤 말을 하는 것을 듣는다면, 그리고 내가 어떤 진실을 발견하기만 하더라도, 그들은 그대가 최고의 벌을 받을 만큼 자기 자신을 저주하고 있다고 생각할 것이다."

"음, 키루스," 그가 물었다, "자네가 묻고 싶은 것을 묻도록 하게. 그리고 내가 진실을 말할 것이라고 확신하고, 또한 그 결과는 공정하게 판단하도록 하게."

10 "그러면 말해보아라," 키루스가 말했다. "그대는 나의 외할아버지인 아스티아게스나 다른 메디아인하고 전쟁을 해본 적이 있는가?"

"있네." 그가 대답했다.

"그러면 아스티아게스에게 정복되었을 때 그대는 그에게 공물을 갖다 바칠 것이고, 그가 명령하는 곳은 어디에서든지 그의 군대에 합류하겠으며, 또한 자기 자신의 요새를 갖지 않겠다고 동의하지 않았는가?"

"그것은 사실일세."

"그런데 왜 그대는 공물을 갖다 바치지도 않고, 병력도 안 보내며, 요새를 짓고 있었는가?"

"나는 자유를 갈망하네. 왜냐하면 내 자신을 자유롭게 하고 내 자손들에게 자유를 물려줄 수 있다면 그것은 나에게 매우 영광스러운 일이기 때문이지."

11 "그대 말이 맞네," 키루스가 말했다, "노예가 될 위험에 처하지 않기 위해 싸우는 것은 고상한 일이지. 그러나 누군가 전쟁에서 패하

여 정복되었거나 다른 방식으로 노예가 되었다면, 그리고 주인에게서 도망가려고 시도했다가 붙잡혔다면, 그대는 그를 정직한 사람이며 올바른 사람이라고 가장 먼저 보상을 해줄 것인가, 아니면 죄인으로 취급하여 벌을 주겠는가?"

"나는 그에게 벌을 줄 걸세," 아르메니아의 왕이 말했다, "자네는 나한테 거짓말을 하지 말라고 했으니까 나는 진심을 말하는 것일세."

12 "그러면 다음 질문들에 대해 각각 명백하게 대답하라," 키루스가 말했다, "우연히 그대 밑에 있는 어떤 관리가 잘못을 저질렀다면, 그대는 그에게 계속해서 그 자리를 유지하도록 허락하겠는가, 아니면 다른 사람을 그 자리에 대신 앉히겠는가?"

"다른 사람을 앉히겠네."

"그리고 만일 그자가 커다란 부를 소유하고 있다면 어떻게 할 텐가? 그를 계속 부자인 채로 내버려두겠나, 아니면 그를 가난하게 만들어버리겠나?"

"나는 그가 가지고 있는 것을 모두 몰수해버릴 걸세," 아르메니아의 왕이 말했다.

"그리고 만일 그가 적에게 도망가려는 것을 발견했다면 그대는 어떻게 할 것인가?"

"나는 그를 죽여버리겠네," 아르메니아의 왕이 말했다, "나는 솔직히 고백하는 것이 더 낫다고 생각하네. 왜 내가 진실을 말하는 대신 거짓말을 해서 죽음을 선고당하겠는가?"

13 그러자 이 말을 듣고, 그의 아들은 자신의 터번을 벗어던지고 옷을 찢어버렸다. 그리고 여인들은 자기 아버지가 이제 모든 것이 끝났으며 그들 자신도 이미 죽은 목숨인 것처럼 크게 울음을 터뜨리면서 뺨을 쥐어뜯었다. 키루스는 그들에게 조용히 하라고 명령하고서 다

음과 같이 말했다. "아주 좋아, 아르메니아의 왕이여. 이것이 그대의 정의에 대한 생각이로군. 그 정의관에 비추어 생각해보면, 그대는 우리에게 무엇을 하라고 충고하고 싶은가?"

그러자 아르메니아의 왕은 침묵을 지켰다. 왜냐하면 그는 키루스에게 자신을 죽이라고 충고해야 할 것인지, 아니면 그 자신이 항상 해왔던 일과 반대되는 길을 택하라고 제안할 것인지 곤경에 처했기 때문이다. **14** 그러자 그의 아들인 티그라네스가 키루스에게 다음과 같은 질문을 던졌다. "키루스, 나의 아버지가 어찌해야 할지 모를 의문에 쌓여 있기 때문에, 내가 그를 어떻게 하는 것이 당신에게 가장 좋은 방법인지 충고해도 되겠습니까?"

키루스는 예전에 티그라네스와 함께 사냥하러 갔을 때, 그가 존경하던 철학자가 그와 함께 있었으며, 티그라네스는 그 철학자가 말하는 것을 아주 열심히 들었다는 사실을 기억해냈다. 그래서 키루스는 그에게 신뢰를 갖고 의견을 말해보라고 명했다.

15 "음," 티그라네스가 말했다, "만일 당신이 내 아버지의 이론이나 행동에 동의한다면, 나는 당신에게 모든 수단을 동원해서 그를 모방하라고 충고할 것입니다. 그러나 당신이 그가 지금껏 해온 방식이 잘못되었다고 생각한다면 그를 모방하지 말라고 충고하고 싶습니다."

"음, 그러면," 키루스가 말했다, "만일 내가 올바른 일을 하려면 분명히 잘못된 짓을 한 사람을 모방해서는 안 되겠지."

"맞습니다," 티그라네스가 말했다.

"자네의 논리에 따르면, 잘못된 짓을 한 사람이 벌을 받는 것이 참으로 옳다면 자네 아버지는 벌을 받아야만 하네."

"키루스, 당신의 이익을 위해 처벌하는 것과 당신의 해를 위해 그러는 것 중 어느 것이 더 낫다고 생각하십니까?"

"적어도 후자의 경우에 나는 나 자신을 벌주는 꼴이 되겠지," 키루스가 대답했다.

16 "그러나," 티그라네스가 말했다, "만일 친구가 있다는 것이 본인에게 가장 큰 이익이 될 때 그 친구를 죽인다면, 그것은 당신 자신에게 커다란 해를 입히는 것입니다."

"그들이 잘못된 짓을 하다가 붙잡혔는데, 어떻게 그들이 나에게 가장 큰 이익이 될 수 있나?" 키루스가 말했다.

"그때 그들이 분별력 있게 되었다면 그럴 것이라고 생각합니다. 분별력이 없다면 다른 어떤 미덕도 아무런 이득이 없기 때문이지요." 티그라네스는 계속 이어갔다. "분별력이 결여되어 있다면, 아무리 강한 사람이나 아무리 용감한 사람이 있다고 한들 그와 함께 무엇을 할 수 있으며, 또한 부자나 국가의 권력자라 하더라도 그와 함께 무엇을 할 수 있겠습니까? 모든 친구에게 분별력이 있다면 그것은 아주 유용하며, 또한 모든 하인들에게 분별력이 있는 것은 좋은 것이 아니겠습니까?"

17 "자네는 지금," 키루스가 물었다, "예전에 분별력이 없었던 자네 아버지가 하루아침에 분별력이 생겼다고 말하는 것인가?"

"물론이지요," 티그라네스가 말했다, "분명히 그렇습니다."

"자네의 말은 지금 분별력이란 얻어지는 것이 아니라 슬픔과 마찬가지로 영혼의 성정이라는 것을 의미하는 것일세.[1] 왜냐하면 진실로 분별력 있는 사람이 먼저 현명해져야 한다면 나는 분별력이 없는 사람이 즉각적으로 분별력 있는 사람으로 변할 수 있다고는 생각하지 않기 때문이네."

18 "키루스," 티그라네스가 말했다, "당신은 지금까지 어떤 사람이

---

1) 크세노폰은 지혜와 다른 덕성들이 배움의 문제이며 공부와 실천의 결과이지, 슬픔이나 분노 또는 다른 감정들과 같은 기분 문제가 아니라는 소크라테스의 논리를 키루스가 겉으로 받아들이는 것처럼 만들었다.

분별력 없이 자신보다 더 강한 사람과 싸우려는 모험을 감행했다가 상황이 더욱 나빠지게 되었을 때, 자신이 싸우려 했던 그 특정한 사람을 향한 무분별한 생각이 곧 치유되는 것을 보지 못했습니까?" 그는 계속 이어갔다. "한 국가가 다른 국가와 전쟁을 해서 패했을 경우 싸움을 계속하기보다 즉시 승자에게 기꺼이 항복하는 것을 보지 못했습니까?"

19 키루스가 말했다. "자네는 그토록 자신 있게 자네 아버지의 패배가 그에게 분별력을 가져다줄 것이라고 주장하는데, 자네는 지금 어떤 패배에 대해 언급하고 있지?"

"확실히," 티그라네스가 대답했다, "너무도 비밀리에 또한 갑자기 당해서 놀랐기 때문에, 그리고 실제적인 힘에 의해 패배했기 때문에, 나의 아버지는 자신이 영향력을 발휘할 수 있다고 생각하는 모든 것들 중에서 어느 하나도 성취하지 못했습니다. 그러니 자유를 확보하려 하면 할수록 예전보다 더욱 노예상태에 빠질 것이라는 교훈을 왜 그가 배우지 못했겠습니까? 당신이 그의 허를 찔렀을 때, 장님이나 귀머거리 또는 모든 감각을 잃어버린 사람을 속일 줄 아는 사람이 그렇게 할 수 있는 것만큼이나 효과적으로 그랬다는 것을 그는 알고 있습니다. 당신은 비밀리에 행동해야만 한다고 생각했을 때 그렇게 했고, 따라서 당신은 그가 자신의 안전을 위해 준비해놓았다고 생각하는 요새화된 장소를 오히려 그를 위한 감옥으로 미리 비밀리에 바꾸어놓았습니다. 그리고 군대를 급파하는 데에도 당신은 그를 매우 능가했으며, 그가 자신의 군대를 모두 소집하기도 전에 그와 같이 큰 규모의 군대를 멀리서 데리고 왔습니다."

20 "음," 키루스가 말했다, "자네는 정말로 이런 패배를 당했을 때, 즉 다른 사람이 자기보다 더 우월하다는 것을 발견했을 때, 그것이 사람을 분별력 있게 만드는 데 적합하다고 생각하는가?"

"그렇습니다," 티그라네스가 말했다. "전투에서 졌을 때보다 훨씬 더 분별력을 키워줍니다. 왜냐하면 힘으로 정복된 사람들은 종종 자신이 육체적으로 더 훈련을 한다면 아마도 전쟁을 재개할 수도 있을 거라고 생각할 수 있기 때문입니다. 심지어 도시들도 점령당했을 때 새로운 동맹을 만들어 싸움을 다시 시작할 수 있다고 생각합니다. 그러나 일반적으로 사람들은 다른 사람이 자기 자신보다 더 우월하다고 확신하면, 그에게 복종하라고 강제하지 않아도 복종할 준비가 되어 있습니다."

21 키루스가 말했다. "자네는 거만한 자가 자신보다 더 분별력 있는 자를 알아보지 못하고, 도둑놈이 정직한 사람을 알아보지 못하며, 거짓말쟁이가 진실을 말하는 사람을 인정하지 않고, 잘못된 행동을 하는 사람이 올바른 행동을 하는 사람을 알아보지 못한다고 생각하는 것 같군." 그는 계속 이어갔다. "자네는 지금 자네 아버지가 잘못을 저질렀으며, 우리가 아스티아게스 왕 때 맺은 계약을 깨뜨리지 않았다는 것을 알고 있으면서도, 그가 우리와 한 약속을 지키지 않았다는 사실을 모르는가?"

22 "알고 있습니다, 그러나 제 아버지가 지금 그러하듯이, 자기보다 우월한 자에게 처벌받지 않는다면, 자신보다 우월한 자를 단순히 인식하는 것만으로 사람을 분별력 있게 만든다고 제가 말하는 것은 아닙니다."

"그러나," 키루스가 말했다, "자네 아버지는 아직까지 조금이라도 해를 겪지 않았네. 그러나 확실히 그는 가장 나쁜 일을 겪게 되지 않을까 두려워하고 있네."

23 "그러면," 티그라네스가 말했다, "당신은 그 무엇이 비참한 두려움보다 더 빨리 인간의 영혼을 굴복시킬 수 있다고 생각하십니까? 사람을 교정시키는 데 가장 강하다고 여기는 칼을 사용한다손 치더

라도 그는 다시 같은 적과 싸울 준비가 되어 있다는 것을 모르십니까? 그러나 사람이 어떤 자를 진실로 두려워할 때에는 심지어 그를 칭송하려는 경우에도 그의 얼굴을 정면으로 쳐다볼 수가 없습니다."

키루스가 말했다. "그러니까 자네의 말은 두려움이 실제적인 교정보다 사람에게 더 무거운 처벌이라는 것이군."

24 티그라네스가 말했다. "당신은 내가 하는 말이 진실이라는 것을 이미 알고 있습니다. 왜냐하면 한편으로는 자기 고향에서 추방당할까봐 두려워하는 사람들, 전투가 벌어지기 전날 밤 그 전투에서 패배할지도 모른다고 두려워하는 사람들, 그리고 노예상태나 구속상태를 두려워하는 사람들, 이 모든 사람이 두려움 때문에 먹지도 못하고 잠을 자지도 못한다는 것을 당신은 잘 알고 있으며, 또 다른 한편으로는 이미 추방된 사람들, 이미 패퇴한 사람들, 이미 노예상태에 있는 사람들이 행복한 운명을 즐기는 사람들보다 때때로 더욱 잘 먹고 잠을 편안히 잘 수 있다는 것도 당신은 잘 알고 있기 때문입니다. **25** 다음 사항들을 고려해보면 두려움이 얼마나 짐스러운 것인지 더욱 명료해집니다. 어떤 사람들은 붙잡혀서 죽음에 처하게 될까봐 두려워하여 그 시간이 채 오기도 전에 자신의 목숨을 폭력적으로 끊어버리지요. 어떤 자는 절벽에서 몸을 던지고, 또 어떤 자는 자신의 목을 매달고, 또 다른 어떤 자는 자신의 목을 자릅니다. 그렇기 때문에 두려움이 다른 어떤 폭력보다 더욱더 영혼을 짓뭉개버리는 것이지요." 그는 덧붙여서 말했다. "당신은 지금 제 아버지의 마음이 어떨 거라고 생각하십니까? 그는 자기 자신뿐만 아니라 아들인 나와 자신의 부인 그리고 자신의 아이들 때문에 두려워하고 있습니다."

26 "음," 키루스가 대답했다, "나는 그가 당분간은 그런 마음일 거라고 생각하네. 그러나 내가 보기에는 성공했을 때 거만하고 실패했을 때 야비한 사람이 다시 한번 시작하게 되면 더욱더 거만해지고 다

시금 더 많은 문제를 불러일으킬 것이라고 생각하네."

27 "키루스," 티그라네스가 말했다, "우리의 잘못된 행동은 틀림없이 당신에게 우리를 불신하게 만드는 이유를 제공했습니다. 그러나 당신은 우리나라에서 마음대로 요새를 건설할 수 있고, 이미 완공된 강한 요새들을 점령할 수 있으며, 안보상 원하는 것은 무엇이든지 다 가질 수 있습니다. 당신이 그렇게 한다고 해도 우리는 아무 불만도 품지 않을 것입니다. 왜냐하면 우리는 이 모든 것에 대해 우리가 비난받을 만한 짓을 했다고 기억하기 때문입니다. 그러나 당신에게 못된 일을 한 적이 없는 어느 한 사람에게 우리 정부를 맡기고 당신이 그를 신뢰하지 않는다는 것을 보이면, 그는 당신의 호의를 받았음에도 당신을 친구로 여기지 않으리라는 것을 알게 될 것입니다. 그러나 만일 당신이 그들이 다시 증오하지 않도록 대비하여 경계를 계속하는 것을 게을리함으로써 그들이 반란을 일으킬 기미를 점검하는 데 실패한다면, 당신은 지금 우리에게 요구하는 것보다 더 많은 분별력을 그들에게 요구해야 할 것입니다."

28 "제우스 신에 맹세코, 아닐세," 키루스가 말했다, "나는 단지 강제로 봉사하는 하인들을 고용해야 한다고 생각하지 않네. 나를 싫어하는 사람들이 단지 강제로 자신의 일을 충실히 수행하는 것보다, 나에게 호의와 우정을 갖고 의무감으로 도와주는 하인들이 있다면 그들이 설사 어떤 잘못을 저질렀다고 하더라도 그들에게 더욱 만족할걸세."

이 말에 티그라네스가 대답했다. "지금 우리에게서 받을 수 있는 우정을 당신은 그 어느 누구에게서 받을 수 있겠습니까?"

"내가 생각하기에는," 키루스가 말했다, "자네가 지금 베풀어달라는 정도의 호의를 보이면, 결코 나의 적이 되지 않았던 사람들에게서 그것을 얻을 수 있겠지."

29 "그러나 키루스," 티그라네스가 말했다, "사정이 지금과 같다면, 당신이 내 아버지에게 베풀 수 있는 커다란 호의를 또다시 베풀 수 있는 다른 사람을 발견할 수 있을까요? 예를 들면 당신한테 어떠한 잘못도 저지르지 않은 사람에게 그의 생명을 부여한다면, 그것에 대해 그 사람이 얼마나 감사할 것이라고 생각하나요? 그리고 부인과 자식을 당연히 잃게 될 거라고 생각한 사람이 당신의 호의로 가족을 빼앗기지 않게 된다면 그보다 당신을 더 사랑할 사람이 어디 있겠습니까? 그리고 아르메니아의 왕위를 빼앗기게 되었을 때 우리보다 더 슬퍼할 사람이 누가 있을까요?" 그는 덧붙여 말했다. "음, 왕이 되지 못해 가장 슬퍼할 사람이 반대로 왕위를 받게 되었을 때 가장 기뻐할 것이라는 점은 명백합니다. **30** 여기를 떠날 때 가능한 한 이곳이 덜 혼란스럽기를 원한다면, 지금까지 이곳을 맡아왔던 사람이 계속 맡는 것보다 새로운 정부를 출범시키는 것이 이 국가를 더욱 조용하게 만들 수 있는지 숙고해보십시오. 그리고 가능한 한 커다란 규모의 군대를 이곳에서 징발하려고 생각한다면, 지금까지 종종 여기서 군대를 소집해왔던 사람보다 더 적절하게 군대를 조직할 위치에 있는 사람이 누구라고 생각하십니까? 그리고 만약 돈이 필요하다면, 모든 돈을 공급하는 원천을 잘 알고 있으며 그것에 대해 예전에 명령을 내려보냈던 사람보다 누가 더 돈을 잘 조달할 수 있다고 생각하십니까?" 그는 덧붙여서 말했다. "나의 친애하는 키루스여, 나의 아버지가 지금까지 당신에게 저질러왔던 어떤 해악보다도 당신이 우리를 내팽개침으로써 자기 자신에게 더 큰 해를 끼치지 않도록 주의하시기 바랍니다."

그는 이와 같이 말했다. **31** 키루스는 그가 하는 말을 듣고서 더욱 기분이 좋아졌다. 왜냐하면 자신이 키악사레스에게 약속했던 모든 것이 이제 다 성취될 순간에 다다랐다고 생각했기 때문이다. 즉 그는 키악사레스에게 아르메니아인을 예전보다 더욱더 친한 친구로 만들 겠다고 말했던 것을 기억했기 때문이다.

그러므로 그는 물었다. "아르메니아의 왕이여, 내가 이 문제를 그 대에게 양보한다면, 그대는 얼마나 많은 군대를 나와 함께 보낼 수 있으며, 얼마나 많은 돈을 전쟁을 위해 헌납할 수 있겠는가?"

32 아르메니아의 왕이 이에 대답했다. "당신이 나의 군대를 모두 보고 난 후, 여기 남아서 우리나라를 보호할 병력만 빼놓고 나머지 중에서 당신이 적합하다고 생각하는 만큼 병사들을 데리고 가는 것 이 가장 간단하고 공정한 제안이라고 생각하오. 그리고 돈도 마찬가 지로, 내가 갖고 있는 모든 돈을 보여주고 당신의 뜻대로 결정하여, 당신이 원하는 만큼 가져가고 또 원하는 만큼 남겨주는 것이 적절하 다고 생각하오."

33 "그러면," 키루스가 말했다, "얼마나 많은 병력이 있으며, 또 얼 마나 많은 돈이 있는지 나에게 말해보오."

"음," 그러자 아르메니아의 왕은 대답했다, "대략 8천 명의 기병과 약 4천 명의 보병이 있소이다. 또 나의 재산은 아버지가 물려주신 재 물을 포함해서 돈으로 환산했을 때 3천 탈렌트[2] 이상이오."

34 그러자 주저없이 키루스가 대답했다. "그렇다면 나에게 그 대 군대의 반만 보내시오. 왜냐하면 그대들은 이웃인 칼데아인들 (Chaldaeans)[3]과 전쟁 중이니까 말이오. 그리고 돈은, 지금까지 공물

---

2) 고대 그리스, 로마, 히브리의 무게 및 화폐 단위. 그리스의 1탈렌트는 약 55.75 파운드(약 25킬로그램)였다—옮긴이.

3) 아르메니아 변경에 살던 유목족이다. 칼데아인들은 기원전 1000년기(紀) 전반 에 바빌로니아 남부에서 활약한 셈계(系)의 한 종족이다. 스스로 바빌로니아 문화의 후계자로 자처하고 남하하는 아시리아의 세력에 대항하여 완강하게 저 항했다. 기원전 625년에 이들은 메디아와 연합하여 아시리아의 수도 니네베를 함락(기원전 613)시키고 칼데아 제국을 창건했다. 네부카드네자르 시대에는

로 바쳐왔던 50탈렌트 대신 그동안 지체된 것을 감안해서 키악사레스에게 그 배를 지불하시오. 그리고 나에게는 개인적으로 100탈렌트를 더 보내시오. 만일 신께서 내가 번영하도록 해주신다면, 빌려준 돈에 대한 보상으로 그대에게 그만큼 다른 호의를 베풀거나 또는 내가 그럴 수만 있다면 적어도 그 돈은 되돌려줄 것을 약속하오. 그러나 내가 만약 그럴 수 없다면 아마도 파산했을 거라 생각하시오. 내가 정직하지 않다고 여길 이유는 없을 것이외다."

35 "제발, 키루스," 아르메니아의 왕이 말했다. "그런 식으로 말하지 마시오. 만일 당신이 그렇게 한다면 그것은 나를 낙담시키는 것이외다. 여기 남겨두고 가는 것은 당신이 지금 가져가는 것처럼 모두 당신의 것이라는 것을 염두에 두시오."

"아주 좋소이다," 키루스가 말했다, "그대 부인을 돌려주면 얼마를 지불할 작정이오?"

"내가 줄 수 있는 만큼이오," 아르메니아의 왕이 대답했다.

"그리고 자식들을 돌려받는 데에는 얼마를 내놓겠소?"

"이것 또한 내가 할 수 있는 만큼이오," 아르메니아의 왕이 대답했다.

"그러면," 키루스가 말했다, "그것은 이미 그대가 가지고 있는 것의 두 배나 되었소이다그려." **36** "그리고 티그라네스," 키루스가 말했다, "자네는 부인을 되돌려 받기 위해 얼마나 지불할 텐가?"

우연히도 그때 티그라네스는 새로 결혼했고 부인을 몹시도 사랑했다.

티그라네스가 말했다. "저는 그녀가 노예로 되지 않게 하기 위해

나라가 최전성기를 맞이하여 많은 신전이 재건되었으며 수도 바빌론은 번영하여 함무라비 시대의 재현이라고 일컬어졌다. 키루스 대왕이 이들을 정복하여 페르시아에 복속시켰다—옮긴이.

제 목숨을 내놓겠습니다."

37 "음, 그러면," 키루스가 말했다, "그대는 그녀를 데려가게. 그녀는 이제 자네의 것일세. 왜냐하면 자네는 나에게서 결코 도망간 적이 없기 때문이지. 나는 그녀가 전쟁포로였다고 생각하지 않네. 아르메니아의 왕 역시, 아무런 몸값을 지불할 필요없이 그대의 아내와 자식들을 데리고 가도 좋소. 그리고 그들이 자유인의 몸으로 그대에게 되돌아갔다는 사실을 알려주도록 하시오. 그럼, 이제 이리로 와서 우리 함께 식사를 합시다. 식사를 마치고 나면 그대들이 가고 싶은 곳은 어디든지 가도 좋소이다." 그래서 그들은 그곳에 머물렀다.

38 저녁식사 후 파티가 끝나갈 때쯤 키루스가 물었다. "티그라네스, 예전에 우리와 함께 사냥했던 사람이 지금 어디 있는지 말해주게나. 내가 알기로는, 자네가 그를 매우 존경했던 것 같은데."

"아 글쎄," 티그라네스가 대답했다. "여기 계신 내 아버지가 그를 죽게 했습니다."

"자네 아버지는 그가 무슨 잘못을 저질렀다고 생각했지?"

"그가 자기를 타락시켰다고 말했어요." 티그라네스가 말했다. "그러나 키루스, 그는 너무도 고상하고 훌륭해서 죽으려는 순간에 나를 불러 다음과 같이 말했습니다.[4] '너의 아버지에게 화내지 말아라, 티그라네스. 왜냐하면 나에게 악의가 있어서 죽이려는 것이 아니라, 무지하기 때문에 그런 것이다. 그리고 사람이 무지해서 나쁜 일을 할 때 그것은 자신의 의지에 반해서 그렇게 하는 것이라고 나는 믿는다.'"

39 "가엾은 사람 같으니라고!" 키루스는 이 말을 듣고 소리쳤다.

---

4) 여기서 그는 소크라테스를 암시한다. 앞에서도 그런 부분이 있었지만 크세노폰은 이 저작 전체를 통해 플라톤의 생각과는 반대되는 의견을 제시하면서, 플라톤이 묘사한 소크라테스에 대해 계속 조롱하고 있다.

이때 아르메니아의 왕이 끼여들었다. "사람들은 자기 부인이 다른 낯선 사람과 성교한 것을 발견하면 그 낯선 사람이 자기 부인을 더 어리석게 만들었다는 이유 때문이 아니라, 그에게서 자기 부인의 애정을 떼어낸다는 믿음하에 그를 죽이지 않소이까. 또한 이러한 이유 때문에 그를 적으로 간주하기도 하오이다. 이와 마찬가지로, 나는 그 자에게서 질투심을 느꼈소. 왜냐하면 그는 내 아들이 나보다 그를 더 존경하도록 만들었으니까 말이외다."

40 "그렇다면, 신의 이름을 걸고, 아르메니아의 왕이여," 키루스가 말했다, "그대의 죄는 인간적인 것이오. 그리고 자네 티그라네스는 자네 아버지를 용서해야겠네그려."

그들이 이렇게 대화를 나누고 서로에게 호의적인 감정을 표시하며 화해한 후에 그들은 부인들을 마차에 태워 행복하게 데리고 갔다.

41 그들은 집으로 돌아가서 키루스에 관해 이야기했다. 키루스의 지혜, 강인함, 부드러움, 여전히 아름다운 모습, 그가 명령하는 모습 등에 관해서 말이다.

그리고 티그라네스는 자기 부인에게 물었다. "나의 아르메니아의 공주여, 당신 역시 키루스가 잘생겼다고 생각하오?"

"제우스 신에 맹세코," 그녀가 말했다, "저는 그를 쳐다보지도 않았습니다."

"그러면 누구를?" 티그라네스가 물었다.

"제우스 신에 맹세코, 저를 노예상태에서 벗어나게 하기 위해 자신의 목숨을 던지겠다고 말한 사람이 멋져 보였어요."

그러자 그와 같은 경험을 하고 난 후에 흔히 일어날 수 있듯이, 그들은 잠자리를 같이하기 위해 침대로 갔다.

42 그다음 날, 아르메니아의 왕은 손님에게 주는 선물을 키루스와 그의 모든 군대에 보내왔다. 그리고 셋째 날, 그는 야전에서 전투를

계속하려고 했던 자신의 병사들에게 모습을 드러내라고 명령했다. 그리고 그는 자신에게 부과된 돈의 배를 키루스에게 주었다. 그러나 키루스는 단지 정해진 만큼만 받아들이고 나머지는 돌려주었다. 그는 아르메니아의 왕과 그의 아들 중 누가 파견부대를 지휘하겠냐고 물었다. 그들은 동시에 대답했다. 그의 아버지는 "당신이 명령하는 대로 하겠소"라고 말했으며, 그의 아들도 "비록 부대를 따라다니는 종군자(camp-follower)[5]로 당신과 함께할 수밖에 없다고 하더라도 나는 결코 당신 곁을 떠나지 않겠습니다"라고 말했다.

43 그러자 키루스는 웃으면서 말했다. "자네가 그렇게 하겠다고 부인에게 말하기가 힘들지 않았는가?"

"왜요?" 티그라네스가 말했다. "그녀는 그 말을 들을 필요가 없습니다. 그녀도 함께 데리고 갈 테니까 말입니다. 그녀는 내가 어떤 일을 하든지 그것을 모두 볼 수 있을 테니까요."

"그러면," 그가 말했다, "이제 당신은 물건을 챙길 때인 것 같습니다. 내 아버지가 우리한테 준 것은 모두 틀림없이 여기에 가지고 오도록 하겠습니다."

그리고 병사들은 자신에게 배당된 선물을 받고 잠자리에 들었다.

II

1 이튿날 키루스는 메디아 기병 중 최고인 티그라네스와 자신의 친구라고 생각하는 사람들을 가능한 많이 데리고 갔다. 그는 진지를 설치하기에 알맞은 장소를 찾으려고 그 지역을 자세히 조사하기 위해 말을 타고 둘러보았다. 어느 높은 언덕에 다다랐을 때 그는 티그라네

---

5) 보급이나 교량건설 등을 맡은 비전투 요원 ─ 옮긴이.

스에게 그 지역을 약탈하기 위해 종종 산에서 내려오곤 하는 칼데아인이 어느 쪽 산에서 오는지 물어보았다. 티그라네스는 그곳을 손으로 가리켜주었다. 그러자 그는 재차 물었다. "지금 아무도 그 산을 점령하고 있지 않은가?"

티그라네스가 대답했다. "없습니다. 그러나 자신이 본 것은 무엇이든지 다른 사람들에게 신호를 보내주는 칼데아의 정찰병들이 그곳에 머물러 있습니다."

"그들은 신호를 받으면 어떤 일을 하지?" 키루스가 물었다.

"그들은 각자 자신이 할 수 있는 한 도움을 청하기 위해 산꼭대기까지 뛰어 올라갑니다." 티그라네스가 말했다.

2 키루스는 그와 같은 설명을 들었다. 그는 대부분의 아르메니아 지역이 전쟁의 결과 황폐해지고 경작되어 있지 않은 것을 목격했다. 그러고 나서 그는 막사로 돌아와 저녁식사를 하고 휴식을 취했다.

3 그다음 날, 티그라네스는 출발하기 위해 모든 물품들을 준비했다. 그는 자신의 휘하에 약 4천 명의 기병과 1만 명의 궁수, 그리고 그 정도 인원의 투석수를 모았다.

그들이 모이는 동안, 키루스는 출정을 하기 위해 신에게 제물을 바치는 제사를 지내고 있었다. 제사에서 길조를 보았을 때, 그는 페르시아와 메디아 장교들을 불러 모았다. **4** 그들이 함께 모이자 그는 다음과 같이 연설했다.

"나의 친구 여러분, 우리가 지금 보고 있는 저 산들은 칼데아의 땅이오. 그러나 우리가 점령해서 정상에 우리의 요새를 세우면 양쪽 진영—이것은 아르메니아와 칼데아를 의미하는데—모두 우리에게 분별력 있게 행동할 것이외다. 제사는 우리에게 길조를 주었소. 그러나 우리의 계획을 실행하기 위해서는 신속하게 행동하는 것만큼 우리의 열정을 도와주는 동지는 없을 것이오. 왜냐하면 적들이 모이기 전에 그곳에 도달한다면, 아무 전투 없이 우리가 고지를 차지할 수 있거나 또는 적어도 미미한 숫자의 힘없는 적들만 발견하게 될 것이기 때문이오."

5 그는 계속 말했다. "그러므로 우리 앞에 놓여 있는 임무들 중에서 지금 용감하고 신속하게 수고하는 것이 제일 하기 쉽고 가장 위험이 적은 일이오. 그러므로 자, 이제 무장합시다! 그리고 메디아인이여, 그대들은 우리 왼편에서 진격하시오. 아르메니아인 절반은 우리 오른편에서 그리고 나머지 절반은 우리 앞에 서서 진격하시오. 당신네 기병이 그 뒤를 따르면서 우리에게 위로 전진해 올라갈 수 있도록 격려하고 밀어주시오. 그리고 어느 누구라도 약한 모습을 보이는 기미가 있으면 그것을 내버려두지 마시오."

6 이와 같이 명령을 내린 후 키루스는 군대를 종대로 전개하여 자신이 맨 앞에 자리 잡았다. 이와 같은 움직임이 언덕을 향하고 있다는 것을 깨닫고서, 칼데아인들은 즉시 동료들에게 신호를 보내고 서로 모이도록 요청하며 달려가기 시작했다.

그러자 키루스가 명령을 내렸다. "동료 페르시아인이여, 그들은 우리에게 서두르라고 신호를 보내고 있소이다. 우리가 그곳에 먼저 도착하면 적들의 노력은 아무 소용이 없을 테니까 말이오."

7 칼데아인은 각자 가는 버들가지로 엮어 만든 방패(wicker shield)와 두 개의 창을 가지고 있었으며 그 지역에 사는 사람들 중에서 가장 호전적이라고 알려져 있었다. 그들은 또한 누구라도 원하기만 하면 용병으로 종사했다. 그들은 전쟁을 좋아하는 한편 지갑은 얄팍했는데, 그 지역이 산악지대로 농사를 조금만 지을 수 있었기 때문이다.

8 키루스와 그의 군대가 점차 언덕에 가까이 다가가자 키루스와 함께 전진하던 티그라네스가 말했다. "키루스, 조금 후에는 우리들이

직접 싸우지 않으면 안 된다는 것을 아십니까? 왜냐하면 저는 아르메니아인이 결코 적의 공격을 견뎌내지 못할 것이라고 확신하기 때문입니다."

키루스는 그와 같은 사실을 알고 있다고 대답했다. 그리고 그는 페르시아인에게 서두르라고 명령을 내렸다. 아르메니아인이 짐짓 싸우는 척하다 적을 가까이에 있는 진지로 유인하면 그들을 추격해야 하므로 이에 대비하라고 일렀다.

9 아르메니아인이 앞으로 전진해나갔다. 그들이 가까이 갔을 때, 칼데아인은 먼저 그들의 전투 관습에 따라 함성을 크게 외친 다음 그들과 맞서 싸웠다. 그리고 아르메니아인은 늘 그랬듯이 자신의 전투임무를 계속 수행하는 데 실패했다. 10 그러나 추격하던 칼데아인은 자기 앞에 칼을 든 병사들이 나타나 달려드는 것을 보게 되었다. 어떤 자들은 가까이 다가가다가 당장 베어 넘어졌고, 또 어떤 자들은 도망쳤다. 그들 중 일부는 포로로 잡혔으며 고지는 곧 점령되었다. 고지를 수중에 넣자 키루스와 그의 군대는 칼데아인들이 사는 곳을 내려다보게 되었고, 칼데아인이 집 밖으로 도망치는 것을 지켜보았다.

11 군대가 모두 모이게 되자, 키루스는 병사들에게 점심식사를 하도록 지시했다. 그들은 식사를 했으며, 키루스는 정찰병들이 관측하는 장소가 견고하고 물이 잘 공급되어 있는 것을 발견하고서, 당장 그곳에 요새를 짓도록 진행시켰다. 그는 또한 티그라네스에게 그의 아버지를 부르러 보내라고 지시했으며, 티그라네스의 아버지가 데리고 있는 모든 목수와 석공들도 같이 데리고 오라고 명령했다. 그러자 전령이 아르메니아 왕을 데리러 떠났다. 키루스는 자신이 데리고 있는 사람들과 함께 벽 쌓는 일을 했다.

12 이때 병사들이 키루스에게 사슬에 묶여 있는 포로들을——그 가

운데 일부는 부상을 당했는데 ─ 데리고 왔다. 그는 그들을 보자 당장 사슬을 풀어주고 의사를 부르러 사람을 보내라고 명령했다. 그리고 의사들에게는 부상당한 사람들을 돌보라고 지시했다. 그러고 나서 그는 칼데아인에게 자신은 아르메니아인과 칼데아인 사이에 평화가 구축되기를 원하기 때문에 그들을 멸망시킬 의사가 전혀 없고 전쟁을 하고 싶지도 않다고 말했다.

"나는 당신들이 고지가 점령되기 전에는 결코 평화를 원하지 않았다는 것을 알고 있소. 아르메니아인의 재산을 모두 독차지하고 약탈하는 한 당신들의 모든 것은 안전하기 때문이오. 그러나 이제 보시오. 그대들은 얼마나 큰 곤경에 처해 있소이까! 13 이제 나는 붙잡힌 사람들을 집으로 돌려보내서, 나머지 칼데아인이 우리와 전쟁을 원하는지 아니면 우리의 친구가 되려고 하는지 의논할 수 있도록 놓아줄 것이오. 만일 당신들이 전쟁을 택한다면, 현명한 사람이라면 아무 무기도 없이 다시는 이곳으로 오지 마시오. 그러나 그대들이 평화를 원한다면, 무기 없이 오도록 하시오. 당신들이 우리의 친구가 된다면 불평할 일이 하나도 없도록 틀림없이 조치하겠소."

14 칼데아인은 이 말을 듣고 키루스를 몹시 칭찬하고 진심으로 그와 악수를 나눈 후 집을 향해 떠나갔다.

아르메니아 왕은 키루스의 부름을 받아 그의 계획을 듣고서, 그가 데리고 올 수 있는 모든 목수들과 필요하다고 생각하는 모든 것들을 가능한 한 빨리 가져왔다. 15 키루스를 보자 그는 말했다. "키루스여, 우리 유한한 인간들은 미래에 대해 조금도 예측하지 못합니다. 또한 인간들은 얼마나 많은 것을 성취할지도 예측할 수 없습니다. 바로 얼마 전 자유를 확보하려고 노력하고 있었을 때 저는 그 이전보다 더욱 노예가 되었습니다. 그리고 포로로 붙잡혔을 때 우리는 파멸할 것이 확실하다고 생각했습니다. 그러나 지금 우리는 예전에는 결코 불가능했던 정도로 구원되었다는 사실을 발견합니다. 왜냐하면 그동안 우리에게해를 끼치는 행위를 결코 멈추지 않았던 사람들을 이제 우리가 원하는 상황에 붙들어두었기 때문입니다. **16** 그리고 키루스여, 일전에 당신이 칼데아인을 고지에서 쫓아낸다면 당신에게 지불한 돈의 몇 곱을 더 주기로 했는데, 이제 저를 믿으십시오. 당신은 그 돈을 받고 이미 우리에게 약속했던 은혜를 아주 완벽하게 베풀었으며, 따라서 이제 우리는 분명히 당신에게 새로운 감사의 빚을 또 지게 되었습니다. 우리가 모든 자존심을 잃지 않는 한, 우리로서는 당신에게 이번 일에 대해 다시 사례하지 않는 것은 수치스러운 일일 것입니다." **17** 아르메니아 왕은 이와 같이 말했다.

칼데아인은 키루스에게 평화롭게 지내자고 요청하며 되돌아왔다. 키루스는 그들에게 물었다. "우리가 이 고지들을 점령함으로써 당신들이 전쟁 때보다 평화롭고 더욱 안전하게 살 수 있기 때문에 당신네 칼데아인들이 평화를 원하는 것인가?"

칼데아인이 이에 동의했다.

18 그가 말했다. "내가 제안한 평화의 결과로 축복이 뒤따르게 된다면 당신들은 어떨 것인가?"

"우리는 더욱더 즐거울 것입니다." 그들이 대답했다.

키루스가 말했다. "음, 당신들이 불행한 이유가 척박한 토지를 갖고 있다는 것 외에 또 다른 것이 있는가?"

그들은 키루스의 이 말에 또한 동의했다.

"음, 그러면," 키루스가 말했다, "아르메니아의 다른 소작인들이 지불하는 것과 같은 수준의 소작료를 지불한다는 조건이라면 당신들이 원하는 만큼 아르메니아의 토지를 경작할 수 있는 경작권을 이용하고 싶은가?"

"예," 칼데아인이 말했다, "우리가 괴롭힘을 당하지 않는다고 확신할 수만 있다면 그렇게 하고 싶습니다."

19 그가 말했다. "아르메니아의 왕이여, 나에게 말해보시오. 당신은 경작되지 않은 채 남아 있는 당신의 토지를 통상적인 경작자가 지불하는 정도의 소작료를 내고 그들이 경작하기를 원하오?"

아르메니아의 왕은 경작할 토지를 많이 내놓을 의사가 있다고 대답했다. 왜냐하면 이와 같은 식이라면 그의 수입은 크게 증가할 것이기 때문이다.

20 "그러면 칼데아인이여, 나에게 말해보시오," 그가 말했다. "당신들이 훌륭한 산지를 갖고 있는 것을 고려해보건대, 당신들은 아르메니아 목동들이 공정한 대가를 지불한다면 그들에게 가축을 방목하도록 할 의사가 있는가?"

칼데아인은 그렇다고 대답했다. 왜냐하면 그들로서는 노동도 하지 않고 커다란 이익을 얻을 수 있기 때문이다.

그가 말했다. "그러면 아르메니아 왕이여, 칼데아인에게 조금 이익을 얻게 해줌으로써 당신이 더 큰 이익을 얻을 수 있다면, 그들의 방목지를 기꺼이 빌릴 의사가 있소이까?"

"예, 물론입니다," 그가 대답했다. "제가 생각하기에 그곳에서 가축들을 안전하게 방목할 수 있다면 그렇게 하겠습니다."

"음 그러면," 그가 말했다, "저 고지들이 그대의 친구 수중에 있다면 그곳에서 안전하게 방목할 수 있겠소?"

"예, 그렇습니다," 아르메니아 왕이 말했다.

21 그러자 칼데아인이 말했다. "그러나 만일 그들이 고지를 점령하고 있다면 저희는 그들의 땅에서는 물론이고 심지어 저희 땅에서도 안전하게 농사를 지을 수 없을 것입니다."

키루스가 말했다. "그러나 반면에 고지가 당신의 친구 손에 놓여 있다고 가정해보시오."

그들이 대답했다. "그런 경우라면 저희들은 좋습니다."

"그러나," 아르메니아 왕이 말했다, "우리에게는, 특히 지금과 같이 고지가 요새화된 시점에서는, 그들이 다시 고지를 점령한다면 그것은 저희에게 좋지 않습니다."

22 키루스가 말했다. "그것이 바로 내가 말하려는 바이외다. 나는 이 고지를 당신들 중 어느 누구에게도 주지 않고 그곳에 우리의 수비대를 주둔시킬 것이오. 그리고 당신들 둘 중 어느 한쪽이 잘못을 저지르면 나는 피해받은 쪽을 편들어줄 것이오."

23 이 제안을 듣고 그들은 양쪽 모두 이에 동의하면서 오직 이 조건에서만 평화를 효과적으로 유지할 수 있을 것이라고 말했다. 이러한 조건 아래 그들은 서로 우정에 대한 확신을 교환했다. 그리고 그들은 각 부족은 각자 독립적이며, 서로 결혼할 수 있는 권리가 있고, 다른 부족의 영역에서 경작하거나 방목할 권리가 있으며, 또한 제3자가 어느 쪽이든 해를 입히면 방위동맹이 작동한다는 데 동의했다.

24 그때부터 이와 같은 조약이 시작되었다. 그리고 오늘날까지도 칼데아인과 아르메니아 왕 사이에 맺어진 계약은 여전히 효력이 지속되고 있다. 조약이 맺어지자 그들은 양쪽 모두 즉시 그들을 공동으로 보호하는 요새를 건설하는 일을 열심히 하기 시작했으며, 그곳에 식량을 함께 저장했다.

25 저녁이 되자 그는 양쪽 모두에게 여흥을 베풀었으며, 자신의 저녁식사에 초대된 손님들을 친구로 삼았다. 잔치가 진행되는 동안 칼데아인 중 한 사람이 나머지 사람에게 이와 같은 상태가 바람직하지만, 칼데아인 중에는 그동안 약탈로 벌어먹고 살아왔기 때문에 농사를 어떻게 짓는지 모르고 지을 수도 없는 사람들이 얼마간 있다고 말했다. 왜냐하면 그들은 항상 약탈하거나 용병으로만 살아왔기 때문이다. 그들은 종종 인도 왕—그들은 그가 아주 부자이기 때문에 돈

을 잘 지불한다고 말했는데—을 위해 봉사하거나 또는 아스티아게스를 위해 종사했다.

26 키루스가 물었다. "그렇다면 이제 그들은 왜 나를 위해 봉사하려 하지 않소이까? 나는 다른 사람들이 지불한 만큼 지불할 것이외다."

그들은 이 말에 동의하고 지원자들이 많을 것이라고 말했다.

27 이렇게 조건들을 합의했다. 키루스는 칼데아인이 인도 왕에게 자주 원정간다는 말을 듣고, 예전에 한 인도 사신이 왕을 대신해서 메디아를 방문하여 그곳의 상황을 조사했으며 또한 적을 방문하여 적의 상황도 조사했던 일을 기억해내고 인도 왕이 한 일에 대해 알기를 원했다. **28** 따라서 그는 다음과 같이 말하기 시작했다.

"아르메니아의 왕 그리고 그대 칼데아인이여, 나에게 말해보시오. 만일 내가 지금 부하 한 명을 인도 왕에게 보낸다면 당신들은 그에게 길을 안내해주고 그가 인도 왕에게서 내가 원하는 것을 얻어내는 데 협력해줄 사람을 몇 명 함께 보낼 수 있소이까? 나는 이제 당연히 해야 할 때에는 관대한 임금을 지불하고 그럴 만한 자격이 있는 부하들에게 보상을 해서 그들을 명예롭게 해야 하는 위치에 있어야 하는데, 이를 위해 좀더 많은 돈을 원하오. 가능한 한 많은 돈을 확보하려는 이유는 그것이 필요하다고 생각하기 때문이오. 그리고 나는 당신들의 돈은 아껴주고 싶소. 왜냐하면 이제 그대들을 나의 친구로 여기고 있기 때문이오. 그러나 인도 왕이 그럴 의사가 있어서 나에게 헌금을 한다면 기쁠 것이외다.

29 사신이 거기 도착하면—그를 위해 당신들에게 안내와 협조를 부탁하는 바인데—그는 현명하게도 이와 같이 말할 것이오. '인도 왕이시여, 키루스가 저를 당신께 보냈습니다. 그는 좀더 많은 자금이 필요하다고 합니다. 왜냐하면 그는 고향인 페르시아에서 다른 군

대를 더 데려오고 싶어하기 때문입니다(그리고 나는 이것을 기대하기 때문에 이 말은 사실이오). 그러므로 당신이 편리한 만큼 그에게 사람을 보내면, 신의 덕택으로 이 계획이 성공할 때 인도 왕은 당신들이 충고를 잘 해서 이와 같은 호의를 베풀 수 있었다고 생각할 것이오.'

30 이것이 내 특사가 말할 내용이오. 이번엔 당신들이 당신네 사신에게 편리하다고 생각하는 지침을 주겠소? 만일 그에게서 어떤 것을 얻을 수 있다면 우리는 사용가능한 자금이 좀더 풍부하게 될 것이오. 그리고 만일 그렇지 못하다면 우리는 그에게 아무런 감사의 마음도 빚지고 있지 않다는 것과 아마도 그에 관한 한 우리 자신의 이해관계를 위해서만 모든 일을 결정하게 되리라는 것을 알게 될 것입니다."

31 키루스는 이와 같이 말했다. 그리고 그는 인도에 갈 아르메니아와 칼데아인이 그에 대해 모든 사람들이 말하고 듣기를 원하는 대로 말할 것이라고 믿었다. 시간이 되자 연회는 끝났고 그들은 잠자리에 들었다.

III

1 다음 날 키루스는 특사에게 자기가 전날 이야기했던 것에 대해 전권을 위임하여 출발시켰다. 아르메니아의 왕과 칼데아인은 키루스의 일에 협력하기로 결정하고 키루스에 대해 적합하게 말하는 데 가장 능력이 있다고 생각하는 자들을 선발하여 함께 동행시켰다.

그리고 나서 그는 유능한 수비대에게 산악 요새에서 근무케 하고 필요한 물품들을 공급해주었다. 그리고 키악사레스가 가장 수긍할 수 있을 것 같은 메디아인을 그 부대의 지휘자로 남겨두었다. 그 후 그는 자신이 데리고 온 군대와 아르메니아에서 받은 지원부대뿐만 아니라 그것을 다 합친 것보다 더 낫다고 스스로 생각하는 약 4천 명의 칼데아인을 함께 거느리고 출발했다.

2 키루스가 사람들이 살고 있는 곳으로 내려갔을 때 아르메니아인은 아무도 집안에 남아 있지 않았고, 남녀노소를 막론하고 모든 사람이 평화를 회복한 것에 기뻐하면서 각자 값나가는 것은 무엇이든지 들고서 키루스를 만나러 달려왔다. 아르메니아의 왕은 그것을 반대하지 않았다. 왜냐하면 그는 키루스가 모든 사람에게서 존경받는 것을 더욱더 기뻐했기 때문이다. 마지막으로 아르메니아 왕비는 딸들과 어린 아들들을 데리고 예전에 키루스가 받기를 거절했던 돈뿐만 아니라 다른 선물들도 함께 가지고 키루스에게 다가갔다.

3 그것을 보고 키루스가 말했다. "여러분, 나를 대가나 바라면서 좋은 일을 하러 돌아다니는 사람으로 만들지 마시오! 아시겠소, 훌륭한 왕비님. 당신이 가져온 돈을 도로 집으로 가지고 가시오. 그것을 다시 파묻도록 왕에게 주지 마시오. 그 돈으로 당신의 아들이 가능한 한 좋은 장비를 갖추도록 해주고 그에게 군대를 보내시오. 그리고 남은 돈으로는 당신과 당신 남편, 그리고 자녀들을 위해 자신을 좀더 예쁘게 보이도록 치장하고 즐거운 나날을 보낼 수 있도록 해주는 것들을 얻는 데 쓰도록 하시오." 그는 덧붙였다. "그러나 마지막 순간에는 육신을 땅속에 묻는 것만으로도 충분할 것이외다."

4 이와 같이 말하고 그는 그녀 곁을 말을 타고 지나갔다. 아르메니아의 왕은 다른 모든 사람이 그러하듯이 키루스의 곁에서 호위하면서, 키루스야말로 그들에게 은혜를 베푼 자며 용감한 영웅이라고 반복해서 공언했다. 국경을 넘을 때까지 그들은 이와 같은 일을 계속했다. 그리고 이제 국내에는 평화가 찾아옴에 따라, 아르메니아 왕은 키루스에게 딸려 보낼 파견부대의 수를 늘렸다.

5 이와 같이 해서 키루스는 이미 일전에 받은 돈으로 현금을 준비했을 뿐만 아니라, 필요한 경우 동원할 수 있는 잠재적인 자금을 자

신의 행동으로 많이 확보한 채 떠나갔다.

그날 저녁 그는 전방에 진영을 설치했으며, 다음 날 군대와 자금을 키악사레스에게 보냈다. 왜냐하면 예전에 약속한 대로 키악사레스는 거기서 가까운 곳에 있었기 때문이다. 그러나 키루스 자신은 사냥감이 눈에 띌 때마다 티그라네스를 비롯해 페르시아인 중 최고의 사냥꾼들과 함께 사냥을 했으며 즐거워했다.

6 메디아로 돌아온 후, 그는 충분하다고 생각하는 만큼의 돈을 각 중대장들에게 주었다. 그래서 그들은 자기 밑에 있는 수하들 중 자신을 기쁘게 해주었던 사람에게 보상해줄 수 있게 되었다. 그는 각 중대장들이 자신의 부대를 칭찬받을 만한 부대로 만든다면 전체 군대가 양호한 상태를 유지할 수 있으리라 생각했기 때문이다. 그는 자신의 군대를 개선할 수 있다고 여기는 것은 무엇이든지 또 어디에 있든지 보게 되면 항상 그것을 얻었고, 때때로 받을 만한 자격이 있다고 여기는 부대 가운데 골라서 그것을 선물로 나누어주었다. 왜냐하면 그는 아름답고 좋은 것을 자신의 군대가 가지고 있다면 그 모든 것이 자기 자신에 대한 치장이라고 생각했기 때문이다.

7 그가 받았던 몫을 배분하려고 했을 때 그는 중대장들, 소대장들, 그리고 그가 보상해주려는 사람들 가운데 서서 이 보상의 효과에 대해 이렇게 말했다. "나의 친구 여러분, 이제 우리 마음속에는 일종의 기쁨이 있소. 왜냐하면 얼마간의 번영이 우리에게 다가와 있으며, 보상해주고 싶은 자를 보상하고 자신의 능력에 따라 보상받을 수 있는 수단이 이제 우리에게 있기 때문이오. 8 그러나 이러한 은총이 어떤 종류의 행동에서 기인하는지 여러분은 분명히 명심해야 하오. 여러분이 잘 숙고해보면, 이것은 어려운 상황에 처했을 때 주의를 기울이면서 힘겨운 일을 겪고, 적절하게 서두르며 적에게 결코 항복하지 않는 데서 생긴다는 것을 발견할 것이오. 따라서 우리는 앞으로 용감한

사람이 되어야만 하오. 그리고 복종, 불굴의 투지, 중요한 시점에 수고와 인내를 참아내는 노력들이 큰 기쁨과 커다란 은총을 가져온다는 사실을 잘 알아야 하오."

9 키루스는 이제 병사들이 군복무의 어려움을 견뎌낼 수 있을 정도로 양호한 육체적 조건을 갖추고 있다는 것을 알았다. 또한 그는 병사들이 각자 자신의 무기에 적응하는 훈련을 통해 무예가 뛰어나며, 그들 모두가 장교의 말에 복종하도록 잘 훈련되어 있다는 것을 알았다. 따라서 그는 당장 적에 대항하여 어떤 움직임을 취하기를 간절히 원했다. 왜냐하면 종종 그는 장군들이 계획을 가장 잘 준비했음에도 그것을 지연시킴으로써 아무 소용없게 만드는 것을 보았기 때문이다.

10 더욱이 그는 병사들이 서로 경쟁하는 훈련에 지나칠 정도로 열심이어서 상당수의 병사들이 심지어 서로 질투하는 것을 목격했다. 이 이유 때문에라도 그는 병사들을 가능한 한 빨리 적의 영토로 끌고 들어가기를 원했다. 그는 공동의 위험에 처했을 때에는 병사들이 동료에게 서로 친절하게 대하고, 무기로 치장한 사람이나 영예를 쫓는 사람들에게 질투심을 전혀 보이지 않는다는 것을 알았기 때문이다. 또한 공동의 위험에 부딪쳤을 때 병사들은 자신의 동료를 공동의 이익을 추구하는 협력자로 인식하고 더욱 그를 칭찬하고 사랑하게 된다.

11 따라서 그는 먼저 병사들을 완전히 무장시키고 가능한 한 최고의 모습으로 그리고 당당한 모습으로 정렬시켰다. 그는 장군들, 연대장들, 중대장들, 그리고 소대장들을 함께 불러모았다. 이들은 통상적인 전투대형에서는 등록되어 있지 않았기 때문이었다. 심지어 그들 중 어느 누구라도 총사령관에게 보고하거나 어떤 명령을 전달하기 위해 자리를 비워야 하더라도, 군대의 어느 부분도 지휘하는 장교가

없는 상태로 놔두지 않도록 지시했다. 왜냐하면 상사나 하사들도 상급 장교가 없을 때 부대를 적절하게 유지할 수 있기 때문이다.

12 참모들[6)]이 함께 왔을 때 그는 서열에 따라 그들을 지휘했으며, 그들에게 모든 것이 얼마나 잘 정돈되어 있는지 보여주었고, 보조부대로 온 각 파견대들의 특별한 장점들을 알려주었다. 그들에게 즉각적으로 행동하고 싶은 열망을 가득 채워준 후, 그는 그들에게 각자의 부대로 돌아가서 자신이 말한 바를 병사들에게 전해주고 그들 모두의 전투를 시작하고 싶은 충동을 자극하도록 노력하라고 명령했다. 그는 병사들 모두가 최상으로 사기가 진작된 상태에서 전투를 시작하기를 원했기 때문이다. 그들은 아침 일찍 키악사레스 진영의 문 앞에서 그를 만나기로 했다. 13 그들은 모두 자기 부대로 돌아가서 그 일을 진행했다. 다음 날 여명이 밝자 참모들은 키악사레스 진영의 문에 나타났다. 그러자 키루스는 그들과 함께 키악사레스에게 가서 다음과 같이 말했다.

"키악사레스여, 저는 당신이 제가 지금 제시하려는 제안에 관해서 저희 못지않게 오랫동안 생각해왔을 것이라고 확신합니다. 그러나 아마도 당신은 우리 부대를 지원해주느라 당혹해하고 있으며, 우리가 원정에 관해 이야기하는 것을 두려워하기 때문에 이 주제에 대해 말 꺼내기가 망설여질지도 모릅니다. 14 당신이 아무런 말도 안 하기 때문에 저는 당신과 우리 모두를 위해 말해야겠습니다. 우리는 준비가 매우 잘 되어 있기 때문에 여기 가만히 앉아서 적이 당신의 영토를 침범할 때까지 기다리다가 전투하는 것보다, 가능한 한 빨리 적의 영토로 진격해가는 것이 최상이라는 데 동의했습니다. 15 지금까지

---

6) 그리스어로 '참모들'(οἱ ἐπικύριοι)이란 글자 그대로 "가장 적절하고" "가장 중요하며" "주요한" 장교들이다. 그 단어는 군인이든 민간인이든 간에 권위 있는 자들 모두에게 적용할 수 있지만, 여기서는 계속해서 '참모'로 번역할 것이다.

당신 나라에 있는 동안, 우리는 우리 의사와는 반대로 당신 나라 사람들의 재산을 축내고 있었습니다. 그러나 우리가 적의 영토로 쳐들어간다면 우리의 본심대로 적에게해를 끼칠 수 있을 것입니다.

16 둘째로, 당신은 지금 큰 비용을 지불해가면서 우리를 후원해주고 있습니다. 그런 반면 전투를 하게 되면 적에게서 우리의 보급품을 얻을 수 있을 것입니다. **17** 여기 있을 때보다 그곳에서 더 큰 위험에 처한다면, 아마도 우리는 좀더 안전한 길을 택해야만 할 것입니다. 그러나 우리가 여기서 적을 기다리든지 그들의 영토로 쳐들어가서 그들과 마주하든지 간에 적의 수는 마찬가지일 것입니다. 또한 적들이 여기로 와서 우리가 이에 맞서 싸우든지 또는 우리가 거기로 가서 적들과 전투를 벌이든지 간에 전투에 임하는 우리의 수는 분명 같을 것입니다. **18** 그러나 우리가 공격형태를 취하며 적과 마주하기를 꺼려하지 않는다는 것을 보여주면, 우리 병사들의 용맹이 더욱 커지고 강해질 것입니다. 그리고 적들은 우리가 그들을 두려워하여 집에서 웅크리고 있지 않고, 그들이 다가오고 있다는 소리를 듣고 가능한 한 빨리 전투를 하기 위해 전진하며, 우리 땅이 침탈당할 때까지 기다리지 않고 주도권을 잡아 적의 땅을 유린한다는 이야기를 들으면 더욱 우리를 두려워할 것입니다." **19** 그는 덧붙였다. "만일 우리가 적을 더욱 두려워하게 만들고 우리 자신을 좀더 용기 있게 만든다면 그것은 분명 우리에게 커다란 이익이 될 것이며, 제가 계산한 바로는, 이와 같은 상황에서는 우리의 위험은 줄어들고 적의 위험은 증가할 것입니다. 저의 아버지께서 항상 말씀하셨고, 당신도 말씀하셨으며, 또한 모든 사람이 동의하는 바와 같이, 전투는 병사들의 육체적 힘이 아니라 정신으로 결정됩니다."

20 그는 이와 같이 말했다. 키악사레스가 대답했다. "키루스와 나머지 페르시아인이여, 그대들은 내가 그대들을 후원하는 것에 대해

당혹해하고 있다고 상상하지 마라. 그러나 당장 적의 영토를 공격하는 것에 관해서는, 나 역시 모든 관점에서 생각해볼 때 좋은 계획이라고 생각한다."

키루스가 말했다. "그러면 동의하셨으므로 저희는 준비를 하겠습니다. 그리고 신의 계시가 주어지자마자 조금도 지체함이 없이 진격할 수 있도록 허락해주십시오."

21 그들은 병사들에게 적의 진영을 공격할 준비를 하라고 말했다. 그리고 키루스는 먼저 제우스 신에게 제사를 지내고 그다음 나머지 신에게도 제사를 지냈다. 그는 부하들이 명예롭고 활기차게 군대를 이끌어주고, 공공선을 지키기 위한 강력한 수호자, 조력자 그리고 조언자가 되어주기를 신에게 간절히 기원했다. **22** 그들은 또한 메디아의 수호자인 영웅들의 혼을 불러 호소했다.

제사를 지낸 후 신의 계시가 호의적이라는 대답을 얻었을 때, 그의 군대는 전선에 모두 모여 길조를 등에 업고 적의 영토를 향해 국경선을 가로질러 갔다. 그들이 경계선을 넘어서자마자, 그곳에서 다시 헌주(獻酒)를 올리고 대지의 신을 달래기 위한 제사를 지냈으며 또한 아시리아에 살고 있는 신들과 영웅들의 가호를 받기 위한 제사도 지냈다. 이와 같이 하고 난 후 키루스는 다시 그의 조상신인 제우스 신에게 제사를 지냈다. 그가 받드는 신들 중 그가 소홀히 한 신은 하나도 없었다.

23 이와 같은 의식을 치른 후 그들은 즉시 보병부대를 가까운 거리로 이동시키고 진영을 구축했다. 다른 한편 기병부대에게 공격을 감행하게 하여 여러 종류의 노획품을 많이 얻어냈다. 그들은 때때로 진영을 옮기고, 보급품을 충분히 공급받도록 하며, 적의 접근을 기다리면서 그 지역을 휩쓸고 다녔다.

24 적들이 채 10일도 걸리지 않는 가까운 거리까지 진격해왔다는

소문을 듣고 키루스는 다음과 같이 말했다. "키악사레스여, 이제 상대방과 마주하여 적이든 아군이든 누구든지 간에 두려움 때문에 싸우지 못하는 것은 상상할 수 없는 때가 되었습니다. 그러나 우리가 자신의 의지에 반해서 싸우지는 않을 것이라는 점은 분명합니다."

25 키악사레스가 이에 동의하자 그들은 매일 적당한 거리만큼 전투대형을 유지하면서 진격해갔다. 그들은 항상 해가 있는 동안에 저녁식사를 준비했고 밤에는 결코 진영 안에 불빛이 보이지 않도록 했다. 그러나 누군가 어둠 속에서 다가온다면 자신은 보이지 않은 채 불빛을 통해 그를 볼 수 있도록 진영 앞에 불을 피워놓았다. 또한 그들은 종종 적을 속이려는 목적으로 진영 후방에도 불을 피워놓았다. 그래서 가끔 적의 정찰병들이 경계병에게 붙잡혔다. 왜냐하면 불을 뒤쪽에 피워놓아서 그들이 적진에서 멀리 떨어져 있다고 생각하게 만들었기 때문이다.

26 양쪽 군대가 서로 근접하게 되었을 때, 아시리아인과 그 동맹군은 진지 주변에 도랑을 파놓았다. 심지어 오늘날까지도 이것은 야만족 왕들이 진지를 구축할 때마다 사용하는 방법이다. 휘하에 부릴 수 있는 병사가 많이 있었기 때문에 그들은 그와 같은 참호를 쉽게 급조할 수 있었다. 그들은 자기네 기병부대(특히 야만족 기병부대)가 밤에는 혼란에 빠지기 쉬우며 관리하기 힘들다는 것을 알았기 때문에 이와 같은 주의를 기울였다. **27** 말이 여물통에 빠져 다리를 절뚝거리지 못하게 하기 위해, 또 적이 공격해올 때 어둠 속에서 말을 풀어 안장을 얹고 그 위에 올라타 갑옷을 입기가 어려우며, 또한 진지를 가로질러 말을 달리기가 거의 불가능하기 때문에 말의 두 다리를 여물통에 묶어두었다. 이 모든 이유뿐만 아니라 또 다른 이유, 즉 요새 뒤에 숨을 수 있다면 싸우기 적절한 시간을 택할 수 있는 유리한 위치를 점할 수 있기 때문에 아시리아인과 나머지 야만족은 흉벽

(breastworks)[7]을 쌓았다.

28 이와 같은 전술을 사용하면서 양쪽 군대는 서로 접근했다. 그러나 그들이 단지 1파라상 정도의 거리를 두고 마주하게 되었을 때 아시리아인은 도랑으로 둘러쌓여 있지만 시야가 탁 트인 장소에 진지를 구축했다. 반면 키루스는 언덕과 마을 뒤쪽에 은폐된 상태로 가능한 한 눈에 띄지 않는 장소에 진지를 구축했다. 왜냐하면 그는 전쟁에 사용되는 모든 장비가 숨겨져 있다가 갑자기 시야에 드러나게 되면 적에게 좀더 큰 공포를 심어줄 것이라고 생각했기 때문이다. 그날 밤 자리를 잡은 양쪽 진영은 적절하게 경계병들을 보초로 세우고 휴식을 취했다.

29 다음 날 아시리아 왕과 크로이소스, 그리고 다른 사령관들은 군대를 참호에서 쉬게 했다. 그러나 키루스와 키악사레스는 적이 진격해오면 싸울 수 있도록 만반의 준비를 한 채 병사들을 전투대형으로 기다리게 했다. 그러나 적들이 흉벽 뒤에 숨어서 나오지 않고 그날 전투를 안 하려는 것이 명백해지자 키악사레스는 키루스와 다른 참모들을 불러서 다음과 같이 연설했다. **30** "여러분, 나는 지금과 같이 정렬한 상태로 적의 흉벽까지 행군해가서 적에게 우리가 싸우고 싶어 안달하고 있다는 것을 보여주자고 제안하오. 왜냐하면 우리가 그와 같이 했는데도 적이 우리와 싸우러 나오지 않는다면 우리 군대는 더 용기 백배하여 우리 진지로 되돌아올 것이며, 반면에 적들은 사기 충천한 우리를 보고 더욱 두려움에 떨게 될 것이기 때문이오."

31 그는 이와 같이 제안했다. 그러나 키루스가 말했다. "키악사레스, 제우스 신에 맹세코, 그것은 안 됩니다. 우리는 결코 그렇게 해서는 안 됩니다! 당신이 말씀하신 대로 우리가 행군해가서 우리 자신을

---

7) 급히 만든 임시 벽으로 가슴 높이까지 흙을 쌓은 방벽을 말한다.

그들에게 보여준다면, 적은 우리가 행군해오는 것을 보고 아무런 두려움도 안 느낄 것입니다. 왜냐하면 그들은 어떤 손실도 없이 안전한 상태를 유지하고 있다는 것을 알고 있기 때문입니다. 더욱이 우리가 아무 소득 없이 되돌아가면 그들은 우리 병사들의 수가 그들보다 적다는 것을 알고서 우리를 무시할 것입니다. 그들은 내일이면 더욱 당당하게 가슴을 펴고 밖으로 나올 것입니다." **32** 그는 계속해서 말했다. "그러나 사태가 지금과 같다면, 즉 그들이 우리가 여기에 있는 것은 알지만 우리를 보지 못한다면 그들이 우리를 무시하지 못하고 이것이 도대체 무엇을 의미하는지 몹시 알고 싶어할 것이라고 확신합니다. 저는 그들이 항상 우리에 대해 말하고 있다고 생각합니다. 그들이 밖으로 나올 때 우리는 비로소 모습을 드러내야 하며, 적과 마주할 때에는 우리가 오래전부터 그들과 대치하고 싶었던 장소에서 즉시 백병전으로 싸워야 합니다."

33 키루스가 이와 같이 말을 하자 키악사레스와 나머지 사람은 그의 말에 동의했다. 그들은 저녁식사를 마치고 난 후 보초를 세우고 전초기지 앞에 불을 피운 다음 잠자리에 들었다.

34 다음 날 아침 일찍 키루스는 왕관을 쓰고 화려하게 옷을 차려입고서 제사 지낼 준비를 했다. 그리고 나머지 동료 귀족에게 머리에 화관(chaplet)을 쓰고 그 행사에 참석하라는 전갈을 보냈다. 제사가 끝나자 키루스는 그들을 불러모아 말했다. "여러분, 예언자들이 말하고 내가 해석한 바로는, 신들은 곧 전쟁이 있을 것이라고 말했소. 또한 제사를 지낼 때 여러 예시를 통해 신들은 우리가 승리할 것이며 우리에게 아무 손실도 없을 것이라고 약속했소이다. **35** 이제 내가 여러분에게 지금과 같은 상황에서 어떻게 행동해야 하는지를 더 이상 제안한다면 그것은 수치스러운 일일 것이오. 왜냐하면 나는 여러분이 여태껏 자신이 해야 할 일을 수행해왔고 어떻게 행동해야 하는지

를 계속 듣고 있어서, 심지어 다른 사람을 가르칠 자격도 갖추었다는 것을 알고 있기 때문이오. 그러나 이와 다른 일이 여러분의 주의를 끌지 않았다면 내 이야기를 들어보도록 하오.

36 우리는 최근 우리의 동지로 받아들여졌으며 우리처럼 되고 싶어하는 사람들[8]에게 우리가 어떠한 조건에서 키악사레스에 의해 유지되며, 우리가 무엇 때문에 훈련을 받아왔는지, 왜 우리가 그들을 우리 군대에 합류시켰는지, 그리고 무엇 때문에 그들이 즐거이 우리의 경쟁자가 되었는지를 상기시켜주어야 하오. 37 또한 그들에게 오늘 우리 각자가 얼마나 가치 있는 존재인지 증명될 것이라는 점을 상기시켜주어야 하오. 어떤 것을 배울 때 늦게 터득하는 사람에게는 실제로 감독이 필요하다는 것은 놀라운 일이 아니기 때문이오. 그리고 우리는 그들이 하나의 제안으로 도움 받아 자신의 용감함을 보여줄 수 있다면 그에 만족할 것이오. 38 이와 동시에 여러분은 이런 일을 함으로써 자기 자신을 또한 증명하게 될 것이오. 왜냐하면 이와 같이 다른 사람들을 더욱 용감하게 만드는 사람은 자연스럽게 자기 자신이 완전히 용감한 사람이라는 사실을 인식하게 되고, 다른 한편 자기 자신에게만 그와 같은 행동에 대한 충고를 받아들이고 그것에 만족해하는 사람은 자기 자신을 단지 반만 용감하다고 여길 것이기 때문이오. 39 내가 그들에게 말하지 않고 여러분이 그들에게 말하게 하는 이유는 그 말을 전해 듣고 그들이 여러분을 기쁘게 만들도록 노력할 것이기 때문이오. 여러분은 그들과 직접 동고동락하고 있으며 그들은 여러분의 부대에 속해 있소. 그리고 이 점을 기억하시오. 만일 여러분이 용감하다는 사실이 그들의 눈에 비춰지면, 그것은 여러분이 동료를 가르치는 것일 뿐만 아니라 단지 준칙으로써만이 아닌

---

8) 이 사람들은 평민을 가리킨다―옮긴이.

하나의 실례로 용감하게 되는 것을 다른 많은 사람들에게 가르쳐주게 될 것이오." **40** 끝으로 그는 그들에게 화관을 쓰고 가서 식사하도록 했으며, 헌주를 부어주고는 화관을 쓴 채로 자신의 자리에 가도록 했다.

그들이 돌아가자 그는 후방경계를 담당하는 장교들을 불러 다음과 같은 지침을 전해주었다. **41** "페르시아인이여, 그대들 역시 동료 귀족들 사이에 자리하고 있소. 지금까지 지켜본 바로는 당신들은 모든 점에서 가장 용감한 자와 동일하고 나이 덕택에 그들보다 더욱 분별력이 있다고 여기오. 선봉에 서서 싸우는 사람보다 당신들이 결코 덜 명예로운 위치를 차지하고 있는 것이 아니오. 왜냐하면 당신들은 후미에서 용감한 사람들을 관찰할 수 있으며, 그들에게 충고하여 더욱 용감하게 만들 수 있기 때문이오. 그리고 만일 도망치려는 자가 있다면, 또 여러분이 그것을 본다면 그자를 감시하여 결코 용납해서는 안 되오. **42** 여러분의 오랜 경륜과 무겁게 무장한 덕택에 우리가 승리한다면, 그것은 다른 어느 누구보다도 여러분 자신들에게 더 이익이 될 것이오. 만일 선봉에 선 사람들이 여러분을 불러서 자기의 뒤를 따르라고 명령한다면 그들에게 복종하여 그 점에서도 그들 못지않다는 것을 보여주시오. 그리고 그들이 더욱 빨리 진격해갈 수 있도록 격려를 해주시오. 이제 가서 점심을 먹은 후 머리에 화관을 쓰고 다른 사람과 함께 부대로 돌아가시오."

43 키루스와 그의 부하들은 이와 같이 몰두했다. 그들이 점심식사를 했을 때 아시리아인은 대담하게도 밖으로 나와 용기있게 대열을 정비했다. 아시리아 왕은 전차들의 호위를 받으면서 혼자 말을 타고 있었다. 그는 대열을 정렬시키고 다음과 같이 자신의 병사들에게 훈계했다. **44** "아시리아인이여, 이제 너희들이 용감한 사람이라는 것을 보여줄 때가 되었다. 왜냐하면 지금 임박한 전쟁은 너희 생

명과 너희들이 태어난 조국, 너희들이 자라온 고향, 너희들의 부인과 자식, 그리고 너희들이 지금까지 향유해온 모든 은총을 위한 싸움이다. 너희들이 승리한다면 예전과 마찬가지로 모든 것을 소유할 수 있지만, 패한다면 모든 것을 적에게 넘겨주어야만 한다는 점을 명심해라. **45** 그러므로 승리를 원한다면 일어서 싸워라. 전투에서 승리하기를 원하는 사람이 등을 돌려 도망치고, 눈과 손 그리고 무기가 없는 뒷모습을 적에게 보이는 것은 어리석은 일이다. 살기를 원하는 사람이 오직 승자만 자신의 목숨을 구할 수 있다는 사실을 알면서도 도망가려는 것은 바보 같은 짓이다. 반면에 도망가려는 사람은 자신이 있는 곳에 서 있는 것이 싸우는 사람보다 죽음을 맞이하기가 더욱 쉬울 것이다. 만약 너희들이 부를 얻기 원한다면 패배에 굴복하는 것은 어리석은 일이다. 승자는 자신의 재산을 지킬 뿐만 아니라 이에 덧붙여 패자의 재산도 얻을 수 있는 반면, 패자는 자신의 것과 자신이 얻을 수 있는 모든 것을 던져버린다는 사실을 누가 모르겠는가?"

46 아시리아인은 이와 같이 준비하고 있었다. 키악사레스는 키루스에게 사람을 보내 이제 적을 향해 진격할 때라고 말했다. "지금 요새 밖에 있는 자들은 예전처럼 그 수가 얼마 되지 않지만 우리가 전진해가는 동안 그들의 수는 많이 불어날 것이다. 그러므로 우리는 그들의 수가 우리보다 많아질 때까지 기다리지 말고, 쉽게 적들을 무찌를 수 있다고 생각할 때 싸우러 가자."

47 키루스가 대답했다. "키악사레스여, 그러나 만일 우리가 무찌른 적군이 반을 넘지 않는다면 그들은 우리가 적의 주력부대를 두려워한 나머지 소수의 병력만을 공격했다고 말할 것이며, 그들은 패배하지 않았다고 주장할 것이라는 점을 알아야 합니다. 그 결과 당신은 분명 또 다른 전투가 필요하다는 것을 깨닫게 될 것입니다. 그때 저들은 아마도 우리가 원하는 수만큼의 적과 싸우면서 적의 요새를 우

리 마음대로 공격할 수 있는 것보다 더 좋은 계획을 세울 것입니다."

48 전령들은 이 대답을 듣고 가버렸다. 그리고 이때 페르시아인인 크리산타스와 다른 동료들이 적의 도망병들과 함께 나타났다. 물론 키루스는 도망병들에게 적진은 어떻게 되어가고 있냐고 물었다. 그들은 적이 이미 무장을 갖추고 나왔으며 적의 왕은 군대를 정렬시키고 병사들이 줄을 이어 밖으로 나올 때 여러 가지 훈계의 말을 해주고 있다고 말했다. 그들은 왕의 말을 들은 사람이 이와 같이 보고했다고 말했다.

49 그러자 크리산타스가 물었다. "키루스, 당신이 부대원을 함께 모으는 것도 역시 그렇게 하려고 하기 때문이 아닌가요? 당신도 우리 병사들을 더 좋은 군인으로 만들고 싶다면 그들을 훈계해야 할 것입니다."

50 "크리산타스, 아시리아 왕의 격려를 조금도 걱정하지 말라." 키루스가 말했다. "왜냐하면 듣는 자가 이미 선한 사람이 아니라면 어떠한 훈계의 말도 그들을 당장 선한 사람으로 만들 수 있을 정도로 훌륭할 수는 없다. 궁수가 예전에 사냥을 충분히 연습하지 않았다면 분명히 좋은 궁수가 될 수 없다. 창병도 마찬가지로 연습 없이 좋은 창병이 될 수 없으며 기병도 마찬가지다. 더욱이 사람은 예전에 그 일에 잘 훈련되어 있지 않다면 육체적인 고단함을 견뎌낼 수 없다."

51 크리산타스가 대답했다. "키루스, 그러나 당신의 충고로 병사들의 기개가 더 드높아질 수 있다면 진정 그것으로도 충분합니다."

키루스가 화답했다. "너는 사람들이 한 마디 말을 듣고 즉시 자신의 정신을 명예심으로 가득 채울 수 있다고 진정 생각하느냐? 또는 그 한 마디 말이 사람에게 잘못일지도 모르는 행동을 삼가도록 하며, 칭찬을 받기 위해 모든 수고와 위험을 견뎌내야 한다고 확신할 것이라고 생각하느냐? 그 한 마디 말이 사람들에게 도망가서 목숨을 구하는 것보다 전쟁에서 죽는 것이 더 낫다는 생각이 자신의 마음속에서 지워지지 않도록 감동을 줄 수 있겠느냐?" **52** 그는 계속해서 말했다. "만일 그와 같은 감정이 사람의 마음속에 각인되어 지속된다면, 좋은 사람에게는 자유롭고 명예로운 삶을 제공해주고 나쁜 사람에게는 더 이상 살 가치가 없는 수치심과 비참한 생을 전가해주는 법률이 굳이 존재할 필요가 있겠느냐?

53 내가 생각하기에는, 법에 덧붙여 스승과 교관이 있어서 그들을 올바른 길로 인도하고, 그들을 가르치고 배운 대로 하도록 익숙하게 하여, 선하고 명예로운 사람을 진정으로 가장 행복한 사람으로 여기고, 악하고 평판이 나쁜 사람을 사람들 중에서 가장 사악한 사람으로 보는 것이 그들의 본성의 일부가 되도록 해야 한다. 왜냐하면 그와 같은 것은 적의 면전에 섰을 때 두려움을 극복하고 훈련이 가져오는 승리를 보여주려는 사람이 가지는 감정이어야 한다. **54** 그러나 만일 병사들이 무장을 하고 전투에 막 뛰어들려고 할 때 또는 사람들이 심지어 과거에 가끔 배운 것을 모두 잊어버렸을 때 유창한 웅변을 통해 그들을 호전적으로 만들 수 있다면, 그것은 세상에서 가장 위대한 덕을 배우고 가르치는 방법으로는 하늘 아래 제일 쉬운 일이 될 것이라고 생각한다. **55** 왜냐하면 우리가 우리들 사이에서 함께 지내고 훈련시켰던 사람들조차 우리가 그렇게 되었으면 하고 바라는 사람들의 전형이 무엇인지 잊어버릴 경우, 나는 그들이 신념이 확고한 자라고 믿을 수 없으며, 만일 자네가 없다면 그들을 그렇게 되도록 재촉할 수 없을 것이다. 그러나 크리산타스, 누군가 노래를 잘 불러주는 것이 음악에 전혀 훈련되어 있지 않은 사람들을 음악에서 높은 수준을 성취하는 데 도와주는 것 이상으로, 누군가 연설을 잘 함으로써 전혀 훈련이 안 된 사람을 남자답게 행동하는 데 탁월해지도록 도와준다면 나는 매우 놀랄 것이다."

56 그들은 이와 같이 대화를 나누었다. 그리고 키악사레스는 다시 키루스에게 사람을 보내 말하기를, 그가 가능한 한 빨리 적과 맞서 진격하는 대신 지체하고 있는 것은 심각한 잘못을 저지르는 행위라고 했다. 그러자 키루스가 전령에게 대답했다. "음, 그러나 나는 우리가 바라는 만큼의 많은 적이 아직 흉벽 밖으로 나오지 않았다는 사실을 그가 알았으면 좋겠다. 그리고 이 말을 모든 사람이 있을 때 그에게 전하도록 하거라. 그럼에도 그가 지금이 최선의 시기라고 생각한다면 나는 당장 군대를 진격시킬 것이다."

57 그는 이렇게 말하고 신에게 기도를 올린 후 군대를 이끌고 나갔다. 그는 나가자마자 두 배나 빠른 속도로 진격해갔으며 병사들은 질서 있게 그를 따라갔다. 왜냐하면 그들은 줄을 지어 행진하는 것을 잘 이해하고 있었으며 그렇게 연습해왔기 때문이다. 더욱이 그들은 용감하게 따라갔다. 그들은 서로 경쟁의식을 몹시 느끼고 있었으며 그들의 육체는 완전히 훈련되어 있었고 맨 앞줄에는 모두 장교들이 진두에 섰기 때문이다. 그들은 영리한 사람들이었기에 즐겁게 따라갔다. 왜냐하면 오랜 지침을 통해 적과—특히 그들이 궁수, 창병, 기병으로 이루어졌을 경우—백병전으로 대결하는 것이 가장 쉽고 안전하다고 확신하고 있었기 때문이다.

58 그들이 여전히 상대방의 힘이 미치지 않는 지역에 머물러 있는 동안 키루스는 '우리를 도와주고 안내해주는 제우스 신'이라는 구호를 전달했다. 그 구호가 한 바퀴 돌아서 자기에게 다시 돌아왔을 때 키루스는 손수 자주 부르는 찬가를 선창하기 시작했다. 그들은 모두 헌신적으로 크게 소리내어 노래를 불렀다. 그와 같은 의식을 행하는 이유는 신에 대한 두려움이 사람에 대한 두려움을 좀더 적게 만들기 때문이다. **59** 신에 대한 찬가가 끝나자 동료들은 활기차게 행진했다. 그들은 잘 훈련된 채 서로 바라보고, 옆에 있거나 뒤에 있는 동

료들에게 그들의 이름을 부르면서 종종 "오, 나의 친구" "오, 용감한 친구"라고 말을 건넸다. 이와 같이 그들은 자신의 임무에 대하여 서로를 격려했다. 그들이 하는 말을 듣고 뒤에 있던 사람들이 이번에는 앞에 있는 사람들을 즐겁게 해주어 그들이 용감하게 앞으로 진격해갈 수 있도록 했다. 그래서 키루스의 군대는 열의, 야망, 강인함, 용기, 권고, 자기 조절, 복종심 등으로 충만했다. 내가 생각하기에, 이것은 적이 마주쳐야 하는 것들 중에서 가장 가공할 만큼 무서운 것이었다.

60 페르시아군의 주력부대가 가까이 당도하자, 전차에서 내려와 앞에서 싸우던 아시리아 병사들은 다시 전차에 올라타고 점차 그들의 주력부대가 있는 곳으로 물러섰다. 반면에 아시리아의 궁수, 창병, 투석수 들은 각자 자신의 화살과 창, 그리고 돌을 던졌다. 하지만 그것은 상대방에 닿기에는 너무 먼 곳으로 떨어졌다. **61** 페르시아군이 진격하여 그 빗나간 무기들을 밟고 지나갈 때 키루스는 소리쳤다. "용감한 우리 군사들이여, 이제 각자 적을 압박해서 자신의 능력을 과시해라. 그리고 다른 사람들에게 더 빨리 진격하라는 말을 전하라." 그러자 그들은 그 말을 전달했다. 적과 가까이 마주하려는 열성, 용기, 열의와 같은 충동 때문에 혹자는 뛰기 시작했고 전체 밀집창병은 뛰면서 그 뒤를 따랐다. **62** 심지어 키루스조차 걸어서 진격해야 한다는 사실을 잊은 채 뛰면서 그들을 이끌었다. 그는 달려가면서 소리쳤다. "누가 나를 따를 것인가? 누가 용감한 자인가? 누가 먼저 적을 쓰러뜨릴 것인가?"

그 말을 들은 사람들은 같은 말로 소리쳤다. 그 외침은 전 진영을 돌아 그가 시작했던 곳으로 다시 전해졌다. "누가 나를 따를 것인가? 누가 용감한 자인가?"

63 페르시아인들은 이와 같은 정신으로 달려가서 적과 조우했다.

적은 더 이상 그 위치에 서 있을 수 없어서 뒤돌아서서 참호로 도망갔다. **64** 페르시아군은 적군을 쫓아 그들의 진문이 있는 곳까지 다가갔다. 그들은 서로 밀고 당기면서 많은 수의 적을 베었다. 또한 그들은 적의 전차 일부가 도망가다 해자에 떨어진 것을 보고 거기에 빠진 사람들에게 달려 내려가 사람과 말을 모두 살해했다. 몇몇의 전차는 도망가다가 해자에 빠져들지 않을 수 없었기 때문이다. **65** 메디아 기병들 역시 이 광경을 보고 적의 기병부대를 덮쳤다. 그러자 적의 기병부대는 나머지 다른 병사들처럼 도망쳤다. 이어 말과 사람들을 추격했으며 그들을 모두 살해했다.

66 요새 안쪽에 있는 흙벽의 누각 위에 서 있던 아시리아 병사들은 자기 동료들을 죽이는 적에게 활을 쏘거나 창을 던질 마음이 생기지 않았으며, 그 놀라운 광경과 공황과 같은 두려움 때문에 그렇게 할 만한 힘도 없었다. 이윽고 그들은 페르시아 병사 중 일부가 제방에 있는 문으로 쳐들어온 것을 발견하고서 심지어 흙벽 내부에 있는 누각인데도 도망치고 말았다. **67** 아시리아의 여인들과 동맹군들은 심지어 자기네 진지 안에서도 도망가는 사람을 보자 비명을 질러댔고, 자식과 젊은 여자를 둔 사람들은 겁에 질려 달려갔다. 그들은 옷을 찢고 뺨을 쥐어뜯으면서 만나는 사람 모두에게 도망가지 말고 그곳에 남아서 그들 자신과 자식, 그리고 자기들 모두를 지켜달라고 애걸했다.

68 심지어 왕들도 자신이 가장 믿는 수하들과 함께 문 앞에 서거나 망루에 올라가 직접 싸우면서 나머지 병사들에게도 계속 싸우라고 독려했다.

69 그러나 키루스는 지금 어떤 일이 벌어지고 있는지 깨닫고서, 자신의 병사들이 힘차게 적 진영으로 들어갔지만 많은 수의 적에게 둘러싸이지 않을까 두려워했다. 왜냐하면 아군 병사는 단지 소수에 불

과했기 때문이다. 그래서 그는 적이 그들을 공격할 수 없는 거리까지 적과 교전하면서 퇴각하라는 명령을 내렸다.

70 이 퇴각장면은 가장 이상적으로 훈련된 귀족군대나 보여줄 수 있는 모습이었다. 그들은 즉시 명령에 복종했으며 나머지 병사들에게도 퇴각하라는 말을 전달했기 때문이다. 그들은 적의 손이 미치지 않는 곳에 도달하자, 자신이 서 있어야 하는 지점을 합창단보다도 더 정확하게 알고 있었기 때문에 각자 정상적인 위치에 멈추어 섰다.

제4권 아시리아군의 첫 번째와 두 번째 진지 점령

I

1 키루스는 자신의 군대와 더불어 그곳에서 잠시 머물렀다. 그는 만일 누구든지 적이 밖으로 나온다면 그와 전투할 준비가 되어 있다는 것을 보여주었다. 그러나 아무도 그와 싸우기 위해 밖으로 나오지 않자 그는 적당하다고 생각되는 거리만큼 뒤로 물러서 진을 쳤다. 그는 초소를 정하고 정찰병을 보낸 후 병사들을 불러모아 한가운데 자리 잡고 다음과 같이 연설했다.

2 "페르시아의 동료 시민 여러분, 무엇보다도 나는 내 모든 영혼을 다 바쳐 신을 칭찬하고 싶소. 그리고 여러분 모두를 칭찬해야 한다고 믿소. 왜냐하면 우리는 승리를 거두었을 뿐만 아니라 우리의 생명을 구했기 때문이오. 따라서 우리는 신에게 우리가 가진 것은 무엇이든지 감사의 표시로 바쳐야만 하오. 그리고 나는 이제 여기서 하나의 몸이 된 여러분을 칭찬하려고 하오. 여러분은 모두 이 영광스러운 일을 성취하는 데 크게 공헌했소. 그러나 여러분 개개인의 공과에 관해서는 각각 자격이 있다는 것을 증명해주는 적절한 근거를 찾아 그것을 확신할 수 있을 때, 여러분 모두에게 말과 행동을 통해 적절한 보

상을 해주도록 노력할 것이오. **3** 그러나 내 옆에서 싸웠던 크리산타스 중대장에 관해서는 다른 사람들에게 물어볼 필요가 없소. 왜냐하면 내가 그의 행동이 얼마나 용감했는지 잘 알고 있기 때문이오. 그는 다른 점에서는 여러분과 마찬가지로 행동했소. 그런데 내가 퇴각하라고 말하면서 그의 이름을 불렀을 때, 그는 막 적을 베려고 칼을 들었는데도 즉시 내 말에 복종하고 하려던 일을 그만둔 채 나의 명령에 따랐소. 또한 그는 혼자 후퇴한 것이 아니라 즉각 그 말을 다른 사람에게 전달했소. 그래서 적이 우리가 퇴각하는 것을 발견하고서 활을 쏘고 창을 던지기 전에 그는 자신의 부대를 적의 손이 닿지 않는 곳까지 옮기는 데 성공했소. 그리하여 그는 내 명령에 따라 자신에게 아무런 해도 끼치지 않고, 부대원들을 무사히 귀환시킬 수 있었소이다." **4** 그는 덧붙였다. "그러나 나는 다른 사람이 부상당한 것을 보았소. 전투할 때 어느 시점에 그들이 부상당했는지 조사해본 후 그들에 관한 나의 의견을 표시할 것이오. 또한 강한 전사며 신중하고 명령을 내리거나 복종하는 데 능숙한 크리산타스를 이제 연대장으로 진급시키고자 하오. 신이 우리에게 좀더 큰 은총을 보장해주면 그때 나는 그를 잊지 않을 것이오."

5 그는 계속해서 말했다. "나는 여러분 모두 이렇게 생각하기를 원하오. 여러분은 오늘 전투에서 보았던 것을 결코 잊어버려서는 안 되오. 여러분은 용기 있게 싸우는 것이 도망가는 것보다 사람의 목숨을 더 구할 수 있는지 그렇지 않은지, 싸우기 싫어하는 사람보다 싸우기를 원하는 사람이 후퇴하기가 더 쉬운지 그렇지 않은지, 그리고 승리가 어떤 종류의 즐거움을 가져오는지 마음속으로 항상 판단해야만 하오. 최근에 이와 같은 일을 경험한 지금, 여러분은 이 문제를 가장 잘 판단할 수 있을 것이오. **6** 그리고 이것을 항상 명심하고 있다면 더욱 용감한 사람이 될 것이오. 신의 사랑을 받고 있으며 용감하고 현

명한 여러분, 이제 저녁식사를 하러 갑시다. 신에게 헌주하고 승리의 노래를 부릅시다. 또한 혹시 있을지도 모르는 명령에 주의를 기울입시다.”

7 이와 같이 말하고서 그는 말 위에 올라타 키악사레스에게 달려갔다. 그들은 적절한 축하의 말을 교환했다. 그곳에서 키루스는 주의사항을 듣고 자신이 할 수 있는 일이 있는지 물어본 후 말을 돌려 자기 진영으로 돌아왔다. 그와 그의 부하들은 저녁식사를 하고 적절하게 보초를 세운 다음 휴식을 취하러 갔다.

8 다른 한편 아시리아인은 장군과 최고의 병사들을 잃고 모두 사기가 떨어졌으며, 심지어 그들 중 상당수는 어둠을 이용해 진지에서 도망쳤다. 크로이소스와 나머지 다른 동맹군들은 이것을 보고 낙담했다. 왜냐하면 전체 상황이 절망적이었기 때문이다. 그러나 모든 것 가운데 그들을 가장 의기소침하게 만든 것은 선봉에 섰던 부대의 사기가 완전히 떨어졌다는 사실이다. 이와 같이 사기가 떨어지자 그들은 야음을 틈타 진지를 이탈해 그곳을 떠나버렸다. 9 날이 밝자 키루스는 적진에서 사람들이 떠난 것을 발견하고 즉시 페르시아인에게 먼저 참호를 뛰어넘어 진격하라고 명령했다. 적진에는 많은 수의 양과 소, 그리고 좋은 물건들로 가득 찬 마차들이 남아 있었다. 뒤를 이어 곧바로 키악사레스 역시 메디아군을 이끌고 적진을 점령하고 그곳에서 아침식사를 했다. 10 아침식사 후 키루스는 중대장들을 불러 모아 다음과 같이 연설했다.

“전우 여러분, 우리가 잠을 자는 동안 신이 얼마나 좋고 훌륭한 물건들을 우리 손에 전해주었소이까! 여러분은 지금 적이 우리에게서 도망간 현장을 보고 있소. 요새 뒤에 포진해 있던 사람들이 그 요새를 버리고 도망갔을 때, 어느 누가 그들이 넓은 평원에서 다시 우리를 만난다면 그곳에 버티고 서서 우리와 싸우리라고 기대할 수 있겠소? 그들이 아직 우리를 잘 모를 때에도 진지를 지키지 않았는데, 이미 패배해서 커다란 손실을 입은 지금 어떻게 우리를 당해낼 수 있겠소? 그들 중 가장 용감한 자들조차 이미 살해되었는데, 어떻게 그보다 더 비겁한 자들이 감히 우리와 맞서 싸우려 하겠소?"

11 중대장들 중 한 사람이 물었다. "우리가 좋은 것들을 얻을 수 있는 것이 명백한데 왜 가능한 한 빨리 그들을 추적하지 않습니까?"

그가 대답했다. "왜냐하면 우리는 말을 충분히 갖고 있지 않기 때문이오. 우리가 적군을 사로잡거나 죽이는 것이 가장 바람직한데 이미 말을 타고 달아나버렸소. 그래서 신의 도움으로 우리는 그들을 도망가게는 만들었지만 그들을 추적하거나 붙잡을 수는 없소이다."

12 그들이 물었다. "그러면 왜 키악사레스에게 가서 이 문제에 대해 말하지 않습니까?"

그가 대답했다. "그렇다면 그에게 우리 모두 이 점에 동의했다는 것을 알 수 있도록 여러분 모두 나와 함께 갑시다."

그러자 그들은 모두 그를 따라갔다. 그리고 소기의 목적을 얻기 위해 계산된 주장을 제안했다.

13 키악사레스는 그들이 제안했기 때문에 약간 질투하는 것처럼 보였다. 동시에 그는 다른 전투로 모험하고 싶지 않았다. 오히려 그는 현 장소에 머물러 있기를 원했다. 그는 자신을 즐겁게 하는 일에 열중해 있었으며 다른 많은 메디아인도 자기와 같다는 것을 알고 있었기 때문이다. 그럼에도 그는 다음과 같이 말했다. 14 "키루스, 내가 보고 들은 바로는 너희 페르시아인은 다른 사람보다 더 조심스러워서 어떤 종류의 즐거움이 눈앞에 있더라도 결코 무절제하지 않는다면서? 그러나 작은 즐거움이 있을 때 절제하는 것보다 제일 큰 즐거움이 있을 때 절제하는 것이 내게는 더 좋아 보이네. 지금 우리에게 주어진 성공보다 더 큰 즐거움이 또 무엇이겠는가?

15 (우리가 성공했을 때) 성공 후 절제한다면, 우리는 아마도 위험이 섞이지 않은 행복 속에서 곱게 늙어갈 수 있을 것이다. 그러나 그것을 절제하지 않고 즐기면서 처음에 성공을 거둔 후 계속 또 다른 성공을 추구한다면 그것은 많은 사람이 바다에서 겪은 운명, 즉 성공했기 때문에 항해하기를 포기하지 않고 계속하다가 길을 잃어버리는 운명과 같아지지 않도록 주의해야 한다. 많은 사람이 승리를 얻었을 때 또 다른 승리를 추구하다가 먼저 얻은 것조차 잃어버리고 말지. **16** 이것이 우리가 가야 할 길이다. 왜냐하면 그들이 도망간 이유가 숫자상 우리보다 열등하기 때문이라면 우리는 아마도 적은 수의 적군을 추격하는 것이 안전할 것이다. 그러나 나머지 적들은 아직 전투를 해보지도 않았으며, 우리는 모든 군사력을 총동원해서 단지 적의 일부 병력과 싸워 이겼다는 사실을 기억해라. 우리가 적에게 싸우도록 강요하지 않는다면, 그들은 우리 힘과 그들 자신의 힘에 관해 생소한 상태에서 무지와 비겁함 때문에 도망칠 것이다. 그러나 그들이 평원에 머물러 있는 것만큼 도망가는 것이 위험하다는 것을 깨닫는다면, 우리는 그들이 자신의 의사에 역행하면서까지 용감해지지 않도록 주의해야 한다. **17** 그들이 자신의 부인과 자식을 구하려는 만큼 너는 그토록 열심히 그들의 부인과 자식을 붙잡으려 하지 않는다는 것을 명심해라. 심지어 야생 돼지들도 사람들에게 발견되면, 아무리 숫자가 많더라도 새끼와 함께 달아나지만, 누군가 그 새끼들 중 어느 하나라도 붙잡으려 하면 그중에서 다 큰 돼지는 설사 자신이 유일한 성돈(成豚)이라 하더라도 도망갈 생각은 하지 않고 도리어 붙잡으려는 사람에게 달려든다는 사실을 유의해라. **18** 이제 그들은 요새 속으로 들어가 문을 닫아버렸으며, 이것은 우리가 원하는 만큼의 병사로 싸우면서 상황을 우리 마음대로 요리할 수 있도록 허락한 것이다. 그러나 그들이 넓은 평원에서 우리와 마주하여 일부는 (지금

도 그런 것처럼) 우리 앞에 서고 또 다른 일부는 옆에 서 있거나 또는 뒤에 서 있는 방식으로 서로 떨어져 대치하는 것을 배운다면, 우리는 우리 편의 손도 눈도 충분치 못해 흩어져서 적과 마주하여 서 있을 수 없다는 것을 알아야 한다. 게다가 나는 메디아인이 즐거워하는 것을 보면서 그들을 내쫓아 위험에 빠지도록 강요하고 싶지는 않다."

19 "예," 키루스가 대답했다, "부디 누구에게도 강요하지는 마십시오. 그러나 자발적으로 나를 따르는 사람은 허락해주십시오. 우리는 아마도 여기 있는 당신과 당신 친구들 모두가 즐거워할 만한 것을 가지고 돌아올 것입니다. 우리는 분명 적의 주력부대는 추적하지 않을 것입니다. 어떻게 우리가 그들을 붙잡을 수 있을까요? 그러나 뒤에 처져 비틀거리는 낙오자들을 발견하면 그들을 당신에게 데려올 것입니다." **20** 그는 덧붙였다. "우리는 당신의 요청으로 당신의 부탁을 들어주기 위해 먼 길을 떠나왔다는 사실을 기억하십시오. 그러므로 우리가 빈손으로 집에 돌아가지 않기 위해, 그리고 항상 당신 금고의 지원에 의존하지 않기 위해 이번에는 당신이 우리 부탁을 들어주는 것이 공평하다고 생각합니다."

21 그러자 키악사레스가 말했다. "아주 좋아. 만일 누군가 자발적으로 너를 따라간다면 나는 매우 기뻐할 것이다."

키루스가 말했다. "그러면 당신의 명령을 알릴 수 있도록 믿을 만한 위치에 있는 귀족들 중 몇몇 사람을 저와 함께 보내주십시오."

키악사레스가 말했다. "네가 원하는 사람은 아무나 데려가도록 하거라."

22 이때 우연히도 예전에 키루스의 친척인 체하면서 그에게서 키스를 받아냈던 사람이[1) 그곳에 있었다. 그래서 키루스는 즉시 말했

---

1) 아르타바주스(Artabazus)를 말한다. 키루스와의 '키스 사건'에 대해서는

다. "이 사람이 좋겠습니다."

키악사레스가 말했다. "그러면 그를 데려가라." 그리고 아르타바주스에게 덧붙였다. "누구든지 키루스와 함께 가도 좋다고 말해주도록 해라."

23 그러자 키루스는 그 사람을 데리고 가버렸다. 밖으로 나오자 키루스가 말했다. "당신은 예전에 나를 바라보는 것이 좋다고 말했는데, 이제 그 말이 진실이었는지 아닌지를 증명해야 하오."

그 메디아인이 말했다. "당신이 그렇게 말하신다면 저는 결코 당신 곁을 떠나지 않을 것입니다."

키루스가 물었다. "그러면 다른 사람을 데려오는 데 최선을 다하겠소?"

"예," 그는 맹세하면서 대답했다. "분명히 저는 당신이 저를 쳐다보면서 기뻐할 수 있도록 하겠습니다."

24 그는 키악사레스에게서 임무를 부여받자 메디아인에게 그의 메시지를 성심성의껏 전달했을 뿐만 아니라, 그 자신은 가장 고상하고 가장 훌륭하며 무엇보다도 신이 내려준 사람인 키루스 곁을 결코 떠나지 않을 것이라고 덧붙였다.

II

1 키루스가 이렇게 하고 있는 동안 마치 신의 계시인 듯 히르카니아에서 사신들이 찾아왔다. 히르카니아는 아시리아의 이웃으로 별로 큰 지역이 아니었다. 그러한 이유 때문에 그들 역시 아시리아에 복속되어 있었다. 그럼에도 그들은 말을 잘 탄다는 평판을 듣고 있었

제1권, I, 27-28을 참조하라.

으며 오늘날까지도 그 평판은 유지되고 있다. 이 때문에 아시리아인은, 마치 스파르타인(Spartans)이 스키리티아인(Sciritae)[2]에게 하듯이, 어려운 일이나 위험스러운 일이 있을 때마다 자신을 보호하려는 목적으로 그들을 이용하곤 했다. 특별한 경우, 즉 후방에서 위협을 받는 경우에 대비해서 그들은 —— 약 1천 명 정도의 강인한 기병으로 이루어져 있는데 —— 아시리아인을 대신해 적의 기습을 막기 위해 후미를 담당한다. 2 일반적으로 히르카니아인은 최후미에서 행진할 때 마차와 가족을 함께 데리고 간다. 우리가 아는 바와 같이 대부분의 아시리아인은 온 가족을 모두 데리고 출전하기 때문이다. 그래서 이번 전쟁에도 히르카니아인은 그와 같이 모든 식솔들을 데리고 출정했다.

3 그러나 히르카니아인은 지금껏 아시리아인에게 어떻게 취급당해왔는지를 되돌아보고, 아시리아 왕이 이제 죽었으며 그의 군대가 패했다는 사실을 고려하고, 그들의 지위상 커다란 혼란이 발생했으며 동맹군들이 사기가 떨어져 도망갔다는 사실을 참작하는 등 이 모든 상황을 고려해서, 키루스와 그의 군대가 함께 도와준다면 지금이 반란을 일으키기에 가장 적당한 기회라고 결정했다. 그래서 그들은 키루스에게 특사를 보냈다. 왜냐하면 그 전투 결과 그의 이름이 매우 널리 알려졌기 때문이다. 4 사신으로 온 히르카니아인이 아시리아를 싫어하는 이유가 충분히 있다고 키루스에게 말했다. 또 키루스가 지금 아시리아를 공격한다면 그들은 그의 동맹군이 되어 안내자가 되겠다고 말했다. 동시에 그들은 적이 궁지에 빠져 있다고 설명해주었다. 그들은 무엇보다도 키루스가 전쟁을 개시하도록 자극하기를 원

---

2) 라코니아의 북쪽에 있던 산악족이다. 늘 스파르타 군대의 좌익을 위해 좋은 병력을 제공했고, 가장 위험한 일을 담당했다 —— 옮긴이.

했기 때문이다.

5 키루스가 물었다. "그대는 진실로 아시리아인이 본거지에 도착하기 전에 우리가 그들을 붙잡을 수 있다고 생각하오? 왜냐하면 우리가 부주의한 틈을 타 도망간 것을 매우 운이 좋았다고 생각하고 있기 때문이오." 그는 그들에게 자신의 군대가 출동할 가능성이 매우 높다고 생각하도록 만들기 위해 이와 같이 말했다.

6 그들은 만일 키루스와 그의 군대가 새벽녘에 간편한 행군대열로 출발한다면 다음 날쯤에는 그들을 따라잡을 수 있다고 대답했다. 적군은 수가 너무 많고 짐을 가득 싣고 있어서 천천히 행군하고 있었기 때문이다. 그들이 말했다. "게다가 그들은 어젯밤 잠을 자지 못해서 조금밖에 도망가지 못했으며 지금 진영을 설치하고 있습니다."

7 키루스가 물었다. "그러면 당신이 말한 것이 사실임을 증명하기 위해 우리에게 어떤 확신을 줄 수 있소?"

그들이 대답했다. "예, 우리는 오늘 밤 안으로 말을 타고 떠나서 당신에게 볼모를 데려올 준비가 되어 있습니다. 다만 당신 역시 우리에게 신의 이름으로 확신을 줄 수 있도록 오른손을 내밀어주십시오. 당신에게 받은 확신을 나머지 사람에게도 전해줄 수 있도록 말입니다."

8 키루스는 그들이 좋은 말을 했다면 진정한 친구로 대우해줄 것이며, 페르시아인이나 메디아인만큼 그들에게 존경을 표할 것이라는 숭고한 약속을 했다. 심지어 오늘날까지도 그럴 만한 자격이 있다고 생각되는 페르시아인이나 메디아인처럼 히르카니아인도 신뢰와 권위가 있는 것을 볼 수 있다.

9 저녁식사를 마친 후 아직 해가 지지 않은 동안 그는 군대를 출발시켰다. 그리고 히르카니아인에게 함께 갈 수 있도록 그를 기다리라고 명령했다. 기대했던 바와 같이, 페르시아인은 그에게 달려갔다.

그리고 티그라네스도 그의 부대와 함께 갔다. 10 한편 어떤 메디아인은 어릴 적 키루스의 친구였기 때문에 그를 따라 떠났다. 어떤 자는 키루스가 적을 추적할 때 사용하는 방식을 좋아했기 때문에 함께 떠났으며, 또 어떤 자는 키루스가 급박하고 커다란 위험 상황에서 구출해주었기 때문에 감사하는 마음으로 동참했다. 어떤 자는 키루스를 능력 있는 사람으로 여기고 언젠가 크게 성공할 뿐만 아니라 위대한 사람이 될 것이라는 기대를 품고 참여했으며, 또 어떤 자는 키루스가 메디아에서 자랄 때 그들에게 베풀어주었던 은혜에 보답하기를 원했기 때문에 같이 갔다. 그리고 많은 사람이 키루스가 따뜻한 마음으로 자기 할아버지에게 그들의 일을 부탁했기 때문에 그에게 빚을 지고 있었으며, 또한 많은 사람이 히르카니아인을 보고 이번 추적이 그들에게 풍부한 약탈 기회가 될 것이라는 소문이 퍼져 어떤 이익을 얻기 위해 (다른 동기와는 상관없이) 함께 떠났다.

11 결과적으로 키악사레스와 우연히 같은 막사에서 연회를 즐기던 사람을 제외한 나머지 메디아인을 포함해서 거의 모든 사람이 함께 출발했다. 연회를 즐기던 사람과 그 부하들은 뒤에 남았다. 나머지 사람은 즐거이 그리고 열성적으로 서둘러 갔다. 왜냐하면 그들은 강요가 아니라 자신의 의사에 따라 그리고 감사의 마음으로 따라가는 것이었기 때문이다.

12 진지 밖으로 나왔을 때 키루스는 먼저 메디아인에게 가서 그들을 칭찬하고 무엇보다 그들과 그 자신의 사람들을 지휘할 수 있게 된데 대해 신에게 경건한 마음으로 기도를 올렸다. 그는 또한 그들의 열성에 보답할 수 있게 해달라고 기원했다. 마지막으로 그는 보병부대에게 먼저 가라고 지시했고 메디아인에게는 기병부대와 함께 뒤따라가라고 명령했다. 쉬거나 행군을 잠시 멈출 때에는 부하들 중 몇몇이 그에게 항상 보고하러 오고, 그는 시간이 절박하다는 것을 알아

야 한다고 명령했다. 13 그리고 그는 히르카니아인에게 길을 안내하라고 명령했다.

그들이 소리쳤다. "뭐라고요! 일을 진행하기 전에 우리의 군은 신념을 보여주기 위해 볼모를 데려올 때까지 기다리지 않을 겁니까?"

이 질문에 그가 대답했다. "아니오. 우리의 마음속과 수중에 그에 대한 보장을 이미 받았다고 생각하오. 내 견해로는, 만일 여러분이 진실을 말했다면 그것은 우리가 여러분에게 봉사해줄 기회인 것이며, 또한 여러분이 만약 우리를 속이려 했다면 다른 것과 마찬가지로 우리가 여러분 손안에 있는 것이 아니라 오히려 신의 뜻으로 여러분이 우리 손안에 놓여 있다고 생각하오." 그는 계속해서 말했다. "히르카니아인이여, 내 말을 잘 들으시오. 앞에서 말한 바와 같이 당신네 사람들이 후미를 맡고 있는 것이 사실이라면, 우리가 그들을 보게 될 때 그들에게 아무런 해도 끼치지 않을 수 있도록 그들이 당신네 사람이라는 것을 우리에게 미리 알려주시오."

14 히르카니아인은 이 말을 듣고 그가 명령한 대로 길을 떠났다. 그들은 키루스의 너그러움에 내심 놀랐다. 그리고 더 이상 아시리아인이나 리디아인 또는 다른 동맹군을 두려워하지 않았다. 그들은 단지 키루스가 그들이 키루스에게 합류한 것이 순간적인 결정이라고 생각할까봐 두려워했다.

15 그들이 진격해가자 날이 어두워졌다. 하늘에서 불빛이 키루스와 그의 군대 위에 내려와 반짝거렸는데, 그들은 이 기적적인 일에 무척 놀라면서도 적과 마주할 용기가 백 배나 증가했다고 전해진다. 간편한 행진대형을 이루면서 빠른 속도로 진격해갔기 때문에 당연히 그들은 상당한 거리를 달렸으며 동이 틀 무렵에는 히르카니아군 가까이까지 도달했다. 16 전령이 그 사실을 발견하고 키루스에게 그들이 자기네 사람들이라고 알려주었다. 전령은 그들이 후미에 있다

는 사실과 그들 진영의 불빛 수를 보고 자기네 편이라는 것을 인식할 수 있다고 말했다. 17 이 보고를 듣고 키루스는 두 명의 히르카니아 전령 중 한 명을 그들에게 보내, 그들이 친구라면 오른손을 들고 키루스를 맞이하도록 전하라고 명령했다. 그는 또한 자신의 부하 중 한 명을 같이 딸려보냈다. 그에게 명령하여 이르기를, 그와 그의 군대는 히르카니아인의 행동방식에 따라 그들을 지배하겠노라고 말하게 했다. 그 전령이 가버리자 나머지 한 명의 전령은 키루스 부대에 남게 되었다.

18 히르카니아인이 하려는 일을 지켜보고 있는 동안 키루스는 군대의 행진을 멈추었다. 티그라네스와 메디아 장교들이 그에게 말을 달려와 무엇을 해야 하느냐고 물었다. 그러자 키루스가 그들에게 말했다. "저기 그렇게 멀지 않은 곳에 보이는 사람들이 히르카니아군이다. 그들의 특사 한 명이 그들에게 달려갔다. 우리 편의 한 명도 그와 함께 가서 그들이 우리 친구라면 우리와 만날 때 오른손을 들라고 말하게 했다. 이제 그들이 그렇게 하면 호의의 표시로 각자 맞은편에 있는 사람에게 오른손을 내밀어라. 그리고 동시에 그들에게 환영하라고 명령해라. 그러나 만일 그들이 무기를 들거나 도망가려 한다면 시간을 지체하지 말고 단 한 사람도 살아남지 못하도록 해라."

19 그의 명령은 이와 같았다. 히르카니아인은 특사의 보고를 듣고 매우 기뻐했다. 그들은 타고 있던 말의 머리를 치켜세우면서 키루스가 지시한 대로 즉시 오른손을 들고 왔으며 메디아인과 페르시아인 역시 동료로 받아들인다는 표시로 자신의 오른손을 내밀면서 그들을 환영한다고 말했다.

20 이윽고 키루스가 말했다. "히르카니아인이여, 보다시피 우리는 이제 여러분을 신뢰하오. 여러분 역시 우리와 똑같이 느껴야 하오. 그러나 먼저 적의 본부와 주력부대가 여기에서 얼마나 멀리 떨어져

있는지 말해주오."

그들이 대답했다. "1파라상 정도밖에 되지 않습니다."

21 키루스가 소리쳤다. "자, 페르시아와 메디아인 여러분 그리고 히르카니아인 여러분, 이제 나는 당신들의 동맹군이자 연합군으로서 말하겠소. 만약 우리에게 용기가 모자라다는 것이 드러나면 우리에게 남는 것은 재앙밖에 없다는 것을 알아야 하오. 적은 우리가 무엇 때문에 여기 왔는지 알고 있기 때문이오. 그러나 만일 우리가 힘차고 당당하게 적을 공격한다면, 어떤 자는 도망가려다 곧바로 붙잡힌 노예처럼 우리에게 자비를 구걸할 것이고 또 어떤 자는 도망치려 시도할 것이며 또 어떤 자는 그 두 가지 중 어느 하나도 실행할 엄두가 나지 않을 것이오. 그들은 첫 번째 패배에서 채 회복되기도 전에 우리를 보게 되었으며, 또 우리가 전열을 정비하고 다가와 싸울 준비를 하리라고는 생각조차 못했기 때문이오. **22** 그러므로 우리가 지금부터 배불리 먹고 편히 자며 편안하게 살려면 그들에게 의논하거나 자신을 방어할 시간을 주어서는 안 되며 또한 결코 우리를 인간이라고 인식하게 해서는 안 되오. 방패와 칼, 창, 주먹만이 그들에게 쏟아질 것이라는 점만 생각하도록 만들어야 하오.

23 히르카니아인 여러분, 당신들만 보여지고 우리가 여기 있다는 것을 가능한 한 오래 숨길 수 있도록 짐마차에 나누어 타고 우리 앞에서 행군해가시오. 내가 적을 따라잡으면 그때 그들의 진영에 가까이 있는 동안 사용할 수 있도록 당신네 기병부대를 나에게 맡겨주시오. **24** 나이 든 사람이나 장교들은 현명한 사람이라면 가까이에 정렬하여 함께 행진하시오. 밀집대형을 유지하는 한 여러분은 결코 뒤로 밀리지 않을 것이외다. 추적하는 일은 젊은이들에게 맡겨 가능한 한 모든 적을 죽일 수 있도록 합시다. 왜냐하면 가능한 한 최소한의 적만 남도록 하는 것이 가장 안전한 방법이기 때문이오."

25 그는 계속해서 말했다. "만약 전투에서 이기게 되면 많은 사람이 승리의 시간에 승부에 지는 과오, 즉 약탈하려고 옆길로 빠지는 과오를 저지르지 않도록 경계하고 마음을 가라앉혀야 하오. 이와 같은 일을 하는 사람은 군인이 아니며 단지 군대를 따라다니는 종군자(camp-follower)에 지나지 않기 때문이오. 만일 그와 같은 자가 있다면 당신들은 그를 노예로 간주해도 좋소.

26 여러분은 또한 승리보다 더욱 값진 것은 없다는 사실을 깨달아야 하오. 승자는 승리와 더불어 즉시 모든 전리품, 즉 모든 남녀노소와 모든 동산·부동산을 함께 얻을 수 있기 때문이오. 우리는 단지 이 목적만을 위해 승리를 보존해야 하오. 약탈자 자신도 적에게 정복되면 그 역시 적의 수중에 놓이기 때문이오. 그리고 아무리 추격하는 열기가 뜨겁다 하더라도 아직 해가 떠 있는 동안 나에게 되돌아와야 한다는 것을 기억하시오. 밤이 되면 우리는 아무도 받아주지 않기 때문이오."

27 그는 그들이 자신의 부대에 돌아가서 (말을 전달받기 위해 분대 앞에 서 있는) 휘하의 하사관들에게 행군하면서 같은 지시를 내리라고 말하여 보내자 그들은 휘하 하사관들에게 그것을 자신의 분대에 알리도록 명령했다.

히르카니아인은 키루스가 동료 페르시아인과 함께 중앙에 서서 행군하는 동안 길을 안내했다. 그는 자연스럽게 양 옆에 기병부대를 배치했다.

28 아침이 되자 적은 그 광경을 보고 놀랐으며, 즉시 그것이 무엇을 의미하는지 깨달았다. 어떤 자는 그 소식을 퍼뜨리기 시작했으며 혹자는 울고 혹자는 말을 풀어주러 달려갔고 혹자는 짐을 꾸렸으며 또 어떤 자는 짐을 싣는 동물들의 무장을 풀었다. 어떤 자는 무장을 했고, 어떤 자는 말 위에 뛰어올랐으며, 어떤 자는 안장을 얹고, 어

떤 자는 여자들이 마차 타는 것을 도와주었다. 또 다른 자는 가장 값비싼 재산을 구하기 위해 그것을 움켜쥐었으며, 어떤 자는 자신의 재산을 파묻는 데 몰두하고 있었고, 대부분의 사람은 조급하게 뛰어다니면서 은신처를 찾고 있었다. 우리는 그들이 모든 종류의 여러 가지 서로 다른 일을 하고 있었다는 것을 상상할 수 있다. 다만 그들 중 어느 누구도 저항하려는 자는 없었다. 따라서 그들은 힘 한번 못 써보고 무너졌다.

29 여름이었기 때문에 리디아의 왕인 크로이소스는 자기 여자들을 밤중에 마차로 보냈다. 왜냐하면 그들이 시원한 밤에 좀더 편안하게 갈 수 있으며, 자신은 기병부대와 함께 뒤따라가려 했기 때문이다. **30** 그리고 헬레스폰트의 프리지아 왕도 그와 똑같이 했다. 그들은 갑자기 들이닥치는 탈주병을 보자 그들에게 무슨 일이 일어났는지 묻고 나서 그들 역시 가능한 한 빠르게 달아났다.

31 그 근처에서 무장하지 않은 채 여전히 진지를 지키고 있던 카파도키아 왕과 아라비아 왕은 히르카니아인에 의해 죽임을 당했다. 그러나 살해된 사람들은 대부분 아시리아인과 아라비아인이었다. 왜냐하면 그들은 그곳이 자기네 땅이어서 별로 도망가려 하지 않았기 때문이다.

32 메디아인과 히르카니아인은 적을 쫓아가면서 승리하면 으레 할 법한 행동을 하고 있었다. 그러나 키루스는 그와 함께 남아 있던 기병들에게 말을 타고 진지를 돌아다니면서 무장을 하고 밖으로 나오는 적을 보면 죽이라고 명령했다. 반면 안에 남아 있는 적병들에게 이르기를, 기병, 투석수, 궁수의 무기는 꾸러미로 묶어 가져오되 말은 그냥 막사에 남겨두라고 공포했다. 누구든지 그와 같이 하지 않으면 곧 목이 날아갈 판이었다. 키루스의 군대는 손에 칼을 들고 그 주변에 정렬해 있었다. **33** 따라서 무기를 갖고 있던 사람들은 그가 지

시하는 곳으로 그것을 가져와 던졌으며 불태우는 임무를 부여받은 자들이 무기를 태웠다.

34 키루스는 자기 부대가 음식과 물의 보급 없이 진격해왔다는 사실을 기억해냈다. 식량과 식수의 공급 없이 전투를 수행하거나 그밖의 다른 일을 하는 것은 불가능하다. 그는 어떻게 하면 최대한 신속하게 최선의 보급품을 얻을 수 있을까 생각하다가, 출전한 병사들을 위하여 그들의 막사를 관리해주고 그들이 돌아오면 식사를 제공해주는 사람이 있어야만 한다는 생각이 떠올랐다. **35** 그래서 그는 사람들 중에서 이 일을 할 사람은 가장 기꺼이 막사에 남아 있을 사람이라고 결론을 지었다. 그들은 짐을 싸는 데 여념이 없을 것이기 때문이다. 그는 모든 감독관에게 오라고 알렸다. 감독관이 없는 경우에는 그 막사에서 가장 연장자인 사람을 오게 했다. 감히 그에게 불복하는 자가 있다면 그는 가장 무서운 벌을 내리겠노라고 위협했다. 그들은 자기 주인이 복종하는 것을 보고 즉시 이에 복종했다. 그들이 오자 키루스는 먼저 막사에 2개월분 이상의 보급품을 갖고 있는 사람들에게 그 자리에 앉으라고 명령했다. **36** 그들을 기록하고 난 후, 그는 1개월분의 보급품을 갖고 있는 자들에게 마찬가지로 앉으라고 명령했다. 그러자 거의 모든 사람이 앉았다. **37** 이와 같은 정보를 얻고 나서 키루스는 다음과 같이 그들에게 연설했다.

"나의 전우 여러분, 여러분이 문제가 생기는 것을 싫어하고 우리에게서 친절한 대접을 받기 원한다면, 막사마다 매일 여러분의 주인과 하인을 위하여 준비해왔던 것의 배에 달하는 음식과 식수를 준비해야 한다는 점을 명심해야 하오. 또 좋은 식사가 되기 위해 필요한 것은 모두 준비해야 하오. 왜냐하면 어느 쪽이 승리하든지 병사들은 전투가 끝난 후 곧장 막사로 돌아와 모든 종류의 보급품을 많이 얻고 싶어하기 때문이오. 그들을 훌륭하게 만들고 즐겁게 하는 것이 여러분에게 이익이 된다는 사실을 명심하기 바라오."

38 이 연설을 듣고 그들은 그가 내린 지침을 매우 신속하게 수행하기 시작했다. 다른 한편 그는 중대장들을 불러모아 다음과 같이 연설했다. "친구 여러분, 우리의 동지들이 멀리 떨어져 있는 동안 우리가 먼저 엄선된 음식과 음료를 즐기면서 식사하는 것이 가능하다는 것을 나는 잘 알고 있소. 그러나 나는 동지들에게 우리가 얼마나 사려 깊은지 보여주는 것이 점심을 먹는 것보다 더 이익이 된다고 생각하오. 그리고 우리 동맹군을 헌신적인 사람으로 만들려면 이 연회가 우리에게 얻을 수 있는 힘을 증가시키는 데 도움을 주지 않는다고 생각하오. **39** 그러나 동지들이 적을 추적하여 살해하면서 싸우는 동안 우리는 그들을 너무 소홀히 여겨 어떻게 대접해야 할지 생각하지도 않고 자신의 배고픔을 참지 못했다는 것을 보여주어서는 안 되오. 우리는 그들의 눈에 명예롭게 보이도록 그리고 우리가 동맹군을 잃어버리고 무기력해진 것을 보여주지 않도록 주의를 기울여야 하오. 내 견해로는, 그들이 돌아왔을 때, 우리가 위험과 노고를 겪은 사람들에게 필요한 것에 주의를 기울이면서 이와 같은 연회를 연다면, 그것은 지금 배가 고파서 즉시 게걸스럽게 먹는 것보다 우리에게 더 큰 즐거움을 줄 것이라 생각하오. **40** 설사 그들에게 우리가 사려 깊다는 것을 보여줄 아무런 의무가 없다고 하더라도 그들이 오기 전에 우리가 식사와 음료로 배를 채우는 것은 적절하지 않다는 것을 그들에게 보여주어야 한다는 것을 명심합시다. 아직도 우리는 원하는 것을 성취하지 못했소. 오히려 지금 모든 것은 위기에 처해 있으며 주의를 요하오. 왜냐하면 우리는 우리보다 몇 배나 많은 적을 아무런 감금수단 없이 우리 진영에 데리고 있기 때문이오. 우리는 그들에 대항하여 계속 경계하는 한편, 그들을 감독해야 하오. 그럼으로써 우리는 우리의 보급품을 돌보는 사람을 얻게 될 것이오. 더욱이 우리 기병부대는 가

버렸으며, 그들이 지금 어디 있는지 그리고 그들이 다시 돌아왔을 때 우리와 함께 계속 머물러 있을지 심히 걱정스럽소이다.

41 여러분, 나는 우리가 잠과 어리석음이 오지 않을 만큼의 고기와 음료만 먹어야 한다고 생각하오.

42 더욱이 우리 진영에는 막대한 양의 귀중품이 있소. 나는 그것이 우리가 그것을 가질 수 있도록 도와준 자들에게도 자격이 있지만 우리가 원하는 만큼 지금 나누어갖는 것이 가능하다는 사실을 잘 알고 있소. 그러나 지금 그것을 갖는 것보다 친구들에게 우리가 공평하고 공정하다는 것을 보여주는 것이 우리에게 더 큰 이익을 가져다줄 것이라고 생각하오. 그와 같이 처리하면 우리는 이미 얻은 애정보다 더 큰 애정을 친구에게서 받을 것이오. **43** 따라서 그들이 돌아올 때 메디아인, 히르카니아인, 티그라네스 모두에게 귀중품을 나누어주는 것이 최선이라고 생각하오. 만약 그들이 우리에게 더 작은 몫을 부여한다면, 우리는 그것을 우리의 정당한 몫으로 간주해야 하오. 왜냐하면 그들은 자신이 얻은 것 때문에 더욱더 우리와 함께하는 것을 기뻐할 것이기 때문이오. **44** 현재의 이익을 안전하게 지키는 것은 단지 오래 지속되지 못할 부(富)를 얻는 것에 지나지 않소. 그러나 이것을 제물로 바치고 진정한 부가 흐르는 원천을 얻는다면, 우리 모두는 영속하는 부의 샘물을 소유하게 될 것이오.

45 내가 기억하는 바로는, 고향에 있을 때 우리는 탐욕을 조절하고 눈에 보이는 탐욕 때문에 시의에 맞지 않는 것을 얻고자 하는 것을 절제하는 훈련을 받곤 했소. 그리고 우리는 상황이 요구한다면 이익을 위해 자기 억제를 할 수 있는 힘을 기를 수 있었소. 나는 지금이야말로 우리가 훈련한 것을 증명할 수 있는 최상의 기회라고 생각하오."

46 그는 이와 같이 말했다. 동료 중 한 사람인 히스타스파스가 그

를 지지하면서 다음과 같이 말했다. "왜 아니겠습니까, 키루스! 사냥하는 동안 우리는 종종 별로 가치도 없는 짐승을 손으로 잡기 위해 아무것도 먹지 않은 채 사냥을 계속했습니다. 우리가 확보하고자 하는 것이 부의 원천일 때, 악인에게는 주인이고 선인에게는 단지 하인에 불과한 욕망을 우리가 잠시 동안이라도 갖게 된다면, 그것은 실로 이상한 일입니다. 우리가 그렇게 한다면 나는 결코 우리에게 어울리지 않는 일을 하는 것이라고 생각합니다."

47 히스타스파스의 연설은 이와 같았다. 나머지 모든 사람도 그의 의견에 동의했다. 그러자 키루스가 말했다. "우리는 이제 이 문제에 대하여 한마음이 되었으니 여러분은 각자 자기 부대에서 가장 신뢰할 만한 사람을 다섯 명씩 보내시오. 그들에게 둘러보게 하고, 보급품을 준비하는 모든 사람을 칭찬하게 하며, 그리고 그들이 보기에 게을리하는 주인이 있다면 그를 더욱 아낌없이 벌을 주도록 하게 합시다."

따라서 그들은 그렇게 하기 위해 떠나갔다.

III

1 메디아인 중 일부는 이미 서둘러 따라잡아서 군대에 필요한 것들로 가득 찬 마차들을 가져오고 있었다. 또 어떤 사람은 결혼한 부인과 미모 때문에 함께 데리고 온 첩을 포함하여 지체 높은 부인들을 실은 마차들을 가져왔다. 그들은 이들을 잡아서 데리고 온 것이다. **2** 왜냐하면 심지어 오늘날까지도 아시아에서는 전쟁에 나가는 모든 사람이 자신이 가장 가치 있게 평가하는 것을 전쟁터에 데리고 가기 때문이다. 그들은 자신이 가장 소중하게 여기는 것이 모두 거기 있으면 더욱 용감하게 전투를 하고, 그것을 지키기 위해 최선을 다해야만

한다고 말한다. 아마도 이것은 사실일 것이다. 그러나 그들은 감각적인 만족을 위해 이러한 관습을 따르는 것 같다.

3 키루스는 메디아와 히르카니아인이 일하는 것을 보고 자기 자신과 부하들에게 비난을 퍼부었다. 그와 그의 부하들은 아무런 할 일이 없는 곳에 남아 있는 반면, 다른 사람들은 이 와중에도 그들을 압도하면서 활발히 움직이고 있었으며 또한 그것을 통해 무엇인가 얻고 있는 것처럼 보였기 때문이다. 정말 그렇게 보였다. 왜냐하면 기병들이 돌아와 키루스에게 가져온 것을 보여주자마자 그들은 또다시 다른 적들을 추격하기 위해 떠났기 때문이다. 그들은 그들의 상관이 그렇게 하도록 지시했다고 말했다.

키루스는 당연히 이것 때문에 화가 났지만 여전히 한 장소에 전리품을 모아두었다. 그는 중대장들을 다시 불러모아 그가 충고하는 말을 들을 수 있는 곳에 정렬시켰다. 그는 다음과 같이 연설했다. 4 "친구 여러분, 지금 우리에게 비추는 운명을 우리의 것으로 만들기만 한다면, 그것은 커다란 은총이 모든 페르시아인 특히 무엇보다 우리가 얻은 축복이 당연한 것처럼 우리에게 온다는 사실에 감사해야 하오. 그러나 우리 힘으로 전리품을 얻을 수 없다면 그것에 대해 어떻게 요구해야 할지 모르겠소. 그리고 우리 페르시아 자체의 기병이 없다면 이것을 할 수 없소이다." 5 그는 계속했다. "생각해보시오. 우리 페르시아인은 적의 본부 깊숙이 침투해 들어가 적을 도망가게 하는 무기를 갖고 있소. 그러나 우리가 적을 격퇴했을 때 말이 없다면 어떻게 도망가는 적의 기병, 궁수, 투석수 들을 사로잡거나 죽일 수 있겠소? 그들이 우리가 저기 서 있는 나무보다 더 큰 위협을 가할 수 없다고 분명히 확신한다면 어떤 궁수, 창병, 기병 들이 우리에게 다가와 공격하는 것을 두려워하겠소? 6 이것이 사실이라면 우리 손에 떨어진 모든 것이 우리의 것 못지않게 우리와 함께 있는 기병들의 것이거나 그 이상이라고 생각하는 것이 맞지 않겠소? **7** 지금과 같은 상황이라면 분명 이 경우에 해당하오. 그러나 우리가 그들 못지않은 기병부대를 얻는다면 지금 그들의 도움으로 적에게 가하는 일을 더 이상 그들의 도움 없이 할 수 있으며, 그들이 잘난 척을 덜 하리라는 것은 명백하지 않소? 그들의 도움이 없어도 충분하다면 그들이 계속 머무르거나 또는 그냥 가버리는 것을 선택할 때마다 우리는 그 일에 신경을 덜 쓸 수 있을 것이오. 이것은 아주 좋은 일이외다. **8** 내 생각으로는, 페르시아인이 자신의 기병부대를 소유하는 것과 그렇지 않은 것 사이에는 커다란 차이가 있다고 말할 때 아무도 그것을 반박하지 않을 것이오. 그러나 아마도 여러분은 우리가 어떻게 이것을 성취할 수 있을지 의아해할 것이오. 기병부대를 조직하고 싶다면 우리의 자원이 무엇인지 또 부족한 점이 무엇인지 고려하는 것이 낫지 않겠소? **9** 지금 이 진지 안에는 우리가 붙잡아온 수많은 말과 말을 죄는 고삐, 또 여러분이 말을 사용하기 전에 말이 갖추어야 하는 모든 마구(馬具)들이 있소. 바로 그렇소이다. 또 기병이 사용해야 하는 모든 것, 즉 자기 몸통을 보호하는 방어무기인 갑옷과 던지거나 찌를 때 사용하는 창이 있소. **10** 그러면 무엇이 남았겠소이까? 분명히 우리에게는 말을 탈 사람이 있어야 하오. 이것이 다른 어느 것보다 우리가 가진 것이외다. 우리 자신이야말로 완전히 우리의 것이오.

그러나 아마 사람들은 말을 어떻게 타는지 모른다고 말할 것이오. 제우스 신에 맹세코, 그렇지 않소. 말을 탈 줄 아는 사람들 중 어느 누구도 배우기 전에 말을 탄 사람은 없소. 그러나 혹자는 그들이 어렸을 때부터 말타기를 배웠다고 말할지도 모르오. **11** 그렇다면 어른보다 아이들이 다른 사람이 설명하고 보여준 것을 배우는 데 더 영리하다는 말이오? 어른과 아이 중에서 누가 자신이 배운 것을 실제로 사용할 수 있는 육체적 힘이 더 많겠소? **12** 우리는 아이나 다른 사람들보다 더 많은 시간을 내어 배울 수 있소. 왜냐하면 아이들과 달리 우리는 활 쏘는 법을 배울 필요가 없기 때문이오. 우리는 이미 그것을 알고 있소. 또 우리는 창 던지는 법을 배울 필요가 없소. 그것 역시 이해하고 있기 때문이오. 그리고 우리는 농사짓기에 바쁜 사람들이나 장사하기에 바쁜 사람들, 다른 수공업에 종사하는 사람들과는 다른 상황에 놓여 있소. 우리는 군사작전을 하면서 시간을 보낼 뿐만 아니라 그것은 우리에게 강요되고 있는 형편이오. 13 말타기는 분명 유용하지만 힘이 많이 드는 다른 종류의 군사 훈련들과는 다르오. 행군할 때 말을 타는 것이 두 발로 걸어가는 것보다 더 즐겁지 않겠소? 속도를 내는 것이 필요할 경우 친구에게 빨리 달려가는 것이 즐겁지 않겠소? 상황에 따라 추격을 해야 할 때 재빨리 사람이나 동물을 따라잡는다면 그것 또한 즐겁지 않겠소? 여러분이 가져가야 할 군장을 운반하는 데 말이 도와준다면 편리하지 않겠소? 확실히 등에 짊어지는 것과 말에 실어 나르는 것은 전혀 다른 일이오.

14 그러나 우리가 가장 두려워해야 하는 것은 말타기를 완전히 숙지하기 전에 말 위에 올라타야 할 경우 우리는 더 이상 보병이 아니며 또한 그렇다고 해서 유능한 기병도 아니라는 사실이오. 그러나 이것조차도 극복할 수 없는 어려운 일이 아니오. 왜냐하면 우리는 원할 때마다 즉시 말에서 내려 뛰면서 싸울 수 있기 때문이오. 또한 말타기를 배우는 동안에도 우리는 보병이 사용하는 전술을 배우지 않는 것이 아니기 때문이외다."

15 키루스는 이와 같이 연설했다. 크리산타스가 이어서 다음과 같은 연설로 동의했다. "나는 한 가지 이유 때문에 기병이 되는 법을 배우기를 열망합니다. 그 이유는 기병이 되면 날개를 단 사람과 같아질 것이기 때문입니다. 16 지금은 다른 사람과 달리기 경주를 할 때 똑같이 출발하여 단지 머리 하나 차이로 이길 수 있다면 족할 것이며,

짐승을 쫓을 때 그 녀석이 아주 멀리 도망가기 전에 활을 쏘고 창을 던질 수 있을 정도의 빠르기로 달릴 수 있다면 만족할 것입니다. 그러나 기병이 되면 단지 보이기만 할 정도로 멀리 떨어져 있는 사람을 따라잡을 수 있을 것입니다. 또한 짐승을 추격하고 따라잡을 수 있으며 가까이 가서 손으로 때려눕히거나(양쪽이 빨리 움직이지만 서로 가까이 있을 때는 마치 한자리에 서 있는 것처럼 보이기 때문에) 여전히 그 자리에 서 있는 것처럼 느껴져서 창으로 찌를 수 있을 것입니다. 17 지금 내가 가장 부러워하는 피조물은 (만일 그와 같은 것이 존재했다면) 켄타우로스(Kentauros)³⁾입니다. 그는 인간의 지능을 갖고 있어서 추론할 능력이 있으며, 자신의 손으로 필요한 것을 만들 수 있고, 말의 재빠름과 힘 때문에 앞에 달려가는 것은 무엇이든지 따라잡을 수 있을 뿐만 아니라 가는 도중에 서 있는 것은 무엇이든지 때려눕힐 수 있습니다. 나는 기병이 되어 이 모든 장점들을 결합하려고 합니다. 18 하여튼 나는 인간의 마음으로 모든 것을 예상할 수 있으며 내 손으로 무기를 지닐 수 있고 말을 타고 빠르게 적을 추격하여 때려눕힐 것입니다. 그러나 나는 켄타우로스처럼 한 몸으로 말에 꼭 붙어 있는 것은 아닐 것입니다. 19 사실 나는 인간과 말이 한 몸에서 같이 자라는 것보다 더 좋습니다. 왜냐하면 적어도 내 생각으로는, 켄타우로스가 인간을 위해 고안된 많은 좋은 것들을 사용하는 것은 틀림없이 어려울 것이기 때문입니다. 또 어떻게 켄타우로스가 말에게 존재하는 자연스러운 수많은 안락함을 느낄 수 있겠습니까? 20 그러나 말타기를 배운다면 말 위에 올라타 있을 때 물론 나는 켄타우

---

3) 그리스 신화에 나오는 반인반마(半人半馬)의 괴물이다. 아폴론과 스틸베 사이에서 태어났다는 이야기도 있고, 익시온과 그를 속이기 위해서 제우스가 헤라와 비슷하게 만든 구름 사이에서 태어났다는 이야기도 있다. 켄타우로스는 테살리아의 펠리온 산에서 살았고, 난폭했으며 호색적이었다─옮긴이.

로스가 한 것처럼 모든 것을 할 수 있습니다. 그러나 말에서 내려오면 다른 사람들처럼 식사를 하거나 옷을 입거나 또는 잠을 잘 것입니다. 사정이 이와 같다면 나는 떨어졌다가 다시 붙을 수 있는 켄타우로스가 되는 것이 아니고 그 무엇이겠습니까?"

21 그는 덧붙였다. "켄타우로스는 단지 두 눈으로 보고 두 귀로 들었던 반면, 나는 네 눈으로 증거를 모으고 네 귀로 배울 수 있기 때문에 켄타우로스보다 훨씬 더 유리할 것입니다. 실제로 말은 그 위에 올라탄 사람이 보기에 앞서 자신의 눈으로 많은 것을 보고서 그것을 기수에게 알려주며, 기수가 듣기에 앞서 자신의 귀로 많은 것을 듣고서 기수가 그것에 친숙하게 해주기 때문입니다. 그러므로 기병이 되려는 사람들 명단에 내 이름을 넣어주십시오."

나머지 사람이 말했다. "예, 제우스 신에 맹세코, 우리도 역시 끼워주십시오."

22 키루스가 물었다. "우리 모두 이 문제에 동의했으므로 이제부터 말을 제공받은 자가 가깝든지 멀든지 간에 걸어가는 것은 부적절한 행동으로 간주하는 자체 규칙을 만들면 어떻겠소? 사람들이 우리를 진정한 켄타우로스로 생각할 수 있도록 말이오."

23 그가 이렇게 제기하자 그들은 모두 찬성했다. 그때부터 심지어 오늘날까지도 페르시아 사람은 이 관례를 따르고 있으며 페르시아의 신사라면 불가피한 경우가 아닌 한 어디를 가든지 간에 걸어가는 것은 전혀 볼 수 없다.

이 문제에 대한 그들의 논의는 이와 같았다.

IV

1 정오가 지나자 메디아와 히르카니아 기병들이 적의 말과 사람들

을 붙잡아서 데리고 돌아왔다. 왜냐하면 그들은 무기를 버린 사람의 목숨은 모두 구해주었기 때문이다. 2 그들이 말을 타고 다가오자 키루스는 먼저 병사들이 모두 안전하냐고 물었다. 그들이 그렇다고 대답하자 그는 또 어떻게 대우해주었냐고 물었다. 그들은 자신이 성취한 것에 대한 이야기를 늘어놓으면서, 모든 면에서 얼마나 용감하게 행동했는지 자랑스럽게 말했다. 3 키루스는 그들이 말하는 것을 모두 즐거운 마음으로 들었다. 그리고 다음과 같이 칭찬했다. "여러분이 용감한 사람으로서 행동했다는 것은 아주 명백하오. 여러분이 예전보다 더 키가 크고 잘생겼으며 훌륭해 보이기 때문에 누구든지 그것을 알 수 있소."

4 그는 그들에게 얼마나 멀리 말을 타고 갔는지, 또 그 지역에 사람들이 살고 있는지 더 물어보았다. 그들은 먼저 아주 멀리 말을 타고 달려갔다고 대답했고, 그 지역에 사람들이 살고 있으며 양, 염소, 소, 말, 곡식, 그리고 모든 종류의 생산물이 가득하다고 말했다.

5 그러자 키루스가 말했다. "우리가 잘 숙고해야 하는 것이 두 가지 있소. 하나는 우리가 이 모든 재산을 소유하는 자의 주인이 되는 것이고, 또 다른 하나는 그들을 원래 살던 곳에 계속 머무르게 하는 것이오. 왜냐하면 사람이 거주하는 지역은 매우 가치 있는 재산인 반면, 사람이 살지 않는 지역은 아무 생산물도 없기 때문이오. 6 나는 여러분이 여러분에게서 도망려는 자들을 살해했다는 것을 잘 알고 있소. 여러분은 옳은 일을 했소. 이것이 승리의 열매를 보전하는 데 가장 좋은 방법이기 때문이오. 그러나 여러분은 항복한 사람들을 전쟁 포로로 데리고 왔소. 이제 그들을 놓아준다면 나는 우리가 그 자체로 이익이 되는 일을 했다고 생각하오. 7 왜냐하면 먼저 그들과 싸우기 위해 계속 경계할 필요가 없고, 그들을 계속 감시할 필요가 없으며, 또 그들에게 계속 식사를 제공할 필요도 없기 때문이오. 물

론 이것은 그들을 굶겨 죽이라는 뜻은 아니오. 둘째로, 우리가 그들을 놓아주면 예전보다 더 많은 전쟁포로를 수용할 수 있기 때문이오. 8 우리가 그 지역의 주인이 된다면 그곳에서 살고 있는 사람은 모두 우리의 전쟁포로가 될 것이오. 우리가 지금 잡혀온 사람을 살려주고 방면해주는 것을 보게 되면, 거기 살고 있는 나머지 사람도 그곳에서 계속 머무르는 한편 싸움보다는 굴복을 선택할 것이오. 이것이 나의 제안이오. 그러나 다른 사람에게 더 좋은 계획이 있으면 그 얘기를 들어봅시다."

그러나 그들은 키루스의 제안을 듣고 그 의견을 채택하는 데 모두 동의했다.

9 따라서 키루스는 포로들을 불러모아 다음과 같이 연설했다. 10 "여러분, 당신들은 지금 항복했기 때문에 목숨을 구했소. 앞으로도 계속 복종한다면, 당신들을 지배할 통치자가 예전에 지배하던 사람이 아니라는 점을 제외하고는 아무런 변화가 없을 것이오. 여러분은 지금과 마찬가지로 같은 집에서 살고 같은 농토에서 일할 것이며, 같은 부인과 함께 지내고 같은 자녀를 기를 것이외다. 11 그리고 여러분은 우리나 다른 사람들과 싸울 필요가 없을 것이오. 그러나 누군가 여러분을 해친다면 우리는 여러분을 위해 싸울 것이오. 아무도 여러분에게 군대에 복무하기를 요청하지 않을 것이기 때문에 여러분의 무기는 우리에게 가져오시오. 그렇게 하는 사람은 평화를 얻을 것이며, 우리가 약속하는 것은 틀림없이 지킬 것이오. 우리는 무기를 가져오지 않는 사람에게는 즉시 공격을 취할 것이외다. 12 여러분 중 누군가 우리에게 다가와 친절히 환대하고 정보를 제공해주는 모습을 보이면, 우리는 그를 노예가 아니라 우리에게 은혜를 베푼 자나 친구로 대접할 것이오. 여러분 자신을 위해 이 말을 확신하고 받아들이시오. 그리고 그 확신을 나머지 다른 사람에게도 전해주시오. 13 그

러나 여러분이 이와 같은 항복조건을 기꺼이 받아들이는 반면 다른 사람은 그렇게 하지 않는다면, 여러분은 우리가 그들과 싸울 수 있도록 인도해주어서 그들이 여러분의 주인이 되는 것이 아니라 여러분이 그들의 주인이 되도록 만드시오."

그는 이와 같이 연설했다. 그들은 이에 복종했으며 그가 지시한 대로 하겠다고 약속했다.

V

1 그들이 가버리자 키루스가 말했다. "메디아와 아르메니아인 여러분, 이제 우리 모두 저녁식사 하러 갈 시간이 되었소이다. 우리가 할 수 있는 능력을 다해서 여러분에게 필요한 모든 것을 준비했소. 그쪽으로 가시오. 그리고 우리에게는 구운 빵의─그것은 모두에게 충분할 정도로 준비되어 있는데─반만 보내고 고기나 어떤 음료도 보내지 마시오. 왜냐하면 우리 본부에는 충분한 양의 고기와 음료가 이미 준비되어 있기 때문이오.

2 그리고 히르카니아인 여러분, 여러분의 장교들을 제일 큰 막사로 그리고 나머지는 제일 좋다고 여겨지는─여러분은 어떤 것이 그런지 잘 알고 있을 텐데─막사로 인도하시오. 여러분 또한 가장 즐겁다고 생각되는 곳은 어디에서든지 식사해도 좋소. 여러분의 막사는 안전하고 청결하며 거기에도 역시 여기 있는 것과 같은 종류의 식사가 준비되어 있기 때문이오.

3 우리는 밤에 진지 밖에서 여러분을 위해 경계를 설 것이오. 그러나 여러분은 막사에서 일어날지도 모르는 일에 주의를 기울이고, 한편 무기를 편리하게 사용할 수 있도록 잘 쌓아두기 바라오. 왜냐하면 막사 안에 있는 사람은 아직까지 우리의 친구가 아니기 때문이오. 여

러분 모두 이 점을 명심하시오."

4 메디아인, 티그라네스, 그리고 그의 부하들은 목욕을 하고 옷을 ─갈아입을 옷이 이미 제공되어 있었는데 ─ 갈아입은 후 식사하러 갔다. 그들이 타고 온 말 역시 사료를 받았다.

절반 정도의 빵을 페르시아인에게 전했다. 그러나 반찬으로 먹을 고기나 포도주는 보내주지 않았다. 그들은 키루스와 그의 부하들이 이 품목들을 충분히 갖고 있다고 생각했기 때문이다. 그러나 키루스의 말이 원래 의미했던 바는 배고픔이 그들의 반찬이며 옆에서 흐르는 강이 마실 물이라는 것이었다.

5 식사를 마친 후 어두워지자 키루스는 페르시아 병사들을 다섯명 또는 열 명씩 분대로 나누어 진지 주변에 잠복하라고 명령해서 밖으로 내보냈다. 그는 누군가 밖에서 공격해오는 경우에 대비해서 그들이 보초를 서야 하며, 이와 동시에 재물을 가지고 도망치려는 자도 붙잡을 수 있다고 생각했기 때문이다. 그리고 이것은 사실로 판명되었다. 왜냐하면 많은 사람이 도망가려 했고 또 많은 사람이 도망가다 붙잡혔기 때문이다. **6** 키루스는 도망가려는 자를 붙잡는 데 공을 세운 사람이 그 전리품을 소유할 수 있게 했다. 그러나 도망가려던 사람은 죽이라고 명령했다. 그런 일이 있은 후부터는 눈을 씻고 찾아봐도 밤중에 도망가려고 시도하는 사람은 쉽게 찾아볼 수 없었다.

7 페르시아인은 이와 같은 방식으로 시간을 보냈다. 그러나 메디아인은 술을 마시고 흥청거리며 피리음악을 듣고 모든 종류의 흥을 돋우는 일에 푹 빠져 있었다. 즐거움을 주기 위해 동원된 많은 것들이 적에게서 포획된 것이었고, 잠을 자지 않고 깨어 있는 사람들은 그렇게 하는 것을 난처해하지 않았다.

8 키루스가 행군해갔던 밤에도 메디아의 왕인 키악사레스와 그와 함께 식사를 하던 동료들은 자신의 성공을 축하하면서 술에 취해 있

었다. 그는 나머지 메디아인도 몇몇을 제외하고는 모두 진지에 남아 있다고 생각했다. 왜냐하면 커다란 소음이 들렸기 때문이다. 메디아의 하인들은 자기 주인들이 가버리자, 자기들도 아무런 제한 없이 술을 마시고 주연을 즐겼다. 특히 그들은 아시리아군에게서 뺏은 술과 다른 많은 음식을 먹어치웠다.

9 날이 밝자 그와 함께 식사했던 사람을 제외하고는 아무도 그의 본부로 오지 않았다. 그는 메디아 기병부대도 진지를 버리고 떠났다는 이야기를 듣고서, 또 밖으로 나와 그것이 사실인 것을 확인하고서 키루스와 떠나간 메디아인에게 분노를 터뜨렸다. 왜냐하면 그들이 그를 혼자 내버려두고 가버렸기 때문이다. 그는 난폭하고 비합리적이라는 평판에 걸맞게 곧바로 거기 있던 사람에게 자신의 친위 기병부대를 이끌고 최고 속도로 키루스에게 달려가서 다음과 같은 메시지를 전하라고 명령했다.

10 "나는 키루스조차 나에 대한 배려를 보여주지 않았다고 생각한다. 설사 키루스가 그와 같이 생각했다 하더라도 적어도 메디아인은 나를 이렇게 내버려두는 데 동의하지 않았어야 했다. 이제 키루스가 원한다면 그대들과 함께 오도록 하라. 그렇지 않다면 적어도 메디아인은 가능한 한 빨리 나에게 돌아오라."

11 그의 메시지는 이와 같았다. 그러자 키루스에게 달려가라는 명령을 받은 사람이 말했다. "폐하, 제가 어떻게 그들을 찾을 수 있을까요?"

그가 대답했다. "키루스와 그와 함께 간 사람들이 어떻게 그들이 찾으려 했던 자들을 찾았느냐?"

그 사람이 말했다. "음, 제우스 신에 맹세코, 제가 듣기로는 적진에서 도망친 몇몇 히르카니아인이 이리로 와서 그를 안내했다고 합니다."

12 이 말을 듣고 키악사레스는 키루스가 이 말을 전해주지 않았다는 사실 때문에 더욱 화가 났다. 그는 메디아인을 소환하기 위해 더욱 서둘러 사람을 보냈다. 왜냐하면 자신의 군대가 더 이상 키루스를 도와주지 못하게 하고 싶었기 때문이다. 그는 예전보다 더욱 난폭하게 위협하면서 메디아인에게 돌아오라고 명령했다. 또 전령이 이와 같은 강조사항에 주의하지 않고 메시지를 전달한다면 그 또한 무사하지 못할 것이라고 위협했다.

13 이 임무를 부여받은 장교는 약 1백 명에 달하는 그의 친위 기병부대와 함께 출발했다. 그 장교는 키루스가 떠날 때 그와 함께 갈 수 없었던 것에 화가 났다. 그들은 어떤 우회로로 잘못 들어서 길을 잃어버리고 아군 부대에 도달하지 못했다. 그러다 아시리아의 패잔병들을 만나 그들에게 길을 안내하라고 윽박질렀다. 따라서 자정 무렵이 되어서야 그들은 키루스군 막사에 불이 피워져 있는 것을 발견할 수 있었다. **14** 그들이 키루스의 진영에 도착했는데도 그곳의 보초들은 키루스의 명령에 따라 날이 밝을 때까지 그들을 들여보내지 않았다.

날이 밝을 무렵 키루스가 맨 처음 한 일은 수도승들(magi)[4]을 불러 그들에게 성공을 인정하는 행위로써 신을 위해 정해진 선물을 고르도록 한 것이었다. **15** 수도승들이 이 일에 주의를 기울이는 동안 그는 동료들을 불러모아 다음과 같이 말했다. "친구 여러분, 신은 우리 앞에 많은 은총을 펼쳐주었소. 그러나 우리 페르시아인은 현재 상황에서는 수가 너무 적기 때문에 그 은총을 이용할 수 없소. 우리가

---

4) 페르시아의 수도승들을 가리킨다. 단수형은 마구스(magus)이지만 보통 복수형으로 쓴다. 원래는 조로아스터교의 사제들을 뜻하지만 페르시아와 메디아에서는 일반적으로 사제를 가리키는 뜻으로 사용했다. 'magic'의 어원이기도 하다—옮긴이.

획득한 것을 지키지 못한다면 그것은 다른 사람의 소유물이 될 것이오. 우리가 소유하게 된 재산을 지키기 위해 얼마간의 사람들을 남겨둔다면, 곧 우리가 힘이 없다는 사실이 알려질 것이오. **16** 따라서 나는 여러분 중 누군가 최대한 빨리 페르시아로 가서 나의 메시지를 전하고, 페르시아인이 아시아를 지배하고 그곳에서 부수입을 얻으려면 하루라도 빨리 우리를 강화시켜줄 수 있는 보충부대를 보내주도록 요청하기로 결정했소. **17** 선임 장교들이 가서 이렇게 말하고, 어느 군대가 오든지 간에 도착 후부터는 내가 책임지겠다고 전해주시오. 우리 실정을 아무것도 숨기지 말고 다 이야기해주고, 또 그곳 상황은 어떠한지 잘 살펴보도록 하시오. 그뿐만 아니라 페르시아 법에 따르면 전리품을 얻으면 그중 얼마를 고국으로 보내야 하는지 알아보도록 하시오. 특히 신에게 바치는 적당량의 제물에 대해서는 내 아버지께 여쭈어보고, 국가에 헌납해야 할 합당한 분량에 대해서는 원로들에게 여쭈어보시오. 또 우리가 하는 일을 지켜보고 우리 질문에 답해줄 수 있는 사람을 보내달라고 요청하시오. 떠날 채비를 한 후 호위해줄 부대를 데리고 가도록 하오."

18 그러고 나서 그는 메디아인을 불러들였다. 키악사레스가 보낸 전령을 들어오게 하여 모든 사람이 있는 가운데 키악사레스의 키루스에 대한 분노와 메디아인에 대한 위협을 보고하게 했다. 전령은 보고 마지막에 설령 키루스가 남기를 원한다 하더라도 메디아인은 돌아오라고 명령했다고 전했다.

19 전령의 말을 듣고 메디아인은 침묵을 지켰다. 그들은 소환당한 셈인데 어떻게 왕의 말에 복종하지 않을 수 있을지 당혹했기 때문이다. 특히 그의 분노를 경험했던 적이 있는 사람은 키악사레스가 이와 같이 위협할 때 어떻게 해야 할지 두려움에 떨면서 고민했다. **20** 키루스가 말했다. "사자(使者)여 그리고 메디아인 여러분, 키악사레스

가 우리와 처음 만났을 때에는 적의 수가 워낙 많고 우리가 그동안 어떻게 지내왔는지 모르고 있었기 때문에, 그가 우리와 그 자신에게 무관심한 것을 보고도 나는 결코 놀라지 않았소. 그러나 이제 그는 먼저 많은 적이 살해되고 모두 패주한 것을 보고 두려움을 떨쳐버렸으며, 또한 친구들이 적을 전멸시켜주었기 때문에 이제는 자기 홀로 내버려져 있지 않다는 것을 깨달았을 것이오.

21 더욱이 우리가 그에게 좋은 일을 해주고 어떤 행동으로도 나쁜 해를 끼치지 않았는데 그가 어떻게 우리를 비난한단 말이오? 그는 나에게 적을 추격해도 되며 추격할 때 여러분을 함께 데리고 가도 좋다고 동의했소이다. 한편 여러분은 이 원정에 참여할지에 대해 물음을 받지 않았으며 또한 이 원정에 참가하기를 원해서가 아니라 그에게서 그렇게 하라고 명령받았기 때문에 여기 있는 것이오. 여러분 중 어느 누구도 이에 반대하지 않았소. 따라서 나는 우리가 성공하면 이 분노가 가라앉을 것이며 그의 두려움도 시간이 지나감과 동시에 사라질 것이라고 분명히 확신하오.

22 그러므로 사자여, 피곤해 보이는데 잠시 휴식을 취하시오. 우리는 적이 항복하거나 싸울 것이라고 기대하기 때문에 동료 페르시아인이 가능한 한 좋은 대형을 유지하면서 정렬해 있도록 허락해주시오. 우리가 그렇게 하고 있으면 원하는 바를 더욱 쉽게 성취할 수 있을 것이외다. 히르카니아 왕이여, 당신은 장교들에게 무장을 하고 나에게 복무하라는 명령을 내리는 것이 좋을 것이오.”

23 히르카니아인이 그렇게 하고 돌아가자 키루스가 말했다. “히르카니아 왕이여, 함께 이곳에 옴으로써 당신은 나에게 우정을 보여주었을 뿐만 아니라 당신이 판단을 잘한다는 것을 보여주었기 때문에 매우 기쁘오. 이제 우리의 이해관계가 깊다는 것은 명백하오. 아시리아인은 우리의 적이며 여전히 나보다 당신에게 더 적대적이기 때문

이오. **24** 이와 같은 상황에서는 여기 있는 어떤 동맹군도 우리를 저버리지 않을 것이며, 가능하다면 우리가 다른 동맹군을 확보할 수 있을 것이라는 점을 중시해야만 하오. 당신은 방금 전에 메디아인이 기병부대를 소환한다는 말을 들었소이다. 그들이 가버린다면 우리에게는 단지 보병부대만 남아 있을 것이오. **25** 따라서 기병부대를 소환하려고 온 사람 역시 우리와 함께 여기 남아 있기를 원하도록 만들어야 하오. 최고의 시간을 보낼 수 있는 막사와 그가 원하는 것은 무엇이든지 모두 찾아서 그에게 주시오. 나는 그가 가버리기보다는 남아서 그 자신이 맡을 직책을 찾아주려고 노력할 것이오. 그와 함께 이야기를 나누면서 우리가 이 일에 성공하면 모든 친구들에게 부를 나누어주려 한다는 것을 알려주시오. 그리고 이 일을 끝내고 나면 다시 나에게 돌아오시오."

26 그러자 히르카니아 왕은 메디아의 전령을 데리고 막사로 갔다. 페르시아로 떠나려던 장교가 출발준비를 하고 키루스에게 나타났다. 키루스는 그에게 앞서 말했던 내용을 페르시아인에게 전해주고, 또 키악사레스에게 편지를 전해주라는 임무를 주었다. 그가 말했다. "나는 이제 자네에게 내 메시지를 읽어주고 싶네. 그가 편지에 있는 내용과 관련하여 자네에게 어떤 것을 물을 때 자네가 그 내용을 이해하고 있다가 사실을 확인해줄 수 있도록 말일세."

그 편지의 내용은 다음과 같았다.

27 "친애하는 키악사레스께

우리는 당신을 버려두고 떠난 것이 아닙니다. 왜냐하면 적을 정복할 때 자기 친구를 저버리는 경우는 없기 때문입니다. 우리가 떠난 것이 당신에게 어떤 위험을 초래했다고는 생각하지 않습니다. 우리가 멀리 갈수록 당신이 더욱 안전해진다고 생각합니다. **28** 친구에게 제일 커다란 안전을 제공해주는 사람은 바로 곁에 가까이 앉아 있는 사람이 아닙니다. 또한 친구를 위험에서 벗어날 수 있도록 가장 효과적으로 도와주는 사람은 적을 가장 멀리 내쫓는 사람입니다.

29 내가 그동안 당신에게 어떻게 행동했는지, 또 당신이 내게 어떻게 행동했는지를 생각해보십시오. 그러나 이 모든 것에도 불구하고 당신은 지금 나를 비난하고 있습니다. 나는 당신이 나보고 데리고 오라고 말했던 것보다 내가 데리고 올 능력이 되는 더 많은 동맹군을 데리고 왔습니다. 당신은 내가 함께 추격하자고 설득할 수 있는 병사들은 모두 데리고 가라고 허락했음에도 이제 적의 영토까지 진격해온 이 마당에 단지 내 곁을 떠나려는 사람뿐만 아니라 나의 모든 병사들을 소환하고 있습니다. **30** 사실 그때 나는 당신과 당신의 군대 모두에게 의무가 있다고 생각했습니다. 그러나 지금 당신은 내가 당신을 고려하지 않고 내버려둔 채 나를 따랐던 사람에게 모든 감사의 마음을 헌정하도록 강요하는 듯이 행동하고 있습니다.

31 그러나 나는 당신이 나를 대하는 것과 같은 마음으로 당신을 대할 수는 없습니다. 바로 이 순간 나는 군대를 강화하기 위해 페르시아로 사람을 보내고 있습니다. 만일 나에게 합류하러 오는 페르시아 병사들이 우리가 돌아가기 전에 어떤 목적으로든 당신에게 필요하다면, 그들이 봉사하기 좋아해서가 아니라 당신이 그들을 사용하기 원하기 때문에 당신의 뜻에 복종하라는 지시를 내렸습니다.

32 더욱이 나는 당신보다 젊지만, 당신에게 보이는 나의 태도가 악의적인 것이 아니라 감사하는 마음이 되게 하기 위해, 당신이 일전에 지시했던 것을 되돌리면서까지 당신을 위해 그토록 재빨리 달려갔던 사람을 위협하면서 소환하지 말라고 충고하고 싶습니다. 동시에 다수의 사람이 당신을 저버렸다고 주장하면서 그들을 위협하지 말라고 충고하고 싶습니다. 더 이상 그들이 당신에게 주의를 기울이지

않도록 당신이 행동하는 것 같아 나는 두렵기 때문입니다.

33 우리는 당신과 우리에게 공동으로 이익이 된다고 생각하는 것을 모두 완수한 다음 곧바로 당신에게 돌아가려고 노력할 것입니다.

안녕히 계십시오.
키루스"

34 "이 편지를 그에게 전해주도록 해라. 그리고 이 문제에 대해 그가 너에게 묻는 것은 무엇이든지 여기 씌어 있는 것에 주의하면서 대답하도록 해라. 너는 이 일을 분명히 진실되게 할 수 있다. 왜냐하면 페르시아인에 관해 너에게 내린 지침은 편지에 씌어져 있는 것과 완전히 일치하기 때문이다."

그는 전령에게 이와 같이 말하고 편지를 주어 떠나보냈다. 그리고 신속하게 되돌아오는 것이 중요하다는 것을 잘 아는 사람처럼 서둘러야 한다는 지시를 덧붙였다.

35 이때 그는 메디아인, 히르카니아인, 그리고 티그라네스의 부대가 모두 이미 무장하고 있으며 페르시아인 역시 무장하고 서 있는 것을 보았다. 근처에 있는 주민들 중 일부도 이미 말과 무장을 준비하고 있었다. **36** 그는 창병들에게 지난번과 같은 장소에 창을 내려놓으라고 명령했다. 그들은 필요하지 않은 것은 모두 불태웠다. 그러나 말을 데리고 온 모든 사람에게는 말을 잘 지키면서 어떤 전갈을 받을 때까지 기다리고 있으라고 명령했다. 그러고 나서 기병부대와 히르카니아의 장교들을 불러들였다. 그는 다음과 같이 연설했다.

37 "친애하는 동지 여러분, 내가 자주 여러분을 함께 부르는 것을 놀라지 마시오. 왜냐하면 우리의 현재 상황은 새로운 것이며 많은 것들이 아직 조직되지 않은 채 남아 있기 때문이오. 조직에 결여된 것

은 무엇이든지 간에 반드시 정돈될 때까지 우리에게 문제를 일으키고야 마오.

38 우리는 지금 붙잡아온 적군뿐만 아니라 많은 전리품을 갖고 있소. 그러나 우리는 각자 전리품을 얼마만큼 가져야 하는지 또 포로들은 누가 그들의 주인이 되어야 하는지 잘 모르기 때문에, 결과적으로 많은 이들이 자신의 의무를 다하고 있는 것을 보는 것은 불가능하오. 거의 대부분의 사람이 자신의 할 일에 의구심을 갖고 있기 때문이오. **39** 따라서 이와 같은 상황이 계속되지 않기 위해 전리품을 나누어주도록 하시오. 많은 음식과 음료, 시중드는 하인으로 가득 찬 막사와 잠자리, 의복, 그리고 군대의 막사가 안락하기 위해 갖추어야 하는 그밖의 것들로 가득 찬 막사에 배정된 사람은 누구나 더 이상 필요한 것이 없을 것이오. 단지 이것을 배정받은 사람은 그곳을 자신의 것인 양 돌보아야 한다는 점을 이해해야 하오. 그러나 어떤 것이 결핍되어 있는 막사로 가는 사람은 부족한 것이 있으면 알려주고 필요한 것을 보충하도록 하시오. **40** 나는 남아 있는 것들이 상당하다고 확신하오. 적은 모든 면에서 우리에게 필요한 것보다 더 많은 양을 가지고 있었기 때문이오. 더욱이 아시리아 왕과 다른 왕국의 회계담당관들은 나에게 그들이 공물을 지불할 때 사용하는 순금 주화를 가지고 있다고 보고했소. **41** 따라서 각 본부에서는 이것들을 모두 수송해달라고 알려주시오. 그리고 명령하는 대로 하지 않는 사람에게는 그것을 두려워해야 하는 이유에 대해 충분히 말해주시오. 병사들이 필요로 하는 것은 무엇이든지 모두 살 수 있도록 여러분은 돈을 가져가서 그것을 2 대 1의 비율로 기병과 보병에게 지불하시오."

42 그는 덧붙였다. "더욱이 우리가 필요한 물건을 진지 내에서 소상인들이 갖고 있는 경우, 그들에게 그것을 팔 수 있게 하고 또 그것이 다 떨어지면 새로 공급받을 수 있게 하며, 이와 같은 시장거래 행

위를 아무도 방해하지 못하도록 공보관이 공포하시오.”

43 그들은 즉시 포고문을 발표하러 갔다. 그러자 메디아인과 히르카니아인이 물었다. “당신과 당신 부하들의 도움 없이 우리가 어떻게 이 전리품을 나눌 수 있겠습니까?”

44 그 질문에 키루스는 다음과 같이 대답했다. “훌륭한 나의 친구 여러분, 여러분은 우리가 해야 할 일을 감독하기 위해 모두 여기 있어야 하고, 필요한 경우에 내가 여러분을 위해 어떤 일을 할 능력이 없다거나 또는 여러분이 우리를 위해 일을 할 능력이 없을 것이라고 진정 생각하시오? 이보다 다른 어떤 것이 우리를 더욱 괴롭게 만들고 덜 성취하게 할 수 있겠소? **45** 아니외다. 여러분은 여기에 주의를 기울여야 하오. 우리는 여러분을 위해 그것을 지켜왔으며 여러분은 그것을 잘 지켰다는 점에서 우리를 신뢰하고 있음이 틀림없기 때문이오. 이제 여러분이 그것을 나누시오. 우리는 여러분이 공정하게 나눌 것이라고 신뢰하오. **46** 우리에게는 공동의 이익을 얻기 위해 노력했다는 것 이상의 그 무엇이 있소. 여러분이 보다시피, 무엇보다도 우리는 수많은 말을 갖게 되었으며 또 그보다 더 많은 말이 우리에게 들어오고 있소. 우리가 말을 탈 기수 없이 말을 그냥 내버려둔다면 그 말은 우리에게 아무런 소용이 없을 것이며, 단지 그들을 돌보아야 하는 수고만 생길 뿐이오. 그러나 기수를 말 위에 태우면 이와 동시에 우리의 수고가 사라지고 더욱 큰 힘을 얻게 될 것이오. **47** 여러분이 우리보다 더 말을 주고 싶거나 또는 우리와 더불어 위험에 빠지기를 바라는 사람이 있다면 그들에게 말을 주시오. 그러나 여러분이 다른 사람들보다 우리를 동지로 삼기 원한다면 우리에게 말을 주시오. **48** 내가 이렇게 요청하는 데에는 그럴 만한 충분한 이유가 있소. 우리가 아무런 도움도 주지 못한 채 여러분이 위험 속으로 말을 달렸을 때 우리는 여러분에게 어떤 일이 일어나지 않을까 걱정했으며, 우리

가 여러분 곁에 없다는 사실 때문에 수치스러움을 느꼈소. 그러나 우리가 말을 얻는다면 다음에는 여러분을 따라갈 것이외다. **49** 우리가 여러분과 함께 말을 타고 싸우는 것이 여러분에게 더욱 유리해진다면 우리는 결코 용기를 잃지 않을 것이오. 한편 다시 보병이 되어 여러분을 돕는 것이 더 이익이 된다면, 우리는 즉시 말에서 내려 여러분 곁에 보병으로 서 있을 것이오. 그리고 우리는 말을 맡길 수 있을 만한 사람을 그럭저럭 찾을 수 있을 것이외다."

50 그는 이와 같이 연설했고, 이에 그들이 대답했다. "키루스여, 우리에게는 말 위에 태울 수 있는 사람이 더 이상 없습니다. 그리고 설사 더 있다 하더라도 말을 다른 용도로 쓰지 않을 것입니다. 왜냐하면 그것이 바로 당신이 원하는 바이기 때문입니다. 따라서 지금 말을 가져다가 당신이 생각하는 최선의 방법으로 사용하십시오."

51 그가 말했다. "음, 나는 이 제안을 받아들이겠소이다. 우리가 기병으로 전환하고 공동의 전리품을 나누는 데 있어서 행운만이 우리를 기다릴 것이오. 먼저 페르시아 수도승들이 신의 뜻을 해석할 수 있기 때문에 그들이 지시하는 것은 무엇이든지 신을 위해 따로 떼어놓으시오. 그다음에 키악사레스를 위해 그가 가장 잘 받아들일 수 있다고 여기는 것은 무엇이든지 선택하도록 하시오."

52 그들은 웃으면서 그를 위해 여자를 택할 것이라고 말했다.

그가 말했다. "그러면 여자를 선택하고 난 후 여러분이 원하는 것은 무엇이든지 선택하시오. 여러분이 그를 위해 선택하고 난 다음, 히르카니아인 당신들은 자발적으로 나를 따라온 모든 사람에게 아무런 불평도 생기지 않도록 할 수 있는 일은 모두 다 해주기 바라오.

53 이번엔 메디아인 여러분, 당신들은 먼저 우리의 동맹이 된 사람들에게 우리의 친구가 되라는 충고를 받아들이기를 잘했다고 생각하도록 존경의 뜻을 표해주시오. 키악사레스에게서 온 특사와 그에

게 복무하는 병사들에게도 모든 것에서 합당한 만큼의 몫을 나누어주고, 그들 역시 우리와 함께 머물도록 초대하시오. 그리고 그들에게 이것이 나에게는 기쁨이라는 것을 이해시켜주시오. 그가 진실을 좀더 잘 알 수 있고, 각 사항에 대한 사실들을 키악사레스에게 좀더 잘 보고할 수 있도록 말이오. **54** 나와 함께 있는 페르시아인에 관해서는, 여러분이 풍족하게 제공받고 난 후 남아 있는 것을 주면 충분할 것이오. 왜냐하면 우리는 어떤 종류의 사치에도 물들지 않고 자라와서 거의 시골풍의 삶을 즐기기 때문이오. 따라서 우리가 어떤 값비싼 것을 몸에 걸치면, 마치 우리가 말안장에 앉았다가 땅에 떨어질 때 웃음거리가 되는 것처럼, 여러분은 아마 우리를 보고 웃을 것이오."

55 그들은 페르시아 기병에 관한 키루스의 농담을 듣고 허심탄회하게 웃으면서 전리품을 나누어주러 갔다. 한편 그는 중대장들을 불러 말과 말구종, 그리고 말 장식품들을 가져와서 똑같이 나누어 중대마다 같은 몫을 가질 수 있게 하라고 명령했다.

56 키루스는 다시 아시리아, 시리아, 아라비아 군대에서 노예로 종사해야만 했던 메디아, 페르시아, 박트리아, 카리아, 그리스 그리고 그밖의 다른 곳에서 온 사람들이 있으면 알려달라는 포고문을 만들도록 명령했다. **57** 공보관의 포고문을 보자 많은 사람이 기쁘게 앞으로 나왔다. 그는 그 가운데 가장 좋아 보이는 사람을 골라서 그들에게 자유를 주지만 부여된 무기를 지니고 병사처럼 행동해야 한다고 말했다. 그들을 유지하기 위해 그가 직접 준비하겠다고 했다.

58 그는 그들을 즉시 중대장들에게 데려가 무기를 들고 말을 따라갈 수 있도록 방패와 허리띠 없는 칼을 주라고 명령했다. 더욱이 그들에게 자기 휘하에 있는 페르시아인과 같은 음식을 주라고 명령했다. 또 페르시아인에게는 항상 허리에 두르는 갑옷과 창을 갖고 말에 올라타라고 명령했으며 직접 모범을 보였다. 새로 기병이 된 장교들

에게는 각자 자신을 대신해서 보병부대를 지휘할 다른 동료를 임명하라고 지시했다.

VI

1 그들은 이와 같이 일을 처리했다. 그러는 동안 늙은 아시리아인인 고브리아스(Gobryas)[5]가 기병부대의 호위를 받으면서 말을 타고 나타났다. 그들은 모두 기병이 지니는 무기를 갖고 있었다. 무기를 회수하는 임무를 부여받은 자들이 다른 사람에게 했던 것과 마찬가지로 무기를 태우기 위해 그들이 갖고 있는 창을 던지라고 명령했다. 그러나 고브리아스는 먼저 키루스를 보고 싶다고 말했다. 장교들은 기병부대를 그곳에 남겨두고 고브리아스를 키루스에게 인도했다. 2 그는 키루스를 보고 다음과 같이 말했다.

"폐하, 나는 아시리아에서 태어났습니다. 나는 성을 갖고 있으며 내가 지배하는 영토는 넓습니다. 또한 아시리아 왕이 마음대로 사용하곤 했던 약 천 필의 말을 가지고 있습니다. 그리고 나는 그의 가장 헌신적인 친구였습니다. 그러나 탁월한 사람이었던 그 사람이 당신의 손에 죽었고 나에게는 가장 나쁜 적인 그의 아들이 왕위를 계승했기 때문에, 나는 당신에게 와서 당신의 발밑에 이렇게 탄원합니다. 내가 당신의 봉신(封臣)이 되어 동맹군으로 참여하는 대신 당신께서는 나의 복수를 해주십시오. 내가 할 수 있는 유일한 방법은 당신을 내 아들로 삼는 것입니다. 왜냐하면 나에게는 아들이 없기 때문입니다. 3 나의 유일한 아들이었던 녀석은 아름답고 용감한 젊은이였으

---

5) 신(新)바빌로니아 왕국의 마지막 왕 나보니두스(Nabonidus, 재위: 기원전 556-기원전 539) 시절의 장군이다. 키루스가 신바빌로니아를 침공했을 때 그를 도와 나보니두스왕을 체포했다.

며, 나를 사랑하고 아버지를 기쁘게 해주는 효도를 했습니다.[6] 현 아시리아 지배자의 아버지인 선왕이 내 아들을 자기 딸과 결혼시키려고 그의 궁전에 초대했을 때 나는 그에게 가도 좋다고 허락했습니다. 입에 발린 말이지만 나는 내 아들이 왕의 딸과 결혼하는 것을 자랑스러워했기 때문입니다. 그때 현 왕인 자가 내 아들에게 자기와 함께 사냥을 가자고 초대하면서 사냥감을 추적하는 데 최선을 다해도 좋다고 허락해주었습니다. 자기가 내 아들보다 훨씬 더 말을 잘 탄다고 생각했기 때문입니다. 내 아들은 그의 친구 자격으로 함께 사냥을 갔습니다. 곰 한 마리가 나타났을 때 그들은 모두 추격했고 현 왕이 창을 던졌으나 빗나가고 말았습니다. 오! 맙소사! 그러자 내 아들은 창을 던졌고 (그는 그러지 말아야 했습니다) 곰은 쓰러졌습니다. 4 그러자 그자는 화가 났으며, 후에 판명되는 바와 같이, 질투심을 어둠 속에 숨겼습니다. 다시 사자가 나타났을 때 그는 또 놓쳤습니다. 내가 생각하기에 여기엔 어떤 특별한 것은 없었습니다. 그러나 또다시 두 번째로 내 아들이 목표를 맞추어 사자를 쓰러뜨렸습니다. 그는 '나는 연달아 두 번씩 창을 던지지 않고 단번에 사냥감을 쓰러뜨렸어!'라고 소리쳤습니다. 그러자 그 불한당은 더 이상 질투 어린 분노를 억제하지 못하고 시종 중 한 사람에게서 창을 낚아채 내 아들, 나의 하나밖에 없는 사랑스런 아들의 가슴에 내리꽂았습니다. 그리고 그의 목숨을 빼앗았습니다. 5 불행하게 되었지만 나는 신랑 대신 시체를 안고 돌아왔습니다. 늦었지만 나는 사랑스런 아들의 뺨 위에 깃털을 얹어 땅속에 묻었습니다. 그러나 그 살인자는 마치 적이라도 죽인 듯이 후회하는 모습을 보이지 않았으며, 자신의 사악한 행동을 고치

---

6) 이 슬픔을 자아내는 아버지의 독백은 흐느낌으로 조각나 있다. 한번 시작된 문장이 결코 끝날 줄 모르고 이어진다.

기 위해 땅속에 묻혀 있는 내 아들에게 어떤 경의도 표하지 않았습니다. 그러나 그의 아버지는 나에게 슬픔을 표시했고 내가 고통스러워할 때 동정심을 보여주었습니다. 6 그래서 만일 선왕이 살아 있다면 나는 결코 당신에게 옴으로써 그에게해를 끼치는 행위는 하지 않았을 것입니다. 나는 그에게서 많은 호의를 받았으며, 또한 그에게 많은 봉사를 해주었기 때문입니다. 그러나 내 아들을 죽인 살인자에게 왕위가 전해졌기 때문에 나는 결코 그에게 충성할 수 없으며 그 역시 결코 나를 친구로 간주하지 않을 것이라고 확신합니다. 왜냐하면 그는 내가 그에 대해 어떤 느낌인지, 또 한때는 그렇게도 밝았던 나의 삶이 이제는 얼마나 어두워졌는지 잘 알고 있기 때문입니다. 지금 나는 내버려진 상태로 노년을 슬픔 속에서 보내고 있습니다.

7 그러므로 당신이 나를 받아주고 당신의 도움으로 내 아들의 복수를 할 수 있다는 어떤 희망을 발견한다면, 나는 젊음을 다시 회복하고 살아 있는 동안 더 이상 수치스럽지 않게 살 것이며 죽을 때 아무런 후회 없이 죽을 수 있을 것이라고 생각합니다.”

8 그는 이와 같이 말했다. 키루스가 대답했다. “음 고브리아스, 당신이 말한 것이 모두 진실임을 증명한다면 나는 당신을 탄원자로 받아들일 뿐만 아니라 신의 도움으로 당신 아들을 살해한 자에게 복수할 것이라고 약속하오. 그러나 우리가 당신을 위해 이 일을 해주고 당신의 성과 영토, 그리고 예전에 가졌던 힘을 계속 유지시켜준다면 당신은 이에 대한 보상으로 우리에게 어떤 봉사를 해줄 것이오?”

9 그가 대답했다. “나는 당신이 진격해올 때 내 성을 당신의 본부로 내주고, 예전에 아시리아 선왕에게 지불했듯이 우리 영토의 공물을 당신에게 지불할 것입니다. 나는 또한 당신이 진군해가는 곳은 어디든지 간에 내 군대의 맨 앞에 서서 당신과 함께 행진할 것입니다. 게다가 나에게는 미혼이며 사랑스럽고 결혼할 나이가 된 딸아이가

하나 있습니다. 한때 나는 그 아이를 현 왕의 신부감으로 생각하고 키웠습니다. 그러나 이제 내 딸도 많은 눈물을 흘리면서 오빠를 죽인 살인자에게 시집가지 않겠다고 애걸하고 있습니다. 그래서 나도 아주 단호해졌습니다. 당신과 거래하겠다는 것을 증명하기 위해 나는 그 아이를 당신의 처분에 맡기겠습니다."

10 그러자 키루스가 대답했다. "당신이 말한 것은 모두 사실이기 때문에 나는 내 오른손을 내밀어 당신 손을 잡겠소. 신이 우리의 증인이 될 것이오."

이렇게 하고 그는 고브리아스에게 집으로 돌아가 무기를 지니고 있으라고 명령했다. 그는 또한 그에게 그곳이 얼마나 멀리 떨어져 있는지 물었다. 왜냐하면 그곳에 가고 싶었기 때문이다. 그가 말했다. "내일 아침 일찍 출발한다면 두 번째 밤은 우리와 함께 보낼 수 있을 것입니다."

11 이와 같이 말하고 그는 안내자를 뒤에 남겨둔 채 떠났다. 그때 메디아인이 페르시아 수도승들이 신에게 제사 지내기 위해 따로 떼어놓으라고 지시했던 것을 전달한 후 돌아왔다. 그들은 키루스를 위해 가장 훌륭한 막사와 아시아에서 가장 아름답다고 소문난 수사(Susa)[7)]의 여인, 그리고 가장 능숙하게 악기를 다루는 두 명의 소녀

---

7) 이란의 남서쪽에 있으며, 현재의 슈슈(Shush) 지역이다. 기원전 4000년 무렵부터 엘람 민족이 거주하면서 신석기 문화를 발전시켰다. 기원전 3000년대 초기 이 지역에서 원(原)엘람문자와 십진법이 발명되었고 도시도 성립되었다. 기원전 2700년부터 기원전 1500년 사이에 아카드인과 우르의 3왕조가 이 지역을 지배했다. 기원전 1000년대 후반기에 엘람인은 독립을 쟁취하고 번성했다. 기원전 12세기 초에는 쿠티르나훈테가 바빌론을 공략하여 함무라비 법전비(法典碑)와 나람신 전승비(戰勝碑) 등을 가지고 오기도 했다. 수사를 비롯한 엘람인의 도시는 기원전 647-기원전 646년 아시리아의 아슈르바나플리왕에게 정복당했다. 키루스가 죽은 지 7년 만에 페르시아 왕에 오른 다리우스 1세가 이곳을 페르시아의 수도로 삼았다. 이후 수사는 아케메네스 왕조의 행정 중심지로 성

를 골라놓았다. 그 후 그들은 키악사레스를 위해 그다음으로 좋은 것들을 골랐다. 또한 그들은 스스로 필요한 물건들을 챙겨 가졌다. 그래서 그들은 아무 부족함 없이 전쟁을 계속할 수 있었다. 왜냐하면 모든 것이 다 풍부했기 때문이다.

12 히르카니아인 역시 그들이 원하는 것을 가지고 갔다. 그리고 그들은 키악사레스에게서 온 전령에게 그들과 같은 몫을 나누도록 지시했으며, 남은 막사는 키루스에게 넘겨 페르시아인이 사용하도록 했다. 그들은 순금 주화를 모두 모으게 되면 곧 나눌 것이라고 말했으며, 후에 그와 같이 했다.

장했고, 페르시아인이 건설한 '왕의 도로'의 중심지이기도 했다. 페르시아가 멸망한 이후에도 수사는 동서양을 연결하는 중요한 교역도시였으나, 중세에 몽골군의 침입으로 폐허가 되었다—옮긴이.

제5권 고브리아스와 가다타스

I

1 그들의 말과 행동은 그러했다. 어느 날 키루스는 키악사레스의 가장 친한 친구로 알고 있는 사람에게 전리품 가운데 왕의 몫으로 맡겨진 것을 나누어 가지라고 명하고는 이런 말을 덧붙였다. "그대들이 내게 어떤 제안을 하든 나는 그것을 선뜻 받아들이겠소. 단, 전리품은 그것을 절실히 원하는 사람에게 돌아가야 하오."

그러자 메디아인 중 음악을 좋아하는 한 사람이 말했다. "그러시다면 키루스여, 저는 폐하께서 소유하고 있는 소녀들이 켜는 음악소리를 어젯밤에 듣고 크게 매혹되었습니다. 그 가운데 한 소녀를 제게 주신다면 저는 집에 머물기보다 서슴없이 폐하와 함께 전쟁터에 나가 싸우겠습니다."

"좋소. 소녀를 그대에게 내주겠소. 그뿐 아니라 소녀를 받음으로써 그대가 내게 진 의무보다 그대의 요청으로 내가 그대에게 더 큰 의무를 지는 것으로 생각하겠소. 기꺼이 그대의 요구를 수락하리다."

이렇게 해서 소녀를 달라는 그의 부탁은 이루어졌다.

2 어느 날 키루스는 어릴 때부터 친구였던 아라스파스(Araspas)라

는 메디아인을 불렀다. 일찍이 키루스는 아스티아게스의 궁정에서 페르시아로 돌아올 때 입고 있던 메디아식 겉옷을 벗어 그에게 준 적이 있었다. 키루스는 그에게 어떤 여자와 천막을 지켜달라고 명령했다. 3 그런데 그 여자는 수사(Susa)의 아브라다타스(Abradatas)의 아내였다. 아시리아 군영이 정복당했을 때 그녀의 남편은 운 좋게 그곳에 있지 않고 박트리아에 사절로 나가 있었다. 그가 박트리아 왕과 친분이 있었기 때문에 아시리아 왕이 박트리아와 동맹을 체결하기 위해 그를 보낸 것이었다. 키루스는 그 여자를 아라스파스에게 맡겨두었다가 나중에 때가 되면 자신이 그녀를 차지할 심산이었다. 4 아라스파스는 키루스의 명을 받고 이렇게 말했다. "키루스여, 폐하께서는 제게 맡기신 그 여자를 본 적이 있습니까?"

"제우스 신에 맹세코, 나는 본 적이 없네."

"전 봤습니다. 우리가 폐하를 위하여 그녀를 선택할 때 보았지요. 우리가 그녀의 천막으로 들어갔을 때 정녕 우리는 처음에는 그녀를 다른 이들과 구별하지 못했습니다. 그녀는 바닥에 앉아 있었으며 모든 시녀들이 그녀를 둘러싸고 있었기 때문입니다. 게다가 옷도 시녀들과 똑같이 입고 있어서요. 하지만 귀부인을 찾아내려는 마음에서 찬찬히 둘러보니 과연 그녀의 미모가 다른 이들보다 단연 돋보이는 겁니다. 물론 그녀는 망사로 얼굴을 가린 채 고개를 아래로 처박고 있었지만 말이지요. 5 우리가 그녀에게 일어서라고 명하니까 모든 시녀가 그녀와 함께 일어났습니다. 비록 남루한 옷을 입고 있었지만 그녀는 키나, 기품이나, 우아함에서 어느 누구보다도 두드러졌습니다. 하염없이 흐르는 눈물이 옷을 적시고 발아래까지 떨어지자 그녀는 눈물을 숨길 수가 없었습니다. 6 그러자 우리들 중에서 가장 나이가 많은 사람이 말했어요. '두려워하지 마시오, 부인. 우리는 당신 남편이 귀족이라는 것을 잘 알고 있지만 용모에서나, 지성에서나, 권력에서나 당신 남편보다 결코 뒤지지 않는 사람을 위하여 당신을 선택하기 때문이오. 이 세상에서 존경해야 할 인물이 있다면 단연 키루스 그 사람뿐이오. 당신은 이제부터 그 사람의 소유가 될 것이오.' 그 말을 들은 부인은 겉옷을 위에서 아래로 찢어버리고는 대성통곡을 했습니다. 시녀들도 모두 따라 울었지요.

7 그제야 우리는 그녀의 얼굴과 목과 팔을 제대로 볼 수 있었습니다. 단언하건대 제가 볼 때, 아니 그 자리에 있던 우리 모두가 보기에 아시아에서 인간이 낳은 여인으로서는 그녀처럼 아름다운 자는 결코 없을 것입니다." 그리고 아라스파스는 한 마디 덧붙였다. "폐하께서는 반드시 그녀를 직접 봐야 합니다."

8 그러자 키루스가 대답했다. "싫네. 설사 자네 말처럼 그녀가 절세미인이라 하더라도 나는 결코 보지 않을 걸세."

"왜 안 보겠다는 거죠?"

"왜냐하면 지금 막 자네에게서 그녀가 뛰어난 미인이며 가서 보고 싶은 생각이 들게 한다는 이야기를 들었기 때문일세. 그녀가 아름답다는 것을 자네에게서 듣고, 내가 그녀에게 가서 그녀를 쳐다보려는 마음이 생겼다면, 낭비할 시간이 없는 때에 그녀가 나를 유혹해 그녀를 쳐다보게 만들까봐 두렵기 때문이네. 그리고 그 결과 내가 내 의무를 잊고 노상 그녀 곁에 앉아서 놀기만 한다면 어찌 되겠느냐는 말이야."

9 그 말을 듣고 젊은 아라스파스는 웃음을 터뜨렸다. "아니, 폐하께서는 인간의 아름다움이 남자를 자신의 의지에 반하여 최선의 이익에 어긋나게 행동하게 할 수 있다고 왜 생각하지 않으십니까? 왜죠? 만약 그것이 자연의 법칙이라면 우리 모두 따를 수밖에 없지요. 10 폐하께서는 불이 똑같이 탄다는 것을 아시지 않습니까? 그것이 불의 본성입니다. 하지만 아름다운 것들 중에서도 우리는 어떤 것은 사랑

하고 어떤 것은 사랑하지 않지요. 게다가 어떤 이는 어떤 것을 사랑하고, 다른 이는 다른 것을 사랑합니다. 그것은 자유의지의 문제이며 사람마다 자신이 좋아하는 것을 사랑하기 마련입니다. 예를 들어 자기 여동생을 사랑하는 남자는 없지만 누군가는 그 여동생을 사랑하지요. 아버지가 자기 딸과 사랑에 빠지지는 않지만 누군가는 그 딸을 사랑하지요. 신에 대한 두려움과 지상의 규칙이 또는 인간사의 규칙이 그런 사랑을 막아주기 때문입니다. 11 그는 계속 말을 이었다. "하지만 음식을 먹지 않는 이에게 굶주리지 않게 하거나 마시지 않는 이에게 갈증이 나지 않게 하거나, 겨울에 춥지 않게 하고 여름에 덥지 않게 하는 법이 통과된다면, 그러한 법은 사람들에게 그 조항에 결코 복종하게 할 수 없습니다. 사람은 자연에 의해 형성되어 그러한 상황의 지배를 받기 마련이기 때문입니다. 그러나 사랑은 자유의지의 문제입니다. 그래서 누구나 옷이나 신발을 고르듯이 자신의 취향에 적합한 것을 사랑하는 거지요."

12 "그렇다면 말일세." 키루스가 대답했다. "사랑에 빠지는 일이 자유의지의 문제라면 언제든 자신이 원할 때 사랑을 그만두는 것도 가능해야 하지 않은가? 그런데 나는 사람들이 사랑 때문에 슬픔의 눈물을 흘리고 자신이 사랑하는 대상에 노예처럼 얽매이는 경우를 자주 본다네. 사랑에 빠지기 전에는 그런 얽매임이 아주 나쁜 것이라고 생각했으면서도 말이야. 사랑에 빠진 사람은 쉽게 내놓기 어려운 많은 물건을 상대방에게 선물하는 것을 보았네. 게다가 나는 사람들이 마치 다른 질병에 걸렸을 때처럼 사랑에서 벗어나게 해달라고 기도하는 것을 자주 보았다네. 그럼에도 사랑에서 헤어나오지 못하고 쇠사슬에 묶인 것보다 더 강한 필연으로 묶여버리고 말지. 어쨌든 사람들은 사랑하는 사람에게 무릎을 꿇고 맹목적으로 무엇이든 해주겠다고 나선다네. 그러나 모든 비참함에도 불구하고, 그들은 그런 고통

에서 달아나려 하기는커녕 오히려 사랑하는 사람이 달아나지 못하도록 감시하려고까지 한다는 걸세."

13 아라스파스가 말했다. "그건 그렇습니다. 그러는 사람도 있지요. 하지만 그건 나약한 사람이에요. 그들은 사랑에 묶여 있어 너무도 불행하기 때문에 차라리 죽음을 달라고 늘 기도하지요. 그러나 죽는 방법이 무수히 많은데도 그들은 정작 생명을 끊지 않습니다. 오히려 사랑 때문에 다른 사람의 재산에 손을 대고 훔치려 듭니다. 그들이 강도나 절도를 저지르면 폐하도 가장 먼저 그들을 비난할 겁니다. 사랑 때문에 남의 물건을 훔칠 필요는 없으므로 그들을 용서할 수 없고 당연히 처벌해야겠지요. 14 그러므로 미녀들은 사람들에게 자신과 사랑에 빠지도록 하거나 바라서는 안 될 것을 바라게 하지 않습니다. 오히려 모든 종류의 열정에 노예가 된 남자들의 궁색한 변명만 있을 뿐이며, 그들은 사랑을 탓합니다. 그러나 품성이 고결하고 선한 사람은 비록 돈이나 좋은 말, 미녀에 대한 욕심이 있다 해도 자기 권한의 바깥에 있는 것은 결코 손대려 하지 않습니다." 15 이어서 그는 이렇게 덧붙였다. "어쨌든 저는 그녀를 보았고 그녀가 뛰어난 미인이라고 생각하지만, 저는 폐하와 함께 있으면서 기병의 역할을 맡고 있으니 제 의무에 속하는 일은 무엇이든 하겠습니다."

16 그러자 키루스가 말했다. "어련하겠나. 자네가 사랑의 본성이 그러한 것처럼 사랑이 남자를 사로잡기 전에 먼저 여기 온 것만 봐도 알 수 있지. 자네도 알다시피 불 속에 손가락을 넣는다 해도 금세 불에 데지는 않네. 나무가 있다고 해서 단번에 불길이 일어나는 것도 아니고 말이야. 그렇지만 나로서는 할 수 있다면 불 속에 손을 넣지도 않을 테고 그 미녀를 쳐다보지도 않을 걸세. 자네도 그렇게 하라고 충고하고 싶네, 아라스파스. 그 미녀에게 눈길을 돌리지 말게나. 불은 만지는 사람만 데게 하는 것이 확실하지만 미녀는 멀리서 바라

보는 사람의 마음속에 모르는 사이에 위험한 불길을 일으켜 열정의 화염에 휩싸이게 만든다네."

17 "걱정하지 마십시오, 키루스. 설사 제가 그녀를 계속 바라본다 해도 저는 결코 해서는 안 될 일을 하려 들지는 않을 겁니다."

"자네의 말은 아주 탁월하네. 그렇다면 내가 명한 대로 그녀를 그 대로 두게, 그리고 그녀를 잘 돌봐주게. 왜냐하면 그녀는 장차 때가 되면 우리에게 아마 큰 도움이 될 것이기 때문이네."

18 이런 대화를 나눈 뒤 그들은 헤어졌다.

그 젊은이는 그 부인을 대단히 아름답게 여기는 것은 물론 그녀가 선하고 고귀한 기품이 있다는 것도 알게 되었다. 그래서 그는 그녀를 자주 찾아갔으며 자신이 그녀를 즐겁게 해준다고 생각했고, 그녀 역 시 은혜를 저버리지 않고 하녀들을 시켜 늘 그의 시중을 들어주었다. 그가 찾아왔을 때 원하는 것은 무엇이든 해주었고 그가 병들어 누웠 을 때도 깊은 관심을 가지고 돌봐주었다. 일이 그렇게 진행되자 그는 그녀를 몹시 사랑하게 되었다. 그것은 사실 전혀 놀라운 일이 아니었 다. 이리하여 사태는 바뀌기 시작했다.

19 한편 키루스는 메디아인과 동맹자들을 자발적으로 붙들어두고 싶어서 자신의 참모들을 모두 불러모았다. 그들이 모이자 키루스는 다음과 같이 말했다. **20** "메디아 사람을 비롯해 이 자리에 모인 여러 분, 그대들이 나와 함께하는 이유는 돈을 얻기 위해서도 아니고 키악 사레스에게 충성하고 있다고 생각하기 때문도 아니며, 여러분의 뜻 에 따라 행동하는 것이라고 나는 확신하고 있소. 여러분이 이러한 호 의를 베풀고 싶어하는 것은 바로 나 때문이며, 여러분이 나와 더불어 기꺼이 야간 행군을 하고 위험을 무릅쓰려고 하는 것도 바로 나에 대 한 애정 때문이오. **21** 이 점에 대해 나는 여러분에게 감사를 드리는 바이며, 그렇게 하지 않는다면 내가 잘못 처신하는 것이오. 나는 아

직까지 여러분에게 적절한 보상을 해드릴 처지가 아니라고 생각하며, 또 이렇게 말하는 것을 부끄러워하지 않소. '만약 여러분이 나와 함께 머문다면, 여러분에게 적절한 보답을 해드릴 것입니다'라고 말하는 것은 부끄러워해야 한다는 것을 여러분에게 확신시키고자 하오. 이렇게 말하면 내가 마치 여러분을 자발적으로 나와 함께하도록 하려는 것처럼 보일 수도 있을 거요. 그 대신에 이것이 내가 뜻하는 바요. 즉 여러분이 키악사레스에게 복종하여 지금 돌아가더라도, 만약 내가 성공을 거둔다면, 여러분이 나를 칭찬하도록 행동하려고 나는 노력할 것이오. **22** 나로 말하면, 분명히 돌아가지 않으려 하지만, 히르카니아인과 했던 서약과 맹세에 충실할 것이며 또한 그들을 배반하지는 않을 것이오. 나는 또한 현재 우리에게 자신의 성과 나라와 군대를 바치겠다고 제의하는 고브리아스가 장차 우리 편에 가담한 것을 후회하지 않도록 처신하기 위해 노력할 것이오. **23** 무엇보다도 신께서 우리의 활동을 명백하게 축복해주시므로 나는 신의 분노를 사지 않아야 하오. 그리고 만약 정당한 이유 없이 떠나서 신이 준 것을 저버린다면, 신의 면전에서 수치스러워할 것이오. 그러므로 나는 여러분이 스스로 최선이라고 판단하는 대로 행동하고, 여러분의 결정이 무엇인지 내게 말해달라고 제안하는 바요."

24 그는 이상과 같이 이야기했다. 그의 이야기에 처음으로 응답한 사람은 전에 키루스의 친척이라고 주장하던 자였다. "왕이시여, 폐하께서는 마치 벌집 속의 여왕벌처럼 타고난 군주라고 생각합니다. 왜냐하면 벌들은 언제나 여왕벌을 섬기고, 한 마리도 여왕벌이 머무는 장소를 벗어나지 않으며, 여왕벌이 어디를 가든 틀림없이 따르기 때문입니다. 얼마나 경탄할 일입니까? 여왕벌의 지배를 받으려는 열망은 벌에게 선천적인 것입니다. **25** 그러니까 제가 보기에는 사람들도 폐하에게 그와 같은 종류의 본능으로 이끌리는 듯합니다. 그 증거

도 있습니다. 폐하께서 우리나라에서 페르시아로 돌아가셨을 때, 메디아의 젊거나 늙은 모든 사람이 폐하를 따르다가 아스티아게스의 저지를 받고 멈추지 않았습니까? 또한 폐하께서 페르시아를 떠나 우리를 도우러 황급히 오실 때 우리는 폐하의 거의 모든 친구가 자신의 자유의지로 폐하의 뒤를 따르는 것을 보았습니다. 또한 이 원정에 나서기를 원했을 때 모든 메디아인은 자발적으로 당신을 따랐습니다. **26** 지금 우리의 마음도 역시 그러하므로 폐하와 함께라면 우리는 적의 땅에 있어도 두렵지 않지만 폐하가 계시지 않으면 우리나라로 돌아가는 것도 두렵습니다. 이제 다른 사람은 자신이 하려는 바를 스스로 밝히겠지만, 저는 제 명을 따르는 사람과 더불어 키루스 폐하와 함께할 것이며, 폐하의 곁에서 폐하가 베푸시는 관용을 누릴 것입니다.”

27 그의 뒤를 따라 티그라네스가 이야기했다. “키루스여, 폐하께서는 내가 말하지 않는다 해도 놀라지 마십시오. 나는 폐하께 충고하기보다 언제든 폐하의 명을 받들려고 할 따름이기 때문입니다.”

28 그러자 히르카니아 왕이 나섰다. “좋소, 메디아인이여. 만약 여러분이 지금 떠난다면, 그것은 여러분이 과다한 축복을 받지 못하도록 하려는 사악한 자의 음모라고밖에 볼 수 없소. 모든 상식에 비추어보건대 어느 누가 패주하는 적들에게 등을 돌리거나, 적들이 스스로 항복하는데도 무기를 잡으려 하지 않겠소? 특히 지금과 같은 지도자가 우리에게 있는 경우에는 말할 것도 없소이다. 신을 걸고 여러분에게 맹세하거니와 키루스는 스스로 부자가 되기보다 우리에게 친절을 베푸는 데에 좀더 큰 행복을 느끼는 분이오.”

29 그에 이어 모든 메디아인이 이구동성으로 말했다. “우리를 이곳에 오게 한 것은 키루스 당신입니다. 당신이 돌아갈 때라고 판단한다면 우리를 이끌어 함께 돌아가게 하십시오.”

키루스는 그 말을 듣고 이렇게 기도했다. "전능하신 제우스 신이여, 제 탄원을 들어주소서. 저들이 저에게 보여주는 명예 이상으로 제가 저들을 위해 헌신할 수 있도록 해주소서."

30 그 뒤부터 그는 나머지 주둔군을 지휘했으며, 나중에는 그들이 원하는 것을 모두 들어주었다. 그는 페르시아군에게 막사를 분배하도록 명했다. 즉 기병들에게는 그들의 용도에 적합한 막사를 주었고 보병들에게는 요구를 충족시킬 만큼의 막사를 주었다. 또 각 막사의 장교들이 적절히 모든 조처를 취하고, 필요한 물품들을 준비한 다음 페르시아군의 각 막사로 보급품을 운반하도록 하고, 말들을 돌보고 먹이게 하는 한편 페르시아 병사들에게 전투 기술을 훈련하는 것 외에는 어떠한 의무도 지지 않도록 배려했다.

그들은 이런 식으로 그날을 보냈다.

II

1 이튿날 아침 그들은 일찍 일어나서 고브리아스가 있는 곳으로 출발했다. 키루스가 지휘하는 병력은 기병으로 전환된 페르시아인이었는데, 모두 합쳐 2천 명가량이었다. 그들의 뒤에는 비슷한 규모의 인원이 기병들의 방패와 칼을 들고 따랐다. 나머지 병사들도 각기 부대를 편성해서 행군했다. 키루스는 기병들 각각에게 종자들을 단속하라고 일렀다. 어느 한 사람이라도 후위 경비대보다 뒤처지거나, 선발대보다 앞서거나, 행군 대열의 옆으로 비껴나거나 할 경우에는 벌을 받는다는 것이었다.

2 둘째 날 저녁 무렵에 그들은 고브리아스의 성에 도착했다. 거기서 그들은 요새가 매우 튼튼하며, 전투를 유리하게 이끌 수 있도록 모든 것이 성벽 위에 준비되어 있는 것을 보았다. 또한 많은 소와 양

이 요새의 보호를 받고 있는 것을 보았다.

3 고브리아스는 키루스에게 사람을 보내, 말을 타고 둘러보아서 가장 접근하기 쉬운 곳을 찾고, 신뢰하는 장교를 보내 성안에 무엇이 있는지 조사한 후 본 것을 키루스에게 보고하게 했다. **4** 그래서 키루스는 혹시 고브리아스가 잘못할 경우 요새가 공격당할 수 있을지 여부를 직접 알아보고 싶었으므로 말을 타고 구석구석 둘러보았다. 그 결과 그는 모든 곳이 워낙 튼튼해서 누구도 도저히 접근할 수 없으리라는 판단을 내렸다. 또한 그가 고브리아스에게 보낸 부하들은 성안의 식량이 한 세대는 너끈히 버틸 만큼 넉넉한 것 같다고 보고했다.

5 키루스가 이 모든 것의 의미를 숙고하고 있을 때 고브리아스가 모든 부하들을 거느리고 직접 밖으로 나왔다. 어떤 이는 포도주와 밀 그리고 보리를 들고 왔으며, 또 어떤 이는 소, 염소, 양, 돼지와 온갖 종류의 식량을 가져왔다. 키루스의 전 군대가 충분히 먹을 만큼 많은 양이었다. **6** 음식을 담당한 인력은 식사준비를 시작했다. 부하들이 모두 바깥에 있을 때 고브리아스는 키루스에게 스스로 가장 안전하다고 생각하는 길을 이용해서 안으로 들어오게 했다. 그래서 키루스는 미리 정찰병과 병력의 일부를 보내 예비 조치를 취한 다음 직접 들어갔다. 성문을 활짝 열고 들어설 때 그는 모든 친구들과 군대의 장교들을 함께 대동했다. **7** 그들이 성안으로 들어가자 고브리아스는 황금으로 된 술잔, 주전자, 꽃병 등 각종 장식물과 많은 금화, 온갖 보물들을 내놓았다. 마지막으로 그는 자신의 딸을 데려왔는데, 그녀는 키도 크고 빼어난 미녀였으나 오빠의 죽음으로 슬퍼하는 기색이 역력했다. 고브리아스가 말했다. "키루스여, 이 보물들을 폐하께 드리고, 여기 내 딸마저 맡길 테니 알아서 처리하십시오. 하지만 우리는 폐하께 복수해줄 것을 기도합니다. 나로서는 아들의 복수이고 딸로서는 오빠의 복수입니다."

8 키루스는 이렇게 대답했다. "좋소. 그때도 그대가 내게 거짓말을 하지 않았다고 가정하고 내가 모든 힘을 다하여 당신을 위해 복수해줄 것을 당신에게 약속했소. 그리고 이제 그대가 충직하다는 것을 알았으니 내 약속은 틀림없을 것이오. 또한 딸에게도 하늘의 도움을 얻어 내가 틀림없이 복수해줄 것을 약속하는 바요.

이 보물들은 일단 내가 받겠지만, 나는 이것들을 여기 있는 그대의 딸과 장차 그녀와 결혼할 남자에게 줄 것이오. 다만 한 가지 선물만은 내가 이곳을 떠날 때 가져가겠소. 그 선물을 대신하여 바빌론1)의 엄청난 보물, 아니 이 세상의 어떠한 보물을 준다 해도 그대가 준 선물만큼 나를 더 행복하게 만드는 것은 없을 것이오."

9 그러자 고브리아스는 그의 말이 무슨 뜻인지 모르고 있다가 이윽고 자기 딸을 가리키는 것이라고 추측하고는 이렇게 물었다. "그 선물이라는 게 무엇인가요, 키루스?"

"고브리아스, 바로 이것이오. 사악하고 부당하고 부정한 짓을 저지르지 않으려는 사람들은 많이 있소. 그런데 그들에게 거대한 부나 왕의 권력이나 굳건한 요새 또는 사랑스런 자식을 맡기는 것이 적합하지 않다고 생각했다는 이유만으로 그들이 어떠한 인간인지 밝혀지기 전에 죽는 사람이 많다오. **10** 그런데 그대는 지금 그대의 요새와 온갖 보물, 군대, 귀한 자식까지 내 손에 맡김으로써 내가 친구를 배신하는 사악한 짓을 저지르거나, 사사로운 이득을 위해 잘못 처신하

---

1) 고대 근동에서 가장 유명했던 도시다. 바그다드에서 남서쪽으로 90킬로미터 정도 떨어진 곳에 있다. '신의 문'이라는 뜻의 바빌(Bab-ilu)에서 그 이름이 유래했으며, 한국어 성경에는 바벨로 나온다. 바빌로니아 왕국 시절부터 남메소포타미아의 중심도시였다. 성경에 나오는 바벨탑의 전설이 있었던 곳으로 추정되어왔다. 1899년부터 독일의 고고학자 콜데바이가 독일-오리엔트 학회의 위탁을 받아 이 지역을 발굴하여 바벨탑으로 추정되는 칠광사원을 발견하기도 했다—옮긴이.

거나, 계약에 불성실할 사람이 아니라는 것을 만천하에 공개할 수 있는 기회를 내게 주었소. 11 내가 정직한 사람이고 세상 사람들의 칭찬과 좋은 평판을 받는 사람으로 인정되는 한, 나는 기필코 그대가 신뢰를 보여준 것을 잊지 않고 그 대가로 그대에게 공정한 명예가 돌아가도록 할 것이오."

12 키루스는 계속 이야기했다. "그리고 그대의 딸은 틀림없이 마땅한 배우자를 찾게 될 테니 안심하시오. 내게는 귀족 친구들이 많이 있으니 그들 중 한 사람이 그녀와 결혼할 것이오. 하지만 그 남편감들이 지금 그대가 내게 준 것만큼, 또는 그 몇 배에 이를 만큼 많은 재산을 지녔다고는 말할 수 없소. 다만 이것만은 분명히 말할 수 있소. 그들은 그대가 아무리 많은 돈을 준다 해도 그것 때문에 그대를 존경하지는 않을 것이오. 그들은 나에게 뒤지지 않으며 또한 나에 못지않게 자기 친구들에게 충직한 사람이라는 것과 신이 그들을 방해하지 않는 한 살아 있는 동안에는 적에게 결코 항복하지 않을 것을 언젠가 증명할 기회를 달라고 모든 신에게 기도하고 있소. 그들은 자신이 지닌 덕과 선한 이름을 그대의 전 재산, 나아가 아시리아와 시리아의 모든 재산을 준다 해도 바꾸려 하지 않을 것이오. 바로 그런 사람들이 지금 이 자리에 앉아 있소."

13 고브리아스가 웃음을 터뜨리며 대답했다. "그렇다면 키루스여, 그들이 어디 있는지 내게 말해주십시오. 그들 중 누가 내 사위가 될 것인지 물어볼 테니까요."

"그 정보를 내게서 얻으려 할 필요가 없을 것이오. 그대가 나와 함께 간다면 그들 중 한 사람을 직접 선택할 수 있을 것이오."

14 키루스는 이렇게 대답한 뒤 고브리아스의 오른손을 굳게 쥐고 부하들과 함께 자리에서 일어났다. 고브리아스는 키루스에게 성안에서 식사를 하라고 권했으나 키루스는 거절하고 고브리아스를 군

영에 손님으로 초청하여 거기서 식사했다. **15** 키루스는 짚으로 만든 깔개 위에 몸을 비스듬히 눕히며 이렇게 물었다. "고브리아스, 그대와 나 중에 누가 더 이부자리[2]를 많이 가지고 있는 것 같소?"

"분명히 폐하께서 이부자리와 침상을 더 많이 가졌겠지요. 폐하의 거처가 제 거처보다 더 클 것입니다. 하늘과 땅이 모두 폐하의 거처가 아닙니까? 머무는 곳만큼 많은 침상을 가질 수 있을 것이며, 이부자리는 비록 양털로 만든 것만큼 좋지는 않겠지만 산과 평야에서 나오는 것은 얼마든지 있겠지요."

16 이리하여 고브리아스는 그들과 처음으로 식사를 함께 했다. 그는 차려진 음식이 소박한 것을 보고 자기 민족이 그들보다 더 세련되었다고 생각했다. **17** 그러나 그는 이내 함께 식사하는 병사들의 절제심이 대단하다는 것을 느꼈다. 교양 있는 페르시아 사람이라면 누구도 특정한 종류의 음식에 매료된다든지, 탐욕스런 시선을 던진다든지, 욕심 어린 손길을 가져가는 짓은 하지 않았다. 음식에 지나치게 탐닉한 나머지 식사 중이 아니라면 관심을 두었을 만한 것을 보지 못하고 넘어가는 경우는 없었다. 하지만 훌륭한 기병은 말 위에서 자제력을 잃지 않고 말을 타고 가면서도 동시에 무엇이든 보고 들을 수 있듯이, 교양 있는 페르시아인이라면 식사 중에 자신을 현명하고 절제하는 사람으로 드러내야 한다고 생각한다. 음식에 집착하면 추잡하며 천해 보인다고 여기는 것이다.

18 고브리아스는 병사들을 계속 관찰했다. 그들은 흔히 사람들이 받기 좋아하는 질문들을 서로에게 던졌으며, 듣기 좋아하는 농담들을 열심히 주고받았다. 그는 병사들의 농담이 욕설과 어떻게 다른지, 병사들이 어떻게 무례한 행위에서 멀어져 있는지, 그리고 서로를 화

---

2) 값비싼 이부자리와 침상은 동방의 특별한 사치품이었다—옮긴이.

나게 하는 것과 어떻게 다른지를 유심히 지켜보았다. **19** 그러나 그가 가장 특별하다고 여긴 것은 병사들 중 어느 누구도 똑같은 위험에 처하게 될 동료들보다 자신이 더 많은 몫을 가져야 한다고 생각하지 않는다는 점이었다. 그들은 전장에서 동료가 될 사람들을 최대한 뛰어난 병사로 만들어주는 것을 가장 호사스런 축제로 여기고 있었다.

20 고브리아스는 돌아가기 위해 자리에서 일어나 이렇게 말했다. "이제 분명히 알겠군요, 키루스. 비록 우리가 술잔과 옷과 금은 당신보다 많이 가지고 있지만 정작 우리는 당신네보다 가치가 떨어진다는 것을 알겠습니다. 우리는 그저 가능한 한 많은 것을 가지려 하는 반면 당신들은 가능한 한 유능한 인재가 되려고 노력하기 때문입니다."

21 그러자 키루스가 대답했다. "고브리아스, 그대는 우리가 그대의 병력을 볼 수 있도록 내일 아침 일찍 무장한 기병들을 준비하시오. 그다음 우리가 그대의 안내를 받아 그대의 나라를 지날 때 무엇이 우리의 친구이고 또 무엇이 적인지를 우리에게 알려주시오."

22 그들은 대화를 마친 다음 서로 헤어져 각자의 임무를 서둘렀다.

동이 트자, 고브리아스는 기병부대를 이끌고 길을 안내했다. 그러나 키루스는 장군의 신분이었으므로 행군만 염두에 두지 않고 가는 도중 내내 적을 약화시키고 동맹세력을 강화시킬 수 있는 방법을 생각했다. **23** 이윽고 그는 고브리아스와 히르카니아 왕을 불러 자신이 알아야겠다고 여긴 사항들을 물었다. "친구들이여, 나는 이 전쟁에 관해 그대들과 상의하고 그대들의 충직함에 의지하고자 하오. 왜냐하면 내가 보기에 아시리아가 우리보다 우위에 있지 않아야 할 이유는 나보다 그대들에게 더 필요하기 때문이오. 만약 내가 여기서 성공을 거두지 못한다면 아마 나는 다른 도피처를 찾아야 할 것이오. 그러나 그대들은 아시리아 왕이 패권을 잡을 경우 그대들이 가진 모든 것을 빼앗기게 될 거요. **24** 그가 나의 적인 이유는 그가 나를 증오하기 때문이 아니라 우리 민족이 커지는 것이 자신의 이해관계를 손상시킨다고 그가 상상하고 있기 때문이오. 그렇기 때문에 그는 우리와 전쟁을 벌이려는 것이오. 하지만 그가 진정으로 증오하는 대상은 바로 그대들이오. 그는 그대들이 자신에게 잘못을 저질렀다고 생각하니까 말이오."

이에 대해 두 사람은 키루스가 말한 것처럼 진행해야 한다고 똑같이 대답했다. 그들은 키루스의 말이 사실임을 깨달았고, 장차 사태가 어떻게 변할지가 자신들에게 극히 중요한 문제라는 것을 알게 되었다. **25** 키루스는 다시 이렇게 말했다. "그렇다면 내게 말해주시오. 아시리아 왕은 그대들이 자신에게 적대적인 유일한 세력이라고 생각하는 거요? 아니면 그의 적이 또 있소?"

그의 물음에 히르카니아 왕이 대답했다. "있지요. 크고 힘센 민족인 카두시아인(Cadusians)[3]입니다. 그들은 아시리아의 가장 강적입니다. 또 우리의 이웃 민족인 사키아[4]도 아시리아 왕에게 아주 심하게 당했으니 그의 적입니다. 그는 우리에게 그랬듯이 사키아도 복속시키려 했거든요."

26 "그렇다면 그대들은 우리가 아시리아를 공격할 때 이 두 민족이 가담하리라고 생각하는 거요?"

키루스가 묻자 두 사람이 대답했다. "그렇습니다. 그들은 우리와

---

3) 현재 잔잔(Zanjan) 지역과 엘부르즈 산악지역에 살던 유목민족이다. 메디아인이 이 지역을 정복했고, 키루스가 메디아를 정복함에 따라 페르시아의 지배를 받게 되었다. 그러나 헤로도토스가 기록한 페르시아의 복속민 목록에는 이들이 빠져 있다. 따라서 이 산악 족속은 독립을 유지하고 있었거나 단지 일시적으로만 페르시아에 병합되었던 것 같다―옮긴이.

4) 박트리아의 북동쪽, 오늘날의 키르기스 지방에 있던 스키타이계의 유목민족이다. 헤로도토스에 따르면 페르시아의 제15징세구에 속했다―옮긴이.

힘을 합칠 수 있는 방법만 찾는다면 아주 열심히 싸울 것입니다."

"그렇게 힘을 합치는 데 방해가 될 만한 것은 무엇이오?"

"아시리아인입니다. 폐하께서 지금 행군하고 있는 나라의 민족이죠."

27 이 말을 듣고 키루스가 물었다. "하지만 고브리아스, 그대는 이제 막 왕좌에 오른 대단히 오만한 젊은이[5]를 비난하고 있지 않소?"

"그 판단은 제가 그와 함께한 경험으로 내린 거죠."

"그가 그런 식으로 대한 사람이 그대 한 사람밖에 없는 거요, 아니면 다른 사람들도 있는 거요?"

28 "당연히 다른 사람들도 있지요. 하지만 약자에게 오만을 떤 그의 행동을 제가 자세히 말해야 할 필요가 있는지 모르겠군요. 한 번은 저보다 훨씬 큰 권력이 있는 어느 사람의 아들이 그와 함께 술을 마시고 있었는데, 그 자리에서 그는 제 아들 같고 자신의 동료였던 그 젊은이를 체포해서는 거세시켜버린 적이 있었어요. 전하는 바에 따르면 그 이유는 단지 그의 첩실이 그 젊은이를 칭찬했기 때문이랍니다. 아주 잘생겼다면서 그의 아내가 될 여자를 부러워했다는 게 이유였죠. 그러나 정작 왕 자신은 그 젊은이가 자기 첩에게 다른 마음을 품었기 때문이라고 말하고 있어요. 그렇게 해서 그 젊은이는 거세를 당하게 되었는데, 자기 아버지가 죽은 탓에 아시리아 왕국으로 들어와 있지요."

29 이야기를 듣고 키루스가 물었다. "그렇다면 그대는 우리가 그에게 도움이 된다고 생각한다면, 그가 우리를 환대하리라고 생각하는 거요?"

"생각이라뇨! 저는 확신합니다. 하지만 키루스여, 그를 만나기란

---

5) 아시리아 왕을 가리킨다—옮긴이.

어려울 겁니다."

"왜 그렇소?"

"그와 동맹을 맺기 위해서는 바빌론의 성벽 바로 아래까지 행군해 가야 하기 때문입니다."

30 "그게 왜 그렇게 어려운 일이오?"

"그 도시 한곳의 병력만도 현재 폐하께서 지닌 군대의 몇 배나 되기 때문이죠. 게다가 아시리아는 지금 어느 때보다도 무기를 높이 들고 말을 달려 폐하에게 쳐들어올 태세입니다. 폐하의 군대를 본 자들이 군대의 규모가 작다는 것을 알았기 때문이지요. 또한 그런 소문이 지금 멀리까지 퍼져 있습니다." 그리고 고브리아스는 이렇게 덧붙였다. "그러니 조심해서 행군하는 편이 나을 겁니다."

31 키루스는 그의 충고를 듣고 대답했다. "아주 조심해서 행군하라는 그대의 권고는 분명히 옳소, 고브리아스. 하지만 나는 바빌론으로 곧장 행군하는 편이 더 안전하다는 생각을 떨칠 수 없구려. 적의 주력이 바로 그곳에 있으니 말이오. 그대가 말하듯이 그들은 수가 많으니 만약 그들이 용기를 낸다면 충분히 우리에게 두려움을 안겨줄 수 있을 거요. **32** 하지만 우리가 그들 앞에 나서지 못하고 그들이 우리가 자신들을 두려워하기 때문에 나타나지 못하는 것이라고 생각한다면, 그들은 분명히 우리가 불어넣어준 두려움을 떨쳐버리게 될 것이오. 우리가 모습을 드러내지 않는 기간이 길어질수록 그들은 두려움 대신 용기를 얻게 될 것이오. 그러나 우리가 곧장 행군해서 그들 앞에 나타난다면 그들 중 많은 이들이 우리가 죽인 사람들을 위해 눈물을 흘리고, 우리에게서 받은 상처를 감싼 붕대를 매만질 것이며, 우리 군대의 위력과 자신의 도주와 패배를 여전히 상기할 거요."

33 "고브리아스," 키루스는 계속 말을 이었다. "그대들의 대군은 확신이 서면 무적의 기백을 보여줄 것이오. 그러나 한번 두려워하면

아무리 수가 많다 해도 공포감이 그들을 압도할 것이오. **34** 병사들 간에 심약한 이야기가 점점 퍼지고, 겁쟁이들이 그것을 과장하면서 낙담하고 절망하는 표정들이 늘어갈 것이오. 다수가 그러한 상태에 빠져 있기 때문에 연설로 그 공포를 억누르는 것도, 또 적을 비난함으로써 병사들에게 용기를 불어넣으려는 것도 그리고 후퇴하여 사기를 되찾는 것도 쉽지 않은 일이오. 오히려 사기를 고취하여 용감하게 만들려고 하면 할수록 병사들은 더욱더 자신들이 위험에 처해 있다고만 생각하기 마련이라오."

35 키루스의 이야기는 계속되었다. "이 문제가 무엇을 의미하는지 정확히 따져봅시다. 만약 앞으로는 전장에서 승리하기 위해 많은 수의 병력이 필요하다면, 그대들이 우리를 걱정하는 것도 충분한 이유가 있고 우리는 실제로 위험에 처해 있는 것이오. 하지만 만약 전투가 전과 다름없이 훌륭한 전투 능력으로 좌우된다면, 그대들은 마땅히 용기와 자신감을 가져야 하오. 우리 군대에는 열심히 싸우려는 병사들이 적군보다 훨씬 많기 때문이오. **36** 또한 더 큰 자신감을 가지기 위해서는 이 점을 잘 생각해야 하오. 지금 적은 우리가 물리쳤을 때보다 수가 더욱 적어졌고 우리 앞에서 달아날 때보다 힘이 더욱 약해졌소. 그 반면 우리는 전에 승리했을 때보다 수가 더욱 많아졌고 그대들이 우리에게 가담했기 때문에 힘도 더욱 강해졌소. 그대들도 이제 우리와 합쳤으니 더 이상 자신의 병력을 과소평가하지 말아야 하오. 고브리아스, 그대들이 승리자와 같이 있으면 군막을 따라온 사람들조차 두려움 없이 동행할 것이 확실하오.

37 또한 적들은 지금도 우리를 찾아내려면 얼마든지 찾을 수 있다는 점도 잊지 마시오. 그들이 우리를 발견할 경우 우리가 그들에게 다가가는 것보다 적에게 더 큰 충격을 줄 수 없다는 것은 분명하오. 그러므로 곧장 바빌론으로 가야 한다는 것이 내 신념이오."

III

1 이리하여 그들은 행군을 시작한 지 나흘째 되는 날 고브리아스 영토의 경계선에 이르렀다. 키루스는 적국에 들어서자마자 보병과 그가 최상이라고 생각하는 많은 기병을 자신의 지휘하에 정규적인 대형으로 편제를 갖추었다. 나머지 기병들은 인근 마을에 약탈 원정을 보냈는데, 무장한 자는 죽이고 나머지 주민과 가축은 모조리 끌고 오라고 명했다. 키루스는 페르시아인에게 약탈에 참가하라고 명했다. 그들 중에는 말을 잃고 돌아온 자들도 많았으나 상당한 전리품을 가지고 돌아온 자들도 많았다.

2 노략질이 끝나자 키루스는 메디아와 히르카니아의 귀족들과 장교들을 불러모아 놓고 다음과 같이 연설했다. "친구들이여, 고브리아스는 지금까지 우리에게 아낌없는 지원을 베풀어주었소. 그러므로 이 노획물의 일부를 우선 신에게 바치고, 군대의 경비에 충당한 다음 나머지를 고브리아스에게 주는 게 올바른 처사가 아니겠소? 우리는 우리에게 좋은 일을 해준 이에게 우리가 그들에게 더욱더 좋은 일을 해준다는 것을 바로 입증해야 하기 때문이오."

3 사람들은 이 말을 듣고 이구동성으로 찬성을 나타내며 갈채를 보냈다. 그들 중 한 사람이 이렇게 말했다. "키루스여, 단연코 그렇게 합시다. 아주 좋은 제안입니다. 우리가 주머니에 금화를 가지고 있지 않고 황금 잔으로 술을 마시지 않으므로 제가 보기에 고브리아스는 우리를 마치 거지떼보다 나을 게 없는 것으로 간주하고 있습니다. 우리가 그런 조치를 취한다면 그는 황금이 없어도 신사가 될 수 있다는 것을 깨달을 겁니다."

4 "그러면 좋소. 신에게 바쳐야 하는 것을 수도승들에게 넘겨주고 군대의 몫을 정한 다음 고브리아스에게 나머지를 줍시다."

그래서 그들은 필요한 것을 챙겨두고 나머지를 고브리아스에게 주었다.

5 그 뒤 키루스는 바빌론으로 행군을 계속했다. 군대는 전쟁을 치를 때와 같은 대형이었다. 그러나 아시리아인이 응전하러 나오지 않자 키루스는 고브리아스에게 말을 타고 가서 이렇게 말하라고 명했다. "만약 아시리아 왕이 나와서 자기 나라를 위해 싸우려 한다면 나도 그를 위해 싸울 거요. 하지만 왕이 자기 나라를 보호하려 하지 않는다면 나로서는 승자에게 복종할 수밖에 없소."

6 키루스의 명을 받고 고브리아스는 적진 가까이 안전한 곳으로 가서 그 뜻을 전했다. 그러자 아시리아 왕은 고브리아스에게 사람을 보내 다음과 같은 응답을 했다. "너에게 보내는 전갈은 이러하다, 고브리아스. '나는 너의 아들을 죽인 것을 애석하게 여기는 것이 아니라 너를 죽이지 않은 것을 후회하고 있도다. 너와 네 군사들이 싸우려 한다면 한 달 뒤에 다시 오라. 현재 우리는 여러 가지 준비를 하느라 싸울 여유가 없느니라.'"

7 고브리아스는 이렇게 대꾸했다. "너희들이 지금처럼 계속 후회하기를 바랄 따름이다. 나는 너희들이 그렇게 느낄 때부터 목 안의 가시 같은 존재였다는 것이 명백하기 때문이다."

8 고브리아스가 돌아와서 아시리아 왕의 응답을 전하자 키루스는 군대를 뒤로 물리고 나서 고브리아스를 불러 말했다. "그대 생각에는 아시리아 왕이 거세시킨 그 젊은 귀족이 우리 편에 가담할 것 같소?"

"그렇고 말고요. 틀림없이 가담할 겁니다. 그와 나는 여러 차례 격의 없이 이야기를 나눈 적이 있는걸요."

9 "좋소, 호기라고 생각할 때에 그를 찾아가시오. 다만 반드시 명심할 것은 그대 혼자서 비밀리에 그를 만나야 한다는 거요. 그와 논의

할 때는 먼저 우리 편이 될 의향이 있는지 알아보고 나서 우호관계를 비밀로 유지하도록 하시오. 원래 전쟁이 일어날 경우에는 친구인 것보다 겉으로 적인 것처럼 보이는 것이 이득이고, 적인 것보다 겉으로 친구인 것처럼 보이는 것이 더 손해가 되기 때문이라오."

10 "내 말을 잘 들으십시오. 나는 그 가다타스(Gadatas)라는 젊은 이가 아시리아 왕에게 심각한 해를 주려는 의지가 있다고 확신합니다. 그러나 그가 어떤 해를 줄지는 우리 측에서 결정할 문제입니다."

11 "그럼 이걸 생각해보시오. 이 나라의 변방에 서 있는 요새, 그러니까 히르카니아와 사키아를 방어하기 위한 기지로 사용하기 위해 세웠고 전시에는 이 나라를 보호하기 위한 바깥 보루 역할을 한다고 그대가 말하는 그 요새 말이오. 그대는 그 젊은이가 자기 군대를 이끌고 그 요새로 간다면 그곳 사령관의 승인을 얻을 수 있으리라고 보시오?"

"분명히 그럴 겁니다. 지금처럼 의심받지 않는 상태라면 말이죠."

12 그러자 키루스가 다시 말했다. "그렇다면 이건 어떻소? 내가 마치 그의 요새를 차지할 것처럼 공격을 퍼붓고, 그는 전력을 다해 방어하는 거요. 내가 그의 것을 일부 빼앗고, 그는 그 대신 우리의 일부 병사들을 포로로 잡거나 내가 아시리아 왕의 적들에게 보내는 사자(使者)들을 사로잡는 거요. 그런 다음 포로들은 바로 그 변방 요새를 공격할 군사와 성벽을 기어오를 사다리를 확보하려 했다고 털어놓는 거요. 그러면 그 말을 들은 가다타스라는 사람은 요새로 가서 마치 자신이 위기를 통고하러 온 것처럼 처신하는 거요. 그런 상황이라면 아무런 의심도 받지 않을 거요."

13 "그런 상황이라면 사령관은 분명히 그를 승인해줄 겁니다. 오히려 폐하께서 사라질 때까지 그곳에 머물러달라고 부탁하겠죠."

"그렇게 해서 그가 일단 성안에 들어가면 그 요새를 우리 편에 넘겨줄 수 있는 위치에 있게 되지 않겠소?"

14 "모두 가능한 일입니다. 바깥에 있는 폐하가 성을 맹렬히 공격하는 동안에 그는 성안에서 준비하면서 돕는 거죠."

논의가 끝나자 키루스는 고브리아스에게 명했다. "그럼 어서 가서 이 계획을 그에게 설명해주고 그의 협력을 얻은 다음 돌아오시오. 우리의 선의를 몇 마디 말과 행동으로 전하는 것보다는 그대가 우리 편에 들어와서 받은 혜택을 직접 그에게 보여주는 편이 훨씬 효과적일 것이오."

15 고브리아스는 곧바로 떠났다. 가다타스는 그를 만나서 이야기한 뒤 기꺼이 모든 계획에 동의하고 해야 할 일들을 확정했다.

고브리아스가 돌아와서 그가 모든 제안을 진심으로 수락했다고 전하자 이튿날 키루스는 공격을 개시했고 가다타스는 방어를 시작했다. 키루스는 가다타스가 지정한 대로 요새를 정복했다. **16** 키루스가 미리 지침을 일러주고 사자들을 보내자 가다타스는 그 일행 중 일부가 사다리를 가지고 도망칠 수 있도록 해주었다. 그리고 나머지를 사로잡은 뒤 많은 목격자들이 있는 가운데서 그들을 엄중히 문초했다. 그렇게 해서 그들이 온 목적을 알아낸 다음 그는 즉각 준비를 갖춰 마치 위기를 알리려는 것처럼 그날 밤에 출발했다. **17** 결국 그는 사령관의 신뢰를 얻어 그 요새에 동맹군 자격으로 들어갈 수 있었다. 이후 한동안 그는 사령관을 도와 능력껏 방어 준비를 해주었다. 그러나 키루스가 왔을 때 그는 요새의 주인이 되었으며, 포로로 잡아두었던 키루스의 부하들까지도 조수로 부려 성을 함락했다.

18 이 일을 모두 마치고 가다타스는 요새 안의 모든 것을 정돈한 다음 밖으로 나와 관례에 따라 복종의 예를 올리며 말했다. "즐거움이 그대와 함께하기를, 키루스여!"

19 그러자 키루스가 말했다. "신의 은총에 힘입어 그대는 내게 엄

청난 즐거움과 기쁨을 주었소. 진심으로 말하건대 나는 이곳을 이 나라에 있는 내 동맹자들에게 우호적인 곳으로 만드는 것이 크나큰 이득이라고 생각하오. 가다타스, 아시리아 왕은 그대에게서 자식을 낳을 수 있는 능력을 빼앗았지만, 친구를 얻을 수 있는 능력만큼은 결국 빼앗지 못했소. 그대의 행동으로 그대는 우리를 친구로 만들었소. 우리는 앞으로 그대의 편이 될 것이며, 마치 우리가 그대의 자식인 것처럼 전력을 다해 그대를 도울 것이오."

20 그가 이야기를 마치자 그때까지의 전모를 전해들은 히르카니아 왕은 키루스에게 달려가 그의 오른손을 잡고 말했다. "오, 당신의 친구들에게 당신은 크나큰 축복입니다, 키루스여. 당신은 신에게 보답해야 할 무한한 감사의 빚을 내게 안겨주셨군요. 신께서는 나를 바로 당신과 친구가 되도록 만들어주셨으니 말입니다!"

21 키루스가 그에게 명했다. "그러면 가서 요새를 가지시오. 이는 그대가 나를 축하했기 때문에 주는 것이오. 그런 다음 그대의 민족과 나머지 동맹자들에게 이득이 되는 방식으로 요새를 처분하고, 특히 여기 있는 이 가다타스의 몫을 잊지 마시오. 그는 우리가 요새를 점령하도록 해주었으니 말이오."

22 "그런 다음에는 어떻게 할까요?" 히르카니아 왕이 되물었다. "카두시아인이 오면 사키아인과 내 민족은 그들도 불러들여 함께 이 요새를 최선으로 활용할 수 있는 방안을 의논해야 하지 않을까요?"

23 키루스는 그 생각에 동의했다. 그래서 그 요새에 이해관계가 있는 모든 세력이 한자리에 모여 함께 방책을 결정했다. 그 결과 요새는 모두가 우호적으로 공동 관리하는 것이 좋겠다고 결정했고, 전시에는 바깥 보루로 삼아 아시리아에 대항하는 작전 기지로 활용하자고 결의했다.

24 이 사건을 계기로 카두시아, 사키아, 히르카니아는 더 많은 병

력을 원정에 참여시켰고, 군대의 사기도 한층 고양되었다. 이후 카두 시아의 방패수 약 2만 명과 기병 약 4천 명이 새로운 부대를 이루었 으며, 사키아도 약 1만 명의 궁수와 2천 명의 기병 궁수를 파견했고, 히르카니아도 더 많은 보병을 끌어모으고 2천 명의 기병부대 외에 더 많은 기병들을 모집하여 파견했다. 카두시아와 사키아는 아시리 아의 적이었으므로 이 무렵 모든 기병들이 출동해 있었다.

25 키루스가 요새를 정비하느라 분주할 때, 인근 아시리아의 많은 병사도 자신의 말을 갖다 바쳤으며, 많은 수가 무기를 버리고 투항해 왔다. 이제 그들은 그들의 이웃을 두려워하게 되었기 때문이다.

26 그 뒤 가다타스는 키루스에게 와서 사자들이 보내온 정보를 전 했다. 그에 따르면 아시리아 왕은 요새가 함락되었다는 소식을 듣고 불같이 화를 내며 침략할 준비를 갖추고 있다는 것이었다. "키루스 여, 폐하께서 허락해주신다면 저는 빨리 가서 요새들을 구하고 싶습 니다. 나머지 지역들은 별로 중요하지 않으니까요."

27 "지금 출발하면 언제 그대의 나라까지 갈 수 있겠소?" 키루스가 물었다.

"모레쯤이면 저는 제 고향에서 식사할 수 있을 겁니다." 가다타스 가 대답했다.

"하지만 아시리아군이 이미 그곳에 가 있지 않을까?" 키루스가 물 었다.

"아마 그럴 겁니다. 그는 폐하께서 멀리 있다고 생각하기 때문에 서두를 테니까요." 가다타스가 대답했다.

28 "내 군대가 그곳까지 가려면 얼마나 걸릴 것이라고 생각하오?" 키루스가 물었다.

"폐하의 군대는 지금 대군이므로 제 거처까지 오는 데 6~7일은 족 히 걸릴 겁니다." 가다타스가 대답했다.

"좋소. 그대는 가능한 한 서둘러 출발하시오. 내가 최선을 다해 뒤따라가리다." 키루스가 말했다.

29 이렇게 해서 가다타스가 먼저 출발한 뒤 키루스는 동맹국의 장교들을 모두 불러모았다. 귀족과 용감한 전사들이 모였다. 이 자리에서 키루스는 다음과 같이 말했다.

30 "친구와 동맹자 여러분, 가다타스는 우리 모두에게 더없이 소중한 일을 해주었소. 더구나 우리가 지닌 어떤 것도 사전에 대가로 받지 않고서 말이오. 전하는 바에 따르면 지금 아시리아 왕은 그의 나라를 침략하러 가고 있소. 물론 그 의도는 가다타스가 그에게 큰 잘못을 저질렀기 때문에 그를 응징하려는 것이오. 아마 아시리아 왕은 잘 알고 있을 게요. 자신을 추종하는 자들은 우리에게 격파되었는데 막상 자신을 버리고 우리 편에 들어온 자가 아무런 제재도 당하지 않고 넘어간다면, 이내 아무도 자신을 따르려 하지 않으리라는 것을 그도 분명히 알 거요. **31** 그러므로 여러분, 나는 우리에게 은혜를 베풀어준 가다타스에게 우리가 진심으로 도움을 주는 것이 공정한 일이라고 생각하오. 그것은 우리가 감사의 빚을 갚는 일인 동시에 올바른 일이기도 하오. 게다가 그 일은 우리 자신들에게 큰 이득을 가져다주는 일이기도 하오. **32** 우리에게 해를 끼친 사람들에게 우리가 그 피해를 배로 되갚아준다면, 또한 우리에게 은혜를 준 사람들에게 우리가 그 은혜를 배로 되돌려준다면 많은 이들이 우리의 친구가 되려고 하지 우리의 적이 될 생각은 하지 않을 것이오.

33 하지만 만약 우리가 가다타스를 버리기로 결정한다면 앞으로 우리는 어떻게 다른 사람들에게 우리 편이 되어달라고 설득할 수 있겠소? 우리의 행동을 승인해달라는 요구가 얼마나 파렴치한 짓이 되겠소? 또한 이렇게 우리의 수가 많은데도 한 사람, 그것도 가다타스처럼 곤경에 처해 있는 사람의 선행을 넘어서지 못한다면, 우리들 중

누가 가다타스의 얼굴을 볼 낯이 있겠소?"

34 그가 이렇게 말하자 모두들 그의 말에 따르겠다고 했다.

키루스가 다시 말을 이었다. "이제 여러분이 내 주장에 따르겠다고 했으니, 먼저 짐을 실을 가축과 수레를 편성하고 수레마다 가장 적당한 인원을 뽑아 여러 부대를 만듭시다. 그리고 고브리아스에게 우리 대신 부대의 지휘권을 맡겨 인솔하게 하는 거요. **35** 그는 이 근방의 지리와 길을 잘 아니까 그 임무에 가장 적임자가 될 것이오. 그리고 우리는 최정예 병사와 말을 선발해서 사흘 간의 식량을 지니고 따라갑시다. 가급적 장비를 가볍고 단순하게 꾸릴수록 앞으로 더욱 맛있고 유쾌한 식사를 즐길 수 있을 것이오. **36** 이제부터 다음과 같은 순서로 행군하도록 합시다. 크리산타스, 자네는 흉갑으로 무장한 병력을 거느리고 선봉을 맡게. 도로가 평탄하고 넓기 때문이네. 지휘관들이 전면에 서고 각 부대는 한 줄로 행군하게. 한꺼번에 뭉쳐서 가면 우리는 훨씬 빠르고 안전하게 행군할 수 있다네. **37** 흉갑으로 무장한 부대를 선봉에 내세우는 이유는 그들이 전군에서 가장 속도가 느리기 때문이야. 가장 느린 부대가 전위에 나서면 좀더 신속하게 움직이는 부대는 사실 쉽게 따를 수 있네. 하지만 밤에는 경무장 부대가 앞장을 서게. 전위가 후위보다 빠르니까 대열이 흐트러지고 틈이 생기는 것은 어쩔 수 없네.

38 그다음에는 아르타바주스가 페르시아의 방패수와 궁수들을 거느리고 뒤를 따르시오. 그의 뒤에는 메디아의 안다미아스(Andamyas)가 메디아 보병을 거느리고 행군하고, 그다음에는 엠바스(Embas)와 아르메니아 보병, 그다음에는 아르투카스(Artuchas)와 히르카니아군, 또 그 뒤로는 탐브라다스(Thambradas)와 사키아 보병, 그 뒤에는 다타마스(Datamas)와 카두시아군이 뒤따르시오. **39** 모든 부대는 각자 지휘관들을 전면에 세우고 방패수들을 오른편에,

궁수들을 왼편에 포진하게 하시오. 이런 대열로 행군하면 지휘하기가 쉽기 때문이오. **40** 이 대열 뒤를 전군의 종군자들이 따르게 하시오. 지휘관들은 그들이 잠자기 전에 모든 짐을 꾸려놓았는지를 감독해야 하오. 내일 아침 일찍 그들에게 짐을 가지고 지정된 장소에 나오게 해서 질서있게 행군을 시작할 수 있도록 조처하시오.

41 종군자들의 대열 뒤에는 마다타스(Madatas)가 이끄는 페르시아 기병부대가 뒤따르시오. 보병들처럼 기병들도 역시 지휘관들이 앞장서서 각자 자기 부대를 한 줄로 행군하도록 하시오. **42** 그 뒤에는 메디아의 람바카스(Rhambacas)가 기병부대를 같은 방식으로 지휘하시오. 그 뒤에는 티그라네스가 나머지 기병 장교들과 함께 따르시오. 각 장교들은 자신의 병력을 거느리고 우리와 합류하시오. 그들 뒤에는 사키아군이 줄지어 행군하고, 맨 마지막에는 카두시아군이 오는 대로 따라갈 거요. 그리고 그들의 사령관인 알케우나스(Alceunas) 그대는 최종 후방을 담당하면서 아무도 그대의 기병들 뒤로 처지지 않도록 하시오.

43 장교들이나 현명한 병사들이라면 조용히 행군해야 한다는 사실을 잘 알 거요. 밤에는 눈보다 귀를 활용하여 정보를 얻고 일을 처리해야 하오. 한밤중에 혼란에 빠져들면 낮보다 훨씬 심각한 사태가 일어나고 수습하기도 한층 어려운 법이오. **44** 그러므로 조용히 행군하고 지침을 잘 따라줘야 하오.

그리고 야간 경계는 특히 아침 일찍 행군하려 할 때에는 가급적 짧은 시간 근무하도록 하고 자주 교대해주어야 하오. 경비를 선 것 때문에 잠이 부족해지면 행군 중에 훨씬 피로하기 때문이오. 출발 시간이 되면 나팔로 신호를 울리도록 하시오. **45** 여러분은 필요한 것을 모두 지니고 바빌론으로 향하는 길로 모이시오. 각 지휘관들은 자기 부대를 출동시킬 때 뒷사람에게 소식을 전해서 뒤따라오도록 해야 하오."

46 그 뒤 그들은 각자 자신의 천막으로 돌아갔다. 그들은 키루스가 모든 사람의 이름을 일일이 부르며 행군할 때의 위치를 지정하고 지침을 전하는 것을 보고 그의 기억력이 뛰어나다는 이야기를 주고받았다. **47** 키루스는 사실 그 점에 대해 조사한 바 있었다. 그는 기계공이라면 누구나 자신이 다루는 도구의 이름을 알고, 의사라면 누구나 자신이 사용하는 기구와 약의 이름을 아는데, 장군은 자기 휘하 지휘관들의 이름을 알지 못할 정도로 어리석다는 것을 이상하게 여겼다. 하지만 장군은 부하들의 이름을 알아두고, 어떤 장소를 점령하거나 방어하고 싶을 때는 물론이고 용기나 두려움을 주려고 할 때도 그것을 적절히 사용해야 한다. 키루스는 어떤 사람을 칭찬하려면 언제나 그의 이름을 불러주는 것이 당연하다고 생각했다. **48** 나아가 키루스는 장군이 자신을 사적으로 알고 있다고 생각하는 사람들일수록 좋은 일에 더 열심히 노력하고 나쁜 일은 일절 하지 않으려 한다고 생각했다. **49** 그리고 그는 아랫사람들에게 무슨 일을 시키고 싶을 때 "누가 가서 물 좀 가져와!" "누가 가서 나무 좀 쪼개!" 하면서 가정에서 주인이 그러는 것처럼 명령하는 것은 바보짓이라고 생각했다. **50** 그런 식으로 명령하면 누구나 자기들끼리 얼굴을 쳐다보면서 아무도 명령에 따르지 않을 것이라는 게 그의 생각이었다. 그럴 경우 모두가 욕을 먹지만 많은 사람이 그 욕을 나누어 먹기 때문에 결국은 아무도 수치심이나 두려움을 느끼지 않을 터였다. 이런 이유로 키루스는 부하들 이름을 각기 거명하면서 명령을 하달했다. **51** 그것이 키루스의 견해였다.

그 무렵 병사들은 저녁식사를 마치고, 경계를 서고, 필요한 짐을 다 꾸린 다음 잠자리에 들었다. **52** 자정이 되자 신호 나팔이 울려퍼졌다. 키루스는 크리산타스에게 자신이 본군에 앞서 도로에서 그를 기다리겠다고 알려주고는 부관들을 거느리고 떠났다. 곧바로 크리산타스는 중무장한 보병들을 이끌고 선두에 나섰다. **53** 키루스는 그에게 안내인들을 인계하고, 아직 군대가 모두 출발 채비를 갖추지 못했으니 천천히 진군하라고 일렀다. 그런 다음 그는 직접 도로변에 서서 부대들이 지나갈 때마다 순서대로 명령을 내렸으며, 행군이 늦은 부대에게는 전령을 보내 서두르라고 다그쳤다. **54** 전군이 도로에 오르자 그는 기병 몇 명을 크리산타스에게로 보내 이제 모두 행군에 나섰다고 알렸다. "이제부터 속력을 내시오!" **55** 그러나 키루스 자신은 느긋하게 말을 몰아 앞쪽으로 가면서 대열을 살폈다. 조용히 질서를 지키며 행군하는 병사들에게 그는 말을 탄 채로 그들이 누군지 물어보고는 제대로 된 대답을 들으면 칭찬해주곤 했다. 하지만 조금이라도 대열이 어지러우면 그는 즉각 그 원인을 조사하고 무질서를 바로잡았다.

56 그날 밤에 키루스가 취한 예비조치는 한 가지가 더 있었다. 그는 군대의 주력군 앞으로 몇 명의 경무장 보병을 보내 크리산타스와 서로 볼 수 있는 가까운 거리에 있게 했다. 그들은 행군로에 관한 정보를 듣고 수집하여 크리산타스가 알아야만 하는 합당한 것들을 그에게 전달했다. 그 부대에도 그들을 지휘하는 장교가 있어서 질서를 유지했으며, 그 장교는 중요한 것을 크리산타스에게 알렸다. 그러나 중요하지 않은 것을 보고하여 크리산타스를 번거롭게 만들지는 않았다.

57 이런 식으로 군대는 밤새 행군했다. 그러나 낮이 되자 키루스는 카두시아의 기병을 뒤로 보내 카두시아의 보병 — 이들은 가장 후위에 있었다 — 을 보호하도록 조처했다. 그리하여 보병은 기병의 보호를 받도록 했다. 적이 앞에 있기 때문에 나머지 기병들은 앞으로 가라고 명했다. 키루스가 이렇게 계획한 의도는 혹시라도 저항이 발생

할 경우 자신의 병력에게 전투명령을 내릴 수 있도록 하기 위해서, 또 달아나는 병사들이 있으면 즉각 달려가서 추격할 수 있도록 하기 위해서였다. 58 그는 언제나 일부 부대는 추격하게 하고 일부 부대는 자기 곁에 있게 했다. 그러나 결코 주력군이 붕괴된 적은 없었다.

59 키루스는 이렇게 군대를 이끌면서도 정작 자신은 한곳에만 있지 않았다. 그는 말을 타고 여기저기 돌아다니며 감시하고, 조치를 취해야 할 곳이 있으면 즉각 조치를 취했다.

이런 식으로 키루스와 그의 군대는 행군하고 있었다.

IV

1 가다타스의 기병 장교들 중에는, 자신의 군주가 아시리아 왕에게 맞서 반란을 일으키는 것을 보고 만약 가다타스에게 재앙이 닥친다면 자신이 직접 아시리아 왕에게서 가다타스가 가졌던 모든 재산과 권력을 빼앗겠다고 결심한 자가 있었다. 이런 생각에서 그는 자신이 믿는 친구를 아시리아 왕에게 밀사로 보내 자신의 계획을 전하게 했다. 내용인즉슨 아시리아군이 이미 가다타스의 나라에 들어와 있다면 가다타스가 오는 길에 매복을 놓아 가다타스와 그의 부하들을 사로잡을 수 있다는 것이었다. 2 나아가 그는 밀사에게 가다타스의 군대가 소규모이며 키루스가 함께 있지 않은 게 분명하다는 소식도 전하라고 했다. 또한 그는 가다타스가 이용할 가능성이 높은 길도 말해주는 한편, 더 큰 신임을 얻으려는 의도에서 자신의 부하들에게도 아시리아 왕에게 항복하라고 지시하고 자신이 가다타스의 나라에서 어쩌다가 관할하게 된 요새도 함께 넘기려고 했다. 게다가 그는 가다타스를 죽이는 데 성공할 경우 자신이 직접 아시리아로 가겠지만 실패할 경우에도 아시리아 왕의 편이 되겠다고 약속했다.

3 그가 보낸 밀사는 최대한 말을 빨리 달려 아시리아 왕의 면전에 가서 자신이 온 목적을 밝혔다. 이야기를 들은 아시리아 왕은 즉각 그 요새를 취하고 기병과 전차로 이루어진 대군으로 인근 마을들에 매복을 놓았다.

4 가다타스는 그 마을에서 멀지 않은 곳까지 와서 미리 정찰병들을 보내 앞길을 수색하게 했다. 아시리아 왕은 정찰병이 온다는 정보를 받고 전차 두세 대와 기병 몇 명에게 그들을 보면 마치 아군의 병력이 얼마 안 되어 두려움을 느끼는 것처럼 가장하고 빨리 도망치라고 명했다. 과연 정찰병들은 적군을 보고 추격하면서 가다타스에게어서 오라는 연락을 취했다. 가다타스는 속아서 전속력으로 추격했다. 그러자 아시리아 왕은 가다타스가 충분히 가까이 올 때까지 기다렸다가 매복한 곳에서 몸을 드러냈다. **5** 가다타스와 그의 군대는 이것을 보고 당연히 달아나기 시작했으며, 적군은 당연히 추격을 시작했다. 바로 그때 가다타스를 타도하려는 음모를 꾸민 자가 가다타스를 공격했으나 죽이는 데는 실패했다. 그래도 그는 가다타스의 어깨를 찔러 부상을 입혔다.

그런 일을 저지른 다음 그는 재빨리 아시리아 추격군과 합류했다. 그들이 그를 알아보자 그는 그들과 어울려 전속력으로 가다타스 일행을 추격했다. **6** 가장 느린 말을 탄 자는 가장 빠른 말을 탄 자에게 점점 따라잡히고 있었다. 가다타스 일행은 이미 오랜 행군으로 피로에 지쳐 있었으므로 아주 기진맥진한 상태였다. 바로 그때 키루스가 군대를 거느리고 오고 있는 것을 보았다. 그것을 본 가다타스 일행이 마치 폭풍우 속에서 항구를 발견한 것처럼 환호성을 지르며 기뻐했을 것은 보지 않아도 누구나 상상할 수 있을 것이다. **7** 처음에 키루스는 깜짝 놀랐다. 그러나 곧 사태를 파악한 그는 적군이 맞은편에서 다가오는 동안 그들에 대비하여 군대를 전투대형으로 이끌었다.

적군은 상황이 급변한 것을 알고 말머리를 돌려 도망쳐버렸다. 그러자 키루스는 그 목적을 수행하도록 편성된 자들에게 적군을 추격하도록 하고 그 자신은 적당히 그 뒤를 쫓았다. 8 곧이어 적의 전차들이 사로잡혔다. 일부는 전차 마부들이 버리고 도망치기도 하고, 다른 일부는 너무 빨리 회전하다가 전차에서 떨어지기도 했다. 또한 어떤 이들은 키루스의 기병들에게 차단되어 사로잡혀 전차를 빼앗기기도 했다. 많은 적병들이 죽음을 당했는데, 그중에는 가다타스에게 상처를 입힌 자도 포함되어 있었다. 9 가다타스의 요새를 포위하고 있던 아시리아 보병들 가운데 일부는 배신으로 가다타스에게 넘어간 그 요새로 달아났고 나머지는 아시리아의 큰 도시로 도망쳤다. 아시리아 왕도 자신의 기병과 전차부대를 거느리고 그 도시로 도피했다.

10 키루스는 추격을 마치고 가다타스의 나라로 돌아왔다. 그는 전리품을 돌보는 일을 맡은 부하들에게 지침을 내려주고는 곧바로 가다타스의 상처를 보기 위해 그를 찾아갔다. 하지만 그가 가는 도중에 가다타스는 이미 상처에 붕대를 감고 키루스를 마중하러 나왔다. 키루스는 그를 보고 기뻐하며 말했다. "지금 그대가 어떠한지 살펴보러 가던 참이었소."

11 그러자 가다타스가 말했다. "저도 위대한 영혼을 소유하신 폐하를 어서 다시 만나뵙고 싶어 가던 참이었습니다. 이제 폐하께서는 제 도움이 전혀 필요하지 않으신데도, 또 저를 구해주시겠다는 약속도 하지 않으셨고 저에게 아무런 의무가, 적어도 사적인 의무가 없으신데도 단지 제가 폐하의 친구들에게 약간의 도움을 주었다고 생각하시고는 폐하께서 급히 달려와 위급한 순간에 저를 구해주시니, 몸둘바를 모르겠습니다. 폐하가 아니었다면 저는 이미 죽었을 것입니다. 12 키루스여, 설사 제가 전처럼 아이를 가질 수 있는 몸이라 해도 폐하와 같이 제게 친절하게 대해줄 아이를 가질 수 있을지는 의심스럽

습니다. 현재의 아시리아 왕은 제가 아는 다른 많은 아들들처럼 지금 폐하에게 끼치는 심려보다 더욱 큰 심려를 자신의 아버지에게 안겨 주었기 때문입니다."

13 키루스가 그의 말에 대답했다. "가다타스, 그대가 내게 그토록 큰 놀라움을 나타내는 걸 보니 그대는 훨씬 더 큰 놀라움을 아직 보지 못한 것 같구려."

"그게 뭔지요?"

"많은 페르시아인이 그대에게 관심을 가지고 있다오. 또한 메디아 와 히르카니아, 아르메니아, 사키아, 카두시아 등 지금 이곳에 있는 모든 종족이 그렇다오."

14 "오, 제우스 신이여. 바라건대 신께서 그들에게 크나큰 축복을 내려주시기를. 특히 축복의 대부분을 나에게 관대하신 분에게 내려 주시기를. 하지만 키루스여, 폐하께서 칭찬하시는 그 사람을 흡족하 게 하시려면 제가 드릴 수 있는 이 사소한 것을 우정의 선물로 받으 소서."

이렇게 말하면서 가다타스는 많은 물건을 꺼내놓았다. 이것들은 그 덕분에 원하는 사람은 누구나 제사를 올릴 수 있었고, 전군이 영 광스러운 행위와 업적에 걸맞게 여흥을 즐길 수 있도록 하기 위한 것 이었다.

15 카두시아 왕은 후위를 맡았기 때문에 추격하는 데 아무런 몫을 하지 못했다. 그래서 그는 나름대로 활약하려는 마음에서 키루스와 상의하지도 않고 또한 그에게 아무런 전갈도 전하지 않은 채 독자적 으로 바빌론 인근 지역을 약탈했다. 그런데 카두시아 기병들이 분산 되어 있을 때 아시리아 왕은 대피해 있던 도시에서 느닷없이 나와 전 투대형을 펼쳐 그들을 공격했다. **16** 그는 카두시아의 군대밖에 없다 는 사실을 알고 공격을 가해 카두시아 사령관을 비롯하여 많은 군사

를 죽이고 말을 빼앗았으며, 그들이 노획했던 많은 물건을 되찾았다. 또한 아시리아 왕은 자신이 안전하다고 여기는 곳까지 카두시아군을 추격한 다음 돌아왔다. 그래서 카두시아의 잔여 군대는 저녁 무렵에야 간신히 진영으로 돌아왔다.

17 키루스는 그런 사정을 알고 그들을 마중하러 나갔다. 도중에 부상병을 보자 그는 그를 따뜻하게 맞아들여 가다타스에게 보내 간호를 받게 했다. 또한 나머지 병사들도 그들의 천막으로 보내 구호하는 한편 그 자신도 페르시아 동료들을 대동하고 그들이 치료를 받는지 살펴보았다. 그런 상황에서는 여분의 인력을 모두 동원할 필요가 있기 때문이었다. 18 그래도 키루스는 기분이 매우 울적했으므로 다른 사람들이 식사하러 갔을 때에도 측근들과 의사들을 대동한 채 계속 현장에서 부상자들을 돌보았다. 그는 한 사람의 부상자도 돌보지 않는 채 남겨두지 않았다. 자신이 직접 간호하거나, 그렇게 할 수 없는 경우에는 다른 사람을 보내 간호하게 함으로써 사적인 관심을 보여주었다.

19 이리하여 그날 저녁 그들은 잠자리에 들었다. 동이 트자 키루스는 카두시아의 병사들과 남은 장교들을 모두 소집하고는 그들에게 이렇게 말했다.

"친구들과 동맹군 여러분, 어제 일어난 일은 누구에게나 일어날 수 있소. 인간이 실수하는 것은 지극히 당연한 것이오. 그렇다 해도 이 사건에서 우리는 몇 가지 교훈을 얻을 필요가 있소. 그것은 바로 적군보다 약한 병력은 우리의 본대에서 분리되지 말아야 한다는 교훈이오. 20 물론 그렇다고 해서 결코 떨어져서 행동하지 말라는 뜻은 아니오. 설사 카두시아 군대보다 훨씬 작은 부대라 해도 상황에 따라 필요한 경우에는 떨어져서 행동할 수 있소. 그러나 무릇 장교라면 원정을 시작할 때 도와줄 수 있는 사람에게 미리 의사를 전달해야만 혹시라도 함정에 빠졌을 경우 도움을 얻을 수 있다는 것을 알아야 하오. 그래야만 뒤에 남아 있는 군대가 적을 습격하여 본대에서 이탈한 군대에게서 적을 몰아내거나, 또는 최소한 적을 혼란시켜 동료들을 안전하게 구해낼 수 있을 것이오. 설사 거리가 멀어 직접 도움을 줄 수 없는 경우라 해도 본대에 연락을 취해 구원하러 오게 할 수 있소. 그러나 아무런 연락도 취하지 않은 채 자신의 목적을 달성하기 위해 독자적으로 행동한다면, 그 군대가 어디 있다 해도 혼자서만 작전을 전개하는 격이 될 것이오.

21 그러나 신의 뜻에 따라 우리는 지금 당한 만큼 머잖아 적에게 복수를 하게 될 것이오. 그러므로 점심식사를 마치고 곧바로 나는 여러분을 이 일이 일어난 현장으로 데려가겠소. 거기서 우리는 죽은 자를 매장하는 것은 물론이고, 적군이 승리를 거두었다고 생각하는 바로 그곳에서 그들보다 우위에 있는 우리 군대를 보여줄 것이오. 우리는 적어도 그들이 우리 동맹자들을 살해한 그곳에서조차 만족하도록 내버려둬서는 안 되오. 적이 우리에게 응전하지 않는다면 우리는 마을을 불태우고 적의 지역을 유린함으로써 그들이 우리에게 한 행위에 즐거움을 느끼지 않도록 할 것이오. 그 대신 적에게 자신의 불행을 뼈저리게 느낄 수 있도록 해야 하오.

22 그러므로 여러분은 이제 점심식사를 하러 가시오. 하지만 카두시아인은 먼저 여러분의 관습에 따라 새 장군을 선출하여 그가 신과 우리의 도움을 받아 여러분을 보살필 수 있도록 하시오. 우리의 도움이 필요하면 언제든 부탁하시오. 지휘관을 선발했으면 그를 내게 보내시오."

23 병사들은 명령대로 행했다. 키루스는 군대를 거느리고 나와 카두시아의 지휘관으로 발탁된 사람에게 직위를 부여하고 가까이에 있는 그의 부대를 지휘하라고 명했다. "그대의 병사들에게 새로 용

기를 불어넣어주도록 하시오." 그 뒤 그들은 진군을 시작했다. 현장에 도착한 그들은 전사한 카두시아 병사들을 매장하고 그 지역을 유린했다. 그 일을 마치고 가다타스의 나라로 돌아올 때 그들은 적국에서 빼앗은 보급품을 많이 가져왔다.

24 그러나 키루스는 자신에게 넘어온 사람들이 장차 심각한 고통을 겪을지도 모른다는 데 생각이 미쳤다. 그들은 바빌론에서 워낙 가까운 곳에 살고 있어 키루스가 늘 보살펴줄 수는 없었던 것이다. 그래서 그는 사로잡은 적군 가운데 일부를 풀어주고 아시리아 왕에게 전갈을 보냈다(때마침 아시리아 왕도 같은 내용의 전갈을 보내왔다). 그 내용은 키루스에게 충성을 바치기로 한 농민들이 계속 농사를 지으며 그곳에서 살 수 있도록 아시리아 왕이 허락해준다면, 키루스 자신도 농민들이 평화롭게 땅을 갈며 살 수 있게 내버려두며 아무런 해도 끼치지 않겠다는 것이었다. 25 그는 전갈을 전할 자들에게 가서 이렇게 말하라고 했다. "하지만 설사 그대가 농민들을 괴롭히겠다고 해도 그것은 일부에 지나지 않을 것이다. 왜냐하면 내게로 넘어온 농민들이 사는 지역은 작은 반면, 내가 경작을 허용한 그대의 영토는 훨씬 넓기 때문이다. 그러므로 곡물의 수확량도, 만약 전쟁이 벌어진다면 승리자가 모두 차지하겠지만, 평화를 유지한다면 그대가 거의 모든 곡물을 차지하게 될 것이다. 하지만 만약 내 지지자들 중 누가 그대에게 반기를 들거나, 그대의 지지자들 중 누가 내게 반기를 들면, 우리 두 사람은 각자의 능력에 따라 응징하기로 한다."

26 키루스는 이런 전갈을 전달자에게 맡겨서 보냈다. 전갈을 들은 아시리아인은 왕에게 그 제안을 수락하게 하고 가급적 전쟁의 여지를 남기지 않도록 하기 위해 온갖 수단을 다해 왕을 설득했다. 27 결국 아시리아 왕은 신하들에게 설득당했는지, 아니면 그 자신이 원했는지 모르지만 그 제안을 수락했다. 그리하여 계약이 맺어져서 농민

들은 평화를 누리고 병사들은 전쟁을 치를 수 있게 되었다.

28 키루스는 농민들을 위해 그러한 양보를 얻어냈다. 그러나 그는 들판에서 풀을 뜯는 가축에 관해서는 다른 명령을 친구들에게 내렸다. 원한다면 가축을 자신이 통제하는 지역으로 몰고 올 수 있다는 것이었다. 그러나 그들은 적의 가축들도 여기저기에서 정당한 전리품으로 가져왔으므로 동맹군은 그 원정에 무척 만족했을 것이다. 그 덕분에 식량을 확보하기 위해 약탈에 나서지 않을 수 있었지만 사실 위험은 마찬가지였다. 다만 군대가 적의 가축으로 배불리 먹을 수 있다면 전쟁의 부담은 한층 가벼워질 터였다.

29 키루스가 떠날 채비를 할 무렵 가다타스는 그에게 온갖 종류의 많은 선물을 안겨주었다. 부유한 가문으로서는 당연한 일인데, 선물 중에서 가장 중요한 것은 많은 말이었다. 가다타스는 자신에게 반역 음모를 꾸민 자들에게서 말을 빼앗아 키루스에게 준 것이었다. **30** 그는 키루스의 면전에 와서 이렇게 말했다. "키루스여, 일단 이 선물을 드리오니 조금이라도 소용이 된다면 받아주시기 바랍니다. 하지만 제가 지닌 다른 모든 것도 폐하의 것이나 마찬가지입니다. 제게는 재산을 물려줄 자식도 없고 앞으로도 없을 테니 제가 죽고 나면 우리 종족과 이름은 완전히 사라져버릴 것입니다. **31** 모든 것을 보시고 모든 것을 들으시는 신을 걸고 맹세하오니, 키루스여, 저는 이러한 고통을 당할 만큼 잘못이나 비열한 짓을 저지르지도 말하지도 않았습니다."

이렇게 말하면서 그는 자신의 운명을 한탄하고 울음을 터뜨리며 더 이상 말을 잇지 못했다.

32 듣고 있던 키루스는 그의 불행을 측은히 여기면서 이렇게 말했다. "그대가 주는 말은 내가 받겠소. 그대에게 감사하는 뜻으로, 지금 말을 가지고 있는 그대의 부하들보다는 그대에게 충성스러운 사람

들에게 그 말을 나누어주리다. 또한 나로서도 한시바삐 내 페르시아 기병부대를 1만 명의 병력으로 증강시켜야 하오. 오래전부터 꿈꾸어 오던 일이었다오. 하지만 나머지 선물은 그대가 도로 가져가시오. 그대가 준 선물 이상으로 보답하기에 충분할 만큼 내가 재산을 가지게 될 때까지는 그대의 선물을 받지 않아도 괜찮소. 우리가 헤어질 때 만약 그대가 내게서 받은 것보다 더 큰 선물을 내게 준다면 나로서는 수치가 아닐 수 없소."

33 그러자 가다타스가 대답했다. "좋습니다. 제가 폐하의 방식을 아니까 그 말씀을 믿을 수 있습니다. 하지만 제가 폐하를 위해 이것들을 보관하고 있을 뿐이라는 점을 잊지 마십시오. 34 우리가 아시리아 왕과 친구로 있었을 때 저는 제 아버지의 영지가 세상에서 가장 좋은 곳이라고 생각했습니다. 바빌론이라는 힘센 도시에 가까이 있었으므로 우리는 대도시의 모든 이점을 누리면서도 대도시의 번잡함과 소란은 걱정하지 않고 편하게 지낼 수 있었죠. 그러나 이제 우리는 그의 적이 되었으니 폐하께서 떠나시면 우리의 몸과 집은 음모의 제물이 될 게 분명합니다. 우리는 우리보다 훨씬 힘센 적이 가까이에 도사리고 있으므로 앞으로는 극도로 비참한 생활을 하게 될 것입니다.

35 그렇다면 아마 이렇게 말할 사람이 있을지 모르겠습니다. '반란을 일으키기 전에 왜 그런 생각을 하지 못했나?' 키루스여, 그것은 제가 당한 모욕과 그로 인한 분노 때문입니다. 제 마음은 가장 안전한 길을 일관적으로 추구하지 못하고 늘 그런 생각의 영향을 받습니다. 제게는 신과 인간의 적에 대해 복수할 능력이 없는데도 말입니다. 그는 자신에게 잘못을 저지르는 사람뿐 아니라 자신보다 낫다고 생각하는 사람에게도 화해할 수 없는 증오를 품는 자입니다. 36 그 자신이 지독한 악당이기 때문에 지지자들은 전혀 얻지 못하고 자신보다

더 나쁜 악당들만 모이게 될 겁니다. 설혹 그를 받드는 자들 중에 우연히 그보다 나은 인재가 있다 해도 폐하께서 그 선한 사람과 싸우게 될까봐 걱정할 필요는 전혀 없습니다. 아시리아 왕은 끊임없는 모함으로 결국에는 자신보다 나은 사람을 제거해버리고 말 것이기 때문입니다. 더구나 그가 저를 처리하기란 매우 쉽습니다. 그는 아주 보잘것없는 자들을 동원해서도 저를 쉽게 괴롭힐 수 있으니까요."

37 이 이야기를 들은 키루스는 가다타스가 뭔가 고려해야 할 사항을 이야기했다는 느낌이 들어 즉각 대답했다. "그럼 이렇게 합시다, 가다타스. 요새의 주둔군을 늘려 경비를 강화하고 안전을 확고히 합시다. 그대가 요새에 들어갈 때 안전에 대해 믿을 수 있게 말이오. 그런 다음 그대는 우리의 원정에 동참하도록 하시오. 앞으로도 신께서 지금처럼 우리 편이라면 그가 그대를 두려워할지언정 그대는 그를 두려워할 필요가 없소. 그대가 보고 싶어하고 가져갈 만한 것을 무엇이든 꾸려 우리에게 오시오. 내가 보기에 그대는 내게도 아주 유용할 듯싶소. 나도 할 수 있는 한 그대에게 유용한 사람이 되도록 노력하겠소이다."

38 이 말을 듣고 가다타스는 한층 자유롭게 숨을 쉬며 말했다. "폐하께서 떠나시기 전에 제가 준비를 할 수 있겠습니까? 저는 어머니를 모셔갔으면 합니다만."

"좋소. 시간을 넉넉히 가지고 준비하시오. 그대가 됐다고 할 때까지는 기다릴 테니."

39 이렇게 해서 가다타스는 키루스와 합류하게 되었다. 그는 주둔군을 증강시켜 요새의 경비를 강화한 다음 큰 집에서 안락한 생활을 하는 데 필요할 것 같은 온갖 물건을 챙겼다. 또한 그는 자신이 믿고 사랑하는 친구들은 물론이고 믿지 않는 자들까지 데려왔는데, 일부는 아내를 데려오게 했고 또 일부는 형제자매를 데려오게 했다. 그러

한 혈연으로 묶어 그들을 통제하려는 속셈이었다.

40 행군할 때 키루스는 가다타스를 처음부터 자신의 주변에 있게 했다. 가다타스가 그에게 도로와 물, 마초(馬草), 식량 등에 관한 정보를 줌으로써 주변 상황이 좋은 조건에서 야영하기 위해서였다.

41 행군을 계속하자 이윽고 바빌론시의 모습이 시야에 들어왔다. 키루스는 자신이 가고 있는 도로가 성벽 가까이로 이어진다는 것을 알게 되자 고브리아스와 가다타스를 불러 다른 길은 없느냐고 물었다. 성벽 바로 아래까지 갈 필요는 없기 때문이었다.

42 고브리아스가 그의 질문에 대답했다. "있습니다, 폐하. 실은 길이 많지만 저는 폐하께서 아시리아 왕에게 우리 군대의 커진 규모와 사기를 과시하기 위해 도시 가까이까지 행군하고 싶어하는 줄 알았습니다. 전에 우리 군대의 규모가 지금보다 더 작았을 때도 성벽에 너무 가까이 다가간 탓에 그가 우리의 수가 많지 않음을 알았던 적이 있었습니다. 비록 그가 어느 정도 대비를 했다 하더라도(그가 전쟁 준비를 갖추고 있다는 말을 폐하에게 전했기 때문입니다) 폐하의 군대를 보면 전혀 준비를 하지 못한 듯한 기분이 들 거라고 생각합니다."

43 키루스가 말했다. "그대는 놀란 것 같구려, 고브리아스. 전에는 내가 훨씬 적은 군대로 성벽 가까이까지 행군해갔지만, 지금은 한층 대군이 되었는데도 성벽 바로 밑까지 행군해가지 않으니 말이오. **44** 하지만 놀랄 것 없소. 곧장 행군하는 것과 옆으로 행군하는 것은 서로 같은 게 아니오. 모든 병사들이 전투 태세를 갖추고 전진하기 때문이오(또한 현명한 사람은 가장 빠른 길이 아니라 가장 안전한 길로 퇴각하는 법이오). **45** 그러나 무릇 군대가 행진할 때는 마차가 따르고 그밖에 짐을 실은 수레도 길다랗게 줄을 서기 마련이오. 병사들은 이 것들을 방어해야 하며, 무기로 보호하지 못한 수레들을 적이 보지 못하도록 해야 하오. **46** 그러므로 사람들이 이런 식으로 행군하게 되면

전투 병력이 가늘고 취약한 선을 이루는 것은 어쩔 수 없는 일이오. 그 경우 적이 성벽에 밀집해 있다가 돌격해오면 어느 쪽을 공격하든 행군하는 병사들보다 수적으로 훨씬 우위에 있게 되오. 47 그러면 길다랗게 줄지어 행군하던 사람들은 보급품과 먼 거리에 있음이 틀림없으며, 한편 성안의 사람들은 짧은 길을 택하여 그들 가까이에 있는 병력에 돌격하고는 다시 숨을 수가 있게 되오.

48 그 반면에 우리가 지금 하는 것처럼 길다랗게 늘어진 줄을 이루는 대신 성벽을 두고 멀리서 옆으로 행군하면, 적은 분명히 우리의 전체 병력을 다 보겠지만 무기들의 뒤쪽에 보이는 무리를 두렵게 여길 거요. 49 그런데도 적이 특정한 지점을 집중 공격한다면 우리는 적을 멀리서 볼 수 있으므로 아무런 대비 없이 습격을 당하지는 않을 것이오. 또는 적이 성벽에서 멀리까지 와야 한다는 것을 알면 공격할 마음조차 먹지 않을 수도 있을 거요. 그들의 수가 우리 전체보다 훨씬 많은 경우가 아니라면 말이오. 그들로서는 퇴각할 때도 위험을 각오해야 할 테니까."

50 키루스가 이야기를 마치자 고브리아스와 가다타스는 그의 말이 옳다고 고개를 끄덕였으며, 고브리아스는 키루스가 지시한 방면으로 향했다. 군대가 도시 옆으로 행군하는 내내 키루스는 도시에 접근하는 대열을 가장 강한 대열로 유지하여 진군하게 했다.

51 이런 식으로 그는 행군을 계속해서 보통 소요되는 기간 내에 그가 원래 출발했던 메디아와 시리아 사이의 경계 부근까지 왔다. 그곳에 있는 시리아의 세 요새 중에서 키루스는 가장 약한 요새 하나를 직접 기습 공략하여 빼앗았다. 나머지 두 요새 중 하나는 수비대가 겁을 집어먹고 나와 항복했으며, 다른 하나는 가다타스가 설득해서 점령했다.

V

1 일 처리가 끝난 뒤 키루스는 키악사레스에게 사자를 보내 진영으로 오라고 부탁했다. 그들이 점령한 요새들을 배분하는 문제에 관한 회의를 주재할 것과 아울러, 군대의 현황을 검토한 뒤 장차 전쟁하기 위해 어떤 조치들이 필요한지 조언을 얻기 위해서였다. 또 키루스는 사자에게 이렇게 일러두었다. "그가 내게 명한다면 나도 진영으로 와서 그와 동참하겠다는 말도 전하라."

2 그의 명을 받은 사자는 전갈을 전하기 위해 떠났다. 그동안 키루스는 메디아인이 키악사레스를 위해 골라둔 아시리아 왕의 천막을 꺼내오게 하고, 그 안에 온갖 비품을 갖추어놓게 했다. 또한 천막 안을 여자의 방처럼 꾸며놓고 키악사레스를 위해 여자와 음악을 하는 소녀들도 들여놓았다. 이렇게 해서 준비가 끝났다.

3 사절이 키악사레스에게 전갈을 전하자 그는 관심을 보이면서 군대를 변방에 그대로 두는 게 낫겠다고 판단했다. 거기에는 그럴 만한 이유가 있었다. 키루스가 페르시아 본국에 요청했던 4천 명의 페르시아 궁수들과 투석수들이 도착했던 것이다. **4** 이 증원군이 메디아 영토에서 부담이라고 여긴 키악사레스는 현재의 군대를 제거하는 편이 또 다른 무리를 받아들이는 것보다 낫겠다고 판단했다. 그래서 페르시아 증강군의 사령관이 키루스에게서 명을 받은 대로 키악사레스에게 도움이 필요한지 물었을 때, 키악사레스는 "아니오"라고 대답했다. 결국 페르시아의 장군은 그날로 자기 병력을 이끌고 키루스에게 돌아갔다. 그는 키루스가 인근에 있다는 소식을 들었던 것이다.

5 그 이튿날 키악사레스는 함께 있던 메디아 기병부대와 같이 출발했다. 키루스는 그가 오고 있다는 소식을 듣고 이제는 대군이 되어

있는 페르시아 기병부대를 거느리고 마중을 나갔다. 또한 키루스는 메디아, 아르메니아, 히르카니아의 기병부대도 모두 데려갔으며, 나머지 동맹군 중에서 무장을 가장 잘 갖춘 기병부대들도 대동했다. 말할 것도 없이 키악사레스에게 자기 병력의 규모를 과시하려는 속셈이었다. 6 그러나 키악사레스는 자신의 근위대가 작고 왜소한 데 비해 키루스가 대동한 병력은 훌륭하고 용맹스러운 대군인 것을 보고 수치심과 비통함을 느꼈다. 그래서 키루스가 말에서 내려 그에게 다가가 관례에 따라 그에게 입맞춤을 하려 했을 때 키악사레스는 말에서 내린 다음 몸을 돌려버렸다. 그는 입맞춤을 거부했으나 흐르는 눈물을 감출 수 없었다.

7 그러자 키루스는 군대를 모두 뒤로 물리고 가만히 기다렸다. 그리고는 자신이 직접 키악사레스의 손을 잡아 길에서 좀 떨어진 야자수 그늘로 그를 데려가서 병사들에게 메디아의 깔개를 바닥에 펴도록 하고는 그에게 앉으라고 권했다. 그런 다음 그도 키악사레스의 옆에 앉아서 이렇게 물었다.

8 "외삼촌, 모든 신들의 이름으로 말하노니 왜 제게 화가 났는지 말해주십시오. 제가 어떤 잘못을 저질러 외삼촌의 심기를 건드렸나요?"

그러자 키악사레스가 대답했다. "그 이유를 말해주마, 키루스. 나는 왕실 가문의 후예며 기억할 수 있는 머나먼 조상들까지도 모두 왕이었던 혈통에서 태어났고 지금도 왕으로 불리고 있는데, 이렇게 초라하고 비천한 대열을 거느리고 있구나. 그에 반해 너는 내 눈으로 보기에도 거대하고 웅장하게 내 앞에 나타났구나. 그 점은 너의 나머지 병사들도 마찬가지구나. 9 바로 이것 때문에 나는 적의 수중에 사로잡혀 수모를 당하는 것보다 더 고통스럽고 생각할 수 있는 최악의 대우를 당하는 것보다 더 괴롭구나. 이렇게 굴욕스럽고 내 병사들에게서 비웃음과 조롱을 받느니 차라리 열 차례나 땅속에 묻히는 게 낫 겠다는 심정이란다. 물론 나는 지금 네가 나보다 큰 인물이라는 사실을 무시하지는 않는다. 또한 내 가신들조차 나보다 힘이 강하고 내가 그들에게 할 수 있는 것보다 그들이 내게 더 큰 해를 가할 능력이 있다는 사실도 잘 알고 있다."

10 이렇게 말하면서 그는 내내 격한 울음을 멈추지 않았기 때문에 키루스도 가슴이 아파서 두 눈에 눈물이 가득했다. 그러나 잠시 후에 키루스는 다음과 같이 대답했다.

"글쎄요, 외삼촌은 진실을 말하지도 않고 올바르게 판단하지도 못하는 것 같아요. 내가 있다고 해서 메디아인이 외삼촌에게 위해(危害)를 가하려 한다고 생각하신다면 잘못이에요. 11 외삼촌이 화를 내고 그들을 윽박지르는 것은 놀랍지 않아요. 하지만 외삼촌이 그들에게 화를 내는 것이 옳은지 그른지는 말하지 않겠어요. 내가 그들을 두둔한다고 외삼촌이 화낼지도 모르니까요. 그러나 내가 생각하기로는 지배자가 모든 신민들에게 화를 내는 것은 큰 잘못이에요. 당연한 말이지만 다수를 윽박지르면 다수를 적으로 만들게 되고, 더구나 모든 사람들에게 동시에 화까지 낸다면 그들에게 전반적인 죄의식을 불어넣게 되죠. 12 외삼촌에게 확실히 말해두는데, 바로 그런 이유 때문에 나는 그들이 나 없이는 돌아오지 못하게 한 것이에요. 외삼촌이 화를 낸 결과로 우리 모두가 유감스러워할 사태가 일어나는 것을 미연에 방지하기 위한 것이죠. 그러므로 외삼촌은 신의 도움과 더불어 나 때문에 오히려 안전한 것이지요.

외삼촌은 내가 외삼촌에게 잘못을 저질렀다고 생각하는데, 그 점은 무척 죄송합니다. 온 힘을 다해 내 친구들에게 잘 대하려고 노력한 나머지 마치 그 반대 행동을 한 것처럼 비쳐진 모양이에요.

13 하지만 이제 됐어요. 한가롭게 서로를 비난하는 짓은 이제 그만

둡시다. 내게 잘못이 있었다면 어떤 것인지 함께 따져봅시다. 나는 외삼촌에게 친구로서 할 수 있는 가장 공정한 제안을 하고 싶어요. 만약 내가 외삼촌에게 위해를 가한 것처럼 보였다면 솔직히 말해서 내가 잘못한 것이죠. 하지만 반대로 내가 외삼촌에게 아무런 해도 가하지 않았고 그럴 의도도 없었다면, 거꾸로 내게 아무런 잘못이 없었다는 점을 외삼촌은 시인해야 해요."

14 그러자 키악사레스가 대답했다. "그 점은 시인하겠다."

"내가 외삼촌에게 좋은 일을 행했고 최대한 외삼촌을 돕기 위해 애썼다는 것이 입증되었다면, 나는 외삼촌의 비난보다는 칭찬을 받아 마땅하지 않은가요?"

"그게 온당하지."

15 "그렇다면 그동안 내가 한 일, 내 행동을 하나씩 상세하게 함께 따져봅시다. 그렇게 해보면 좋은 일과 나쁜 일이 명백히 가려질 테니까 말이에요. **16** 외삼촌이 아주 오래전부터 따져보고 싶다면 먼저 내가 사령관의 지위에 오른 것부터 이야기해보기로 하죠. 외삼촌도 기억하다시피 적의 대군이 모여 외삼촌과 외삼촌의 나라를 공략하려 했을 때, 외삼촌은 즉각 페르시아에 사람을 보내 지원을 요청하고 만약 페르시아 지원군이 올 경우에는 내게 직접 군대를 이끌어달라고 부탁했지요? 그때 내가 그 부탁을 수락하고 외삼촌에게 와서 전력을 기울여 용감한 병사들을 지휘하지 않았던가요?"

"그랬지. 분명히 그랬다."

17 "그렇다면 먼저 그 사실에서 내가 외삼촌에게 무슨 잘못을 했는지 말해주세요. 오히려 외삼촌에게 큰 이득이 되지 않았던가요?"

"그랬지. 내겐 이득이었다."

18 "그럼 좋아요. 다음에는 적이 쳐들어와서 우리가 부득불 적을 맞아 싸워야 했을 때 외삼촌은 내가 꾀를 부리고 위험을 회피하려 하

는 것을 봤나요?"

"아니, 제우스 신을 걸고 맹세컨대, 그런 일은 없었다."

19 "그다음, 신의 도움으로 우리가 승리하고 적이 물러갔을 때 나는 외삼촌을 불러 함께 추격하여 적에게 복수하자고 했고, 값비싼 전리품이 우리를 기다리고 있을지 모르니 함께 승리의 결실을 거두자고 했어요. 그런 내게 외삼촌은 이기적인 의도가 있었다고 비난할 수 있나요?"

20 이 물음에 키악사레스는 아무 대답도 하지 못했다. 그래서 키루스가 계속 말을 이었다. "좋아요, 내 물음에 대답하기보다는 침묵을 지키는 게 더 낫다고 생각하는 모양이군요. 그럼 외삼촌이 조금이라도 잘못한 것이 있는지 말해보세요. 외삼촌이 추격하는 것을 안전하지 않다고 생각했을 때, 나는 그 위험에서 얻을 것이 있다고 말하고 외삼촌의 기병부대 일부를 데려갈 수 있게 해달라고 부탁했죠. 만약 그 부탁이 잘못이라면 전에 내가 외삼촌에게 내 병력을 보내 도와준 것도 잘못이겠죠."

21 키악사레스가 여전히 침묵으로 일관하자 키루스가 다시 말했다. "그 질문에도 여전히 답변하지 않는군요. 그럼 계속해서 그다음에 내가 외삼촌에게 잘못한 일이 있는지 잘 생각해보세요. 메디아인이 놀고 있는 것을 보았을 때, 외삼촌은 아무런 화도 내지 않고 그들이 즐기는 것을 방해하고 싶지 않다면서 위험한 곳에 가라고 명하고 싶지 않다고 했죠. 그때 나는 외삼촌에게 저를 도와달라고 다시 부탁했어요. 당시 외삼촌은 메디아인에게 쉽게 요구하고 명령할 수 있는 상태였죠. 외삼촌도 기억하겠지만 나는 외삼촌에게 나를 따르려는 병사들에게 허락을 내려달라고 또다시 부탁했어요. 외삼촌이 생각하기에는 그게 부당한 부탁이었나요?

22 내가 외삼촌에게서 허락을 얻어낸다 해도 병사들의 동의를 얻

지 못한다면 아무런 소용도 없었어요. 그래서 나는 그들의 동의를 얻을 수 있는지 알아보러 갔습니다. 나는 설득해서 동의를 얻었고 외삼촌의 허락을 구해서 원정을 떠났어요. 그런데 그것을 외삼촌이 비난한다면 외삼촌에게는 어떤 요구나 부탁을 해도 모조리 비난의 대상이 되겠죠.

23 그렇게 해서 우리는 출발했어요. 그 원정에서 우리가 한 일은 모든 사람들이 알고 있죠. 우리는 적의 진지를 점령했어요. 외삼촌에게 반기를 든 많은 자들에게는 죽음을 내렸죠. 살아남은 자들에게서는 무기를 빼앗았어요. 많은 말들을 손에 넣었죠. 게다가 전에 외삼촌을 공격하고 재산을 탈취해간 자들이 가진 것은 이제 모두 외삼촌의 친구들 손에 넘어왔고, 그 가운데 일부는 외삼촌에게, 일부는 외삼촌의 지휘 아래에 있는 사람들에게 분배되었죠. **24** 그러나 가장 중요하고 가장 최선의 성과는 외삼촌의 영토가 커지고 적의 영토가 줄어들고 있다는 사실이에요. 알다시피 외삼촌이 소유했다가 아시리아 세력으로 넘어간 요새들은 이제 다시 외삼촌의 것이 되었어요. 이런 성과들 중 어느 것이 나쁜 일이었고 어느 것이 외삼촌에게 좋지 않은 결과였는지에 대해서는 굳이 말하고 싶지 않지만, 어쨌든 외삼촌께서 할 말이 있으시다면 듣겠어요. 그 문제에 대한 외삼촌의 생각을 말해보세요."

25 키루스가 말을 마친 뒤 잠자코 있자 이윽고 키악사레스가 입을 열었다. "키루스, 네가 나쁜 일을 했다고 어느 누가 말할 수 있겠느냐? 하지만 한 가지는 분명히 말해두마. 네가 이룬 업적이 많으면 많을수록 내게는 그만큼 더욱 큰 짐이 될 뿐이란다. **26** 영토에 관해서도 그렇다. 나는 네 덕분에 내 영토가 커지느니보다 차라리 내 힘으로 네 영토를 크게 만들어주었어야 한다. 네게는 그것이 영광스럽겠지만 내게는 똑같은 일이 치욕만 가져다주는 것이다. **27** 돈에 관해서

도 마찬가지야. 지금처럼 내가 네게서 돈을 받는 것보다는 내가 네게 이런 식으로 돈을 줄 수 있다면 그 편이 훨씬 즐거울 게야. 이렇게 네 덕택에 부자가 된다면 나는 오히려 더욱 가난해지는 기분이다. 또한 내 신민들이 지금처럼 네게서 큰 은혜를 받는 것을 보느니 차라리 네가 그들에게 약간의 잘못을 저지르는 것을 보는 게 내게는 덜 불쾌하겠지." 28 "하지만 말이다." 그는 다시 말을 이었다. "내가 이런 생각을 하는 것이 네게는 이해할 수 없는 일이겠지만, 네가 내 자리에 있다고 여기고 그런 관점에서 살펴보려무나. 만약 네가 개를 훈련시켜 너와 네 재산을 보호하도록 길렀는데, 다른 사람이 그 개를 귀여워해서 너보다 그와 더 친해졌다면 너는 그런 꼴을 보고 기분이 좋겠느냐? 29 또는 그게 너무 천박한 비유라면 이렇게 생각해볼 수도 있다. 만약 네가 경호원이며 전투 요원으로 활용하려 했던 부하들에게 누가 나쁜 마음으로 접근한다면, 그래서 그들을 네 부하가 아니라 마치 자신의 부하인 것처럼 부리게 된다면, 너는 그러한 친절에 감사하겠느냐? 30 사람들이 가장 사랑하고 가장 소중하게 여기는 대상을 가지고 다른 예를 들어보자구나. 만약 누가 네 아내를 유혹해서 너보다 자신을 사랑하도록 만든다면, 그러한 친절을 너는 즐거워하겠느냐? 전혀 그렇지 않을 것이다. 그런 행위에 책임이 있는 자는 네게 엄청난 해를 끼친다고 해야겠지.

31 내 경우와 거의 유사한 사례를 한 가지 더 들어보자. 만약 네가 여기에 데리고 온 페르시아 병사들을 어느 누가 잘 대해주어 너보다 그 자신을 기꺼이 따르도록 만들었다면, 너는 그를 네 친구라고 부르겠느냐? 나는 아니라고 생각한다. 아마 너는 그가 마치 많은 사람을 죽인 흉악범인 것처럼 그를 끔찍한 적으로 간주할 것이다. 32 또는 네가 진심으로 친절한 마음을 발휘하여 너의 한 친구에게 네 것 중에서 무엇이든 마음에 드는 것을 가지라고 했다고 하자. 만약 그가 네

호의를 악용하여 가져갈 수 있는 모든 것을 가져가서 네 재산으로 자신이 부자가 되고 네게는 겨우 초라한 생활만 영위할 정도의 재산만 남게 되었다면, 너는 그런 친구를 비난할 수 없다고 생각하느냐?

33 키루스, 나는 그동안 네가 나를 대한 태도가 그 정도까지는 아니었다 해도 얼추 그와 비슷했다고 생각한다. 물론 네가 한 이야기는 모두 옳다. 나는 분명히 네게 데려가고 싶은 병사들을 데려가라고 말했지. 그러나 네가 내 병력을 모두 데려가는 바람에 나는 거의 혼자 남게 되었다. 그러니까 너는 나의 병력을 모두 가져가서 나의 힘을 이용하여 내 영토를 늘린 것이다. 그리고 그 행운에서 제 몫을 얻지 못한 나는 마치 힘없는 여자처럼 은총만을 바라는 신세가 되었고, 너는 천하의 이목이 집중되는 영웅이 된 거야. 특히 너는 내 신민들에게서도 존경을 받는 반면 나는 이름만의 왕이 되고 말았지. **34** 너는 이것이 친절한 행위라고 생각하느냐, 키루스? 네가 나를 조금이라도 존중한다면 너는 당연히 무엇보다도 내 평판과 명예를 빼앗지 않기 위해 애써야 할 것이다. 설사 내 왕국이 훨씬 커졌다 하더라도 내 자신의 명예를 잃는다면 그게 무슨 소용이겠느냐? 내가 메디아의 왕이 된 것은 다른 메디아인보다 내가 훨씬 힘이 강해서가 아니라 그들 자신이 내가 모든 점에 있어서 그들보다 낫다고 생각했기 때문이야."

35 키악사레스가 말을 마치기 전에 키루스가 그의 이야기를 중단시키며 말했다. "잠깐만 외삼촌, 전에 내가 외삼촌에게 조금이라도 도움을 주었다면, 이제는 외삼촌이 나를 도와주기를 간절히 부탁합니다. 지금으로서는 저를 비난하지 말아주세요. 우리가 외삼촌에 대해 어떻게 생각하는지 분명히 알게 되면, 그리고 내가 한 일이 외삼촌에게도 이득이 된다는 것이 분명해지면, 그때 가서 내가 보낸 환대에 보답해주시고 나를 외삼촌의 은인으로 여겨주십시오. 그러나 만약 그렇게 생각되지 않는다면 나를 비난하십시오."

36 "좋다. 어쨌든 네 말이 옳구나. 네 말대로 따르겠다."

"그럼 제가 입맞춤을 해도 될까요, 외삼촌?"

"그러려무나."

"조금 전에 그랬던 것처럼 몸을 돌리지 않으실 거죠?"

"그럼."

이렇게 해서 키루스는 키악사레스에게 입을 맞추었다.

37 두 사람이 대화한 결과가 어떨지 무척 궁금해하던 메디아인과 페르시아인, 그리고 기타 사람들은 그 모습을 보고 환영하며 만족했다. 그러자 키루스와 키악사레스는 각자 자신의 말에 올라타고 출발했다. 메디아인은 키악사레스의 뒤를 따랐고(키루스가 그들에게 그렇게 하라고 고개를 끄덕였기 때문이다), 페르시아인과 다른 사람은 키루스의 뒤를 따랐다.

38 그들이 진지로 돌아오자 키악사레스는 미리 그를 위해 준비해 둔 천막으로 안내되었다. 그 일을 맡은 사람들이 키악사레스에게 필요한 것들을 대령했다. **39** 키악사레스는 저녁식사 전에 휴식을 취하는 동안에 메디아인의 방문을 받았다. 그들 중 일부는 자발적으로 온 사람들이었지만, 대부분은 키루스의 제안에 따라 키악사레스에게 선물을 가져갔다. 그들은 잘생긴 술 따르는 자(cup-bearer), 솜씨 좋은 요리사, 빵 굽는 자, 음악가, 뛰어난 재단사 등이었는데 관례대로 각자 그들의 것 중 적어도 한 가지씩을 키악사레스에게 선물했다. **40** 그 덕분에 키악사레스는 이내 마음이 풀어졌고 키루스가 자신을 따돌리는 게 아니며, 메디아인이 전보다 그를 홀대하는 게 아니라는 것을 깨달았다.

41 저녁식사 시간에 키악사레스는 키루스를 불러 한동안 만나지 못했다며 함께 식사할 것을 권했다. 그러나 키루스는 이렇게 대답했다. "외삼촌, 그런 말씀 마세요. 지금 여기 있는 사람들이 모두 우리

부탁으로 여기에 와 있다는 것을 외삼촌도 아시지 않아요? 그들에게 내가 그들을 무시하고 내 자신의 즐거움만 추구한다는 인상을 준다면 내가 잘못하는 거죠. 병사들은 자신들이 무시당한다고 생각하면, 그 가운데 선한 자들은 한층 소심해지고 악한 자들은 더욱더 뻔뻔스러워질 겁니다. 42 하지만 외삼촌은 오랜 길을 오셨으니 어서 가서 식사하세요. 누구라도 외삼촌에게 존경심을 표하면 친절하게 대해주고 기분을 맞춰주세요. 그러면 사람들도 외삼촌을 신뢰할 겁니다. 나는 가서 전에 외삼촌에게 이야기했던 문제들을 처리해야 해요. 43 내일 아침 내 참모들이 나와 함께 외삼촌의 사령부로 찾아갈 거예요. 외삼촌과 함께 다음에 할 일에 관해 논의하려는 거죠. 그때 외삼촌은 우리에게 작전을 계속하는 게 좋을지, 아니면 이제 군대를 해산하는 게 좋을지 질문하세요."

44 그 뒤 키악사레스는 식사를 하러 갔고, 키루스는 가장 생각을 잘 하고 필요할 때면 그에게 협력을 아끼지 않는 친구들을 불러모아 다음과 같이 말했다.

"친구들이여, 여러분도 알다시피 신의 도움으로 우리는 처음부터 우리가 기도했던 것을 모두 가질 수 있었소. 어디를 가든 우리는 이 나라의 주인이오. 게다가 적의 세력은 위축되고 있고 우리는 수에서나 힘에서나 커지고 있소. 45 이제 우리가 모은 동맹군이 우리와 함께 있어만 준다면 우리는 힘이 필요할 경우에는 힘으로, 설득이 필요할 경우에는 설득으로 훨씬 더 많은 일을 달성할 수 있을 거요. 가급적 많은 동맹군이 우리와 함께 하도록 만드는 것은 결코 나의 일이 아니라 바로 여러분이 할 일이오. 46 전투가 필요한 상황에서는 가장 많은 적을 섬멸하는 자가 가장 용감하다는 영예를 얻게 되듯이, 설득해야 하는 상황에서는 가장 많은 사람을 우리 편으로 끌어들이는 사람이 가장 뛰어난 설득자며 가장 유능한 사람이오. 47 하지만 사람들을 설득하는 데 장광설을 과시하려 하지는 마시오. 단지 여러분이 설득하는 사람이 자신의 행위를 통해 자신의 참모습을 드러내게 되리라는 기분으로 작업에 임하시오. **48** 그러므로 나도 최대한 노력하겠지만 여러분도 이 점에 유의해야 하오. 그것은 병사들이 원정에 참여하는 것을 숙고하는 동안에도 그들에게 필요한 지원은 최대한 해주어야 한다는 것이오."

제6권 대전투를 앞두고

I

1 앞에서 말한 것처럼 그날을 보낸 다음 그들은 식사를 하고 휴식을 취했다. 이튿날 아침 일찍 모든 동맹군이 키악사레스의 사령부로 모였다. 키악사레스가 자신을 치장하는 동안(많은 사람이 그의 문 앞에 모일 것이라는 소식을 들었기 때문이다) 여러 친구들이 동맹자들을 내세워 키루스를 배알하고 있었다. 한 집단은 카두시아인을 내세워 키루스에게 머물러달라고 부탁했다. 다른 집단은 히르카니아인을 내세웠다. 또 다른 집단은 사키아인을, 어떤 집단은 고브리아스를 내세웠다. 히스타스파스는 환관인 가다타스를 내세워 키루스에게 머물 것을 부탁했다. **2** 키루스는 가다타스가 한동안 군대가 해산될까봐 거의 죽을 듯한 두려움에 몸을 떤 것을 알고 웃으며 말했다. "가다타스, 여기 히스타스파스가 그대를 부추겨 지금 그대가 말하고 있는 내용을 내게 말하라고 한 게 분명하군." **3** 그러자 가다타스는 손을 하늘로 치켜올려 히스타스파스의 영향을 받지 않았다는 듯한 서약을 재미있게 표현하며 말했다. "하지만 저는 아닙니다. 폐하와 폐하의 군대가 떠난다면 저는 끝장이라는 것을요. 그렇기 때문에 제 독단

으로 히스타스파스에게 건의해달라고 한 겁니다. 군대를 해산하려는 폐하의 진의가 무엇인지 아느냐고 그에게 물었죠."

4 키루스가 대답했다. "그렇다면 내가 우리 친구 히스타스파스를 책망한 것은 잘못인 것 같군."

그러자 히스타스파스가 말했다. "그렇고 말고요, 키루스. 잘못하셨죠. 저는 단지 우리 친구 가다타스에게 폐하께서 원정에 나서는 것이 불가능하다고만 말했을 뿐입니다. 폐하의 아버지께서 폐하를 부르시지 않았습니까?"

5 "무슨 말인가? 자네는 내가 원정을 가든 안 가든 강행하려 했다는 건가?"

"그렇습니다. 제가 보기에 폐하께서는 세인들의 주목을 받으며 페르시아 일대를 순회하거나 그동안 이곳의 모든 일을 관리했던 것을 폐하의 아버지 앞에서 과시하지 않으려 하시는 것 같았기 때문입니다."

"그럼 자네는 집에 돌아가고 싶지 않다는 말인가?"

"그렇습니다. 저는 집에 가지 않고 이곳에 남아서 장군이 될 겁니다. 우리 친구 가다타스를 아시리아의 주인으로 만들 때까지요."

6 이렇게 그들은 서로 진심이 섞인 농담을 주고받았다.

그러는 동안 키악사레스는 화려한 의상을 입고 밖으로 나와 메디아의 왕좌에 앉았다. 참석해야 할 사람이 모두 모이고 잠시 침묵이 흐른 뒤에 키악사레스는 입을 열었다. "친구와 동맹자 여러분, 마침 내가 여기 와 있고 키루스보다 나이가 더 많으니 내가 회의를 시작하는 게 옳을 듯합니다. 우선 내가 보기에 지금 이 자리에서 우리는 원정을 지속할 것인지, 아니면 즉각 군대를 해산할 것인지 논의해야 할 것입니다. 이 문제에 관해 누구든 자신의 의견을 피력해주십시오."

7 히르카니아 왕이 맨 먼저 이야기를 시작했다. "친구와 동지 여러

분, 내 생각에는 도대체 논의가 무슨 소용인가 싶습니다. 우리가 가야 할 최선의 길이 무엇인지 현실이 이미 보여주고 있지 않습니까? 이렇게 우리가 함께 모여 있으면 적이 우리에게 주는 피해보다 우리가 적에게 주는 피해가 더 많을 것입니다. 우리가 따로따로 있다면 적은 자신들에게 가장 유쾌하고 우리에게는 가장 불쾌한 방식으로 우리를 다룰 겁니다."

8 뒤이어 카두시아 왕이 말했다. "지금 우리가 왜 뿔뿔이 흩어져서 집으로 돌아가는 문제를 논의해야 합니까? 전장에서도 흩어지는 것은 좋지 않은데 말입니다. 더욱이 우리는 불과 얼마 전에 당신의 주력군 없이 원정에 나섰다가 대가를 치렀습니다."

9 그다음에는 한때 키루스의 친척이라고 주장한 바 있는 아르타바주스가 나섰다. "키악사레스, 나는 앞서 말한 사람과 한 가지 점에서 다른 견해를 밝히겠습니다. 그들은 우리가 이곳에 남아 전쟁을 계속해야 한다고 말하지만, 나는 집에 있을 때도 우리는 늘 전쟁을 하고 있었다고 말하고 싶습니다. **10** 내 말은 사실입니다. 나는 우리의 재산이 강탈당할 때 그것을 구하기 위해 노력했습니다. 또한 우리의 요새가 위협당할 때 방어하느라 자주 애먹었습니다. 나는 끊임없는 걱정 속에서 살았고 늘 경계 태세를 갖추고 있었습니다. 이렇게 나는 스스로 희생을 치러가며 살아왔습니다. 그러나 이제 우리는 적들의 요새를 소유하고 있습니다. 나는 더 이상 적이 두렵지 않습니다. 나는 과거에 적의 것이었던 좋은 음식을 먹고 마십니다. 집에서의 삶이 전쟁이었다면 이곳에서의 삶은 축제입니다. 따라서 나는 이 축제 같은 생활을 끝내고 싶지 않습니다."

11 그 뒤에 고브리아스가 이야기했다. "친구와 동지 여러분, 지금까지 나는 키루스의 성실함을 찬양해왔습니다. 왜냐하면 그는 자신이 약속한 어떤 일도 불성실하게 처리한 적이 없기 때문입니다. 그러나

그가 지금 이 지역을 떠난다면, 아시리아 왕은 지금까지 우리 모두에게 저지른 잘못과 내게 저지른 잘못에 대한 아무런 업보도 치르지 않고 다시 심기일전하게 될 게 분명합니다. 오히려 내가 그동안 당신의 친구였다는 것 때문에 그에게서 벌을 받게 될 것입니다."

12 맨 마지막에 키루스가 이야기했다. "친구들이여, 우리가 군대를 해산한다면 나 역시도 우리의 처지가 약화되며, 적은 다시 힘을 얻게 되리라는 것을 모르지 않소. 무기를 빼앗겼던 많은 적들이 곧 새 무기를 만들 테고, 말을 빼앗겼던 많은 적이 다시 말을 입수할 것이며, 죽은 자들 대신 젊은이들이 자라나 그 자리를 메울 것이오. 그러므로 그들이 짧은 기간 내에 또다시 우리를 괴롭히려 들 것은 불을 보듯 뻔한 사실이오.

13 여러분은 내가 왜 키악사레스에게 군대를 해산하는 문제를 제기하라고 말했는지 아시오? 그 이유를 말해드리리다. 그것은 앞날을 걱정했기 때문이오. 우리가 만약 현재의 방식대로 원정을 계속한다면 장차 우리가 감당할 수 없는 적들이 우리에게 몰려들 것이오. **14** 게다가 아시다시피 겨울이 다가오고 있소. 설혹 우리의 몸을 피할 곳은 있다고 해도 우리의 말과 종자들, 그리고 일반 병사들에게는 그런 은신처가 전혀 없소. 그런데 그들이 없으면 우리는 전쟁을 수행할 수 없다는 게 문제요. 지금까지 우리는 어디를 가든 식량을 확보할 수 있었소. 그러나 우리가 가지 않은 곳에서는 백성들이 우리를 두려워하여 식량을 빼앗기지 않으려고 자신들의 성채에 가져다놓는 바람에 우리는 식량을 확보하지 못했소. **15** 굶주림과 추위를 견뎌내면서 전쟁을 수행할 만큼 용감하고 강한 자가 대체 어디 있다는 말이오? 그러므로 설사 우리가 지금까지 해온 것처럼 앞으로도 계속하기로 결정한다 해도 나는 우리 의지에 반해 대책도 없이 이 지역에서 쫓겨나는 것보다는 우리의 자유의지에 따라 군대를 해산해야 한다고 주

장할 거요. 그래도 굳이 전쟁을 계속하고 싶다면 우리는 이렇게 해야 하오. 우리는 최대한 신속하게 적의 요새를 많이 빼앗아야 하며, 가급적 많은 요새를 우리 손으로 쌓아야 하오. 그렇게 하면 요새를 많이 빼앗고 쌓을 수 있는 쪽은 더 많은 보급품을 가질 것이며, 좀더 약한 쪽은 포위상태에 빠지게 될 것이외다. 16 지금 우리는 바다를 항해하는 선원들과 전혀 다를 게 없소. 선원들은 늘 항해를 하지만, 처음 가보는 바다보다는 익숙한 바다를 항해하오. 우리가 요새를 얻으면 적에게서 이 지역을 방어할 수 있게 되고 모든 것이 우리 측에 유리한 순항이 될 것이오.

17 하지만 아마 여러분 가운데는 자기 지역에서 멀리 떨어진 곳을 방어하는 임무를 맡는 것을 걱정하는 사람이 있을 거요. 그 점은 걱정할 필요가 없소. 어차피 우리는 집에서 멀리 있기 때문에 적과 가장 가까운 곳에서 수비 임무를 떠맡을 수밖에 없소. 그러나 그럼으로써 여러분의 영토에 속하는 아시리아의 지역들은 자연히 여러분이 차지해서 관리하게 되오. 18 우리가 적과 가까운 곳을 안전하게 방비할 수 있다면, 여러분은 적에게서 먼 지역을 차지한 채 완전한 평화를 누릴 수 있소. 왜냐하면 적은 자신들에게서 먼 지역에는 책략을 부릴 수 있겠지만 자신들에게 가까이 있는 곳을 소홀히 하지 못할 것이기 때문이오."

19 키루스의 이야기가 끝나자 키악사레스를 비롯한 모든 사람은 자리에서 일어나 기꺼이 키루스의 계획에 함께하겠노라고 선언했다. 그리고 가다타스와 고브리아스는 그들도 요새를 가져야 한다면서 동맹자들이 허락한다면 직접 요새를 세우겠다고 말했다.

20 키루스는 모두가 자신의 제안에 따를 뜻을 보이자 마지막으로 이렇게 말했다. "그렇다면 좋소. 우리가 해야 한다고 직접 말한 일을 집행하려면 빨리 공성기(攻城機)를 확보해서 적의 요새를 파괴하고

일꾼들을 시켜 우리를 방어하기 위해 튼튼한 성채를 세워야 하오."

21 키악사레스는 즉각 자신의 경비를 들여 공성기를 제작하게 하고 공동의 처분에 맡기겠다고 약속했으며 가다타스와 고브리아스, 또 티그라네스도 둘째, 셋째 공성기를 만들겠다고 나섰고, 키루스도 직접 두 대를 마련하겠다고 말했다. **22** 이러한 사항이 합의되자 그들은 공성기 기술자를 확보하고 공성기를 만드는 데 필요한 모든 자재를 준비하는 작업에 착수했다. 그들은 공성기 제작을 가장 잘한다고 생각하는 사람에게 그 일을 맡겼다.

23 키루스는 이 계획을 실현하는 데는 상당한 기간이 소요되리라는 것을 깨닫고, 필요한 모든 자재를 운반하기에 가장 편리하다고 생각하는 곳에 진지를 차리고 자신의 군대와 함께 야영했다. 그리고 어디든 보강이 필요하면, 비록 그 자신은 본대와 함께 멀리서 야영을 할지언정 임시로 그곳에 머무는 일꾼들의 안전을 위해서는 최대한 노력했다. **24** 그러나 그런 일 외에도 그는 그 지역을 잘 아는 사람들에게, 그 지역의 어느 곳에서 군대가 가장 풍부하게 보급을 받을 수 있는지에 관해 끊임없이 질문을 퍼부었다. 또한 그는 병사들을 이끌고 자주 약탈 원정을 나갔다. 군대의 보급품을 가급적 풍부하게 확보하려는 목적도 있었지만, 다른 한편으로는 그런 원정을 통해 병사들을 단련시키고 건강과 근력을 유지하도록 한다든가, 병사들이 각자 자신의 위치를 기억할 수 있게 해주기 위해서이기도 했다.

25 이런 식으로 키루스는 일에 전념했다.

그러던 어느 날 바빌론에서 온 탈영병들이 그에게 보고를 올렸다. 전쟁 포로들이 그 보고가 사실임을 확증했는데, 그에 따르면 아시리아 왕은 많은 양의 금과 은, 그리고 온갖 종류의 보물과 보석을 가지고 리디아 방면으로 달아났다는 것이었다. **26** 일반 병사들 사이에서는 이미 두려움에 떨던 그가 보물을 안전한 장소로 옮겨놓았다는 소문이 파다했다. 그러나 키루스는 그가 지원 세력을 모으기 위해 간 것을 깨닫고, 다시 싸우러 돌아올 것이라고 예상해서 전심전력으로 대비책을 세웠다. 그 일환으로 그는 페르시아 기병부대를 완전하게 편성했다. 여기에 필요한 말의 일부는 포로들에게서 징발했고, 일부는 친구들에게서 선물로 받았다. 그는 모두에게서 선물을 받았는데, 좋은 무기든 말이든 간에 누가 주는 것이면 어느 것도 거절하지 않았다.

27 그밖에도 그는 적에게서 탈취한 전차와 기타 장비들로 자신의 전차부대를 구성했다. 전차를 다루는 법은 트로이(Troy)[1]에서 오래 전부터 사용했고 키레네인(Cyrenaens)[2]에게서 성행했으나 키루스는 그것을 폐지했다. 과거에는 메디아와 시리아, 아라비아의 민족들과 아시아의 모든 민족이 요즘의 키레네인처럼 전차를 사용했다. **28** 그러나 키루스는 정예병을 전차에 태울 경우 군대의 주력이 될 수 있는 병사들이 기껏해야 척후병 역할밖에 하지 못하며 승리에 그다지 중요하게 기여하지 못한다고 여겼던 듯하다. 전차 300대를 운영하려

---

1) 아나톨리아 북서부에 있던 고대 도시다. 스카만데르강 북쪽과 헬레스폰트 해협의 남쪽 어귀에서 약 6.4킬로미터 떨어진 트로아스평야에 있었다. 호메로스의 서사시 『일리아스』에서 그리스 연합군과 싸웠던 도시다. 독일의 아마추어 고고학자 슐리만이 이 지역을 발굴하여, 호메로스의 서사시가 역사적 사실에 기반을 두고 있음을 밝혔다. 슐리만은 어릴 적부터 호메로스의 『일리아스』를 즐겨 읽었고, 거기서 매우 생생한 감동을 받았다. 그는 그렇게 생생한 감동을 주는 이야기는 역사적 사실일 거라고 확신해서 언젠가 커서 돈을 벌면 트로이를 발굴할 것이라는 꿈이 있었다. 사업가로 성공한 그는 자신의 꿈을 실현하기 위해 1868년 소아시아로 갔다. 그리고 그의 나이가 마흔이 넘은 1871년, 그곳에서 그는 트로이를 확인했을 뿐 아니라 트로이 전쟁 이전의 유적지들도 발견했다—옮긴이.
2) 기원전 631년경 에게해의 테라섬에서 이주한 그리스인들이 리비아 지역(북아프리카)에 세웠던 고대 그리스의 식민지다—옮긴이.

면 300명의 전투 요원과 1,200마리의 말이 있어야 한다. 또한 전투병이 가장 신뢰하는 최고의 마부들도 필요하다. 그것은 곧 300명의 병력이 적과 싸우지 못한다는 것을 뜻한다. **29** 그런 탓에 키루스는 기존의 전차를 다루는 법을 폐지했다. 그 대신 그는 전차 밑에 튼튼한 바퀴를 달아서 전차를 쉽게 부서지지 않도록 하고, 너비가 넓으면 잘 뒤집어지지 않으므로 축의 길이도 더욱 늘렸다. 마부가 타는 차체는 튼튼한 목재를 이용하여 작은 탑 형태로 만들었다. 이것은 높이가 마부의 팔꿈치까지 올라오므로 마부가 차체 위에서 팔을 뻗어 말을 부릴 수 있었다. 또한 키루스는 마부의 몸을 눈 부분만 빼고 온통 갑옷으로 감싸게 했다. **30** 게다가 바퀴 양 옆에는 차축에다 2큐빗(cubit)[3] 길이의 강철로 된 낫을 붙이고, 차축 아래에도 바닥을 향하도록 낫을 달았다. 이것은 적군 한가운데로 전차가 내달을 때 무기로 사용하기 위해서였다. 키루스가 전차를 그렇게 개량한 이래로 오늘날까지 그의 영토에서는 그런 전차들을 사용하고 있다.

키루스는 또한 낙타도 많이 가지고 있었다. 일부는 친구들에게서 받은 것이었고, 일부는 전쟁에서 빼앗은 것이었는데 그는 낙타를 모두 합쳤다.

31 이리하여 계획은 차질없이 진행되고 있었다.

이제 키루스는 리디아로 첩자를 보내 아시리아 왕이 무슨 일을 꾸미고 있는지 알아보려 했다. 그가 생각하기에는 미녀의 후견인인 아라스파스가 적임자였다. 아라스파스가 미녀와 얽히게 된 사연은 이러했다. 어느 부인을 사랑한 그는 충동을 이기지 못해 그녀에게 열심히 구애했다. **32** 그러나 부인은 그의 구애를 거부하고 남편에게 충실

---

3) 1큐빗은 팔꿈치에서 손가락 끝까지의 길이로서 보통 50센티미터 정도다—옮긴이.

했다. 비록 남편은 먼 곳에 있었지만 그녀는 남편을 충심으로 사랑했다. 그래도 그녀는 친구들 사이에 문제를 일으킬까 염려한 탓에 아라스파스를 키루스에게 고발하지 않았다. 33 하지만 아라스파스는 자신의 욕망을 달성하기 위해 한 걸음 더 나아갔다. 그녀가 자발적으로 사랑을 받아들이지 않는다면 힘을 써서라도 자신의 욕망을 이루고 말겠다며 위협한 것이다. 그러자 폭행을 두려워한 부인은 더 이상 비밀을 유지하지 못하고 자신의 환관을 키루스에게 보내 사건의 전모를 일러바쳤다.

34 그 이야기를 들은 키루스는 한때 사랑의 열정을 이기겠다고 주장했던 그 사나이에게 큰 웃음을 터뜨렸다. 그는 아르타바주스를 환관과 함께 보내 그 여인에게 폭력을 가하면 안 된다고 아라스파스에게 경고했다. 그러나 아라스파스가 여인의 동의를 구할 수 있다면 마음대로 해도 좋다는 말도 덧붙였다.

35 아라스파스를 찾아간 아르타바주스는 그를 호되게 꾸짖으면서 그 여자는 자신의 책임하에 있다고 말했다. 그리고 그의 불경함과 죄악, 호색함을 장황하게 설명했다. 마침내 아라스파스는 쓰라린 후회의 눈물을 흘리며 심한 수치심에 사로잡혔고, 키루스의 징계를 받을까 두려워 죽을 지경이었다.

36 키루스는 그 이야기를 전해듣고 그를 불러 은밀하게 대화를 나누었다. "아라스파스, 자네가 나를 두려워하고 수치심에 몹시 시달린다는 말을 들었네. 그렇게 생각하지 말게나. 신도 사랑의 포로가 된다는데 하물며 인간이 오죽하겠는가? 심지어 매우 신중하다고 생각하는 사람들조차도 사랑 때문에 시달린다고 들었네. 또한 나도 미인에게 빠지지 않고 무관심하게 넘길 만큼 의지가 강하다고 말할 수 없네. 게다가 저항할 수 없는 여인과 자네를 함께 있게 한 사람은 바로 나니까 자네가 이런 상태에 처하게 된 데는 내 자신의 책임도 있

다네."

37 아라스파스가 그의 이야기를 끊으며 말했다. "오, 키루스여, 폐하께서는 늘 그렇듯이 이 일에도 너그러우시며 인간의 실수를 용서하시는군요. 다른 사람은 제게 수치심에 푹 빠질 각오나 하라고 말하는데요. 제가 저지른 죄악이 만천하에 드러나자 저의 적들은 기뻐 날뛰고 제 친구들은 제게 와서 몸을 피하라고 하더군요. 폐하께서 이렇게 큰 죄를 저지른 저를 벌주실 거라면서요."

38 "내 말을 들어보게, 아라스파스. 사람들이 자네에 관한 소문을 알고 있는 바로 그것 때문에 자네는 지금 나를 위해 아주 커다란 일을 해줄 수 있게 되었다네. 우리 동맹자들에게도 큰 도움이 되는 일이라네."

"제가 폐하께 도움을 드릴 수 있는 일이 있다면 마땅히 해야죠."

39 "그렇다면 말일세. 자네는 나를 피해 달아났다는 구실로 적국으로 가게. 나는 그들이 자네를 틀림없이 믿을 거라고 생각하네."

"그렇고말고요. 제 친구들도 아마 제가 폐하를 피해 달아난다고 믿을 것입니다."

40 "그런 다음 자네는 적의 사정과 계획에 관한 정보를 충분히 가지고 돌아오는 걸세. 그들은 자네를 신뢰할 테니까 자신들의 논의와 회의에 자네를 부를 걸세. 우리가 알려고 하는 것도 자네에게 숨기지는 않을 것이네."

"그렇다면 저는 곧바로 출발하겠습니다. 제 이야기를 신뢰하도록 만들려면 제가 폐하의 징벌을 피하기 위해 도망치는 것처럼 보여야 합니다."

41 "그럼 자네는 아름다운 판테아(Panthea)[4]를 포기할 수 있겠나?"

---

4) 아브라다타스의 아내로, 아시아에서 가장 아름다운 여인이었다. 키루스가 포

"그렇고말고요. 저는 영혼이 두 개 있습니다. 저는 지금 에로스라는 소피스트를 속인 학파의 철학 이론을 이해합니다. 영혼이 하나라면 선하면서 동시에 악할 수는 없으니까 옳은 것과 그른 것을 동시에 바랄 수 없고, 한 가지 일을 하려는 동시에 하지 않으려는 것도 불가능합니다. 그러나 영혼은 두 개이므로 좋은 영혼이 우위에 있을 때는 옳은 일을 하게 되지만 나쁜 영혼이 지배하면 그른 일을 하게 되는 거죠. 지금은 판테아가 폐하를 자신의 편으로 삼았으므로 좋은 영혼이 완전히 승리한 것입니다."

42 "자네가 가기로 결심했다면, 자네는 가급적 그들에게 큰 신뢰를 얻어야 하네. 그들에게 우리의 사정을 상세히 말해주게. 단 자네의 정보가 그들의 계획을 수행하는 데 최대한의 장애물이 될 수 있도록 설명해야 하네. 말하자면 이런 것일세. 자네는 우리가 적국의 어떤 지점을 침략하려 한다고 말하는 걸세. 이 말을 들으면 적들은 각자 고향에 두고 온 자기 재산을 걱정하기 때문에 전 병력을 모으려 하지 않을 게야. **43** 가급적 오랫동안 그들과 함께 머물게. 우리에게 가장 중요한 정보는 그들이 우리와 가장 가까이 있을 때 무엇을 하려 하느냐는 것이기 때문이네. 또한 자네는 그들에게 어떤 질서가 가장 좋은지 충고해주게. 왜냐하면 비록 그들이 자네가 그것에 친숙하다고 생각하더라도, 자네가 그곳에서 나오는 경우에도 그들은 지금의 질서를 그대로 유지하는 것이 필요하기 때문이야. 그들은 기존의 질서를 쉽게 변화시키려 들지 않을 걸세. 만약 당장에 어느 분야에서 변화를 꾀하려 하면 혼동 속에 빠져들고 말 게야."

44 대화를 마치고 물러난 아라스파스는 가장 믿는 시종들만 대동

로로 잡아서 아라스파스에게 주었다. 그녀는 후에 남편을 다시 만나게 되고, 남편을 설득하여 키루스의 충신이 되게 했다. 그리고 남편이 전투에서 사망하자 그의 무덤에서 자결했다―옮긴이.

한 채 친구들에게는 자신의 계획을 성사시키려 한다는 이야기만 전하고 적국으로 떠났다.

45 아라스파스가 떠났다는 이야기를 전해들은 판테아는 키루스에게 이런 편지를 써보냈다. "키루스여, 아라스파스가 적국으로 넘어갔다 해도 너무 슬퍼하지 마소서. 폐하께서 제 남편을 불러올 수 있도록 허락하신다면 폐하께서는 틀림없이 아라스파스보다 훨씬 충직한 친구를 얻으실 겁니다. 게다가 제 남편은 가능한 한 최대의 군사를 모아 폐하에게 올 것입니다. 제가 남편과 헤어진 이유는 현재 아시리아 왕의 아버지가 제 남편의 친구였던 탓에 지금 왕이 남편을 제게서 떼어놓으려 했기 때문입니다. 그러므로 남편은 지금 왕을 오만한 악당이라고 여기며 틀림없이 폐하와 같은 분을 동맹자로 삼으려 할 것입니다."

46 키루스는 이 편지를 받고 그녀가 남편에게 편지를 보낼 수 있도록 허락했다. 그녀는 분부대로 편지를 보냈다. 아내가 보내온 암호 편지를 읽은 아브라다타스는 상황이 달라졌다는 것을 깨닫고, 1천 마리의 말을 데리고 키루스 진영에 기꺼이 합류했다. 그는 페르시아의 초소까지 와서 사람을 보내 키루스에게 자신이 누구인지 알리게 했다. 그러자 키루스는 즉각 그를 그의 아내에게 안내하라는 명을 내렸다. **47** 다시 만난 아브라다타스와 그의 아내는 기쁨에 넘쳐 서로 부둥켜안았다. 다시는 만나지 못할 것으로 생각했던 그들이었기에 그것은 당연한 일이었다. 그 뒤 판테아는 키루스가 점잖은 태도와 자제심을 지녔으며, 자신에게 동정심을 보였다고 남편에게 이야기했다.

이 말을 들은 아브라다타스가 말했다. "판테아, 당신과 내가 키루스에게 진 빚을 어떻게 갚아야 할지 말해주시오."

"그가 당신에게 대해준 것처럼 그를 대하는 것 이외에 다른 방법이 있겠어요?"

48 아브라다타스는 곧 키루스에게 갔다. 그는 키루스의 오른손을 잡고 말했다. "키루스여, 당신이 우리에게 베풀어주신 친절에 대해 저는 그저 당신의 친구이자 종이며 동맹자가 되고 싶다는 것밖에 달리 할 말이 없습니다. 당신이 어떤 일을 하든 저는 제 온 힘을 다해 당신을 도울 것입니다."

49 "그대의 제의를 받아들이겠소. 이제 그대는 가서 그대의 아내와 함께 식사를 하시오. 다음에 날짜를 잡아 사령부에서 그대와 나의 친구들과 함께 식사를 합시다."

50 그 뒤 아브라다타스는 키루스가 낫을 단 전차를 만들고 말과 기병들에게 갑옷을 입히는 일에 열심인 것을 보고, 자신의 기병부대를 1백 대의 전차부대로 편성했다. 그리고 그 자신도 전차를 타고 부대를 지휘할 준비를 했다. **51** 나아가 그는 자신의 전차에 마구(馬具)를 장착하고, 네 개의 채5)를 달아 말 여덟 마리를 나란히 맬 수 있도록 만들었다(그의 아내 판테아도 사비를 들여 황금으로 남편의 흉갑과 투구와 팔찌를 만들어주었다). 그리고 그는 자기 전차의 말들에게 단단한 청동 갑옷을 입혔다.

52 아브라다타스의 작업은 그러했다. 키루스는 그의 전차에 네 개의 채가 달린 것을 보고, 여덟 개의 채를 단 전차도 만들 수 있겠다고 생각했다. 그래서 그는 이동용 탑의 맨 아래층에 여덟 개의 멍에를 달아 여덟 마리의 황소로 움직이게 만들었다. 바퀴의 높이까지 포함시키면 이 부분은 지면에서 3패덤(fathom)6)가량의 높이였다. **53** 그렇게 만든 탑을 각 부대 단위에 배치하면 아군의 밀집 보

---

5) 수레의 앞에 양 옆으로 길게 댄 나무―옮긴이.

6) 1패덤은 약1.8미터 정도―옮긴이.

병대(phalanx)[7]에게 큰 도움이 될 것이며, 적군에게는 치명적인 타격을 입힐 수 있을 터였다. 그는 탑의 층마다 조그만 복도와 화살대(battlement)[8]를 만들어 각 탑마다 20명의 병력을 배치했다.

54 탑에 모든 장치를 장착하고 난 뒤 키루스는 그 기능을 실험해보기로 했다. 여덟 마리의 황소는 한 마리가 보통 짊어질 수 있는 짐을 합친 것보다 더 많은 무게를 쉽게 끌 수 있었다. 그 이유는, 황소 한 마리는 약 25탈렌트(talent)[9]를 끌 수 있지만, 탑의 무게는 두꺼운 목재로 된 틀과 20명의 병력, 그리고 그들이 지닌 무기의 무게까지 다 합쳐도 황소 한 마리당 평균 15탈렌트 정도밖에 안 되었기 때문이다.

55 이렇게 해서 탑의 운반이 쉬워지자 키루스는 탑을 이용하여 적을 공격할 준비를 했다. 전시에 유리한 점을 장악하면 안전과 정의와 행복을 한꺼번에 얻는 격이었다.

II

1 이 무렵 인도 왕이 보낸 사절단이 돈을 가지고 왔다. 그들은 인도 왕이 키루스에게 보낸 전갈을 알렸다. "키루스, 당신이 필요로 하는 것을 내게 알려주어서 기쁘오. 나는 당신의 친구가 되고 싶은 마음에서 이 돈을 당신에게 보내오. 돈이 더 필요하다면 말하시오. 내 사절단은 당신이 어떠한 요구를 하든 그대로 따르도록 지침을 내려두었소이다."

2 그 말을 듣고 키루스가 말했다. "그렇다면 좋소. 여러분에게 요구하건대 여러분 중 일부는 할당된 구역에 머물면서 이 돈을 관리하고

---

7) 고대 오리엔트에서 그리스까지 가장 기본적인 부대 편제였다—옮긴이.
8) 화살을 쏠 수 있도록 벽에 만든 구멍—옮긴이.
9) 약 1,400파운드(약 630킬로그램)에 해당한다.

마음 내키는 대로 지내시오. 단 여러분 중 세 명은 적국에 가서 인도 왕이 보내서 온 것처럼 가장하고 그들과 인도 사이의 동맹을 체결하시오. 그곳의 사정이 어떻게 돌아가는지, 그들이 무엇을 하며 무엇을 계획하고 있는지 알게 되면 가급적 빨리 나와 인도 왕에게 전해주시오. 여러분이 이 임무를 제대로 수행한다면 나는 여러분이 돈을 가져온 것보다도 더 많이 여러분에게 감사할 것이오. 또한 이 일은 여러분이 하기에 딱 적합한 일이기도 하오. 왜냐하면 노예로 위장한 첩자는 누구나 알고 있는 내용 이외에 다른 정보는 줄 수 없지만, 여러분처럼 고위 인사로 위장한 첩자는 적의 계획까지도 알아낼 수 있기 때문이오."

3 인도 사절단은 그 이야기를 듣고 당연히 기뻐했다. 키루스가 베푸는 여흥을 대접받고 그들은 준비하여 이튿날 출발했다. 그들은 가능한 한 많은 정보를 알아낸 뒤 신속하게 돌아오겠다고 엄숙하게 약속했다.

4 키루스는 나머지 전쟁 준비도 대대적으로 진행했다. 그는 비열한 음모 따위는 꾸밀 생각이 없었다. 또한 그는 동맹자들이 합의한 임무를 수행하는 것은 물론 친구들에게도 경쟁심을 불어넣었다. 그래서 모두가 전력을 다해 각자 최정예 병사, 최정예 기병, 최정예 궁수와 창병, 가장 부지런한 일꾼이 되도록 했다. 5 이 작업을 이루기 위해 키루스는 병사들을 사냥에 데리고 나가 특별히 뛰어난 성적을 올린 자에게 상을 주었다. 나아가 자기 병사들을 효과적으로 훈련시키려 애쓰는 장교들에게는 칭찬과 더불어 그가 줄 수 있는 최대한의 은혜를 베풀었다. 6 또한 제사를 지낼 때나 축제를 열 때마다 그는 행사와 관련된 경기를 조직해서 병사들이 전쟁에 대비하여 훈련할 수 있는 기회를 주었다. 그리고 경기의 승자에게는 큰 상을 내렸다. 이렇게 해서 군대 전체의 사기가 크게 높아졌다.

7 이제 키루스는 공성기를 제외하고는 원정에 대비한 만반의 준비를 했다. 페르시아 기병부대가 사용할 말은 1만 마리가 모집되었고, 그가 직접 고안한 낫을 단 전차도 1백 대가 조직되었으며, 수사의 아브라다타스가 제공하기로 한 전차도 1백 대에 이르렀다. **8** 또한 키루스는 키악사레스를 설득하여 트로이와 리비아 양식으로 제작된 메디아 전차들도 새로 만든 양식으로 바꾸도록 했는데, 이것도 1백 대에 달했다. 낙타부대는 궁수들을 배치하여 낙타 한 마리에 두 명씩 타도록 했다. 이리하여 일반 병사들까지도 전반적으로 승리가 이미 수중에 들어온 듯한 느낌을 가졌으며, 적은 상대가 되지 않는다고 생각했다.

9 그들의 사기가 하늘을 찌를 듯할 즈음 키루스가 적진에 첩자로 보냈던 인도인이 돌아와서 보고했다. 그에 따르면 크로이소스[10]는 야전사령관 겸 총사령관으로 선출되었고, 동맹국의 왕들도 그에게 합류하여 각자의 전체 병력과 막대한 돈을 보탰으며, 그 돈으로 많은 병사들을 고용하고 보수를 지급해야 할 병사들에게 선물을 주었다는 것이다. **10** 또한 보고에 따르면 트라키아의 무사들도 이미 적에게 고용되었으며, 이집트인도 동참하기 위해 항해 중인데 그 병력은 모두 12만 명에 달했으며, 발끝까지 닿는 큰 방패, 요즘에도 사용하는 커다란 창, 그리고 칼로 무장했다. 그밖에 키프로스[11]의 군대도 있었다. 킬리키아인[12]도 모두 모였으며, 두 개의 대소(大小) 프리

---

10) 크로이소스는 기원전 546년 키루스에게 포로로 잡혔다. 키루스는 크로이소스를 용서하고 자신의 참모로 삼았다. 헤로도토스도 크로이소스와 키루스의 전쟁을 상세히 묘사하고 있는데, 이는 둘 사이의 전투가 당시에 매우 중요했다는 것을 의미하는 것 같다―옮긴이.

11) 지중해 북동부에 있는 섬이다―옮긴이.

12) 소아시아의 남쪽 지역이다. 그 서쪽 지역은 산이 많지만, 동쪽 지역은 평야가 많다. 아시리아의 지배를 받다가, 키루스에게 정복당했다―옮긴이.

지아, 리카오니아(Lycaonia),[13] 파플라고니아,[14] 카파도키아, 아라비아, 페니키아[15] 등지에서도 부대를 보내왔다. 아시리아군은 바빌론

---

13) 소아시아의 남동쪽에 있던 지방—옮긴이.

14) 흑해의 남쪽 해안 지방이며 소아시아의 북쪽 지역이다. 비티니아와 폰투스 사이의 해안 지역인데, 내륙으로는 갈라티아와 아나톨리아 분지까지 영역을 넓혔다. 좋은 목재가 많이 나서 유명한 곳이다—옮긴이.

15) 레반트 지역을 말한다. 페니키아는 동지중해 해안을 따라서 오늘날의 시리아와 남레바논, 갈릴리에 걸쳐 있었다. 기원전 4000년 무렵 페니키아인이 지중해 동쪽 끝의 해안을 중심으로 자리잡기 시작했다. 이들은 남부 아라비아 태생으로 추정되는 셈족 계통의 종족이다. 고대 페니키아는 부강한 나라였다. 그 부는 군사력이 아닌 경제와 문화에 기초를 두었다는 점에서 중요한 의의를 찾을 수 있다. 페니키아인의 삶의 터전은 바다였다. 이들은 기원전 3000년 무렵부터 배 만드는 기술이 있었을 뿐만 아니라 뛰어난 항해사들이기도 했다. 이들은 천체를 관측하여 자기들만의 특별한 항해술을 터득했으며, 다른 나라 사람에게는 철저하게 비밀에 부쳤다. 해안선을 따라 도시가 건설되었고, 이곳을 중심으로 수공예품 생산과 교역이 활발하게 이루어졌다. 페니키아의 도시국가에서는 왕의 권한과 권력이 절대적인 것이 아니었다. 그래서 부유한 사람들이 모인 원로회의 제약을 받았다. 각 도시는 적이 침입할 때에만 일시적으로 동맹을 맺었을 뿐이며 정치적으로 통일된 체제는 만들지 않았다. 대표적인 도시국가는 티루스, 시돈, 비블로스였다.

페니키아는 이집트와 메소포타미아의 해상로와 육로가 교차하는 상업적 요충지였다. 이러한 지리적 조건 때문에 페니키아는 오랫동안 여러 민족의 침입을 받았다. 이집트인, 바빌로니아인, 그리고 사막의 유목민에 이르기까지 많은 민족들이 이 지역을 차지하기 위해 쳐들어왔다. 지중해의 구석구석을 다니던 페니키아인은 에게해를 거쳐 흑해에 이르렀다. 흑해에서 잡은 참치와 정어리들을 소금에 절여 페니키아로 운반했다. 흑해 건너 카프카즈에서 그들은 금, 은, 납을 채굴하여 육로로 운반했는데, 그 광물을 실은 낙타의 행렬이 시리아와 아르메니아를 지나 페니키아로 끊임없이 이어졌다. 지중해의 서쪽으로 이어진 그들의 항해는 시칠리아와 사르데냐, 코르시카에 정착하기도 했으며, 지브롤터 해협을 지나 북쪽으로 아일랜드까지, 남쪽으로는 아프리카 남부까지 배가 닿았다. 헤로도토스에 따르면 페니키아인의 배는 홍해를 출발하여 아프리카를 일주했다고 한다.

페니키아인은 어디를 가든 토착민들과 무력 마찰 없이 협의하에 정착하려 했고, 그들과 경제적인 관계를 맺었다. 페니키아인은 정착지에서 자유롭게 장

의 왕이 지휘했고, 이오니아(Ionia)와 아이올리스(Aeolis)[16]를 비롯하여 그리스 식민시들의 군대는 모두 크로이소스에게 합류할 수밖에 없었다. 크로이소스는 심지어 라케다이몬(Lacedaemon)[17]에도 사절을 보내 동맹을 체결했다. 11 보고에 따르면 이 군대는 현재 팍톨루스(Pactolus)[18] 강변에 집결하고 있지만, 그들의 의도는 심지어 오늘날까지도 아시리아 왕의 야만인들이 내부에서 만나는 지점인 툼브

사를 하는 대신 세금을 냈다. 그들의 도시를 만들어가는 한편 기원전 12세기 무렵부터 페니키아는 식민지를 건설하기 시작했다. 무역의 거점으로 이용한 식민지는 본국에서 이주해온 페니키아인이 그들의 법으로 다스렸다. 이중에는 성장하여 나중에 모도시보다 더 성장하는 경우도 있었다. 기원전 814년 티루스가 건설한 식민도시 카르타고가 그 예다. 페니키아 지방이 메소포타미아 지역의 패권국가들에 의해 정복되어 혼란을 겪고 있을 때 자유로웠던 카르타고는 기원전 5세기에 독립하여 지중해와 대서양을 누비고 다녔다. 그러나 결국 기원전 3세기에 지중해의 패권을 두고 로마와 경쟁해서 패한 카르타고는 역사의 무대에서 사라졌다.

페니키아인은 여러 지역을 여행하면서 다른 지역의 문화를 자연스럽게 접촉하게 되었다. 페니키아인은 다른 민족과의 교역을 통해 신앙, 기술, 지식 등을 교류하며 자신들의 문화를 발전시켜나갔고 자신들의 역사적 가치를 높였다. 그 대표적인 예가 페니키아인의 문자다. 페니키아인은 이집트의 상형문자와 메소포타미아의 설형문자를 받아들여 글자를 새롭게 고안해냈다. 이들은 말이 몇 가지 발음들의 조합이라는 것을 깨닫고 22개의 기호로 된 글자를 만들어냈는데 새로 고안된 글자들은 각각 고유의 발음이 있었다. 페니키아의 문자는 지배층 일부만이 사용할 수 있었던 상형문자나 설형문자와 달리 모든 사람들이 글을 읽고 쓸 수 있게 만들어진 혁신적인 문자였다. 페니키아가 전성기를 누리기 전인 기원전 11세기 말부터 이미 사용되고 있었던 문자는 시간이 지남에 따라 발전되어 그리스 알파벳과 라틴어의 기원이 되었던 에트루리아 알파벳의 기원이 되었다—옮긴이.

16) 터키 서부 해안 지대—옮긴이.

17) 스파르타의 공식 명칭. 예컨대 투키디데스는 『펠로폰네소스 전쟁사』에서 스파르타라는 이름 대신 라케다이몬이라는 이름만 사용한다—옮긴이.

18) 트몰루스산에서 기원하여 리디아를 관통하는 유명한 강이다. 황금 모래사장으로 유명했다—옮긴이.

라라(Thymbrara)[19]까지 진출할 예정이라는 것이었다. 그곳에 있는 시장에서 필요한 보급품을 구입하라는 명령이 있었던 것이다.

포로들도 인도의 첩자들과 거의 같은 이야기를 전했다. 포로를 통해 정보를 얻어내는 것은 키루스가 즐겨 사용하는 방법이었다. 그는 또한 노예로 위장한 첩자를 키루스에게서 버려진 사람처럼 가장하여 보내는 방법을 쓰곤 했다.

12 이러한 보고를 접한 군대의 분위기는 당연히 흉흉해졌다. 병사들은 그전보다 사기가 한층 가라앉았으며, 자기들끼리 여기저기 모여 정세를 토론하고 서로의 견해를 묻곤 했다.

13 키루스는 공포 분위기가 군대 내에 널리 퍼지는 것을 인식하고 각급 지휘관들을 불러모았다. 그와 더불어 사기에 중요한 영향을 미치는 인물들, 즉 의기소침하면 피해를 부르고 열정적이면 도움이 된다고 생각되는 사람들도 함께 불렀다. 또한 그는 자신의 부관들에게 일반 병사들 중 누구라도 회의에 참석해서 지휘관들이 하는 말을 듣고 싶은 사람이 있다면 가로막지 말라고 일러두었다. 사람들이 모두 모이자 키루스는 이렇게 이야기를 시작했다.

14 "친구와 동맹자 여러분, 내가 여러분을 모이게 한 것은 적진에서 온 소식이 전해졌을 때 여러분 중 일부가 당황한 것처럼 보였기 때문이오. 내가 보기에 적군이 결집하고 있다고 해서 여러분 중 누구라도 진정으로 겁을 먹는다면 이상한 일이 아닐 수 없소. 알다시피 우리는 전에 적을 물리쳤을 때보다 더 큰 대군이 되어 있고 지금 하늘의 도움으로 전보다 훨씬 뛰어난 장비까지 갖추고 있으니 말이오. 이런 사정을 알면서도 용기를 내지 못한다면 그게 오히려 이상한 일

---

19) 팍톨루스 강변에 있는 리디아의 도시로, 리디아의 수도였던 사르디스에서 멀지 않은 곳에 있었다―옮긴이.

이오!

15 하늘의 이름으로 묻겠소. 사정을 거꾸로 바꿔 적의 처지에서 생각해봅시다. 만약 지금 우리 군대와 같은 군대가 쳐들어온다면 여러분은 기분이 어떻겠소? 첫째, 전에 우리에게 이긴 자들이 그때의 승리감을 가슴 가득 안은 채 또다시 쳐들어온다는 말을 듣는다면 어떻겠소? 둘째, 전에 궁수와 창병들로 척후부대 정도나 이루었던 자들이 이제 대군으로, 게다가 그보다 몇 배나 많은 병력과 함께 지금 쳐들어오고 있다면 어떻겠소? **16** 셋째, 예전에 우리의 보병부대를 쳐부순 바로 그 보병들이 이제는 우리의 기병을 상대할 기병이 되어 활과 던지는 창 대신 각자 한 자루의 장창을 들고 말을 타고 작심하고 달려와 육박전을 벌이자고 한다면 어떻겠소? **17** 계속해봅시다. 전에는 전차들이 달아나려는 자세로 뒤를 향한 채 움직이지 못했지만, 이제는 오히려 전차의 말들까지 갑옷으로 완전 무장하고, 나무 탑 위의 마부도 탑에 의해 방어되지 않는 신체 부분을 흉갑과 투구로 완전히 보호하고, 강철 낫을 차축에 장착한 전차들이 아군 진영에 뛰어들어와 마구 휘젓는다면 어떻겠소? **18** 말 1백 마리가 한 마리의 낙타를 봐도 두려워할 텐데 그런 낙타를 타고 우리에게 돌진한다면, 또한 적병들이 탑으로 몸을 보호한 채 돌맹이를 던지는 탓에 우리가 쉽게 상대할 수 없다면? **19** 만약 누가 여러분에게 적의 태세가 바로 이렇다고 보고한다면, 여러분은 놀라고 두렵지 않겠소? 크로이소스가 총사령관으로 선출되었다는 소식을 듣고 무서워하는 여러분이기에 하는 말이오. 크로이소스는 시리아인보다도 더한 겁쟁이요. 시리아인은 그래도 전투에서 완전히 패배하고 도망쳤지만 크로이소스는 전투에서 지는 것을 보는 순간 동맹자들과 함께 있지 않고 황급히 몸을 빼서 달아나버린 자가 아니오? **20** 마지막으로 적은 혼자 힘으로 우리와 싸울 만큼 강하지 못하다는 판단에서 자신들을 대신하여 자신들

보다 더 용맹스럽게 싸워주리라는 희망으로 다른 군대들을 고용하고 있다고 하오. 어쨌거나 적의 태세는 막강해 보이고 우리의 상태는 보잘것없다고 여기는 사람이 있다면, 우리는 그를 적의 편으로 보내야 한다고 생각하오. 그런 사람은 우리 편보다 적의 편에 속해 있는 것이 우리에게는 더욱 이득이기 때문이오."

21 키루스가 말을 마치자 페르시아인인 크리산타스가 자리에서 일어나 이야기하기 시작했다. "키루스여, 그 보고를 듣고 낙담하는 것처럼 보이는 자가 일부 있다고 하더라도 놀라지 마십시오. 두려움 때문이 아니라 분해서 그러는 것일 테니까요. 굳이 비유해서 말하면, 점심시간이 되어 밥을 먹으려 하는데, 갑자기 식사 전에 할 일이 생긴 거라고나 할까요? 어느 누구도 식사할 때 일거리가 생겼다는 이야기를 듣고 싶어하지 않을 겁니다. 그러니까 우리는 이제 막 부자가 되려는 참인데, 아직 해야 할 일이 남았다는 이야기를 듣고 우울해하는 것뿐이라구요. 겁을 먹은 게 아니라 진작에 해놓았더라면 좋았을 것이라고 바라는 겁니다.

22 하지만 실망은 순간뿐입니다. 이제 우리는 곡식과 가축과 대추야자가 풍부한 시리아만이 아니라 리디아까지 손에 넣을 수 있게 되었거든요. 리디아 땅에서는 포도주와 무화과와 올리브유가 많이 나는 데다 바다에 접해 있지요. 그 바다 너머에는 한 번도 보지 못한 좋은 것들이 많이 있습니다. 그걸 생각하면 우리는 낙담할 게 아니라 오히려 용기 백배해서 리디아에서 나는 좋은 것들을 빨리 손에 넣어야 합니다."

그가 이렇게 말하자 동맹자들은 모두 그의 이야기에 만족하며 박수를 쳤다.

23 키루스가 다시 말했다. "친구들이여, 나는 가급적 빨리 움직일 것을 제안하는 바입니다. 그 이유는 첫째, 적의 보급품이 다 모이기

전에 그들을 공격하는 편이 더 좋기 때문이오. 둘째, 우리가 한시라도 빨리 행군해갈수록 적군의 편제는 엉성할 테고 우리가 그들의 결함을 찾기도 쉬울 것이기 때문이오. **24** 이상이 나의 제안이외다. 하지만 다른 방법이 더 안전하고 쉽다고 여기는 사람이 있다면 얼마든지 이야기해보시오."

많은 사람이 빨리 갈수록 좋다고 이구동성으로 말했다. 아무도 키루스의 계획에 반대하지 않았으므로 그는 다음과 같이 말했다.

25 "친구와 동맹자 여러분, 우리가 사용할 우리의 영혼과 신체와 무기는 신의 도움으로 이미 다 갖추어졌소. 행군에 대비해서 우리는 힘을 합쳐야 하며, 20일이나 되는 여정을 위해 식량으로 쓸 가축들도 준비해야 하오. 모두 합쳐도 15일을 행군하면 우리는 먹을 것이 떨어질 거요. 가는 도중에 양식으로 쓸 만한 것들이 모두 없어져버릴 것이기 때문이오. 적이 거의 가져가버리고 우리에게는 그 나머지밖에 없소. **26** 따라서 우리는 충분한 양식을 가져가야 하오. 그러지 못하면 우리는 싸울 수도 없고 목숨을 부지할 수도 없소. 포도주는 물을 마시는 습관에 익숙해질 때까지 버틸 양만 각자 가져갑시다. 행군하는 동안 우리가 지나치는 곳은 대부분 포도주가 없는데다가 아무리 많은 양을 가져간다 해도 우리가 가져가는 포도주의 양으로는 충분하지 않을 테니 어쩔 수 없소. **27** 그러므로 우리는 예기치 못하게 포도주가 떨어졌을 때 질병에 걸리지 않으려면 이런 방법을 취해야 하오. 당장 지금부터 식사 때 물을 마시도록 합시다. 그런 식으로 하면 행군 중에 우리의 생활 방식을 크게 바꾸지 않아도 되오. **28** 보리빵을 먹는 사람은 물로 반죽한 식사를 하고, 밀빵을 먹는 사람은 물을 섞은 빵을 먹도록 합시다. 모든 음식은 물을 많이 넣어 끓여 먹도록 합시다. 그런 다음 식사 후에 포도주를 조금 마시면 우리의 영혼은 아무것도 부족하지 않고 생기를 되찾을 것이오. **29** 그러나 식후에 마

시는 포도주의 양을 점점 줄여가면 마지막에는 부지불식간에 금주를 할 수 있을 거요. 무엇이든 조금씩 변화시키면 변화에 견디는 능력이 커지기 때문이오. 신께서 가르쳐주셨듯이 우리는 겨울에서 서서히 벗어남으로써 여름의 타는 듯한 열기를 견딜 수 있고 여름의 열기에서 서서히 벗어남으로써 겨울의 혹한을 이겨낼 수 있소. 우리는 신을 모방하여 우리 자신을 미리 적응시킴으로써 목적을 달성해야 하오.

30 무거운 담요를 가져가는 대신 그 무게만큼의 식량을 가져가야 하오. 식량은 아무리 많이 가져가도 다 쓸모가 있소. 담요가 없다고 해서 잠을 푹 자지 못할까봐 걱정해서는 안 되오. 잠을 제대로 못 잔다면 내가 책임지겠소. 하지만 옷을 많이 가져간다면 몸이 아플 때나 건강할 때나 무척 쓸모가 많을 거요.

31 육류는 입이 얼얼할 정도로 아주 맵고 짜게 만들어서 가져가야 하오. 육류는 식욕을 돋울 뿐 아니라 지속적으로 영양을 공급해주기 때문에 꼭 필요하오. 그리고 약탈을 면한 지역에서는 곡식을 쉽게 찾을 수 있으므로 우리는 음식을 만들 수 있는 맷돌을 미리 지니고 있어야 하오. 맷돌은 빵을 만드는 데 사용하는 도구 중에서 가장 가벼운 것이기 때문이오.

32 또 우리는 환자에게 필요한 도구도 챙겨야 하오. 무게도 별로 나가지 않을 뿐 아니라 환자가 생길 경우 반드시 필요하기 때문이오.

우리는 또한 끈도 많이 필요하오. 사람이나 말이나 거의 모든 것을 끈으로 조여야 하므로 끈이 낡거나 끊어질 경우에는 여분의 끈이 없으면 아무 일도 하지 못하게 되오.

창대를 부드럽게 다듬는 기술이 있는 사람이라면 거기에 반드시 필요한 도구인 줄도 잊지 말고 챙기는 게 좋소. 33 자신의 창날을 갈고 닦는 사람은 그와 동시에 자신의 용기도 갈고 닦는 사람이오. 반대로 창날을 가는 것을 수치로 여기는 사람은 실상 자신을 겁쟁이로 여기는 것이오.

우리는 또한 전차와 수레에 쓸 목재도 충분히 가져가야 하오. 항상 사용하기 때문에 부품이 낡을 수밖에 없으므로 목재는 반드시 필요하오. 그리고 이 모든 목적에 필수적인 도구들도 반드시 챙겨야 하오. **34** 어디서나 기능공을 찾을 수는 없을뿐더러 거의 모두가 그날그날 필요한 것을 만들 수 있어야 하기 때문이오. 그밖에 수레마다 삽과 곡괭이도 실어야 하고 짐을 싣는 가축마다 도끼와 낫도 갖춰야 하오. 이 도구들은 각 개인에게도 필요하지만 공동의 용도에서도 필요하오.

35 병참 장교들에게도 한 마디 하겠소. 무장 병사들을 지휘하는 장교는 자기 휘하의 병사들을 잘 조사해야 하오. 어느 한 병사에게라도 필요한 것이 있으면 간과하지 말아야 하오. 부족한 게 있을 때 그것을 느끼는 사람은 바로 우리요. 내가 우마(牛馬)에 실으라고 명한 것에 대해 화물 수송을 맡은 여러분 장교들은 사안을 잘 조사해서 무엇이든 병사가 준비하지 못한 게 있으면 즉각 그것을 마련해주도록 하시오.

36 공병대를 지휘하는 장교들은 내게서 창병, 궁수, 투석기 병사들의 이름이 적혀 있는 명단을 받아가시오. 여러분은 창병이었던 병사들에게는 벌목용 도끼를, 궁수였던 병사들에게는 곡괭이를, 투석기를 사용했던 병사들에게는 삽을 행군할 때 지참하라고 명하시오. 그들은 그 도구들을 가지고 수레 행렬 앞에서 분대를 이루어 행군하다가 길을 만들어야 할 때면 지체없이 작업해야 하오. 또한 내가 그들의 작업이 필요하다고 판단하면 즉각 그들이 어디 있는지 알 수 있도록 해주시오.

37 마지막으로 나는 대장장이와 목수, 구두 수선공도 데려가고 싶

소. 군대 내에서 그런 기술이 필요한 경우가 생길 때 문제를 쉽게 해결할 수 있기 때문이오. 그들에게는 전투와 관련된 의무를 면제해주지만, 그들은 누구든 필요할 때 자신의 기술을 발휘할 수 있도록 늘 일정한 자리를 지키고 있어야 하오.

38 상인들이 자기 물건의 판로를 개척하기 위해 우리를 따라가려 한다면 허락해도 좋소. 하지만 병사들이 각자 자신의 비품을 챙기라는 명령을 받은 기간에 물건을 팔려다가 발각되면 그 상인의 물건은 모조리 몰수할 것이오. 그 기간이 지난 뒤에는 자유롭게 물건을 팔아도 좋소. 가장 많은 양의 재화를 제공하는 상인에게는 동맹자들이나 나에게서 보수와 우선권이 부여될 것이오. **39** 만약 물건을 구입하기 위해 돈이 더 필요한 상인이 있다면, 내게 자신의 지위와 신분을 증명할 수 있는 증명서를 제출하라고 하시오. 그러면 그가 진짜 군대를 따라간다는 맹세를 보증으로 해서 우리가 지닌 기금에서 일정액을 대출해주겠소.

이상이 내가 사전에 일러두는 지침이오. 그밖에 우리에게 필요한 사항이 또 있다면 내게 알려주시오.

40 이제 모두들 준비합시다. 나는 우리가 출발할 때 축복을 비는 제사를 올릴 것이오. 신들의 징조가 괜찮으면 우리는 그 징후를 받을 게요. 그러면 모두들 정해진 비품을 준비하고 각자 지정된 장소에 모여 자신의 지휘관을 따르시오. **41** 그리고 지휘관 여러분은 각자 자기 부대에게 준비를 갖추게 한 다음 내게 와서 각자의 위치를 숙지하시오."

III

1 이 이야기를 듣고 그들은 행군준비를 시작했고, 키루스는 제사

를 올리러 갔다. 제사의 조짐이 좋게 나오자 그는 군대와 함께 출발했다. 첫날에 그는 그때까지 머물던 장소를 떠나 인근의 편리한 곳에 진을 쳤다. 그가 이렇게 한 이유는 혹시라도 누가 잊은 것이 있다면 가지러 돌아가기 쉽게 하는 한편 자신도 더 필요한 것이 생각났을 때 그것을 가져오게 하기 위해서였다.

2 하지만 키악사레스는 자신의 지역에 대한 방비를 구축하기 위해 메디아 병력의 3분의 1과 함께 뒤에 머물러 있었다. 키루스는 기병부대와 함께 대열의 선봉에서 최대한 신속하게 행군을 이끌었다. 그러나 그러면서도 그는 늘 전방에 정찰병을 보내는 것을 잊지 않았으며, 근처의 가장 높은 곳에도 수색병을 보내 앞길을 멀리 내다보게 했다. 그런 다음 그는 수송부대를 편제했다. 평탄한 지역이 나오면 그는 수레와 우마를 나란히 가게 하고 그 뒤를 밀집보병대가 따르게 했다. 뒤처지는 수레가 있으면 현장에 있는 장교들이 나서서 대열에서 이탈하지 않도록 돌보았다. 3 길이 좁아지면 병사들이 우마를 자신의 대열에 포함시켜 한쪽 옆을 따라 행군했다. 도중에 장애물이 발견되면 가까이 있던 병사들이 나서서 문제를 해결했다. 보병들은 대부분 자신의 짐을 맡은 수송대 옆에서 행군했다. 수송대 역시 불가피한 상황이 아니라면 화물의 주인인 보병들과 함께 이동하라는 명령을 받았다. 4 각 지휘관의 짐꾼은 병사들이 잘 알고 있는 각 부대의 군기(軍旗)를 가지고 부대 앞에서 걸었다. 이런 식으로 군대는 함께 모여 행군하면서 각자 자신의 물건을 관리하여 아무것도 중간에 없어지는 일이 없도록 했다. 병사들은 그러한 행군 질서를 잘 지켰으므로 서로를 찾아다닐 필요도 전혀 없었고, 동시에 모든 것이 아주 가까이에 안전하게 있었으므로 언제든 필요한 것이 있으면 찾을 수 있었다.

5 한편 앞서간 수색병들은 사람들이 평원에서 마초와 땔감을 찾아다니는 모습을 보았다. 또한 짐을 싣거나 풀을 뜯는 우마들도 보였

다. 그리고 더 앞쪽으로 먼 곳에서는 어렴풋이 연기와 먼지가 솟아오르는 것이 눈에 들어왔다. 이 모든 증거로 미루어 정찰병들은 적군이 근방 어딘가에 있는 것이 틀림없다고 판단했다. 6 그래서 수색대 지휘관은 즉각 사람을 보내 이 소식을 키루스에게 알렸다. 키루스는 그들에게 계속 적들을 감시하면서 새로운 소식이 있으면 자신에게 보고하라고 명했다. 또한 그는 기병부대를 보내 평원 근처에서 이동하는 자들 중 몇 명을 사로잡아오라고 시켰다. 포로를 취조해서 적의 상황을 분명히 알아낼 심산이었다. 병사들은 그의 명령을 집행하기 위해 출발했다.

7 키루스는 적진에 너무 가까이 다가가기 전에 필요한 준비가 제대로 되었는지 점검하기 위해 행군을 거기서 멈추게 했다. 그리고 먼저 점심식사를 한 뒤 각자 자신의 위치에 남아서 대기하라고 명했다. 8 점심식사가 끝난 뒤 그가 기병부대, 보병대, 전차부대의 지휘관들과 각종 공성기를 담당한 이, 수송·수레 등을 담당한 지휘관들을 모두 소집하자 그들이 왔다. 9 그 무렵 평원으로 기습을 떠난 병사들이 적병 몇 명을 사로잡아 데려왔다. 키루스의 취조에 포로들은 진지에서 나와 선발대를 지나쳐서 마초(馬草)를 찾으러 왔으며, 다른 병사들은 땔감을 찾으러 갔다고 말했다. 적은 워낙 대군이었기 때문에 모든 물자가 부족했던 것이다. 10 그 이야기를 듣고 키루스가 다시 포로들에게 물었다. "여기서 너희 군대가 있는 곳까지의 거리는 얼마나 되느냐?"

"2파라상쯤 됩니다."

"너희 군대에서는 우리에 관해 무슨 이야기를 하느냐?"

"많이 이야기합니다. 벌써 우리와 가까운 곳까지 행군해왔다고들 말하죠."

"그럼 우리가 왔다는 소식에 그들은 좋아하느냐?" 이 질문은 주변 사람들을 위해서 한 것이었다.

"결코 아닙니다. 좋아하기는커녕 오히려 아주 괴로워합니다."

11 "그럼 그들은 지금 무엇을 하고 있느냐?"

"전투대형을 펼치고 있습니다. 그리고 어제와 그제도 똑같은 일을 했습니다."

"사령관이 누구냐?"

"크로이소스가 맡고 있습니다. 그리고 그의 옆에 어떤 그리스 사람과 메디아 사람도 함께 있었습니다. 메디아 사람은 폐하의 군대에서 이탈한 사람이라고들 합니다."

"오, 전능하신 제우스 신이여! 제가 원하는 대로 그놈을 잡을 수 있기를!"

12 키루스는 포로들을 끌고가라고 명한 뒤 주변 사람들에게 뭔가 말하려는 것처럼 고개를 돌렸다. 그러나 그 순간 수색대에서 보낸 또다른 전령이 와서는 평원에 상당한 규모의 적 기병부대가 보인다는 소식을 전했다. 키루스가 말했다. "적들은 여기 우리 군대를 정탐하기 위해 오고 있는 모양이군. 그렇게 추측할 만한 충분한 근거가 있소. 우리 군대의 앞쪽으로 먼 곳에 약 30명의 다른 기병들이 다가오고 있다고 하오. 당연히 그들은 우리가 있는 방향으로 오는 거요. 아마 우리의 초소를 장악하려는 것일 테지. 그곳을 지키는 우리 병사들은 겨우 열 명밖에 안 되니까."

13 그래서 키루스는 자신의 근위대 기병들에게 말을 타고 초소가 있는 곳 근처까지 가서 적의 눈을 피해 몸을 숨기라고 명했다. 그리고 이런 명령을 덧붙였다. "우리 병력 열 명이 초소를 떠나면 즉시 달려가서 다가오는 적을 공격하라. 그러나 적의 기병 수가 많으니 자칫 낭패를 당하지 않도록 조심하게, 히스타스파스." 또한 그는 이렇게 말했다. "자네의 기병 연대를 데려가서 싸우게. 자네 부대가 적의 부

대보다 우월함을 보여주게. 하지만 자네가 알지 못하는 곳까지 적을 추격해서는 안 되네. 다만 초소가 우리 수중에 계속 있도록 하는 것만 확실히 해둔 다음에 돌아오게. 적이 오른손을 들고 자네에게 오거든 그를 받아들여 친구로 삼도록 하게."

14 명령을 받은 히스타스파스는 가서 자신의 갑옷을 입었다. 키루스의 근위대는 키루스의 명령에 따라 즉각 말을 타고 떠났다. 전초선의 바로 안쪽에서 그들은 전에 첩자로 적진에 파견되었던 수사 귀부인의 후견인과 그의 시종들을 만났다. **15** 키루스는 이 보고를 듣자 자리에서 벌떡 일어나 그를 마중하러 나가서는 진심에서 우러나는 영접을 했다. 사연을 모르는 다른 사람들이 어안이 벙벙한 표정으로 놀라자 키루스가 말했다. "친구 여러분, 여기 가장 충성스런 사람이 왔소. 지금은 그가 한 일을 만천하가 알아야 하오. 그는 파렴치한 짓을 저지르거나 내가 노여워하기 때문에 적진으로 간 것이 아니라 실은 내 명을 받고 우리를 위해 적의 정황을 알아내서 우리에게 보고해주기 위해 적진에 간 것이었소. **16** 아라스파스, 나는 그대에게 약속한 바를 아직 잊지 않고 있네. 당연히 약속대로 행할 것이며, 여기 있는 모든 사람이 나를 도와줄 걸세. 내 친구들 모두가 그대를 용감한 사나이로서 찬양할 것이네. 오욕과 수치를 안은 채 우리 전체의 이익을 위해 목숨을 걸고 애써주었으니 말이네."

17 그러자 모두들 아라스파스를 껴안고 진심 어린 환대를 해주었다. 그러나 키루스는 이제 그만 됐다고 말하면서 아라스파스에게 말했다. "아라스파스, 우리가 가장 알고 싶은 것을 말해주게. 어떤 것도 사실과 달라서는 안 되고 적의 진짜 힘을 과소평가해서도 안 되네. 우리는 적의 힘이 크다고 생각할수록 좋고, 적이 보잘것없다는 이야기보다는 정말 대단하다는 이야기를 듣고 싶기 때문이라네."

18 "알겠습니다. 저는 적군의 규모에 관한 아주 정확한 정보를 얻

기 위해 온갖 애를 썼습니다. 그 결과 저는 직접 현장에 가보았고 전투대형을 유심히 보았습니다."

"그럼 자네는 적의 수만이 아니라 전투대형도 알아냈겠구먼."

"그렇습니다. 또한 적이 전투를 어떻게 수행할 것인지도 알고 있습니다."

"잘했네. 하지만 먼저 적의 수가 얼마나 되는지 말해보게."

19 "이집트인을 빼고 적군의 보병과 기병은 모두 30열로 늘어서 있었습니다. 제1선은 약 40스타디아(stadia)[20]가량 됩니다. 그들이 얼마나 되는지 알아내는 데는 특별히 어려움이 많았습니다."[21]

20 "이집트인은 얼마나 되나? 자네가 '이집트인을 빼고'라는 말을 했으니 말일세."

"장군들이 그들을 줄세웠는데, 1만 명당 1백 개의 방진(方陣)을 이루었습니다. 듣자니 그들은 자기네 나라에서 그렇게 전투대형을 펼친다고 합니다. 크로이소스는 그들의 대형을 허락했으나 마음에는 들어하지 않았습니다. 그는 가능하면 폐하의 군대를 측면으로 에워싸고 싶어했거든요."

"그가 그렇게 하려는 목적은 뭔가?"

"우리 군대를 빙 둘러 포위하기 위해서입니다."

"그들은 포위하는 측은 포위 당하지 않는다는 사실을 용케도 알아

---

20) 스타디움(stadium)의 복수형. 고대 그리스의 거리 단위인데 스타디움은 라틴어화된 용어고 원래 그리스어는 스타데(stade)다. 지은이 크세노폰이 그리스 사람이기 때문에 그리스식 단위를 썼을 뿐 원래는 다른 단위를 썼을 것이다—옮긴이.

21) 1스타디움은 600피트(약 180미터)다. 고대 병사 한 사람은 보통 3피트를 차지했다. 1스타디움당 제1선에는 2백 명이 설 수 있으므로 제1선 전체는 8천 명이 된다. 따라서 그들이 30줄이라면 전체 병력은 24만 명이다. 이집트군은 36만 명이었다.

냈군 그래. **21** 우리는 자네의 말을 듣고 가장 중요한 사항을 알게 되었네. 이제 여러분은 다음의 계획에 따라야 하오. 여러분은 각자 자신의 복장을 갖춰 입고 자신의 말을 타시오. 때로는 사소한 것이 없어서 사람이나 말이나 전차가 무용지물이 되고 마는 경우가 있기 때문이오. 그리고 내일 아침 일찍 내가 제사를 지낼 동안 여러분은 먼저 아침식사를 하시오. 말에게도 먹이를 주시오. 위급한 상황이 닥칠 때 요긴하게 사용할 수 있는 것은 무엇이든 빠뜨리면 안 되오.

그리고 아르사마스(Arsamas)와 크리산타스, 그대들은 늘 그래왔듯이 우익을 맡으시오. 나머지 장군은 현재의 직책을 계속 담당하시오. 일단 전투가 시작되면 어떤 전차도 말을 바꿀 시간이 없소. 그러니까 그대들 휘하의 각급 지휘관들에게 명해서 각 소대에게 2열로 서도록 하시오." (당시 한 소대는 24명이었다.)

22 그러자 어느 장군이 그에게 물었다. "폐하, 그렇게 적은 열로 과연 적의 두터운 밀집보병을 상대할 수 있겠습니까?"

"밀집보병들의 열이 너무 많아 무기가 적에게 닿지도 않을 정도라면, 어떻게 적에게 피해를 주고 아군을 도울 수 있겠소? **23** 나는 지금 1백 열로 되어 있는 중장보병들(hoplites)[22]을 1만 열로 편제하고 싶소. 그렇게 하면 상대해야 할 적의 수가 적어지기 때문이오. 나의 전투대형에 따르면 전체 병력을 전투에 투입할 수 있고 어디서나 병사들이 서로서로 도와줄 수 있소. **24** 나는 중무장한 병사들 바로 뒤에 창병들을 배치하고, 창병들 바로 뒤에는 궁수들을 배치할 계획이오. 육박전이 벌어질 경우 자신이 감당하지 못한다는 것을 스스로 알고 있으면서도 누가 맨 앞줄에 서려 하겠소? 하지만 중무장한 병사들이

---

22) 방패, 투구, 흉갑, 정강이받이를 갖춘 중장보병. 이들이 밀집보병대를 구성한다—옮긴이.

그들 앞에서 방패 노릇을 해주면 병사들은 자신의 자리를 지키며 싸울 수 있소. 그리고 뒤에 있는 창을 가진 부대와 활을 가진 부대가 앞줄의 동료들 머리 너머로 적을 향해 맹공을 가할 것이오. 적에게 어떤 피해를 주든 간에 이런 배치에서는 병사들이 동료들의 부담을 줄여줄 수 있게 되오. **25** 대형의 최후방에는 경험 많은 노련한 전사들로 이른바 후위대를 배치할 거요. 집을 지을 때처럼 전투에서도 토대가 튼튼하지 못하면 아무리 지붕을 잘 쌓아도 아무런 소용이 없소. 그래서 전위와 후위는 특히 용맹한 병사들로 구성해야 하오.

26 그러므로 여러분은 내가 지시한 대로 직책을 담당하고 경무장 부대의 지휘관들은 각자의 소대를 중무장 부대의 바로 뒤에 배치하시오. 그리고 궁수부대 지휘관들도 마찬가지로 경무장 부대의 바로 뒤에 부대를 배치하시오.

27 다음 후위대 사령관 여러분은 가장 후위에 있으므로, 여러분의 병사들에게 각자 자기 바로 앞의 병사들을 지켜보면서 자신의 임무를 수행하고 있는 동료들을 격려하라는 명령을 내리시오. 그리고 뒤에 처지는 병사들에게 강력한 위협을 가하고, 누구든지 배반하려는 의도로 등을 돌리는 자가 있으면 죽여도 좋다고 하시오. 왜냐하면 앞에 있는 병사들의 임무는 자신의 말과 행동으로써 뒤따르는 병사들의 사기를 고취하는 것이고, 뒤를 담당한 병사들의 임무는 앞에 있는 비겁한 병사들에게 적보다 더 큰 위협을 가하는 것이기 때문이오.

28 여러분은 바로 그러한 점에 신경을 써야 하오. 그리고 기계를 맡고 있는 에우프라타스(Euphratas) 사령관은 탑들을 가급적 밀집보병의 바로 뒤까지 이동시키시오. **29** 그다음 수송대를 맡고 있는 다우쿠스(Daüchus), 그대는 그대의 전 병력을 탑들 바로 앞에 배치하고, 부관들에게 필요 이상으로 앞서 나가거나 뒤처지는 병사들을 단단히 징계하라고 이르시오.

30 그리고 여자들을 태운 수레들을 담당하고 있는 카르두쿠스 (Car-duchus), 그대는 수송대 바로 뒤에 병력을 배치하시오. 이상의 사항들이 차질 없이 이루어진다면 마치 우리의 수가 많은 것처럼 보일 테고, 우리가 매복하기도 한층 쉬워질 것이오. 그리고 만약 적이 우리를 포위하려 한다 해도 적군은 우리를 훨씬 더 크게 에워싸야 할 것이오. 적군이 형성한 원이 크면 클수록 그들의 대형에는 필연적으로 취약점이 생기기 마련이오.

31 여러분이 취해야 할 방도는 이상과 같소. 아르타오주스(Artaozus) 와 아르타게르세스(Artagerses), 그대 두 사람은 수레들의 뒤에 그대들의 보병연대를 배치하시오. **32** 그리고 파르누쿠스(Pharnuchus)와 아시아다타스(Asiadatas), 두 사람은 각각 자신의 기병연대를 거느리고 본대에서 벗어나 수레들의 뒤에 자리 잡은 다음, 나머지 장교들을 데리고 나에게 오시오. 그대들은 비록 후위에 있지만 마치 전투에 맨 처음 참여하는 것처럼 완전한 준비를 하고 있어야 하오.

33 그리고 낙타부대의 지휘관인 그대도 여자들이 탄 수레들 뒤에 자리 잡고 무조건 아르타게르세스의 지시대로 따르시오. **34** 마지막으로, 전차부대를 지휘하는 그대들은 제비를 뽑아서 정해진 한 사람이 자신의 전차 1백 대를 본대 앞에 배치하도록 하시오. 나머지 2백 대 중에서 1백 대는 군대의 우측에 줄지어 배치하고 다른 1백 대는 좌측에 배치해서 각각 한 줄로 밀집보병들을 따라가도록 하시오."

35 이와 같이 키루스는 전투대형을 구축했다.

그러나 수사의 왕 아브라다타스는 이렇게 말했다. "키루스여, 당신에게 더 나은 계획이 없다면 나는 기꺼이 적의 밀집보병 바로 앞에 있으라는 폐하의 지시를 따르겠소."

36 키루스는 그의 기백을 칭찬하며 박수를 보낸 다음 다른 전차부대를 맡고 있는 페르시아 사령관들을 돌아보며 물었다. "그대들도

이 말에 동의하시오?" 그러나 그들은 그 자리를 양보한다면 자신들의 명예에 누가 된다고 대답했다. 그래서 키루스는 그들에게 제비를 뽑도록 했으며, 그 결과 아브라다타스는 자신이 원했던 자리에서 이집트군을 상대하게 되었다.

37 병력 배치가 끝나자 그들은 회의를 마쳤다. 지금까지 상세하게 밝힌 대로 모두 조처한 뒤 그들은 저녁식사를 하고, 위치를 표시하는 말뚝을 박은 다음 잠자리에 들었다.

IV

1 이튿날 아침 일찍 키루스는 제사를 올렸으며, 나머지 병사들은 아침식사를 하고 제주(祭酒)를 따른 다음 멋진 튜닉과 갑옷, 투구를 갖춰 입고 출발했다. 병사들은 말의 이마와 가슴에도 갑옷을 입혔으며 타는 말은 다리 보호대, 전차를 끄는 말은 측면 갑옷으로 무장했다. 그리하여 전군이 청동으로 빛났으며, 자줏빛으로 번쩍였다.

2 네 개의 채에다 여덟 마리의 말이 이끄는 아브라다타스의 전차는 특히 멋지게 장식되었다. 그가 자기 나라에서 사용하는 것과 같은 아마포로 된 허리 갑옷을 입으러 왔을 때 판테아는 남편에게 황금으로 된 갑옷과 투구, 팔 보호대, 넓은 팔찌와 손목 보호대, 발끝까지 내려오는 자주색 튜닉, 히아신스로 물들인 투구 장식을 내주었다. 그녀는 남편 모르게 남편 갑옷의 치수를 재서 그 장비들을 만들었다. **3** 아브라다타스는 그것을 보고 놀라 판테아를 돌아보면서 물었다. "아내여, 당신은 당신의 보석을 모두 털어 이 갑옷을 내게 만들어준 게 아니오?"

"물론 제 가장 귀중한 보석은 그대로 남아 있어요. 당신이 내 눈에 비치는 것처럼 보인다면, 다른 사람들에게도 똑같이 보인다면 당신이야말로 저의 가장 귀중한 보석이니까요."

이렇게 말하고 그녀는 남편의 갑옷을 입혀주기 시작했다. 그녀는 감추려 애썼지만 두 뺨에 흐르는 눈물을 끝내 감추지 못했다.

4 이렇게 멋진 무장을 갖추자 아브라다타스는 대단히 잘생기고 고귀해 보였다. 워낙 그는 미남이었던데다 치장까지 하니 아주 보기 좋았다. 그는 마부에게서 말의 고삐를 건네받고 자신의 전차에 오를 자세를 취했다. **5** 그러나 그 순간 판테아는 가까이 있는 사람들을 모두 물리고 남편에게 말했다. "아브라다타스, 남편을 자신의 목숨보다 더 사랑하는 여인이 있다면 그건 바로 저일 거예요. 그런데 왜 제가 그런 말을 하지 않은 줄 아세요? 그건 제가 어떠한 말보다도 행동으로써 당신에게 더 확실한 증거를 보이고 싶어서였어요. **6** 그러나 당신이 믿는 저의 사랑, 제가 믿는 당신의 사랑으로써 저는 당신에게 맹세해요. 당신이 빛나는 군인임을 입증한다면, 저는 욕된 남편과 욕되게 사느니보다 차라리 당신과 함께 죽겠어요. 저는 당신과 나 자신에게 그토록 고귀한 운명을 누릴 자격이 있다고 생각했어요. **7** 그리고 키루스에게 우리는 크나큰 감사의 빚을 졌어요. 제가 그의 포로가 되어 그에게 주어졌을 때 그는 저를 수치스러운 이름의 노예나 자유민으로 만들지도 않았으며, 마치 형제의 아내인 것처럼 대해주고 저를 지켜주었어요. **8** 또한 제 후견인을 맡은 아라스파스가 그를 버리고 달아났을 때도 나는 키루스에게 약속했어요. 만약 저를 남편에게 보내준다면 아라스파스보다 훨씬 뛰어나고 진실한 친구가 당신 편으로 올 거라고요."

9 아브라다타스는 아내의 말에 가슴이 뭉클하여 그녀의 머리에 손을 얹은 채 눈을 치켜뜨고 하늘을 올려다보며 기도했다. "전능하신 제우스 신이여, 기도하노니 제가 판테아에게 어울리는 남편이 되도록 해주시고 키루스에게 어울리는 명예로운 친구가 되게 해주소서."

그는 이렇게 말한 뒤 전차 차체의 문을 열고 올라탔다. **10** 그가 전차에 오르고 종자가 문을 닫자, 판테아는 작별의 입맞춤을 달리 할 도리가 없어 전차에다 입술을 댔다. 그 순간 그의 전차가 구르기 시작했다. 그녀는 남편이 알지 못하게 전차를 한참 쫓아갔다. 이윽고 아브라다타스가 고개를 돌려 아내를 보고 외쳤다. "용기를 가져요, 판테아, 안녕! 이제 집으로 돌아가요."

11 그 뒤 환관들과 하녀들이 판테아를 그녀의 수레로 데려갔다. 그리고 그녀를 눕게 하고 수레의 차양을 내려 바깥에서 안 보이게 했다. 사람들은 아브라다타스의 모습과 전차가 멋있는데도 그를 보지 않고 판테아가 사라질 때까지 그녀만 쳐다보았다.

12 제사에서 좋은 조짐을 발견하고, 그가 내린 지시대로 군대가 편제되었을 때, 키루스는 미리 설치해놓은 관측소에 자리를 잡고 장군들을 불러모아 다음과 같이 말했다. **13** "친구와 동맹자 여러분, 신께서는 예전에 우리 손에 승리의 조짐을 내려주신 것처럼 이번 제사에서도 좋은 징조를 내려주셨소. 그러므로 나는 여러분에게 몇 가지 사항을 주지시키고자 하는 바요. 여러분이 그것을 잘 기억한다면 훨씬 강인해진 태도로 전투에 임할 수 있을 것이오. **14** 지금까지 여러분은 적들보다 훨씬 우수한 전투 훈련을 받았소. 또한 여러분은 적들보다 더 오랫동안 같은 장소에서 함께 살면서 기량을 연마했으며, 함께 승리를 거둔 적이 있었소. 반면 적들은 대부분 패배의 쓴잔만 맛보았던 자들이오. 하지만 적들이나 우리나 일부 병력은 전투에 참가한 적이 없소. 적들은 자기 편에 배반자가 있다는 것을 알고 있소. 반면 우리 내부 병력은 기꺼이 동료들과 어깨를 나란히 하여 전투에 참가하고 있소. **15** 서로 믿는 병사들은 당연히 한마음으로 굳게 뭉쳐 싸우지만, 서로 불신하는 병사들은 각자 흉계만 품은 채 언제라도 전장에서 빠져 달아나려고만 하기 마련이오.

16 그러므로 나의 병사들이여, 한마음으로 적에 맞서 싸웁시다. 치열한 육박전을 벌입시다. 적의 비무장 전차를 우리의 무장한 전차로 들이받고, 적의 비무장 기병부대를 무장한 우리 기병부대로 쳐부숩시다. **17** 여러분과 싸울 적의 보병은 모두 전에 싸워봤던 자들이오. 이집트군만 상대해보지 못했는데, 그들은 무장도 대열도 엉망인 오합지졸이오. 그들은 커다란 방패로 몸을 가리고 있어 앞을 잘 볼 수 없고, 1백 열이나 늘어서 있기 때문에 자기들끼리 방해가 되어 일부 병력 이외에는 제대로 싸우지 못할 것이 분명하오. **18** 그럼에도 만약 적들이 돌진해서 우리에게 맞설 수 있다고 믿는다면, 그들은 우선 우리의 말이 이끄는 강력한 강철 무기의 세례를 받아내야 할 것이오. 설사 일부 적들이 남아 있다 해도 기병들과 밀집보병들과 탑들이 한꺼번에 퍼붓는 공격을 그들이 어떻게 견뎌내겠소? 그래도 버틴다면 우리 탑에 있는 이들이 우리를 도울 것이며, 우리의 탑에서 쏟아지는 돌멩이질이 적들을 싸우기보다 산산이 흩어져 달아나기에 바쁘도록 만들 것이오.

19 신의 도움으로 우리에게는 아무것도 부족한 게 없지만, 아직도 우리에게 더 필요한 것이 있다고 생각하는 사람은 이 자리에서 말해보시오. 누구든 할 말이 있으면 서슴없이 말하시오. 없다면 이제 제사를 지낸 곳으로 가서 신에게 기도한 다음 각자 자신의 위치로 돌아가시오. **20** 지금 내가 말한 내용을 여러분 각자의 병사들에게 전하시오. 그리고 여러분이 지휘하는 병사들에게 여러분은 두려움 없는 자세와 태도, 언행을 보여줌으로써 여러분이 지휘할 만한 능력이 있음을 입증하시오."

제7권 대전투
사르디스[1]와 바빌론의 함락

I

1 그들은 신에게 기도를 올리고 각자 자신의 위치로 돌아갔다. 키루스와 그의 참모들이 제사에 전념하는 동안 시종들은 그들에게 고기와 마실 것을 가져다주었다. 키루스는 계속 선 자세로 먼저 신에게 음식의 일부를 바친 다음 아침식사를 시작했다. 그러면서도 그는 음식이 필요한 사람이 있으면 연신 음식을 떼어주기에 바빴다. 그리고 그는 제주를 따르고 기도를 드린 다음 자신도 마셨다. 그의 참모들도 그와 똑같이 했다. 그 뒤 키루스는 제우스 신에게 자신들의 안내자이자 조력자가 되어달라고 기도한 다음 말에 올라서 참모들에게도 똑같이 하라고 명했다. **2** 키루스의 참모들은 모두 키루스와 똑같은 갑

---

1) 현재의 사르트(Sart)로 고대 리디아의 수도였다. 트몰루스(Tmolus)산 기슭에서 갈라져나온 계곡에 자리 잡고 있으며, 헤르무스강 유역의 중앙평원이 내려다보이는 전략적 요충지였다. 에게해에서 아나톨리아 분지로 가는 길을 통제할 수 있는 좋은 위치에 있었고, 비옥한 충적토 평야가 있어서 일찍부터 번성했다. 기원후 17년 지진으로 파괴되었으나 재건되어 비잔틴 시대에 이르기까지 아나톨리아 지역의 대도시 가운데 하나였다—옮긴이.

옷을 입었다. 자주색 튜닉, 청동 갑옷, 청동 투구와 흰 투구 장식, 칼도 똑같았고, 각자 산딸나무로 자루를 만든 창을 하나씩 들었다. 그들의 말은 청동으로 된 이마 보호대, 가슴 보호대, 다리 보호대로 무장했다. 키루스의 무기는 한 가지 점에서 다른 사람들의 무기와 달랐다. 부하들의 무기는 흔한 금색으로 도금되어 있는 데 반해 키루스의 무기는 거울처럼 반짝였다.

3 키루스가 말 위에서 어느 쪽으로 가야 할지 살피고 있을 때 오른편에서 갑자기 천둥소리가 들렸다. "전능하신 제우스여, 우리는 그쪽으로 가겠습니다." 그는 이렇게 소리치며 걸음을 옮기기 시작했다. 말의 관리자인 크리산타스가 그의 뒤를 따랐고 오른쪽에는 기병부대가, 왼쪽에는 아르사마스와 보병부대가 따랐다. 4 키루스는 군기(軍旗)를 조심하고 일정한 보폭으로 전진하라고 명했다. 당시 그의 군기는 황금색 독수리가 날개를 활짝 펴고 길다란 장대 위에 올라 있는 모습이었다. 이것은 오늘날까지도 페르시아 왕의 군기로 사용되고 있다.

적이 보이는 지점까지 행군하는 동안 키루스는 군대를 세 차례나 멈추게 했다. 5 그러나 그들이 20스타디아가량 전진했을 때 그들을 상대하기 위해 다가오는 적의 모습이 시야에 들어왔다. 적군이 모두 모습을 드러내고 페르시아군의 양 측면으로 깊숙이 들어갔을 때 크로이소스는 중앙에 멈춰 서서—그렇지 않으면 사방의 작전을 지휘할 수 없기 때문이다—좌우익에 명해 페르시아군을 포위하도록 했다. 그의 군대는 대문자 감마 모양[2]을 형성하면서 다가와 3면에서 동시에 공격하려 했다. 6 그러나 키루스는 적의 이러한 동태를 지켜보면서도 후퇴하기는커녕 전진을 계속했다.

---

2) 이런 모양을 말한다. ⌐ ¬

"크리산타스, 좌우익이 이동하면서 중앙과 각도가 크게 벌어지는 것이 보이는가?" 키루스는 이렇게 말하며 멀리서 적진을 지켜보았다. 적은 중앙 열은 그대로 두고 양측에서 좌우익이 방향을 꺾으면서 측면으로 크게 우회하고 있었다.

크리산타스가 대답했다. "보입니다. 저도 놀랐습니다. 중앙에서 좌우익이 저렇게 멀리 떨어지다뇨."

"그렇지. 그리고 우리에게서도 멀지."

7 "저렇게 하는 이유는 뭘까요?"

"중앙은 아직 우리에게서 멀리 떨어져 있는데 좌우익이 우리에게 너무 가까이 다가오는 것을 두려워하는 것이지. 우리는 그들에게 근접할 것이네."

"그렇다면 저렇게 서로 멀리 떨어져 있는데 어떻게 한 부대가 다른 부대를 지원할 수 있을까요?"

"현재 종렬로 전진하고 있는 좌우익이 우리 군대의 양 측면으로 파고들면 곧바로 적군은 전선을 형성하고 우리를 향해 3면에서 한꺼번에 공격해오겠지. 사방에서 동시에 공격하는 게 적의 의도라네."

8 "그럼 폐하께서는 저들의 계획이 좋다고 생각하십니까?"

"그들의 눈에 보이는 상황에는 어울리는 전법이지. 그러나 그들의 눈에 보이지 않은 상황을 감안하면 저것은 종렬로 오는 것보다 더 나쁘네." 이렇게 대답하고 키루스는 아르사마스에게 고개를 돌렸다. "아르사마스, 자네는 보병들을 거느리고 내가 이동하는 것처럼 천천히 이동하게. 그리고 크리산타스, 자네는 기병들을 거느리고 아르사마스와 보조를 맞추어 따라오게. 나는 전투를 개시하기에 가장 좋다고 생각하는 지점으로 갈 걸세. 나는 이동하면서 모든 것이 우리에게 어떻게 유리한지 살펴보겠네. **9** 내가 그곳에 도착한 뒤 우리가 가까이 모이게 되면 나는 즉시 승리의 찬가를 부를 테니 그때부터 그대들은 적을 압박하게. 적이 있는 곳에 가까이 다가가면 적이 어디에 있는지 쉽게 알 수 있을 걸세. 거기는 쥐 죽은 듯 조용할 테니 말이야. 그와 동시에 미리 지시해둔 대로 아브라다타스가 전차부대를 이끌고 적진을 공격할 걸세. 자네들은 그의 뒤를 따르면서 최대한 전차들의 바로 뒤에 달라붙게. 그래야만 적을 쉽게 혼동에 빠뜨리고 무너뜨릴 수 있네. 나도 가급적 빨리 그곳으로 가서 추격에 합류하겠네."

10 말을 마친 뒤 키루스는 암호를 '우리의 구세주이자 안내자인 제우스'로 정하고 출발했다. 전차부대와 중무장한 보병부대 사이를 지나면서 그는 병사들에게 이렇게 말했다. "친구들이여, 그대들의 얼굴을 바라보기만 해도 즐거운 기분이오." 조금 더 가서는 이렇게 말하기도 했다. "나는 그대들이 분명히 기억하리라고 믿소. 이 전투는 오늘의 승리만이 아니라 장차 우리가 거둘 모든 승리의 밑거름이 된다는 것을 말이오." **11** 또 다른 곳을 지나면서 그는 다시 말했다. "여러분, 앞으로 영원토록 우리는 신을 비난하지 못하게 될 것이오. 신은 우리에게 많은 축복을 얻을 기회를 주셨으니까 말이오. 그러니 우리 스스로 용맹스러운 병사들임을 보여줍시다." **12** 계속해서 다른 병사들을 지나치면서 그는 또 이렇게 말했다. "지금 이 잔치보다 더 많은 손님이 초청된 성대한 공동 축제[3]가 또 어디 있겠소? 우리 용감한 사나이들이 모두 서로의 이익을 위해 좋은 것들을 많이 내놓고 있으니 말이오." **13** 다른 곳에서 그는 이렇게 말하기도 했다. "병사 여러분, 적을 추격하고 적과 싸워 죽음을 안기는 것, 약탈, 명성, 자유, 권력, 이 모든 것은 승자가 누리는 권리요. 물론 비겁한 자는 그 반대를 얻게 될 거요. 그러므로 누구든 자신을 사랑하는 사람이라면 나와

---

3) '공동 축제,' 즉 그리스어 'ἔρανος'는 참가자들 모두 각자의 음식을 준비하는 피크닉 같은 축제를 말한다. 또한 모든 '참가자들이 공동의 대의에 동조하는 모임'을 가리키기도 한다.

함께 용감히 싸웁시다. 나는 결코 비열하고 비겁한 행동을 하지 않을 것이외다." **14** 휘하의 병사들을 지나칠 때마다 그는 이렇게 말하는 것을 잊지 않았다. "무슨 말이 필요하겠소, 여러분? 용감한 자는 전투를 즐기고 비겁한 자는 전투를 두려워한다는 걸 누구보다도 잘 아는 여러분이 아니오?"

15 그리고 키루스는 아브라다타스에게 가서 말을 멈추었다. 아브라다타스는 쥐고 있던 고삐를 시종에게 넘기고 키루스에게 다가왔다. 주변에 있던 보병과 전차부대의 병사들도 가까이 달려왔다. 키루스는 모여든 병사들에게 이렇게 말했다. "아브라다타스, 신께서는 그대와 그대의 병사들이 동맹군의 제1선을 맡아야 한다는 그대의 요청을 수락하셨소. 하지만 이 점을 분명히 기억하시오. 이제 그대가 전투에 뛰어들면 페르시아군은 그대의 활약을 지켜보기만 하는 게 아니라 그 뒤를 따라갈 것이오. 그대는 결코 아무런 도움 없이 전투를 치르게 되지 않을 것이외다."

16 "제가 보기에 우리 군대의 상태가 좋습니다. 하지만 측면이 걱정되는군요. 적의 좌우익은 전차와 각종 부대들이 있어 강하지만, 중앙에는 전차들만 제외하면 우리에게 거추장스러운 것은 더 이상 없습니다. 그러므로 제비뽑기로 결정한 게 아니라면 저는 이곳을 맡게 된 것을 수치스럽게 여길 뻔했습니다. 여기가 가장 안전한 위치라고 생각되니 말입니다."

17 "좋소. 그대의 군대가 괜찮다면 다른 군대도 걱정하지 마시오. 신의 도움으로 나는 그대를 위해 적의 측면 부대들을 소탕할 테니 말이오. 부탁하건대 그대가 지금 걱정하는 적군이 도망치기 전까지는 맞은편 적군에게 지나치게 덤벼들지 마시오." 키루스는 전투에 임박해서야 비로소 호언장담을 했다. 그전까지는 결코 그런 적이 없었다. "하지만 적군이 도망치는 것을 보면 그대는 내가 가까이 있다는 것

을 믿고 도망치는 적들을 공격하시오. 그 순간 그대는 적들이 비겁하고 그대의 부하들이 용감하다는 것을 알게 될 것이오.

18 그러나 아브라다타스, 그대는 지금 시간이 있을 때 그대의 전차부대로 가서 병사들에게 공격 방침을 하달하는 한편 그대의 기백으로써 그들을 격려하고 희망에 부풀게 하시오. 나아가 병사들에게 그대와 그대의 부대가 최고의 전차부대임을 입증해 보이자는 경쟁심을 불어넣으시오. 확실히 말하건대 오늘 우리가 승리하면 미래에는 모두들 용기보다 더 큰 이득을 가져다주는 것은 아무것도 없다고 말하게 될 것이오."

키루스의 명에 따라 아브라다타스는 말에 올라 자기 병사들에게 갔다.

19 그다음에 키루스는 히스타스파스와 페르시아 기병부대의 절반이 있는 좌익으로 갔다. 그는 히스타스파스를 불러 이렇게 말했다. "히스타스파스, 이제부터 자네의 속력을 좀 보여주게. 적이 우리를 죽이기 전에 우리가 적을 죽인다면 우리는 아무도 죽지 않을 것이네."

20 히스타스파스는 크게 웃으며 대답했다. "그러죠. 우리는 앞쪽의 맞은편을 맡겠습니다. 측면의 적은 다른 부대에게 맡기세요. 다른 부대들도 할 일이 있어야 할 테니 말이죠."

"내가 직접 그들에게 가겠네. 하지만 이 점을 명심하게, 히스타스파스. 설사 신이 우리 중 누구에게 승리를 주신다 해도 그 뒤에 적군이 조금이라도 남아 있다면, 우리는 모두 전투를 계속해야 한다는 것을 말일세."

21 말을 마치고 키루스는 출발했다. 측면으로 간 그는 그곳 전차부대의 지휘관에게 말했다. "나는 그대를 도와주러 왔소. 우리가 적의 측면 중에서 맨 앞부분을 공격하면 그대도 똑같이 적진을 뚫고 나아

가시오. 적진 속에 갇혀 있는 것보다 적진을 뚫고 나가는 게 훨씬 안전하기 때문이오."

22 계속해서 키루스는 여자들이 탄 수레 뒤로 다가갔다. 그는 그곳에서 각각 보병과 기병 연대를 이끌고 있는 아르타게르세스와 파르누쿠스에게 거기에 머물도록 명령하고 이렇게 말했다. "내가 우익 앞쪽의 적을 공격하는 것을 보면, 그대들도 앞쪽의 적을 공격하시오. 그대들이 가장 강력한 힘을 발휘할 수 있는 포진인 밀집보병대를 이루어 적의 가장 취약한 곳인 측면을 공격하시오. 적의 기병부대는 아주 멀리 있으니까 온갖 수단을 다해서 낙타부대로 적과 싸우시오. 틀림없이 전투를 시작하기도 전에 적은 곤경에 빠져 꼼짝도 하지 못할 거요."

23 키루스는 이렇게 부대 순방을 마치고 나서 우익 쪽으로 갔다. 크로이소스는 자신이 직접 지휘를 맡은 중앙이 적진에 가까워졌고 좌우익은 그보다 한참 앞서 나가 있다는 것을 깨닫고, 좌우익에 더 이상 전진하지 말고 멈추라고 지시했다. 좌우익이 전진을 중단하고 키루스의 군대와 맞섰을 때 크로이소스는 적을 향해 진군하라는 신호를 내렸다. 24 이렇게 해서 세 보병부대가 전면과 좌우익에서 키루스의 군대를 향해 진군했다. 그에 따라 커다란 공포가 키루스의 군대를 휩쓸었다. 큰 타일 속에 작은 타일이 들어 있는 것처럼[4] 키루스의 군대는 후방을 제외한 모든 면에서 적의 기병과 중장보병, 궁수와 창병, 전차 들에게 포위되었다. 25 그러나 키루스가 명령을 내리자 병사들은 모두 적을 향해 섰다. 앞으로 벌어질 사태를 걱정하느라 병사들의 표정은 굳게 긴장되어 있었다. 그때, 바로 지금이 알맞은 시

---

4) 크세노폰의 비유는 그 시대의 신전 지붕을 장식한 대리석 타일들을 보면 확실히 알 수 있다. 그 모양은 이렇다.

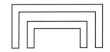

기라고 판단한 키루스가 승리의 찬가를 부르자 전군이 그 노래를 따라 불렀다. **26** 노래가 끝나자 병사들은 에니알리우스(Enyalius)[5]에게 전투의 함성을 질렀고, 그 순간 키루스는 돌격 명령을 내렸다. 그는 곧장 기병부대를 이끌고 적의 측면으로 쳐들어가서 적병들과 육박전을 벌였다. 보병들이 재빠르게 (질서정연하게) 이동하여 그를 뒤따라와서 이쪽 방면의 적을 에워싸기 시작했다. 키루스의 밀집보병대가 적의 측면을 깨뜨리자 적은 순식간에 크게 불리해졌다. 결국 적은 쏜살같이 도망쳤다.

27 아르타게르세스는 키루스가 행동하는 것을 보자마자 그가 지시한 대로 낙타들을 앞세우고 적의 왼편을 공략했다. 낙타들이 아직 멀리 떨어져 있는데도 적의 말은 낙타를 보고 겁을 집어먹었다. 그래서 일부 말은 놀라 달아나기도 했고 또 어떤 말은 앞다리를 치켜들기도 했으며, 나머지도 서로 얽혀 날뛰었다. 낙타를 본 말들이 으레 보이는 현상이었다. **28** 아르타게르세스는 질서정연한 자기 부하들과 함께 혼란에 빠진 적들을 공격했다. 그 순간 전차들도 적진의 오른쪽과 왼쪽을 동시에 파고들었다. 전차를 피해 달아나는 적병들은 측면을 공격하던 기병부대에게 살해되었으며, 기병부대를 피해 달아난 적병들은 다시 전차에게 걸려들었다.

29 아브라다타스도 때를 맞추어 뛰어들며 소리쳤다. "친구들이여, 나를 따르라." 그는 가차 없이 말을 몰아 앞으로 내달르며 채찍을 휘두를 때마다 연신 피를 뿌렸다. 나머지 전차 마부들도 그와 함께 앞으로 내달렸다. 적의 전차들은 앞다투어 달아나느라 바빴다. 적들은 달아나면서 어떤 이는 말에서 떨어진 동료들을 데리고 가기도 하고, 다른 이는 내버려두기도 했다.

---

5) 전쟁의 신으로, 아레스의 별칭이다—옮긴이.

30 그러나 아브라다타스는 적진을 곧장 관통하여 이집트 밀집보병을 공격했다. 그와 함께 대열을 갖추고 있던 사람들 중에 가장 가까이 있던 이들도 참여했다. 지금까지 증명된 여러 경우에 따르면, 서로 가까운 친구들로 이루어진 밀집보병대만큼 강한 부대는 없다. 이 경우에도 그것은 역시 사실임이 입증되었다. 아브라다타스의 밀집보병대는 서로 식사를 같이하는 친구들이었기에 아브라다타스와 함께 용감하게 적을 공격할 수 있었던 반면 나머지 전차부대원들은 수많은 이집트군이 그들을 가로막고 있는 것을 보자 옆으로 돌아 달아나는 전차를 추격했다. **31** 그러나 아브라다타스와 그의 동료들이 공격하는 곳에서 이집트군은 양측의 병력이 워낙 강한 탓에 좀처럼 활로를 뚫지 못했다. 그 결과 서 있는 적병들은 맹렬하게 돌진하는 전차에 치여 쓰러졌고, 쓰러진 자들은 말발굽과 전차 바퀴에 깔려 뭉개졌다. 게다가 전차에 달린 낫에 베이면 무기든 사람이든 모조리 산산이 부서졌다.

32 이 엄청난 혼란 속에서, 땅바닥에 온갖 잡동사니들이 산처럼 쌓여 있는 탓으로 전차 바퀴들이 축에서 떨어져버리자 아브라다타스와 그의 지휘하에 공격을 감행한 병사들은 그만 바닥에 넘어졌다. 용맹스런 사나이라는 것을 여실히 입증한 그들은 무참히 살해당했다.

그때 아브라다타스 부대에 뒤이어 전투 현장에 도착한 페르시아군은 혼란에 빠진 적군을 무자비하게 도륙했다. 그러나 이집트군은 워낙 수가 많았기에 여전히 건재했다. 이윽고 그들은 페르시아군을 향해 전진했다. **33** 곧이어 창과 칼이 난무하는 무시무시한 전투를 전개했다. 하지만 이집트군은 수에서나 무기에서나 유리한 처지였다. 이집트인이 사용하는 창은 오늘날도 그렇지만 길고 튼튼했으며, 큰 방패는 갑옷보다 더 효과적으로 몸을 보호해주고 어깨를 맞대고 있을 때는 상대방을 밀치는 데도 도움이 되었다. 과연 이집트군은 방패를 서로 걸고 전진하며 밀쳐왔다. **34** 페르시아군은 작은 방패를 손에 꽉 움켜쥐고 대항해야 했으므로 방어선을 유지하지 못하고 뒤로 한 걸음씩 밀려나며 적과 육탄전을 벌였다. 그들은 이윽고 이동용 탑의 덮개 아래까지 밀려났다. 그들이 그 지점에 이르렀을 때 이집트군은 거꾸로 탑에서 일제 사격을 받았다. 게다가 맨 후위의 병사들은 궁수나 창병의 후퇴를 전혀 허락하지 않았으므로 그들은 칼을 빼어 들이대어 그들로 하여금 적에게 쏘고 던지게 하였다. **35** 곧이어 끔찍한 살육이 벌어졌다. 온갖 무기와 돌맹이들이 날아가는 섬뜩한 소리와 엄청난 함성 속에서 병사들은 도움을 받으려고 서로를 불렀으며 서로 격려하면서 신에게 호소했다.

36 그 무렵 키루스는 그를 가로막았던 적군을 추격하기 시작했다. 페르시아군이 제 위치에서 뒤로 밀려나는 것을 보았을 때 그는 비탄에 잠겼다. 그러나 적의 전진을 신속하게 차단하려면 그들의 배후를 치는 방법밖에 없다고 판단한 그는 병사들에게 자신을 따르라고 명하고 적의 후위로 돌아갔다. 거기서 그는 다른 쪽을 보고 있는 적을 덮쳐서 많은 적병들을 죽였다. **37** 사태를 깨달은 이집트 병사들은 뒤에도 적이 있다고 외치면서 한가운데서 치열한 접전을 벌였다. 이렇게 양측은 말을 타거나 발로 뛰어다니며 난전을 전개했다. 그때 키루스의 말발굽 아래 깔린 어떤 병사가 칼로 말의 배를 찔렀다. 상처를 입은 말이 몸부림치는 바람에 키루스는 말에서 떨어졌다. **38** 지휘관이 자신의 병사들에게서 사랑받는 것이 얼마나 중요한 일인지는 바로 그런 때 알 수 있는 법이다. 그것을 본 페르시아 병사들은 즉각 함성을 내지르며 앞으로 달려와 밀고 밀리며 격렬한 육박전을 벌였다. 그 틈을 타서 키루스의 부하 한 명이 말에서 내려 키루스를 자기 말에 오르게 했다. **39** 다시 말에 오른 키루스는 이집트군이 사방에서 공격당하는 모습을 보았다. 히스타스파스와 크리산타스도 페르시아

기병부대를 거느리고 왔다. 그러나 키루스는 아직 그들이 이집트 밀집보병부대와 전투하는 것을 허락하지 않고 멀리서 화살을 쏘고 돌멩이를 던지라고만 명했다.

곧이어 키루스는 말을 타고 돌아가서 공성기들이 있는 곳으로 갔다. 탑들 중 하나에 직접 올라 어느 곳에서 적군이 아직 저항하고 있는지 살펴볼 참이었다. **40** 탑에 올라갔을 때 그의 시야에는 말과 사람과 전차들이 온통 어울려 싸우는 전장이 한눈에 들어왔다. 도망가는 자도 있었고, 추격하는 자도 있었으며, 승리한 자가 있는가 하면 패배한 자도 있었다. 그러나 어느 곳에서도 여전히 버티고 있는 부대는 없었고 오로지 이집트군 하나만 저항하고 있었다. 그들은 절망적인 상태에서도 굴하지 않고 완전한 원 모양을 한 채 방패 뒤에 몸을 웅크려 방어하고 있었으므로 밖에서는 그들의 무기만 보였다. 그러나 그들은 이제 더 이상 전과를 올리지 못하고 점점 큰 손실을 입고 있었다.

41 이집트 병사들의 행동에 감동받은 키루스는 그와 같은 용감한 사나이들이 희생되어야 한다는 사실을 안타깝게 여기고, 군사를 뒤로 물려 싸움을 중단하게 했다. 그런 다음 그는 전령을 이집트군 측에 보내 그들을 배신하고 도망친 자들을 위해 싸우다 죽고 싶은지, 아니면 목숨도 건지고 용감한 사나이로 대우받고 싶은지 물었다.

그들은 이렇게 되물었다. "어떻게 하면 목숨도 건지고 용감한 사나이로 대우도 받을 수 있겠소?"

42 키루스가 대답했다. "그대들은 마땅히 그럴 수 있다. 그대들만이 물러서지 않고 용감하게 싸웠다는 사실을 우리 모두 목격했기 때문이다."

"그렇다면 우리가 명예와 삶을 모순 없이 둘 다 얻을 수 있는 방법은 무엇이오?"

"무기를 버리고 항복하면 된다. 우리는 그대들을 파멸시킬 힘이 있지만 그대들을 구하는 친구가 되기로 결정했다."

43 그 이야기를 듣고 그들은 또 이렇게 물었다. "우리가 당신들의 친구가 되면 당신은 우리를 어떻게 할 참이오?"

"나는 그대들에게 호의를 베풀고 그대들에게도 호의를 요구하겠다."

"어떤 호의를 말하는 거요?"

"전쟁이 지속되는 한 나는 그대들에게 지금까지 받았던 것보다 더 많은 보수를 주겠다. 전쟁이 끝나면 그대들 중 나와 함께 있으려는 자에게는 토지와 도시와 아내와 하인을 주겠다."

44 이런 말을 듣자 이집트군은 크로이소스와 싸우는 것만은 면제해달라고 애걸했다. 크로이소스와 친하기 때문이라는 게 이유였다. 그외의 다른 약정은 모두 받아들이고 충성의 서약도 받아들이겠다고 했다.

45 이리하여 그 지역에 머물게 된 이집트군은 오늘날까지도 왕에게 충성스런 신민으로 남아 있다. 키루스는 그들에게 안쪽의 도시들도 내주었는데, 그것들은 지금도 이집트 도시라고 부르며, 그밖에 해변의 키메(Cyme)[6] 근처에 있는 라리사(Larissa)와 킬레네(Cyllene)도 이집트 도시들이다. 또한 그들의 후손들은 지금도 그곳에 살고 있다.

이집트군의 회유 작업을 다 마쳤을 때는 이미 날이 저문 뒤였다. 키루스는 군대를 돌려 툼브라라에 진지를 차렸다.

46 이집트군은 적들 가운데 유일하게 전투에서 두각을 나타낸 군대였지만, 키루스가 이끄는 페르시아 기병부대도 누구보다 효과적으로 싸웠다. 그래서 키루스가 자신의 기병부대에 제공한 장비는 지

---

6) 미시아 해변에 있는 아이올리스인들의 도시다─옮긴이.

금 우리 시대에도 계속 사용하고 있다.

47 낫이 달린 전차도 역시 독특한 발상이었으므로 이 장비도 후대의 왕들이 오늘날까지 사용하고 있다.

48 하지만 낙타는 적의 말을 놀라게 하는 것 이외에는 쓸모가 없었다. 낙타를 탄 병사는 적을 죽일 수도 없었고 적의 기병에게 죽음을 당하지도 않았다. 적의 말이 낙타를 탄 병사에게 가까이 다가갈 수 없었기 때문이다. **49** 낙타가 나름대로 유용한 것은 사실이지만, 아무리 그렇다 해도 무릇 신사라면 누구나 낙타를 타려 하지 않았고 전투에 사용하고 싶어하지도 않았다. 그래서 낙타는 다시 고유의 역할로 되돌아가서 지금은 짐을 싣는 짐승으로 이용되고 있다.

II

1 키루스와 그의 군대는 저녁식사를 마친 다음 방어 태세를 갖추고 휴식에 들어갔다. 한편 크로이소스와 그의 군대는 사르디스 방면으로 곧장 도피했지만, 다른 부대들은 뿔뿔이 흩어져 각자 야음을 틈타 자기 고향으로 돌아갔다.

2 날이 밝자 키루스는 군대를 이끌고 곧장 사르디스로 향했다. 도시 성벽에 이르자 그는 공성기를 세우고 공격 자세를 취하게 한 다음 성벽을 기어오를 사다리를 준비시켰다. **3** 그러나 이렇게 공성 준비를 하면서도 밤이 되자 그는 칼데아인과 페르시아인 몇 명을 시켜 사르디스의 성벽 중에서 가장 가파르게 보이는 부분을 기어오르게 했다. 길 안내를 맡은 자는 페르시아인으로서 한때 아크로폴리스를 경비하던 어느 병사의 노예였는데, 그는 강으로 내려갔다 올라오는 길을 알고 있었다.

4 성채가 점령되었다는 것을 깨닫자 리디아인은 즉각 성을 벗어나

도시 곳곳으로 달아났다. 키루스는 새벽에 도시에 입성하여 어떤 병사도 자리에서 이탈하지 말라는 명을 내렸다. 5 크로이소스는 자기 궁전에 틀어박혀 키루스를 불렀다. 그러나 키루스는 경비병을 남겨 두어 크로이소스를 감시하라고 이르고는 군대를 자신이 장악한 성채로 물렸다. 왜냐하면 페르시아군은 명을 받은 대로 자리를 지키고 있었지만, 칼데아군이 자리를 이탈하여 도시 안으로 몰려 들어가서 집을 털며 약탈을 일삼았기 때문이었다. 키루스는 즉각 칼데아 지휘관들을 소집해서 신속히 자신의 군대를 떠나라고 명했다. 6 "나는 불복종 죄를 지은 군대가 다른 데보다 잘 되는 것을 볼 수 없소. 그대들에게 한 가지 분명히 일러두겠소. 지금까지 나의 원정에 도움을 주었던 당신네 칼데아인을 다른 모든 칼데아인의 눈에 선망의 대상이 되도록 만들 준비가 되어 있소. 하지만 그대들이 떠날 때 그대들보다 힘이 더 강한 군대에게 공격을 받는다 하더라도 놀랄 필요는 없을 것이오."

7 이 말을 듣자 칼데아인은 두려움에 몸을 떨었다. 그들은 키루스에게 분노를 거둬달라고 애걸하면서 약탈을 중지하겠다고 약속했다. 그러나 키루스는 그들의 요청을 들어주지 않았다. "그대들이 내 분노를 달래고 싶다면 지금까지 약탈한 것들을 성채의 경비를 게을리하지 않고 있는 사람들에게 바치시오. 명령에 복종하는 자가 그렇지 않은 자보다 더 큰 이득을 얻는다는 것을 나머지 병사들이 안다면 모든 것이 내가 원하는 대로 될 것이기 때문이오."

8 칼데아인은 키루스의 명을 따랐으며, 결국 복종하는 자가 온갖 종류의 전리품을 더 많이 얻을 수 있었다. 키루스는 자신의 병력을 도시 내에서 가장 편리하다고 생각하는 지점에 배치하고, 병사들에게 각자 자리를 지키면서 식사도 그곳에서 하도록 조치를 취했다.

9 이렇게 일을 처리한 다음 키루스는 크로이소스에게 자기 앞으

로 나오라고 명령했다. 크로이소스는 키루스를 보자 이렇게 말했다. "인사를 드리겠습니다, 폐하. 하늘의 운으로 지금 당신은 그 직함을 갖게 되었으니 앞으로는 제가 폐하라 부르고 그 직함으로 대하겠습니다."

10 "나도 당신을 그렇게 대하겠소, 크로이소스. 우리는 둘 다 사나이니까 말이오. 하지만 크로이소스, 내게 충고를 좀 해주시겠소?"

"그럼요, 키루스여. 폐하께 현실적으로 도움이 된다면 무슨 충고든지 드리겠습니다. 그래야만 제게도 좋을 것이라고 생각합니다."

11 "그렇다면 말하겠소, 크로이소스. 내 병사들은 그동안 많은 어려움과 위험을 겪은 끝에 지금 아시아에서 바빌론 다음으로 부유한 도시를 손에 넣었다고 생각하고 있소. 그들은 마땅히 그 대가를 받을 자격이 있소. 게다가 그들이 그동안 흘린 땀의 결실을 거두지 못한다면 나도 더 이상 그들의 복종을 계속 요구할 자신이 없구려. 하지만 나는 이 도시를 약탈만 하고 싶지는 않소. 약탈당한 다음에는 파괴될 게 뻔하니까 말이오. 나는 약탈이란 최악의 인간이 최대의 몫을 얻는 수단이라고 확신하오."

12 그의 이야기를 듣고 크로이소스가 말했다. "제가 리디아인을 만나 폐하에게서 약탈을 허용하지 않고 여자와 어린애를 빼앗지 못하게 하겠다는 약속을 얻어냈으며, 또한 그 대가로 리디아인이 자진하여 사르디스에서 값지고 가치 있는 모든 것을 폐하에게 바치겠다고 엄숙히 약속했다고 말할 수 있게 해주십시오. **13** 그들이 제 이야기를 들으면 틀림없이 누구나 자신이 가진 좋은 것들을 폐하께 바칠 것이라고 믿습니다. 또한 내년에도 이 도시에 오시면 폐하께서는 지금과 같이 많은 재산을 받으실 것입니다. 하지만 지금 이 도시를 완전히 약탈해버리면 여기서 생산되는 좋은 물건들이 영영 사라질 것입니다. **14** 사람들이 가져온 물건을 다 보시고 난 뒤에도 폐하께서는 이

도시를 약탈할 권리가 있습니다. 맨 먼저 저는 제 보물들을 바치겠습니다. 폐하의 병사들에게 명해서 보물창고를 지키는 제 병사들한테서 보물을 가져오도록 하십시오."

키루스는 크로이소스의 제안에 따르기로 결정했다.

15 "그런데 말이오, 크로이소스. 그대는 델포이(Delphoe)[7]의 신탁에서 어떤 응답을 들었소? 듣자니 그대는 아폴론 신을 극진히 대했고 그대가 하는 모든 일들은 아폴론 신에 대한 복종에서 행해졌다고 하더군."

16 "그렇습니다, 키루스. 하지만 저는 처음부터 아폴론이 충고한 것과는 늘 반대로 처신했습니다."

"어떻게 그럴 수 있었소? 말해주시오. 그대의 말은 아주 이상하게 들린다오."

17 "처음에 저는 신에게 어떤 은총을 빌기보다 신께서 과연 진실을 말해줄 수 있는지를 시험해봤죠. 신은 말할 것도 없겠지만 아무리 인간이라 해도 신사라면, 자신이 신뢰를 얻지 못한다는 것을 깨달을 때 자신을 불신하는 자들을 사랑하지 않습니다. **18** 저는 비록 델포이에서 멀리 있지만 아폴론 신은 제가 행한 많은 부조리들을 잘 알고 계실 터이므로 저는 제가 아들을 낳을 수 있을지 신에게 여쭈고자 사람을 보냈습니다. **19** 처음에 그는 제게 답변조차 주지 않았습니다. 그러나 제가 많은 금은을 보내고 많은 제물을 바치며 계속 그의 비위를 맞추니까 제가 아들을 낳기 위해 해야 할 바에 대해 답변했습니다. 그리고 제가 아들을 여럿 두게 된다고 말했습니다. **20** 실제로 저는 아들이 있으니까 이 점에 관한 한 그는 틀리지 않았죠. 그러나 제 아

---

7) 그리스 중부에 아폴론의 신전이 있는 곳. 고대 그리스인은 이곳이 세계의 중심이라고 여기고 신전을 설치했다—옮긴이.

들들은 제게 전혀 즐거움을 주지 못했습니다. 하나는 지금까지도 말을 하지 못하고, 둘 중 좀 나은 한 녀석은 한창 젊었을 때 죽었죠. 그 뒤 저는 아들들 때문에 크나큰 고통에 시달리다가 다시 신전에 사람을 보내서 아폴론 신에게 제가 여생을 행복하게 보낼 수 있을지를 물었습니다. 그랬더니 이렇게 대답하는 거였어요.

'너 자신을 알아라, 크로이소스. 그러면 그대는 행복하게 살 수 있으리라.'[8] **21** 그 대답을 듣고 저는 기뻤죠. 왜냐하면 신이 나에게 행복의 조건으로 제시한 것은 세상에서 가장 쉬운 일이라고 생각했기 때문이지요. 다른 경우라면 우리가 그 가운데 어떤 것은 알 수 있고 또 어떤 것은 모를 수 있지만, 그러나 자신이 누구이며 무엇인지는 어느 누구라도 잘 안다고 생각했기 때문입니다.

22 이후 몇 년 동안 평화롭게 살았으므로 저는 아들이 죽고 나서도 제 운명을 불평하지 않았습니다. 그런데 아시리아 왕의 설득에 넘어가 폐하와 전쟁을 벌이게 되었을 때 저는 온갖 종류의 위험에 처하게 된 거죠. 그래도 저는 아무런 해도 입지 않고 살아남았습니다. 그래서 지금도 저는 아폴론 신을 비난할 수 없습니다. 전투에서 제가 폐하의 상대가 될 수 없다는 것을 깨달았을 때 신의 도움으로 저와 제 군대는 안전할 수 있었으니까요.

23 그리고 최근에 또다시 문제가 터졌죠. 제가 지닌 재산과 제게 지휘자가 되어달라고 애걸한 자들 때문입니다. 그들은 제게 선물을 주면서 아첨했죠. 그들은 제가 지휘를 맡아주면 모두들 제게 복종할 것이며 저는 가장 위대한 인물이 될 거라고 알랑거렸어요. 주변의 모든 군주들이 저를 전쟁의 지도자로 추대하자 저는 지휘권을 받아들였고 나 자신이 최고의 위인인 것으로 생각했죠. 그러나 실은 제 자

---

8) 델포이 신전에 새겨진 유명한 글귀를 언급한다.

신을 몰랐던 거죠. **24** 저는 제가 폐하를 상대로 한 전쟁을 충분히 치를 능력이 있다고 생각했어요. 그러나 폐하의 상대가 되지 못했죠. 우선 폐하는 신의 혈통을 이어받은 데다가 면면한 왕들의 후손이고 어릴 적부터 덕을 쌓은 반면, 제 조상 중에 처음으로 왕관을 머리에 쓴 이는 왕인 동시에 자유민이라고 들었거든요.[9] 그러므로 내가 자신을 알지 못했으니 저는 응분의 대가를 받은 거죠.

25 하지만 키루스여, 이제 저는 제 자신을 압니다. 폐하는 제가 자신을 잘 알면 행복하게 살 거라는 아폴로의 예언이 지금도 옳았다고 생각하시죠? 이런 질문을 드리는 이유는 현재의 상황이라면 폐하께서 가장 잘 판단하시리라고 믿기 때문입니다. 폐하는 또한 그것을 결정할 수 있는 지위에 계시니까요."

26 그의 이야기를 듣고 키루스가 말했다. "그 문제에 관해 생각할 시간을 주시오, 크로이소스. 지금까지 당신이 누렸다는 행복을 들으니 안됐다는 마음을 금할 수 없구려. 이제 나는 그대에게 예전과 같은 아내, 딸(그대에게는 딸들도 있었다니 말이오), 친구, 하인, 그리고 함께 즐겁게 사용할 식탁을 되찾아주리다. 하지만 전쟁과 전투는 그대에게 금하는 바요."

27 "제우스 신의 이름으로 맹세하건대, 제 행복에 관해서는 굳이 걱정하지 않으셔도 됩니다. 지금도 폐하께서 약속하신 대로 해주시면 저는 다른 사람들이 최대의 축복이라고 여기는 생활을 앞으로도 계속 누릴 수 있을 테니까요. 누구나 말하는 그런 행복 말입니다."

28 "그러한 축복받은 삶을 누리는 자가 대체 누구요?"

"제 아내입니다, 키루스. 그녀는 제 재산과 사치품, 또 재산 때문에

---

9) 리디아의 양치기 왕인 기게스(Gyges)를 가리킨다. 기게스에 대해서는 헤로도토스의 『역사』에 상세한 이야기가 전한다.

주변의 부러움을 늘 저와 똑같이 나누고 있지만, 그에 따르는 불안이나 재산을 얻기 위한 전쟁은 함께 하지 않거든요. 그러므로 폐하께서는 지금 저를, 제가 이 세상에서 가장 사랑하는 제 아내에게해주었던 것과 똑같은 삶을 살 수 있도록 해주시는 겁니다. 그러니까 저는 아폴론 신께 새로운 감사를 드려야겠지요."

29 이야기를 들으면서 키루스는 크로이소스가 얼마나 양심적인 인물인지 깨닫게 되었다. 그래서 그는 이후 어디를 가든 크로이소스를 데리고 다녔다. 물론 그것은 크로이소스가 그에게 다소 도움이 되기도 했고 그와 함께 다니는 것이 안전하기 때문이기도 했다.

III

1 이런 대화를 나누고 그들은 휴식을 취하러 갔다. 그 이튿날 키루스는 친구들과 지휘관들을 불러모았다. 그는 그들 중 몇 명을 선정해서 어떤 이는 보물을 관장하게 하고, 다른 이는 크로이소스가 전한 가치 있는 것 중에서 수도승들이 지정하는 신을 위한 몫을 우선 고르도록 명령했다. 그런 다음 그들은 남은 물건들을 각자 담당하기로 하고 소중히 챙겨 자신들의 수레에 실었다. 그리고 수레들을 제비뽑기로 분담해서 각자 자신이 원하는 곳으로 옮겼다. 이윽고 보물을 분배할 시간이 되었다. 모두들 자신이 거둔 전과에 따라 배분받을 수 있었다. **2** 지휘관들은 키루스의 지침을 따랐다.

키루스는 측근 인물들을 불러 이렇게 말했다. "그대들 중 누가 아브라다타스를 본 적이 있는가? 전에는 우리에게 자주 오곤 했는데, 지금은 아무 데서도 보이지 않는군."

3 "폐하, 그는 죽었습니다. 전차를 몰고 이집트군과 싸우다가 전사했지요. 전하는 바로는 모두들 엄청난 수의 이집트 병력을 보고 옆으

로 비켜섰는데, 그와 그의 부대만 용감하게 돌진했다고 합니다. 4 그의 아내가 와서 남편의 시신을 매장했는데, 직접 수레를 몰고와서는 이 근처의 팍톨루스 강변 어딘가로 가져갔다고 합니다. 5 그를 모시던 환관과 하인들이 그의 시신을 묻기 위해 어떤 언덕에 무덤을 파고 있다고 합니다. 그러나 그의 아내는 남편의 무덤을 자신이 가져온 것들로 장식하고 현재 남편의 머리를 무릎에 안은 채 하염없이 앉아 있다고 합니다."

6 이 말을 듣자 키루스는 자신의 넓적다리를 철썩 때리고는 즉시 말에 올라 기병 연대를 거느리고 비탄의 현장으로 달려갔다. 7 그는 가다타스와 고브리아스에게 명해서 전사한, 사랑받던 용감한 사나이의 시신을 장식할 가장 아름다운 장신구들을 챙겨서 따라오라고 했다. 또한 그는 가축들을 담당하는 자에게 소와 말과 양을 그 언덕으로 데려오라고 명했다. 아브라다타스의 명예를 기리기 위해 제물로 바칠 생각이었다.

8 언덕에 앉은 부인과 그 곁의 시신을 보자 키루스는 전우를 잃은 슬픔에 눈물을 흘리면서 말했다. "오, 용감하고 신실한 사람이여, 그대는 우리를 남겨두고 이렇게 떠났단 말인가?" 그와 동시에 그는 죽은 사람의 손을 힘껏 움켜쥐었다. 그러자 그의 손이 손목에서 떨어져 키루스의 손아귀로 들어왔다. 이집트 병사의 칼에 손목이 잘려나갔던 것이다. 9 키루스는 그 모습에 더욱 감동했다. 아브라다타스의 아내는 큰 소리로 울면서도 키루스에게서 남편의 손을 받아들고 입을 맞추며 남편의 손목에 갖다 붙이려 애썼다. 10 "남편의 나머지 사지도 지금 보신 것과 같아요, 키루스. 그런데 왜 그것을 보셨나요? 저는 남편이 이런 고통을 당한 것에 대해 누구도 원망하지 않아요. 폐하도 마찬가지겠지요. 왜냐하면 남편에게 최선을 다해서 폐하의 귀중한 친구라는 점을 증명해 보이라고 촉구한 사람이 바로 저니까요. 남편

은 자신의 운명이 어떻게 될지 결코 몰랐을 테고 오로지 폐하를 기쁘게 한다는 것만 염두에 두었을 겁니다. 하지만 남편은 당당하게 전사한 데 비해 그를 사지로 몰아간 저는 이렇게 살아 있습니다!"

11 키루스는 한참 소리 없이 흐느껴 울다가 큰 소리로 말했다. "부인, 그는 참으로 아름다운 최후를 맞았소. 바로 승리의 순간에 전사했으니 말이오. 하지만 내가 주는 이 선물은 부인이 받으시오." 고브리아스와 가다타스가 아름다운 장신구들을 많이 가지고 이미 와 있었다. "그것들로 남편을 장식해주시오. 그런 다음에는 내가 여러 면에서 그의 명예를 지켜드리겠다고 약속하리다. 그를 위해 여러 사람이 추도비를 건립하고 그곳에서 제사를 올리는 것이 용감한 사나이에게 합당한 일일 것이오."

12 키루스는 계속 말했다. "그리고 부인은 선량하고 고귀한 마음씨 때문에 홀로 되었으니 부인에게도 역시 모든 영예를 드릴 것이오. 그 외에도 나는 부인이 어디를 가든 그림자처럼 호위할 사람을 붙여드리겠소. 부인은 그저 누가 필요한지 내게 말만 해주면 되오."

13 그러자 판테아가 대답했다. "아, 키루스여. 걱정하지 마세요. 저는 제가 누구에게 가고 싶은지 폐하께 결코 숨기지 않겠어요."

14 말을 마치고 떠나는 키루스의 가슴속은 그 여인에 대한 연민으로 가득했다. 그녀가 자랑스런 남편을 잃었다는 사실이, 그녀의 남편이 저렇듯 정성스런 아내를 두고 떠났다는 사실이 그의 가슴을 짓눌렀다. 그가 간 뒤 부인은 환관들에게 물러가 있으라고 했다. "내가 내 남편의 죽음을 마음껏 애통해할 때까지 가 있어라." 그러나 유모 한 사람만은 머물러 있으라고 명했다. 자신이 죽거든 자신과 남편을 같은 외투로 감싸달라는 것이었다. 그러자 유모는 제발 그러지 말라고 애원했다. 그녀는 탄원했지만 자신의 주인이 분노하는 것을 보고 자리에 주저앉아 울음을 터뜨렸다. 판테아는 이미 오래전부터 간직해

왔던 단검을 꺼내 자신의 가슴을 깊숙이 찔렀다. 그리고 머리를 남편의 가슴에 기대고 숨을 거두었다.

유모는 큰 소리로 울부짖으며 판테아가 지시한 대로 두 사람의 시신을 외투로 덮었다.

15 판테아가 죽었다는 소식을 전해들은 키루스는 당황해서 자신이 도움이 될 수 있을지 알아보기 위해 황급히 그곳으로 출발했다. 그러나 이미 그때는 세 명의 환관도 사태를 깨닫고, 판테아가 가 있으라고 명한 자리에서 단검으로 자신들의 목숨을 끊은 뒤였다.

(오늘날까지도 그 환관들의 추도비가 그 자리에 있다고 한다. 사람들의 말에 따르면 추도비에는 그 남편과 아내의 이름이 석판 위에 아시리아 문자로 새겨져 있고, 그 아래에는 '권표봉지자'〔權標捧持者, Mace-bearers〕10)라는 비문이 새겨진 세 개의 석판이 있다고 한다.)

16 비극의 현장으로 가까이 갔을 때 키루스는 판테아가 죽은 것을 보고 매우 슬퍼했다. 나중에 그는 죽은 사람들이 모두 마땅한 명예를 누릴 수 있도록 조치하고 그들을 기리는 추도비를 세웠는데, 전하는 바에 따르면 그 비석은 엄청나게 컸다고 한다.

IV

1 그 뒤 카리아인은 두 세력으로 갈라져 내전을 벌이기 시작했다.

---

10) 공직의 '권표(지팡이)'를 들고 있는 궁정관리라는 말. 이에 관해서는 제8권, I, 38과 제8권, III, 15에도 언급한다.
고대에는 지팡이나 막대기가 원래 왕권이나 관직의 권리를 상징하는 의미로 사용되었다. 메소포타미아나 로마 등에서 이미 널리 행해지던 관습이다. 로마에서는 콘술을 호위하는 릭토르들이 파스케스를 들고 있었는데, 파스케스는 도끼날을 삐죽 나오도록 묶은 막대기들이었다―옮긴이.

그들은 각자 요새에 버티고서 양측 모두 키루스에게 도움을 청했다. 그래서 키루스는 사르디스에 머물면서 복종을 거부하는 세력의 성을 무너뜨릴 공성기와 파성퇴(破城槌)를 제작했다. 그는 아두시우스 (Adusius)라는 페르시아인에게 한 부대를 맡겨 카리아로 보냈는데, 그는 전반적으로 판단력이 뛰어나고 전쟁 경험도 풍부한 인물인 데다가 상당히 예의바른 신사였다. 킬리키아군과 키프로스군도 충심으로 이 원정에 참여했다. 2 킬리키아와 키프로스는 키루스에게 충성을 보였으므로 키루스는 그 지역에 페르시아 총독을 보내지 않았으며, 현지인 군주들에게 늘 만족했다. 하지만 키루스는 그들에게서 공물을 받았으며 병력이 필요할 때에는 언제든지 그들에게 요청했다.

3 아두시우스가 군대를 거느리고 카리아로 출발하자 카리아의 두 세력은 그에게 사절단을 보내 서로 자기 측의 성으로 그를 맞아들이기 위해 다투었다. 그러나 아두시우스는 양측을 똑같이 대했다. 어느 측과 이야기하든 그는 그들이 더 옳다고 말했지만, 각자 그와 친구가 되었다는 사실을 상대방에게 알리지 않고 아두시우스가 불시에 상대방을 공격하리라고 주장했다. 아두시우스는 카리아인에게 키루스와 페르시아에 대한 충성의 서약을 요구하면서 배신하지 말고 자신을 맞을 것을 맹세하라고 했다. 또한 그도 자신을 인정하는 세력을 위해 그들의 성으로 들어가면서 배신하지 않겠노라고 서약했다. 4 그렇게 한 다음 그는 같은 날 밤에 양측과 동시에 약속을 정했다. 물론 양측은 상대방의 약속을 알지 못하는 상태였다. 그리고 그날 밤 그는 두 성으로 쳐들어가 양측의 근거지를 모두 점령했다. 동이 트자 그는 군대를 거느리고 양측의 한가운데로 나아가 양측의 지도자들을 불렀다. 양측은 모두 속았다는 생각에 분개했다. 5 그러나 아두시우스는 그들에게 이렇게 말했다.

"신사분들, 나는 여러분에게 나를 맞는 측의 이익을 배신하지 않고 여러분의 성으로 들어가겠다고 서약했소. 그러므로 내가 만약 어느 한쪽을 공격한다면, 나는 카리아인에게 손해를 끼친 셈이 되오. 그 반면 내가 여러분의 평화와 모두가 평화로이 밭을 갈 수 있도록 안전을 되찾아준다면, 나는 여러분의 이익을 지켜준 셈이 되오. 따라서 오늘부터 여러분은 친구처럼 살도록 하시오. 서로에 대한 두려움 없이 땅을 갈고, 여러분의 자식들이 서로 스스럼없이 결혼할 수 있도록 하시오. 만약 어느 한 측이 이 약정에 저항하여 문제를 일으킨다면, 키루스와 우리는 바로 그 사람의 적이 될 것이오."

6 그 뒤부터 도시의 성문은 활짝 열렸고, 거리는 오가는 사람들로 붐볐으며, 농장은 일꾼들로 가득했다. 그들은 함께 축제를 즐겼고, 평화와 환희가 모든 곳에 흘러넘쳤다.

7 그즈음에 키루스가 보낸 사자들이 그에게 와서 군대나 기계가 더 필요한지 물었다. 그러나 아두시우스는 지금 거느린 군대조차도 다른 지역에 배치할 것인지는 키루스의 권한이라고 대답했다. 그렇게 말하면서 그는 성채에 수비 병력만 남겨두고 군대를 철수하기 시작했다. 카리아인은 그에게 머물러달라고 매달렸다. 그가 거절하자 그들은 키루스에게 사람을 보내 아두시우스를 자신들의 총독으로 삼아달라고 청원했다.

8 한편 그 무렵 키루스는 히스타스파스에게 군대를 맡겨 헬레스폰트 부근에 있는 프리지아를 원정하도록 했다. 그래서 키루스는 아두시우스가 돌아오자 그에게 히스타스파스가 간 방면으로 행군하라고 지시했다. 지원군이 오고 있다는 소식을 들으면 병사들이 히스타스파스에게 한층 쉽게 복종할 터였다.

9 바닷가에 살고 있던 그리스인[11]은 많은 선물을 주고 협정을 체결했다. 그 결과 그들은 야만인[12]을 자신들의 성안에 들여놓지 않을

수 있었지만, 그 대신 공물을 바치고 키루스가 지시할 때면 어느 전

---

11) 프리지아인을 가리킨다―옮긴이.
12) 그리스의 관점에서 본 '야만인', 즉 페르시아인을 가리킨다.

상고기의 그리스에서 'barbaroi'는 단지 다른 말을 쓰는 이방인이라는 뜻으로 씌었을 뿐, 멸시의 의미가 있지 않았다. 이 'barbaroi'라는 단어가 현대적인 의미에서 '야만인'이라는 뜻을 갖기 시작한 것은 기원전 5세기 초반 이후의 일이다. 페르시아 전쟁 이후에 그리스인 사이에는 자신들의 정체성을 고민하고, 자신들이 다른 종족보다 우월하다는 생각이 싹트기 시작했다. 그리스인들의 민족적 각성과 우월주의를 대표하는 사람은 히포크라테스(기원전 460?-기원전 377?)와 이소크라테스(기원전 436-기원전 338)였다.

'히포크라테스의 선서'로 유명한 히포크라테스는 의학자였고, 『공기, 물, 장소에 관하여』라는 책을 썼다. 히포크라테스는 이 책에서 유럽인과 아시아인의 체질과 성질이 서로 다른 이유를 유럽과 아시아의 자연 환경 및 정치 제도의 차이 때문이라고 주장했다. 아시아의 기후는 온화하기 때문에 아시아인의 성질이 유럽인에 비해서 더 온건하고 부드럽다. 또 아시아에서는 계절의 변화가 없는 탓에 주민들이 기백과 용기가 부족하여 유럽인에 비해 덜 호전적이고 유약하다. 유럽의 기후는 아시아에 비해 추운 편이고 계절이 변하기 때문에 그들의 성질이 거칠고 용감하다. 아시아인은 대부분 왕의 지배를 받기 때문에 자신을 위해서 싸우려는 열의가 떨어져 호전적이지 않고 용기가 적다. 반면에 민주주의 체제에서 사는 유럽인은 독립적인 사람들로서 남을 위해서가 아니라 자신을 위해 싸우기 때문에 용감하고 전투적이다.

이소크라테스는 히포크라테스보다 더욱 체계적이면서도 국수주의적인 생각을 발달시켰다. 이소크라테스는 소피스트적 교육을 받은 인물로 아테네의 대표적인 변론술가다. 그는 변론술학교를 창설했는데, 그 학교는 교육법이 훌륭하고 교육의 폭이 넓은 것으로 유명했다. 그리스 전역에서 제자들이 쇄도하여 그에게서 변론술을 배웠다. 오늘날 그의 연설문 21편과 서간문 9편이 남아 있다. 이소크라테스는 그리스를 한 핏줄을 나누고, 함께 제사를 지내는 동족 이상으로 주장했다. 이소크라테스는 이민족과 그리스인은 근본적으로 다른 존재고, 그리스인이 우월하다고 주장했다. 아테네인이 이민족에 비해서 뛰어난 것은 전쟁술 때문도 아니고 법을 잘 준수하기 때문도 아니다. 아테네인이 사려 깊고 말에 관한 교육을 받았기 때문이다. 그리스화한다는 것은 미개한 상태를 문명화하고 좀더 세련되게 만드는 것이며, 이민족화한다는 것은 기예를 쇠퇴시키는 것이다. 그리스인은 자유를 위해 싸우고, 이민족은 지배자를 위해서 싸운다. 이소크라테스의 이런 이분법적인 사고는 당대 그리스인 사이에 널리 유행하던 것이었다―옮긴이.

장에서든지 복무해야 했다. **10** 그러나 프리지아 왕은 자신의 요새들을 계속 소유할 차비를 갖추고 복종을 거부하라는 명령을 내렸다. 불행히도 휘하의 지휘관들이 명령을 받아들이지 않은 탓에 외톨이가 된 그는 마침내 키루스가 심판관이자 중재자가 되어야 한다는 조건으로 히스타스파스에게 항복했다. 히스타스파스는 페르시아의 강력한 수비대를 성채에 남겨두고, 프리지아의 기병과 투창병을 보강하여 더욱 증강된 자신의 군대와 함께 귀환했다. **11** 그렇지 않아도 키루스는 아두시우스에게 히스타스파스와 합류해서 자발적으로 그들 편에 가담한 프리지아의 무장 병사들을 데려오라는 지시를 내린 바 있었다. 그에 따르면 저항하는 자에게서는 말과 무기를 빼앗고, 투석기로만 무장한 병사들도 데려오도록 되어 있었다. **12** 그래서 그들은 키루스의 명령을 충실히 이행했다.

그러나 키루스는 많은 보병들을 수비대로 후방에 남겨놓고 크로이소스와 함께 사르디스를 출발했다. 온갖 종류의 귀중품들이 실린 많은 수레도 함께 운반되었다. 크로이소스는 수레마다 실린 물건들에 대한 정밀한 목록까지 작성해서 키루스에게 주면서 말했다. "이 목록을 보시면 누가 어떤 귀중품을 관리하고 있는지 상세히 알 수 있을 것입니다."

13 "아, 크로이소스, 이렇게까지 세심하게 신경을 썼구려. 하지만 나는 귀중품을 관리하는 사람이 마땅히 그것을 가질 권리도 있다고 생각하오. 그러니까 누가 어떤 물건을 횡령한다면 그는 바로 자기 것을 횡령하는 셈이오."

이렇게 말하면서 키루스는 그 목록을 친구들과 지휘관들에게 주어 감독관 중에 누가 물건을 안전하게 운반하며 누가 그렇지 못한지를 알 수 있게 했다.

14 키루스는 또한 리디아인 부대도 데려갔다. 그들은 보기에도 멋

진 무기와 말, 전차를 가지고 있는 데다 키루스를 기쁘게 하는 일이
라면 무엇이든 할 태세였기 때문이다. 그는 리디아인에게 각자 자신
의 무기를 소지할 수 있도록 허용했다. 하지만 마지못해 따라나서는
병사를 보면, 키루스는 처음부터 원정에 참여하겠다고 나선 페르시
아 병사들에게 그들의 말을 넘겨주게 했다. 그럴 경우 말을 잃은 병
사는 자신의 무기를 불태우고 투석기만 지닌 채 뒤따라야 했다. **15**
신민이 된 자들 중에서 키루스는 아무 무장이 없는 자들에게 투석기
로 연습하라고 명했다. 투석기는 노예에게 가장 잘 어울리는 무기라
고 생각했기 때문이다. 다른 부대와 합세할 때에는 투석기도 아주 유
용한 경우가 많았으나 투석기 병사들만으로는 온 세상의 병사들을
다 불러모은다 해도 육박전에 어울리는 무기를 지닌 병사들과 접전
을 벌일 경우 소수의 적도 상대하지 못할 것이 뻔했다.

16 바빌론으로 향하는 도중에 키루스는 프리지아와 카파도키아
를 정복하고 아라비아인을 복속시켰다. 그 결과 그는 페르시아 기병
4천 명이 사용할 수 있는 갑옷을 확보했으며, 포로들에게서 많은 말
을 빼앗아 동맹군 부대에게 분배했다. 이렇게 해서 그는 대군을 거느
리고 바빌론에 도착했다. 그의 군대는 많은 수의 기병, 궁수와 창병,
그리고 그보다 더 많은 투석기 병사들로 이루어져 있었다.

V

1 키루스는 바빌론 앞에 이르러 도시 근처에 전 병력을 주둔시키
고, 친구들과 동맹군 지휘관들을 대동하고 직접 현장을 둘러보았다.
2 성벽을 조사한 뒤 그는 군대를 도시에서 멀찍하게 물릴 준비를 했
다. 그러나 그때 적의 도망병이 그에게 와서 그가 군대를 철수시키면
곧바로 적이 공격에 나설 예정이라고 말해주었다. "성에서 관찰하는

자들에게는 폐하의 군대가 약해 보이기 때문입니다." 사실 그렇게 보이는 것도 당연했다. 그런 엄청난 규모의 성[13]을 에워싸려면 군대의 층이 얇아질 수밖에 없기 때문이었다.

3 이 말을 듣고 키루스는 근위대와 함께 군대의 한가운데에 자리를 잡고, 밀집보병을 이루고 있던 중장보병의 양쪽 끝을 안쪽으로 모아 주둔 중인 주력군의 뒤에 겹겹이 배치했다. 이리하여 주력군을 가운데로 하고 좌우익이 주력군의 뒤에서 서로 만난 대형이 이루어졌다. **4** 이런 배치로 원래 중앙에서 자신의 위치를 지키던 병사들은 대열이 두터워짐으로써 한층 큰 용기를 얻게 되었다. 또한 후위로 물러선 병사들도 자신들 대신 전위의 병사들이 적을 직접 대면하게 됨으로써 더 큰 용기를 얻을 수 있었다. 양 측면에서 행군을 시작하자양 끝이 서로 만나면서 서로에게 힘을 주었다. 위치가 이동된 병사들은 전위의 병사들에게서 도움을 얻고, 전위의 병사들은 후위의 병사들에게 의지하는 식이었다. **5** 이렇게 밀집보병대의 층이 두터워지자전위와 후위는 자연히 가장 용맹한 병사들로 구성되었고 가운데는가장 약한 병사들이 자리 잡았다. 이러한 부대 편제는 전투를 벌일

---

13) 고대 바빌론시의 크기를 추정하기는 어려운 일이다. 유프라테스강이 부식과침식 작업을 끊임없이 반복하면서 고대 도시의 외관을 바꿔놓았기 때문이다. 지금까지 대략 18킬로미터의 성벽과 250여 개의 망루를 발견했다. 고대 바빌론의 성벽은 경탄을 자아낼 정도로 크고 웅장했는데 지금까지 고고학자들이발견해낸 대략적인 크기는 다음과 같다. 바빌론성은 넓은 평야에 자리 잡고있으며, 정방형의 모양을 하고 있다. 한 벽의 둘레가 23킬로미터이고, 총 둘레는 90킬로미터나 된다. 이 크기 못지않게 바빌론성은 놀라울 만큼 견고한방어 시설을 갖추고 있었다. 먼저 외벽은 너비가 7미터였고, 외벽에서 13미터 안쪽으로 두 번째 성벽이 있었는데, 그 너비는 8미터였다. 그 안에는 세 번째 방어벽이 있는데 그 너비는 4미터였다. 두 외벽 사이의 공간에는 성벽만큼이나 높은 흙이 쌓여져 있었다. 바빌론성의 규모에 대해서는 M. Roberts, *The Ancient World*(New York: Macmillan, 1979), 66~69쪽을 참조하라.

때만이 아니라 병사들이 도망치지 않도록 하기에도 아주 적합했다. 좌우익의 기병부대와 경무장부대는 밀집보병이 겹쳐지고 앞뒤 거리가 짧아질수록 지휘자에게 한층 가까워졌다. 6 이렇게 한데 뭉친 병력은 성에서 가해오는 돌팔매질의 범위에서 벗어나기 위해 뒤로 물러났다. 하지만 그렇게 뒤로 물러나자 그들은 불과 몇 걸음만 왼쪽으로 돌아가면 성벽을 마주하는 처지가 되었다. 그래서 성에서 멀어질수록 그들은 방향을 바꾸는 횟수가 더 줄어들었다. 모든 위험에서 벗어났을 때 그들은 멈추지 않고 곧장 진지가 있는 곳으로 돌아왔다.

7 병사들이 야영 준비를 마쳤을 때 키루스는 참모들을 불러 이렇게 말했다. "친구와 동맹자 여러분, 우리는 이 도시의 모든 면을 살펴보았소. 그러나 나는 저렇게 육중하고 높은 성벽을 어떻게 공략할 수 있을지 알아내지 못했다오. 다만 지금 저들이 싸우러 나오지 않는 것으로 미루어보면, 성안의 사람이 많으면 많을수록 굶주림이 빨리 오기 때문에 항복할 가능성이 있소. 그러므로 여러분이 추천할 만한 다른 공략법이 없다면 나는 이렇게 포위하는 방법을 사용하자고 여러분께 제안하는 바요."

8 그러자 크리산타스가 말했다. "하지만 이 강물이 도시 한가운데로 흘러가지 않습니까? 너비가 2스타디아는 넘을 것 같은데요."

고브리아스도 그의 말에 동의했다. "그렇습니다. 깊이도 한 사람의 어깨 위에 다른 사람이 올라서도 수면 위로 머리가 나오지 않을 만큼 깊어 보입니다. 그래서 도시는 성벽보다 오히려 강물로 방어가 잘되고 있는 것 같군요."

9 키루스가 말했다. "크리산타스, 우리의 힘 너머에 있는 것은 신경 쓰지 말기로 하세. 우리는 그저 될 수 있으면 신속하게 작업을 분담해서 각 부대가 제 몫을 다하면 그뿐이야. 가급적 깊고 넓은 도랑을 파기로 하세. 절대적으로 필요한 수비 병력만 남기고 도랑 파는 작업

에 모두 동원하게."

10 그에 따라 키루스는 도시를 한 바퀴 도는 거리를 계산하고, 강가에 커다란 탑들을 세울 만한 공간을 마련했다. 병사들은 도시의 양쪽 면에 커다란 참호를 파기 시작했다. 그리고 거기서 나온 흙을 아군 측의 도랑 사면에 쌓았다. **11** 맨 먼저 키루스는 강가에 탑들을 쌓으라고 했다. 탑의 토대로는 길이 30미터에 이르는 대추야자나무를 사용했다(이 나무들은 그 크기보다 더 크게 자라기도 한다). 대추야자나무는 큰 압력을 받으면 당나귀 등처럼 솟아오르는 성질이 있었으므로 그런 용도로 쓰기에 알맞았다. **12** 이것을 '기단'으로 삼으면 설사 강물이 참호 속으로 밀려들어온다 해도 탑이 떠내려가지 않을 수 있었다. 또한 키루스는 이 흙으로 된 흉벽 옆에 다른 탑들을 많이 쌓았다. 가급적 감시탑을 많이 만들기 위해서였다.

13 키루스의 병사들이 이 작업에 전념하는 동안 성벽 위의 적은 그의 공성 방법을 비웃었다. 그들은 2년 이상 먹을 수 있는 식량을 확보해두었던 것이다.

이 소식을 들은 키루스는 군대를 마치 1년 열두 달 동안 교대로 보초를 서게 하려는 것처럼 군대를 열두 부분으로 나누었다. **14** 그러나 그 소식을 들은 바빌론인은 프리지아, 리디아, 아라비아, 카파도키아 사람들이 경비를 선다는 생각에 전보다 더 크게 비웃었다. 그들은 이 민족들이 페르시아보다 자신들과 더 친하다고 생각했기 때문이다.

15 이윽고 참호가 완성되었다. 그 무렵 키루스는 바빌론에서 축제가 벌어져 모든 바빌론 사람이 밤새껏 술을 마시고 흥청거린다는 소식을 들었다. 날이 어두워지자마자 키루스는 많은 병사를 데리고 강과 연결된 참호의 위쪽을 열어젖혔다. **16** 그때부터 밤새 강물은 도랑으로 흘러들었으며, 그 때문에 도시를 관통하는 강의 하상(河床)쪽은 사람이 그냥 건널 수 있을 만큼 수위가 얕아졌다.

17 이렇게 강 문제를 해결하자 키루스는 페르시아 보병과 기병 지휘관들에게 병사들을 2열로 세워 자신에게 오라고 명했다. 나머지 동맹군은 예전처럼 그들의 뒤를 따랐다. **18** 명령에 따라 그들이 도착하자 키루스는 부관들에게 말라버린 강 줄기를 따라가서 강바닥으로 행군할 수 있는지 살펴보라고 명했다. **19** 얼마 안 가 그들이 가능하다는 보고를 올리자 키루스는 보병과 기병 장군들을 소집해서 다음과 같이 말했다.

20 "친구들이여, 강이 우리에게 도시로 들어갈 수 있는 길을 터주었소. 그러니 이제 대담하게 안으로 들어갑시다. 아무것도 두려워하지 말고, 다만 지금 우리의 적은 우리가 이미 여러 차례 물리쳤던 자들이라는 점을 명심합시다. 더욱이 그들이 동맹군들과 함께 전투대형을 갖추었을 때, 그들이 모두 깨어 있고 침착하게 완전 무장을 갖추었을 때 우리는 그들을 격파했다는 사실을 잊지 맙시다. **21** 지금 우리가 공격하는 자들은 대부분 잠들어 있거나 술에 취해 있어 전투대형을 갖추지 못하고 있소. 우리가 성안으로 들어왔다는 사실을 알면 그들은 공포에 사로잡혀 지금보다도 더욱 무기력하게 대응할 것이오.

22 설사 어느 누가 그 공포의 근원이 도시를 침략하는 자들임을 알아차린다 해도, 다시 말해 사람들이 집 지붕으로 올라가 돌멩이를 이리저리 던진다 해도 여러분은 그 점에 대해 전혀 걱정할 필요가 없소. 어느 누가 자기 집 지붕으로 올라간다 해도 헤파이스토스 신[14] 이 우리 편이기 때문이오. 그들 집의 현관은 야자나무로 만들어져 있고 역청이 칠해져 있으므로 불에 타기 쉽소. **23** 게다가 우리는 횃불로 쓸 소나무를 많이 가지고 있으므로 강력한 불길을 신속하게 만들

---

14) 헤파이스토스는 불의 신이다—옮긴이.

어낼 수 있소. 또한 우리는 역청과 삼(麻)이 많으므로 그 불길을 도시 전역으로 신속하게 확산시킬 수 있소. 따라서 모든 집의 지붕이 불타 버리고 순식간에 기둥만 남게 되거나 집이 전소되어버릴 것이오.

24 어서 전투 준비를 합시다! 신의 도움으로 내가 여러분을 이끌 것이오. 가다타스와 고브리아스는 그 도시에 익숙하니까 안내를 맡으시오. 우리가 성안에 들어서면 가장 빠른 길로 왕궁으로 안내하시오."

25 고브리아스와 그의 참모가 대답했다. "네. 도시가 환락에 젖은 것으로 미루어보면 왕궁으로 향하는 대문이 활짝 열려 있다 해도 놀랍지 않을 겁니다. 도시 전체가 오늘 밤 축제를 즐기고 있으니까요. 그래도 대문 앞에 한 명은 늘 배치되어 있으니까 그 경비병을 저희가 찾아내겠습니다."

"우리는 서둘러야 하오. 급히 가서 저들이 미처 대비를 하지 못할 때 공략합시다."

26 이런 대화가 오간 뒤 그들은 진군을 시작했다. 도중에 만난 적들은 그들의 칼에 쓰러지거나, 자기 집으로 도망치거나, 그들을 향해 고함을 질렀다. 그러자 고브리아스와 그의 병사들은 마치 자신들도 축제에 참가한 것처럼 소리를 질렀다. 그들은 신속하게 행군하여 곧 왕궁에 이르렀다. **27** 고브리아스와 가다타스와 병사들은 왕궁으로 향하는 대문이 잠겨 있는 것을 알았다. 경비병을 공격하라는 임무를 받은 병사들은 활활 타오르는 불 옆에서 술을 마시고 있는 경비병들을 공격했다. **28** 그러나 그 때문에 소음과 혼란이 잇따르자 그 소동을 들은 안에 있는 자들이 왕의 명령에 따라 무슨 일인지 알아보기 위해 대문을 열고 달려나왔다. **29** 가다타스와 일부 병사들은 왕궁의 문이 열린 것을 보자 그곳으로 돌진했다. 나머지 병사들도 급히 그 뒤를 따랐다. 그들은 이리저리 치고 찌르며 달려가 왕의 앞에 이르렀

다. 왕은 벌써 단검을 빼어들고 자리에서 일어나 있었다. 30 가다타스와 고브리아스와 병사들은 왕을 쓰러뜨렸다. 왕의 주변에 있던 자들도 죽었는데, 숨으려다가 죽은 자가 있는가 하면 달아나려다가 죽기도 했고 최선을 다해 방어하려다가 죽기도 했다.

31 키루스는 기병들을 보내 거리를 가로지르면서 집 밖에 나와 있는 자들은 모조리 베어버리라고 명했다. 또한 아시리아어를 아는 자를 시켜, 집 안에 있는 자들에게 그들이 도시에 머물 테니 집 밖으로 나오는 자는 죽음을 면치 못할 것이라고 알리게 했다.

32 이렇게 도시를 점령하자 가다타스와 고브리아스도 돌아왔다. 두 사람이 맨 먼저 한 일은 신에게 경배하는 것이었다. 사악한 왕에게 복수한 것을 감사하는 표시로 그들은 키루스의 손과 발에 입을 맞추며 기쁨의 눈물을 흘렸다.

33 동이 트자 성채를 장악하고 있던 자들은 도시가 적에게 점령되고 왕이 살해된 것을 발견하고, 사기를 잃어 성채도 넘겼다. 34 키루스는 즉각 성채를 접수하고 근위대와 장교들을 그곳으로 보냈다. 죽은 자의 시신은 친척들이 나와 매장할 수 있도록 허용했다. 나아가 그는 전령들을 시켜 모든 바빌론 사람이 무기를 버리고 항복했다는 포고를 널리 알리게 했다. 또한 그는 어느 집에서든 무기를 발견하면 그 집에 사는 사람들을 모두 죽이라고 명했다. 그래서 주민들은 모두 무기를 내놓았고 키루스는 그것들을 왕궁 성채에 보관하여 필요한 경우에 가져다 쓸 수 있도록 했다.

35 이 모든 작업이 끝나자 그는 먼저 수도승들을 불렀다. 도시를 칼의 힘으로 정복했으므로 성소를 골라 전리품의 첫 결실을 신에게 바치기 위해서였다. 그런 다음에 그는 민간가옥과 공공건물을 그에 걸맞는 전공을 올린 부하들에게 분배했다. 그의 분배 방식은 이미 정해져 있었다. 즉 가장 칭찬할 만한 병사에게 가장 좋은 것을 주는 방

식이다. 만약 누군가 마땅히 받아야 할 몫보다 적게 받았다면, 키루스는 그를 불러 그렇게 판단한 이유를 설명해주었다.

36 나아가 키루스는 바빌론 사람들에게 그들의 땅을 계속 경작하면서 공물을 바치고, 각기 지정된 사람들에게 봉사하라고 명했다. 그리고 원정에 참여한 페르시아 병사들이나 남겠다고 선택한 동맹군 병사들에게는 주인이 하인을 부리는 것처럼 자신에게 배당된 바빌론 사람들을 부리라고 지시했다.

37 그 뒤 키루스는 왕이 되고 싶다는 생각을 품고 친구들의 승인을 얻어 그렇게 하기로 결심했다. 그러려면 공공장소에 등장하는 횟수를 줄이고 분위기도 좀더 장중해져야 하며, 가능하다면 질투의 눈길을 적게 불러일으켜야 했다. 그래서 그는 다음과 같은 계획을 세웠다. 동이 틀 무렵 그는 그 목적에 어울리는 그럴듯한 장소에 머물면서 그에게 제출되는 모든 현안을 그곳에서 접수하고 지침을 하달했다. **38** 사람들은 그가 접견을 주최하고 있다는 것을 알게 되자 그곳으로 구름처럼 몰려들었다. 그렇게 사람들로 붐비자 온갖 사기와 논쟁이 끊이지 않았다. **39** 또한 그의 부하들도 그들이 할 수 있는 최선의 판별을 하면서 사람들을 접견했다.

하지만 그의 사적인 친구들이 붐비는 군중을 헤치며 그의 시선을 끌려 하자 키루스는 손을 내뻗어 친구들을 부르고는 이렇게 말했다. "군중이 물러날 때까지 기다리게, 친구들. 그런 다음 우리의 만남을 조용하게 즐기세나." 그 말에 친구들은 가만히 기다렸지만 군중의 규모는 점점 더 커져만 갔다. 그리하여 저녁이 다 되어서야 그는 친구들과 만나게 되었다. **40** 키루스는 친구들에게 이렇게 말했다. "신사분들, 이제 헤어져야 할 시간이오. 내일 아침에 다시 오시오. 나도 여러분과 나눌 이야기가 있으니까."

그 말을 들은 그의 친구들은 기쁜 마음으로 그의 거처에서 나왔다.

그들은 이미 모든 본능의 욕구를 무시한 대가를 치렀기 때문이다. 이리하여 그들은 휴식을 취하러 갔다.

41 그 이튿날 키루스는 친구들이 오기 전에 같은 장소로 나갔다. 그러나 그를 알현하려는 사람들은 전날보다 더 많았다. 그래서 키루스는 페르시아 창기병들을 주변에 둥그렇게 포진시키고, 자신의 친구들이나 페르시아와 동맹군의 지휘관들 이외에는 어느 누구도 그 안으로 들어오지 못하게 하라고 명했다. **42** 필요한 사람들이 모두 모였을 때 키루스는 그들에게 이렇게 말했다. "친구와 동맹자 여러분, 우리는 지금까지 우리가 바라던 모든 일이 성사되지 않았다고 해서 신을 비난할 수는 없소. 만약 우리가 너무 큰 성공을 거두어 자기 혼자 여가를 누릴 만한, 또 친구들과 어울려 즐길 만한 시간조차 갖지 못할 정도라면, 나는 그런 행복 따위는 기꺼이 포기하겠소. **43** 여러분도 보았듯이 어제 우리는 우리를 찾는 군중을 새벽부터 접견하기 시작했으나 저녁때까지도 접견을 끝내지 못했소. 게다가 보다시피 오늘은 어제보다 더 많은 군중이 와 있고 그들 때문에 우리는 한층 더 골치가 아파질 것이오. **44** 그러므로 만약 그런 문제에 몰두하게 된다면, 내 생각에 여러분은 내 사교계에서 작은 부분만 차지하게 되고 나 역시 여러분의 사교계에서 작은 부분을 차지하게 될 것이오. 물론 나 자신은 아무것도 차지하지 않을 것이 틀림없지만."

45 키루스는 계속 이야기했다. "또한 나는 이와 관련하여 불합리한 점을 발견했소. 여러분에 대한 나의 애정은 여러분도 알다시피 지극히 자연스러운 의무인 반면, 나는 지금 우리 주변을 에워싸고 있는 군중에 대해서는 거의 알지 못하오. 그러나 이 사람들은 여러분보다 앞서 내게 오면 여러분보다 먼저 자신들이 원하는 것을 내게서 얻어낼 수 있다고 생각하고 있소. 그래서 나는 이렇게 일을 처리하려고 하오. 만약 누가 내게서 뭔가를 바란다면 내 친구인 여러분에게 먼

저 자문하여 여러분의 호의를 얻고 여러분에게 소개를 요구하는 것이오.

46 그 경우 어떤 사람은 왜 내가 처음부터 이런 식으로 일을 처리하지 않고 모든 사람들이 나에게 접근할 수 있게 만들었냐고 생각할 수도 있을 것이오. 내 대답은 이렇소. 전쟁의 상황에서는 사령관이 알아야 할 것을 다른 사람들보다 뒤늦게 알아서는 안 되며, 다른 사람보다 뒤늦게 방편을 취해서도 안 되는 법이오. 그러므로 나는 그동안 눈에 잘 띄지 않았던 장군들은 자신이 해야 할 많은 일들을 가끔 등한시했다고 생각하오.

47 그러나 힘든 전쟁이 이제 사실상 끝났으니 나도 좀 휴식할 자격이 있다고 생각하오. 게다가 나 자신도 우리의 이해관계와 우리가 담당해야 할 다른 사람들의 이해관계를 확실히 조정할 수 있을지 자신이 없으므로 최선의 방책이 무엇인지 아는 사람은 내게 충고의 말을 전해주기 바라오."

48 키루스의 이야기가 끝났다. 뒤이어 전에 키루스의 친척임을 자처한 적이 있었던 아르타바주스가 자리에서 일어나 말했다. "폐하께서 이런 논의의 자리를 열어주셔서 기쁩니다. 폐하가 청년이었던 시절에도 저는 처음부터 폐하의 친구가 되려고 갈망했습니다. 그러나 제가 폐하에게 아무런 쓸모도 없다는 것을 깨달은 뒤로는 폐하에게 선뜻 다가가기가 어려웠습니다. **49** 그런데 전에 우연히 폐하께서 제게 명하셔서 키악사레스에게서 얻은 권리를 메디아인에게 발표하라고 하셨을 때, 저는 이 일을 열성적으로 처리하면 다시 폐하의 친한 친구가 되어 제가 원하는 대로 폐하와 대화할 수 있으리라고 생각했습니다. 그 특별 임무는 폐하의 승인을 얻어낼 만큼 수행했습니다.

50 그 뒤 히르카니아인이 우리에게 동맹자가 절실히 필요한 시점에 맨 먼저 우리의 친구가 되었습니다. 그래서 우리는 그들을 가장

가까이 두고 사랑하지 않을 수 없었죠. 그 뒤 적진을 점령했을 때 폐하께서는 제게 신경 써주실 여유가 전혀 없었지만 저는 폐하를 비난하지 않았습니다. 51 그다음에 고브리아스가 우리 친구가 되었고, 저는 기뻤죠. 그리고 다음에는 가다타스가 우리 편으로 들어와 저는 폐하의 관심을 끌기가 점점 더 어려워졌습니다. 하지만 사키아와 카두시아가 우리 동맹자가 되었을 때 폐하께서는 그들을 좀더 배려해야 했습니다. 그들도 폐하에게 주의를 기울이고 있었으니까요.

52 우리가 이윽고 처음에 출발했던 곳으로 돌아왔을 때 폐하는 말과 전차와 공성기 때문에 분주하셨죠. 하지만 저는 폐하가 이런 고민거리에서 벗어나 여유가 생긴다면, 언젠가는 저를 생각해주실 줄로 믿었습니다. 만천하가 우리에게 대항하기 위해 모였다는 무시무시한 소식이 전해졌을 때 저는 그것이 무엇보다 중요한 문제라고 여겼죠. 그러나 그 문제가 성공적으로 해결된다면 저는 폐하와 저 사이의 관계가 더욱 돈독해지리라고 확신했습니다.

53 이제 우리는 대전투에서 승리했고, 사르디스를 얻었으며, 크로이소스를 복속시켰습니다. 또 바빌론을 정복하고 모든 것을 손에 넣었습니다. 그러나 어제만 해도 미트라(Mithras)[15] 신께 맹세컨대 제가 주먹을 휘두르며 군중을 헤쳐 나오지 않았더라면 저는 결코 폐하에게 다가갈 수 없었을 겁니다. 하지만 폐하께서 제 손을 잡아 폐하

---

15) 인도 - 이란 신화에 등장하는 빛의 신이다. 미트라에 대한 숭배는 동쪽으로는 인도에서, 서쪽으로는 에스파냐·영국·독일에까지 전파되었다. 베다 미트라가 처음으로 기록에서 언급된 때는 기원전 1400년경으로 거슬러올라간다. 페르시아는 물론 로마에서도 미트라 신에 대한 숭배가 성행했다. 기원후 3-4세기에는 기독교와 세를 겨룰 정도로 대중적인 종교였다. 빛의 신 미트라는 그리스의 태양신 헬리오스(Helios), 로마의 신 솔 인빅투스(Sol Invictus)와 연관된다. 물을 풍족하게 하는 여신 아나히타가 그의 짝으로 등장하는 경우가 많다─옮긴이.

곁에 있으라고 명하신 순간 저는 온통 선망의 눈길을 받았습니다. 저는 아무것도 먹거나 마시지 않고 폐하 곁에 하루 종일 있었죠. **54** 그러므로 가장 큰 공을 세운 것이 입증된 우리가 가장 큰 몫을 차지하도록 하는 조처가 이루어진다면, 그것은 더없이 좋은 일이죠. 만약 그렇게 되지 않는다면 저는 또다시 폐하의 이름으로, 처음부터 폐하의 친구였던 우리들을 제외하고 모두들 폐하에게서 물러나라고 선언할 것입니다."

55 그 말을 듣고 키루스와 다른 사람들은 함께 웃음을 크게 터뜨렸다. 그러자 페르시아인인 크리산타스가 일어나 이렇게 이야기했다. "키루스여, 지금까지 누구나 폐하를 만나뵐 수 있게 한 폐하의 처신은 아주 적절했습니다. 그 이유는 아까 폐하도 말씀하셨지만 또 다른 이유도 있습니다. 폐하께서 우선적으로 호의를 얻어내야 할 사람은 우리가 아니기 때문입니다. 우리는 자발적으로 폐하와 함께하는 사람들이니까 말입니다. 그러나 폐하께서는 군중의 사랑을 얻기 위해 반드시 백방으로 노력하셔야 합니다. 그래야만 그들은 우리와 함께 기꺼이 땀을 흘리고 목숨을 건 모험을 하게 될 것입니다. **56** 하지만 현재 이 방법만으로는 폐하의 권력을 유지하기 어렵고 다른 방법도 사용해서 사람들의 마음을 사야만 하는데, 가장 적절한 방법은 폐하께서 이제 가정을 꾸리시는 겁니다. 폐하 자신의 가정이 없고 혼자뿐이라면, 권력이 있다 한들 무슨 즐거움이 있겠습니까? 이 세상에 가정보다 더 신성하고 달콤하고 소중한 곳은 결코 없습니다. 또한 우리는 가정이 있어서 폐하보다 더 행복하게 살아가는데 폐하께서는 가정도 없이 불편하게 사신다면, 우리에게 수치스러운 일이라고 생각하지 않으십니까?"

57 크리산타스가 말을 마치자 많은 사람이 이구동성으로 그의 말을 지지했다. 그 뒤 키루스는 왕궁으로 거처를 옮겼으며, 사르디스에

서 나온 보물을 담당한 사람들은 그 보물들을 왕궁에 가져다놓았다. 키루스는 왕궁과 보물을 취한 뒤 먼저 헤스티아(Hestia)[16] 신에게 제사를 올렸으며, 그다음에는 주신(主神)인 제우스에게, 또 수도승들이 권하는 다른 신에게도 제사를 올렸다.

58 일을 마친 뒤 키루스는 즉각 궁정의 나머지 부분을 조직하기 시작했다. 그리고 많은 사람을 지배하고 있는 신분, 세계에서 가장 크고 유명한 도시, 그것도 다른 어느 도시보다도 그에게 적대적인 도시에 살고 있다는 상황을 감안하여 그는 근위대를 편성해야겠다고 마음먹었다. **59** 또한 그는 인간이 폭력의 제물이 되기에 가장 쉬운 경우는 식사할 때, 술 마실 때, 목욕할 때, 잠잘 때라는 것을 잘 알고 있었으므로 그런 경우에 측근에 둘 수 있는 가장 믿을 만한 사람이 누구인지 주변에서 찾았다. 그는 자신의 보호를 필요로 하는 자보다 다른 이를 더 사랑하는 자는 어느 누구도 믿을 수 없다고 생각했다. **60** 그러므로 자식이나 편안한 아내, 연인이 있는 사람은 천성적으로 그들을 가장 사랑할 수밖에 없다고 믿었다. 그러나 환관은 그러한 애정에 이끌리지 않는다고 생각했다. 환관은 자신을 부자로 만들어주고, 설사 자신이 잘못을 저지르더라도 도와줄 수 있고 자신을 명예로운 직책에 임명해줄 수 있는 위치에 있는 사람을 존경할 수밖에 없다. 키루스는 환관이야말로 그런 종류의 혜택을 부여할 수 있는 적임자라고 생각했다. **61** 그밖에도 환관은 다른 사람들에게 경멸의 대상이기 때문에, 그 이유 하나만으로도 자신을 후원해줄 주인이 필요하다. 누구나 기회만 있다면, 즉 환관의 뒤를 봐주는 권력 있는 사람만 없다면 환관을 등칠 권리가 있다고 생각하기 때문이다. 하지만 아무리 환관이라 해도 주인에 대한 충성심에서 다른 사람보다 뒤질 이

---

16) 화로의 여신. 가정을 관장한다 ― 옮긴이.

유는 전혀 없다. **62** 키루스는 많은 사람이 생각하는 것과는 달리 환관이 약자라는 점을 인정하지 않았다. 그는 다른 동물의 경우를 참작하여 결론을 내렸다. 예를 들어 성질 나쁜 수말이라도 거세하면 물거나 날뛰지 않게 되며, 전쟁에도 잘 사용할 수 있다. 또한 황소를 거세하면 사나운 성질을 다소 없앨 수 있을 뿐 아니라 일하는 힘도 전혀 줄어들지 않는다. 마찬가지로 개도 거세를 받으면 주인을 피해 달아나지 않으며, 집을 지키고 사냥을 하는 데도 전과 다름없이 유용하다. **63** 사람도 그와 마찬가지로 성욕을 박탈당하면 성질이 온유해지면서 자신에게 맡겨진 일을 다른 이 못지않게 세심하게 돌볼 수 있다. 게다가 환관은 기병이나 창병으로 활용해도 결코 부족함이 없다. **64** 환관은 전쟁이나 사냥을 할 때 일반인에 못지않은 경쟁심을 보여주며, 충성심에서도 주인이 몰락할 때까지 최선을 다한다. 주인이 불행해졌을 때에도 변치 않는 충성을 보이는 사람은 환관밖에 없다. **65** 비록 환관이 신체의 힘에서 좀 열등하다고 생각하는 사람도 있지만, 전장에서는 칼만 있으면 약자도 강자와 다를 바 없다. 이런 사실들을 알고 있는 키루스는 집을 관리하는 일을 비롯하여 자신의 사적인 필요와 관련된 모든 직책에 환관을 기용했다.

66 그러나 키루스는 자신에게 나쁜 의도를 품고 있는 자들이 많은 것을 감안하면 근위대 정도로는 불충분하다고 여기고, 나머지 사람들 중에서 가장 충실한 왕궁 근위대가 될 만한 인물들을 찾았다. **67** 그는 페르시아인이 그동안 가난 때문에 대부분 집도 없이 살았고 험하고 고된 생활에 익숙하다는 것을 잘 알고 있었다. 페르시아는 땅이 거친 데다 사람들은 직접 손으로 일을 해야 했기 때문이다. 그러므로 키루스는 그들이 누구보다도 자신과 함께 사는 생활을 좋아하리라고 믿었다. **68** 그래서 그는 페르시아인 가운데서 1만 명의 창병을 뽑아 그가 궁궐에 머무는 동안 밤낮으로 궁궐의 수비를 맡겼다. 그러나

그가 궁궐 밖에 있을 때는 그들도 그를 따라가 늘 그의 주변에 포진했다.

69 또한 그는 바빌론 도시 전역도 자신이 머무를 때나 떠나 있을 때나 적절한 보호가 필요하다고 생각했으므로 수비대를 주둔시켰다. 그리고 바빌론 사람들이 돈을 내서 수비대의 봉급을 지불하게 했다. 사실 거기에는 바빌론 사람들의 자원을 가급적 소진시켜서 최대한 복종하게 만들려는 의도도 있었다.

70 당시 키루스가 자신과 바빌론시를 방어하기 위해 편성한 수비대는 오늘날까지도 그 기본이 유지되고 있다. 키루스는 자신의 제국 전체가 응집력을 지니면서도 더욱 팽창할 수 있도록 하는 방법을 연구한 끝에, 이 용병들은 수가 적기 때문에 그가 신민으로 만든 병사들보다 그다지 나을 게 없다고 판단했다. 그는 신의 도움으로 그에게 승리를 가져다준 용감한 병사들이 일치단결해야 하며, 그들에게 관심을 쏟아 각자 자신의 미덕을 버리지 않도록 주의를 기울여야 한다는 것을 깨달았다. **71** 그러나 그는 자신이 그들에게 명령을 내리는 것처럼 보이지 않고, 그들 스스로 그것이 최선의 길임을 깨닫고 덕에 따라 살고 덕을 함양할 수 있도록 하고 싶었다. 그래서 그는 자신과 더불어 땀을 흘렸고 그 땀의 대가를 누릴 만한 자격이 있다고 생각하는 영향력 있는 동료들을 불러모았다. **72** 그들이 모두 모였을 때 키루스는 다음과 같이 말했다.

"친구와 동맹자 여러분, 우리가 누려야 마땅하다고 여기는 모든 것을 얻게 해주신 신께 우선 감사드립니다. 우리에게는 현재 넓고 비옥한 땅과 그 땅을 경작함으로써 우리를 돕는 신민들이 있소. 또한 집과 가구도 있소. **73** 여러분 중 어느 누구도 자신의 소유가 아닌 것들을 가졌다고 생각하지는 말기 바라오. 왜냐하면 도시가 전쟁으로 함락되었을 때 주민들과 그들이 지닌 재산은 정복자의 소유가 되는 것이 만고불변의 법칙이기 때문이오. 그러므로 여러분이 지금 그것들을 가지게 된 것은 부정한 행위가 아니오. 만약 여러분이 모든 것을 빼앗지 않고 주민들에게 뭔가를 계속 가질 수 있도록 놔둔다면 그것은 여러분의 관용에서 나온 행위일 뿐이오.

74 하지만 앞으로 우리가 게으르게 처신하고 야비한 인간의 본성으로 사치만 탐닉하면서 힘든 일을 기피하고 힘들지 않은 삶을 행복으로 여긴다면, 우리는 곧 우리 자신이 보기에도 왜소해질 것이며, 우리가 받은 모든 축복을 잃게 될 것이오. **75** 왜냐하면 비록 예전에는 용감한 사나이였다고 해도 끝까지 용기를 추구하지 않는다면 그 용기가 지속되지 않기 때문이오. 다른 기술도 등한시하면 퇴보하는 것과 마찬가지로, 또 전에 좋은 상태였던 신체도 그 신체의 소유자가 나태하고 게으르게 생활한다면 점점 나빠지는 것과 마찬가지로, 자제력과 절제심과 근력도 노력을 게을리하면 곧바로 퇴보하고 악화되기 마련이라오. **76** 그러므로 우리는 소홀해서도 안 되고 현재의 즐거움에 빠져도 안 되오. 제국을 손에 넣는 것도 엄청난 일이지만 한번 획득한 제국을 계속 보존하는 것은 더 엄청난 일이오. 승리는 용기만 보여준 자의 운이 될 수 있지만, 그 승리를 지키는 것은 자제력과 절제심 그리고 끊임없는 노력을 발휘하지 않는다면 결코 달성될 수 없는 일이오.

77 이 점을 이해한다면 우리는 지금과 같은 이득을 취한 뒤에 오히려 전보다 덕을 실천해야만 하오. 많이 가진 사람일수록 좀더 많은 이가 선망을 하고 모함을 하게 되며 적이 되기 쉬운 법이오. 특히 우리처럼 다른 사람들의 의사에 반해서 부를 얻고 사람들을 부리는 처지에 있는 경우에는 더욱더 그러하오.

그러므로 우리는 우선 신께서 우리 편이라는 점을 믿어야 하오. 우리는 다른 사람들을 음모로 거꾸러뜨리고 부당하게 재산을 탈취한 것이 아니라 우리의 적에게 원수를 갚은 것이기 때문이오. **78** 신의 은총 다음으로 중요한 것은 우리 스스로 얻어야 하오. 다시 말해 우리가 우리의 신민들보다 나은 사람이라는 근거로만 우리는 신민들을 다스릴 권리를 주장할 수 있소. 물론 우리는 더위와 추위, 먹을 것과 마실 것, 일과 휴식을 우리의 노예들과도 함께 나누어야 하오. 그러나 그렇게 하면서도 우리는 그들의 윗사람이라는 점을 분명히 내세워야 하오. **79** 전쟁을 이해하고 행하는 데에는 우리를 위해 일하고 공물을 바치는 사람들과 전혀 함께할 필요가 없지만, 전쟁을 통해 얻은 과실에서는 우리의 우월성을 유지해야 하오. 우리가 얻은 과실에서 우리는 신이 인간에게 준 자유와 행복에 대한 수단을 인정하기 때문이오. 또한 그들의 무기를 빼앗은 것과 마찬가지로 우리는 우리의 무기가 없으면 안 된다는 점을 알아야 하오. 인간은 무기를 늘 가까이하면 할수록 원하는 만큼 더 완벽한 지휘권을 확보할 수 있기 때문이오.

80 그러나 만약 누가 이런 질문을 마음속에 간직한다고 합시다. '굶주림과 갈증, 고생과 걱정에서 벗어나지 못한다면 대체 우리 야망의 목표를 달성했다는 것이 무슨 소용이 있는가?' 이렇게 생각하는 사람은 다음의 교훈을 깊이 새겨야 하오. 그것은 바로, 좋은 것은 그것을 얻기 위해 노력한 것에 비례하여 그만큼 더 큰 쾌락을 가져온다는 교훈이오. 고생은 좋은 것의 맛을 더해주는 법이오. 아무리 값진 것이라 하더라도 그것이 필요할 때 얻지 못한다면 아무런 즐거움도 줄 수 없소.

81 신께서 우리에게 대부분의 인간이 바라는 것을 얻게 해주셨다면, 그리고 우리 모두 그 결과물을 자신에게 최대한의 즐거움을 주는 방식으로 편제한다면, 그러한 사람은 생활의 수단을 잘 보급받지 않은 사람에 비해 이점을 가지게 될 것이오. 배고플 때는 가장 맛있는

음식을 먹고, 목마를 때는 최고급 음료를 마시며, 휴식이 필요할 때는 가장 안락하게 휴식할 수 있을 것이오.

82 내가 이토록 남자다움을 유지하기 위해 온갖 노력을 기울여야 한다고 주장하는 이유는 우리의 성공을 최선으로, 가장 즐거운 방식으로 누리고 가장 어려운 것을 겪지 않게 하기 위한 것이오. 좋은 것을 얻는 데 실패한 경험도 고통스럽지만, 좋은 것을 가지고 있다가 잃어버린 경험은 그것과는 비교할 수 없는 고통이오.

83 이 점을 생각해봅시다. 우리가 전보다 못한 사람이 되도록 내버려둔다면 어떤 변명을 할 수 있겠소? 그래도 우리는 지배자요? 무릇 지배자라면 자신의 신민들보다 열등해서는 안 될 것이오. 그래도 전보다 더 운이 좋지 않으냐고? 그렇다면 악덕이 행운을 위한 장신구라도 된다는 말이오? 그래도 우리는 노예를 가지고 있으니 노예가 잘못을 저지르면 징계할 수 있지 않느냐고? **84** 자신이 잘못하는 판에 대체 누가 남의 악덕과 태만을 꾸짖을 수 있단 말이오?

또한 이 점도 생각해봅시다. 우리는 많은 병사를 시켜 우리의 집과 삶을 보호하도록 했소. 그런데 그렇게 다른 사람들의 창으로만 우리의 안전을 보호하고 우리는 즐길 권리만 있다고 여기면서 정작 우리 자신을 방어하기 위해 창을 들지 않는다면, 그것은 바로 비천한 짓이 아니겠소? 스스로 선량하고 용감해지는 것보다 더 확실한 안전이란 없다는 사실을 우리는 분명히 깨달아야 하오. 우리를 스스로 방어하는 것은 영원히 우리에게 도움이 될 것이오. 그러나 덕이 부족한 사람에게는 그런 일이 있을 수 없소.

85 그렇다면 덕을 실천하고 그 실천을 응용하기 위해 우리는 무엇을 해야겠소? 내가 새로이 여러분에게 제시할 내용은 없소. 단지 페르시아에서는 귀족들이 공공건물을 지키는 데 시간을 보냈는데 여기서도 우리 귀족들은 예전처럼 그렇게 해야 한다고 생각하오. 여러

분은 여러분의 위치에 머물면서 내가 해야 할 일을 제대로 하고 있는지 지켜보아야 하고, 나도 여러분을 마찬가지로 지켜보아야 하오. 누구든 선하고 명예로운 것을 추구한다면 나는 그 사람을 존경할 것이오. **86** 그리고 앞으로 태어나게 될 우리의 많은 후손을 위해 이곳에서 그들을 교육합시다. 아이들에게 우리가 할 수 있는 최선의 본보기를 보여준다면 우리도 더욱 발전할 것이오. 그러면 아이들은 설사 악한 일을 하려고 해도 쉽게 악해질 수 없을 것이오. 사악한 것은 일절 보지도 듣지도 못하는데 어떻게 선하고 고귀한 일을 하지 않을 수 있겠소이까?"

제8권 제국의 건설
키루스의 죽음

I

1 키루스의 말은 그러했다. 그에 뒤이어 크리산타스가 자리에서 일어나 다음과 같이 말했다. "신사분들, 나는 예전에도 좋은 지배자는 좋은 아버지와 전혀 다르지 않은 것을 누차 보았소. 아버지가 자기 자식들에게 좋은 것이 부족하지 않도록 배려해주듯이 키루스는 우리에게 지금의 행복을 계속 유지하는 방법을 충고해주셨소. 하지만 그가 분명히 밝히지 않은 게 한 가지 있소. 내 생각에는 밝혔어야 한다고 보는데, 지금 이 자리에 계신 분들 중 모르는 분을 위해 내가 설명하리다. **2** 이 점을 심사숙고하기 바라오. 명령에 복종하지 않는 병사들이 과연 적대적인 도시를 정복하거나 우호적인 도시를 보존하는 일을 할 수 있겠소? 반항적인 병사들로 이루어진 군대가 승리를 얻을 수 있겠소? 병사들 각자가 자신의 개인적 안전만을 도모하려는 군대보다 전투에서 패배하기 쉬운 군대가 또 있겠소? 상관들에게 복종하지 않는 병사들이 과연 어떤 성공을 거둘 수 있겠소? 어떤 국가가 그 법에 따라 관리될 수 있고, 어떤 조직이 유지될 수 있으며, 어떤 배가 목적지에 도착할 수 있겠소?

3 우리만 해도 그렇소. 우리가 지도자에게 복종하지 않았더라면 어떻게 지금처럼 좋은 것들을 가질 수 있었겠소? 지도자에게 복종함으로써 우리는 밤이나 낮이나 늘 필요한 목적지에 빨리 도달할 수 있었으며, 지도자를 따름으로써 우리는 무적이 될 수 있었고 주어진 어떤 과업도 끝까지 완성할 수 있었소. 그러므로 만약 한 사람의 지도자에게 복종하는 것이 성공을 달성하는 데 일차적으로 중요한 요소라면, 그것은 동시에 그 성공을 영속화하는 데도 일차적으로 중요한 요소임을 확신할 수 있소.

4 여러분도 알다시피 지금까지 우리는 남을 지도해본 적이 없고 남의 지도만 받아왔소. 그러나 이제 여기 모인 여러분은 모두 크든 작든 부대의 지휘를 맡고 있소. 그러므로 여러분이 휘하의 병사들에게 권위를 행사하기 위해서는 당연히 복종해야 할 사람에게 복종할 줄도 알아야 하오. 이러한 방식으로 우리는 스스로 노예와 구별하여야 하오. 노예는 자신의 뜻에 반해서 주인을 섬기지만, 우리는 적어도 자유롭다고 자처하는 사람이라면 자신의 자유의지에 따라 가장 중요하다고 여기는 일을 해야 하오. 설사 군주제를 취하지 않는 국가라 하더라도 지휘관에게 선뜻 복종하는 국가는 적에게 쉽게 굴복하지 않기 마련이오.

5 그러므로 우리는 키루스가 명하는 대로 우리 지도자의 사령부 앞으로 나아갑시다. 우리가 가장 잘할 수 있고 또 해야만 하는 일에 헌신합시다. 어떤 것이든 키루스가 필요하다고 여기는 일에 우리를 바칩시다. 이러한 신뢰를 남용해서는 안 되오. 키루스가 우리를 부릴 때 자신의 이익만을 위하거나 우리에게 평등하게 대하지 않는 것을 결코 찾을 수 없을 것이라고 우리는 확신할 수 있으며, 또한 우리는 공동의 이익과 공동의 적이 있기 때문이오."

6 크리산타스가 이야기를 마치자 페르시아인이나 동맹자 할 것 없

이 많은 사람이 일어서서 그를 지지했다. 그들은 키루스가 그들을 해임할 때까지 귀족들이 늘 궁정에 출석하고 키루스가 원하는 어떠한 봉사도 할 준비를 갖추자는 결의를 통과시켰다. 그들이 그렇게 결의했듯이 오늘날까지도 아시아의 대왕이 다스리는 신민들은 그렇게 하고 있다. 즉 그들은 늘 궁정에 와서 군주를 알현하고 있다. 7 앞서 말한 이야기에서 나온 바와 같이, 키루스가 자신과 페르시아인들을 영구히 다스리도록 왕국을 안정시키기 위해 창설한 기구들은 후대 왕들의 치하에서도 변함없이 지금까지 이르고 있다. 8 또한 예나 지금이나 변치 않은 것이 또 있다. 그것은 담당 관리가 좋은 인물이면 그 기구들의 행정도 깨끗하며, 관리가 나쁜 인물이면 행정도 부패한다는 사실이다.

따라서 귀족들은 말과 창을 가지고 키루스의 궁정으로 갔다. 키루스와 함께 왕국을 정복한 사람들 중 최선의 인물들이 그러한 포고를 내린 것이다.

9 그다음에 키루스는 다양한 부서를 담당할 많은 관리들을 임명했다. 예를 들면 징세관, 재무관, 공공 토목공사 담당관, 키루스의 영지 관리관, 키루스의 병참 부서 담당관 등이 그들이다. 그는 또한 자신의 말과 사냥개를 가장 효율적으로 사용할 수 있도록 관리하는 감독관도 임명했다.

10 그러나 그는 자신의 성공을 영속화하기 위해 동료로 삼아야 하는 사람이 주변에서 가장 유능한 사람인지를 판단하는 일까지 다른 사람에게 맡겨두지는 않았으며, 그것을 자신의 책무로 여겼다. 왜냐하면 만약 싸워야 할 경우가 생기면, 그는 그들 가운데서 자신의 옆과 뒤를 맡아주고 커다란 위험에 직면했을 때 함께 맞서줄 사람들을 발탁해야 했기 때문이다. 또한 그는 그들 중에서 보병과 기병의 지휘관들을 임명해야 한다는 것을 알았다. 11 게다가 그가 있을 수 없는

곳에서 장군들이 필요할 경우에도 역시 그들 가운데 선발해야 한다는 것을 알았다. 또한 그는 그들 중에서 여러 도시와 나라를 다스릴 총독과 지사를 골라야 했으며, 타국에 보내는 대사도 거기서 발탁해야 한다는 것을 알았다. 특히 그는 대사야말로 전쟁 없이 자신이 원하는 것을 얻을 수 있는 가장 중요한 직책으로 간주했다.

12 그러므로 만약 많은 국가 중대사의 처리를 담당하는 사람들이 그 직책에 걸맞은 인물이 아니라면 그는 자신의 정부가 실패라고 생각했다. 그러나 만약 모두 걸맞은 인물로 채워진다면 모든 일이 성공하리라고 믿었다. 이런 신념에서 그는 인물 등용을 자신이 직접 했으며, 덕의 실천도 자신의 일이라고 판단했다. 그 자신이 먼저 행하지 않는다면 다른 사람들에게 선하고 고귀한 행위를 하라고 자극하는 것이 불가능하다고 여겼던 것이다.

13 이러한 결론에 도달하자, 그는 가장 중요한 일에 집중하기 위해서는 무엇보다도 여가가 필요하다고 생각했다. 물론 거대한 제국을 운영하려면 막대한 경비가 필요하다는 것을 예측했기에 그는 세수입 문제를 소홀히 할 수는 없다고 판단했다. 그러나 그렇다고 해서 잡다한 속국들에게 끊임없이 사적인 관심을 집중한다면 그는 제국 전역의 복지를 돌볼 시간이 없으리라는 것도 알고 있었다.

14 이와 같이 어떻게 하면 행정 업무를 성공적으로 수행하면서도 원하는 만큼의 여가를 낼 수 있을지 고민하던 그에게 우연히 어떤 군사 조직이 떠올랐다. 일반적으로 하사관은 휘하에 10명의 병사들을 관리하고, 위관(尉官)은 하사관들을, 영관(領官)은 위관들을, 장군은 영관들을 관리한다. 아무리 많은 부대가 있다 해도 이런 식으로 편제하면 아무도 관리되지 않은 상태로 남아 있지 않게 된다. 총사령관이 자신의 군대로 무슨 일을 하려 할 때는 단지 장성들에게 명령을 내리는 것만으로 충분하다. **15** 이런 군대의 모델에 따라 키루스는 행정

기능도 중앙집중적으로 편제했다. 이에 따라 그는 불과 몇 명의 지휘관들과 소통하는 것으로 전체 행정 조직을 관장할 수 있었다. 그 결과 그는 한 가정이나 배 한 척을 관리하는 사람보다도 더 많은 여가를 얻을 수 있게 되었다.

이렇게 정부 조직을 편성한 뒤 그는 측근 인물들에게도 그와 똑같은 조직안을 따르도록 지시했다.

16 그런 제도를 시행한 덕분에 키루스와 각료들은 여가를 낼 수 있었다. 그러자 키루스는 권좌에 있는 동료들이 과연 적임자인지를 따져보기 시작했다. 우선 다른 사람들이 일해준 대가로 살아갈 수 있는 사람이 궁정에 출석하지 않을 경우 키루스는 그 사람을 심문했다. 그는 궁정에 오는 사람들은 불명예스럽거나 부도덕한 짓을 하지 않을 것이라고 생각했다. 그 이유는 그들이 자신의 군주 앞에 있기 때문이기도 하고, 자신들이 하는 모든 일이 궁정의 최고 권위자의 감시 아래에 있다는 것을 알고 있기 때문이기도 했다. 그 반면에 궁정에 오지 않는 사람들은 뭔가 무절제하고 부당한 일을 저질렀거나 의무를 등한시했기 때문이라고 믿었다.

17 그러므로 우리는 먼저 키루스가 어떠한 방법으로 사람들을 궁정에 오게 만들었는지부터 살펴볼 것이다. 그는 궁정의 친한 친구들 중 한 사람을 시켜 그를 알현하러 오지 않은 사람의 재산을 빼앗고 그것이 원래 자신의 소유였노라고 선언하게 했다. 이런 사태가 벌어지면 재산을 잃은 사람은 키루스에게 와서 억울한 일을 당했노라며 하소연하는 것이었다. **18** 하지만 키루스는 그런 하소연을 오래 들어줄 만큼 한가롭지 않았으므로 간단히 듣고는 판결을 한참 뒤로 연기하곤 했다. 그렇게 함으로써 그는 사람들이 궁정에 오는 것을 익숙하게 만들고, 징벌을 부과함으로써 강제로 오게 하는 것보다 반감을 덜 유발할 수 있었다.

19 그들이 알현하게 하는 하나의 방법이 그것이었다. 또 다른 방법으로는 궁정에 오는 사람에게 가장 편하고 가장 수익이 높은 직책을 배당하는 방법도 있었고, 궁정에 오지 않는 사람에게 전혀 혜택을 베풀지 않는 방법도 있었다. **20** 하지만 가장 확실하게 강제하는 방법은 따로 있었다. 키루스는 앞의 세 가지 방법이 모두 먹혀들지 않는 사람에게는 그가 가진 모든 것을 빼앗아서 자신을 자주 알현하는 사람에게 주었다. 이런 식으로 그는 쓸모없는 자를 쓸모있는 자로 바꾸어 나갔다. 오늘날에도 왕은 알현의 의무를 저버리는 자가 있으면 그런 식으로 심문하고 있다.

21 키루스는 궁정에 출석하지 않는 사람들을 그렇게 다루었다. 그러나 궁정에 온 사람들에게도, 그는 군주로서 신민들에게 그 자신이 직접 완벽한 덕의 본보기를 보이는 것보다 더 효과적으로 그들에게 미(美)와 선(善)에 대한 욕구를 불어넣는 방법은 없다고 믿었다. **22** 물론 인간은 문자로 된 법을 통해서도 개선될 수 있지만, 그는 좋은 지배자란 법만이 아니라 인간을 볼 줄 아는 눈이 있어야 한다고 생각했다. 지배자는 명령을 내릴 수 있을 뿐 아니라 범법자를 찾아내서 징계할 줄도 알아야 하기 때문이었다.

23 이러한 믿음에서 키루스는 행운이 많이 따랐기 때문에 무엇보다도 신들을 숭배하는 자리에서 몸소 경건한 모습을 보이려 했다. 그래서 그는 처음으로 수도승 집단을 제도화했다. 〔……〕 그리고 그는 새벽녘에 신을 찬양하는 노래를 늘 불렀으며, 수도승들이 지시하는 대로 신격이 있는 모든 것에 대해 매일 제사를 지냈다. **24** 당시 그가 설립한 기관들은 후대의 왕들이 오늘날까지도 계승하고 있다. 그러므로 이 점에서 모든 페르시아인은 처음부터 키루스를 모방한 것이다. 그들은 자신의 군주이자 가장 큰 행운을 누렸던 키루스처럼 신을 존경하면 자신도 행운을 얻을 수 있으리라고 믿었기 때문이다. 또한

그들은 신을 경배함으로써 키루스를 기쁘게 한다고 생각했다. 25 키루스는 친구들의 경건한 태도가 자신을 위해서도 좋은 일이라고 여겼다. 그는 친구들이 그렇게 처신하는 이유가 여행을 할 때 어떤 불경한 짓을 저질렀다고 여겨지는 자보다는 경건한 동료와 함께하는 것이 더 좋다고 여기기 때문이라고 생각했다. 또한 그는 동료들이 모두 신을 두려워하게 되면 서로에게, 그리고 키루스 자신에게 죄를 저지를 가능성이 적어진다고 믿었다. 그는 자신이 그들에게 시혜를 베푸는 자로 여겼기 때문이다. 26 만약 그는 자신이 친구나 동맹자들에게 잘못된 일을 하지 않는 것을 얼마나 중요하게 여기는지를 명백히 하고 올바른 것에 면밀한 관심을 항상 기울인다면, 다른 사람들도 부당한 이득을 얻으려 하지 않고 좀더 정직하게 처신할 것이라고 생각했다. 27 또한 그는 자신이 직접 모든 사람을 존경하고 부당한 말이나 행동을 보이지 않는다면, 다른 사람도 서로 존경하는 태도를 좀더 함양할 수 있으리라고 생각했다. 28 이것이 관찰을 통해 그가 얻은 결론이다. 사람들은 남을 존경할 줄 모르는 사람보다 서로 존경할 줄 아는 사람을 더 존경한다. 또한 사람들은 그들의 왕에 대한 것은 말할 것도 없고 두려워하지 않는 사람에게 존경을 표한다. 그들은 다른 사람에게 존경을 표시하는 것을 보이는 여성들도 존경으로 높이 보는 경향이 있다.

29 키루스는 또한 가장 훌륭하고 세련된 덕을 과시하는 사람보다는 주저하지 않고 복종할 줄 아는 사람에게 자신이 직접 존중하는 태도를 보인다면, 자신의 부하들에게도 복종의 정신이 깊이 뿌리내릴 수 있으리라고 생각했다. 그는 내내 이런 태도를 바탕으로 판단하고 행동했다.

30 이렇게 자신이 직접 자제력을 본보기로 보임으로써 그는 모든 사람들이 부지런히 덕을 실천할 수 있도록 했다. 지나치게 자신에게

탐닉할 수 있는 위치에 있는 사람이 자제력을 지키는 것을 사회의 약자들이 본다면, 그들은 자연히 자신에게 지나치게 탐닉하는 죄를 저지르지 않도록 더욱 노력할 것이라고 생각했다. 31 (나아가 그는 배려와 자제의 차이도 그런 식으로 보았다. 배려란 불쾌한 것을 보았을 때 그것을 회피하는 마음이고, 자제란 불쾌한 것이 보이지 않아도 그것을 피하는 마음이다.) 32 또한 그는 절제를 가장 잘 가르치는 방법은 그 자신이 직접 순간의 쾌락을 위해 선의 추구에서 일탈하지 않고 무엇보다 먼저 고상한 쾌락을 달성하기 위해 애쓰는 것을 보이는 것이라고 믿었다.

33 요컨대 키루스는 몸소 본보기가 됨으로써 궁정에서 아랫사람에게 대단히 올바르게 처신하며, 이에 아랫사람들도 윗사람들을 올바르게 예우할 수 있었다. 또한 아랫사람들도 서로 매우 존경하게 되었으며 정중하게 대하게 되었다. 그래서 그들은 화날 때나 기쁨에 겨워 큰 웃음을 터뜨릴 때에도 결코 목소리를 높이는 법이 없었다. 그런 태도를 보면 그들이 진정으로 고상한 삶을 목표로 삼고 있는 것으로 판단하게 될 것이다.

34 그들은 궁정에서 이상과 같이 행동했고 매일매일 그런 모습을 보였다. 무예를 훈련하기 위해 키루스는 훈련이 필요하다고 생각하는 부하들과 함께 사냥을 자주 나갔다. 그는 사냥이야말로 군사학에서 최고의 훈련이며, 기병술에도 가장 어울리는 것으로 생각했다. 35 사냥에서는 짐승들이 여기저기로 뛰어다니기 때문에 기병들이 온갖 종류의 마술(馬術)을 익히기에 알맞았다. 또한 사냥감을 잡기 위해 전력을 다하고 경쟁을 벌이기 때문에 기병들이 말 위에서 활동성을 연습하기에도 최고였다. 36 사냥을 통해 키루스는 동료들이 절제심과 역경을 헤쳐나가는 인내, 더위와 추위, 굶주림과 갈증을 참는 법을 가장 잘 익히게 할 수 있었다. 오늘날까지도 페르시아 왕과 수행

원들은 사냥을 매우 열심히 하고 있다.

37 이상과 같이 말한 내용에서 분명해지듯이 키루스는 자신의 신민들보다 더 못한 사람은 누구도 신민들을 다스릴 권리가 없다고 여겼다. 또한 분명한 것은 주변 사람들을 훈련시키면서 자신도 절제심과 무예에 대한 훈련을 가장 잘 받을 수 있다는 점이다. **38** 그는 집에 머물러 있을 필요가 없을 때면 언제나 부하들을 사냥에 데리고 나갔을 뿐 아니라 집에 머물러야 할 때에도 공원에 가둬놓은 짐승들을 즐겨 사냥했다. 그는 먼저 땀을 흘리지 않고는 식사를 하지 않았으며, 말에게도 필요한 운동을 시키기 전에는 먹이를 주지 않았다. 이 사냥에 그는 권표봉지자들을 수행원으로 자주 초대하기도 했다. **39** 항상 훈련을 했기 때문에 키루스와 그의 동료들은 모든 남성적인 운동에서 남들보다 크게 뛰어났다. 여기서도 그는 늘 스스로 행함으로써 타인의 본보기가 되었다.

그밖에도 키루스는 남보다 뛰어나기 위해 열심히 노력하는 사람들에게 그 대가로 선물과 중요 직책, 명예로운 직함, 기타 온갖 종류의 특혜를 부여하곤 했다. 이리하여 그는 모든 이에게 열렬한 야망을 불러일으켜, 각자 키루스의 눈에 될 수 있는 대로 쓸 만하게 보이도록 노력하게 만들었다.

40 지금까지 우리는 키루스가 지배자는 신민들보다 인물 자체로도 더 나아야 하고 신민들에게 일종의 매력을 느끼게 만들어야 한다는 견해를 가졌다는 것에 대해 살펴보았다. 어쨌든 그는 직접 메디아 의상을 입고 동료들에게도 그렇게 하라고 설득했다. 왜냐하면 그는 개인적 결함이 있는 사람이라 해도 메디아 의상이 그 결함을 감추는 데 도움이 되며, 그것을 입은 사람이 키가 크고 잘생겨 보이도록 해준다고 생각했기 때문이다. **41** 그들은 신발도 겉으로는 드러나지 않지만 밑창에 속을 집어넣어 실제 키보다 더 커 보이게 하는 신발을

신었다. 키루스는 또한 눈의 선을 진하게 그려 실제보다 더 빛나 보이게 하고, 화장품을 사용하여 피부색을 원래의 색보다 더 낫게 보이게 하라고 권장했다.

42 키루스는 동료들에게 사람들이 보는 앞에서 침을 뱉거나 코를 풀지 않도록 교육했으며, 고개를 돌려 아무것이나 바라보지 않아 마치 어느 것도 궁금하지 않은 사람처럼 행동하라고 가르쳤다. 그는 이 모든 것이 신민들에게 그들을 가볍게 얕잡아 볼 수 있는 사람이 아닌 것처럼 보이게 하는 데 어느 정도 기여한다고 생각했다.

43 그러므로 그의 학교에서는 그가 생각하기에 권위가 있어야 하는 사람들을 세심하게 훈련하고 지도자로서 존경을 받도록 준비했다. 그 반면 하인으로서 훈련시키는 사람들에게는 자유민의 교육은 일절 권장하지 않았으며, 무기를 가지도록 허용하지도 않았다. 그러나 키루스는 그들이 자유민을 위해 봉사함으로써 먹고 마시는 데 궁핍하지 않도록 배려했다. **44** 그는 그것을 이런 식으로 처리했다. 즉 그들이 기병들을 위해 사냥감이 되는 짐승들을 평원으로 몰아갈 때마다 키루스는 자유민을 제외한 하층민들이 그 짐승들을 사냥해서 양식으로 삼도록 허용했다. 또한 원정을 갈 때마다 그는 짐을 실은 가축들과 마찬가지로 하인들도 물가로 데리고 갔다. 점심식사를 할 때에도 그는 그들이 심한 허기에 시달리지 않도록 음식을 먹을 때까지 기다려주곤 했다. 하층민들은 키루스가 워낙 그들에게 잘해주었기에 귀족들처럼 그를 '아버지'라고 불렀다(그 때문에 그들은 평생토록 항의 한 번 없이 노예로 살았다).

45 이리하여 키루스는 페르시아 제국 전체를 안정시켰다. 개인적으로도 그는 자신이 복속시킨 자들의 손에 위해(危害)당할 위험성이 사라졌다고 완벽하게 자신했다. 그 자신감의 근거는 그들이 힘을 잃었고 조직화되어 있지 않다는 것만이 아니라 그들 가운데 어느 누구

도 밤이나 낮이나 그의 곁에 가까이 오지 못한다는 데 있었다. **46** 그러나 그가 생각하기에 매우 강력하고 무장과 조직까지 갖춘 자들도 있었으며 더러는 기병이나 보병을 거느린 자들도 있었다. 키루스는 그들 중 상당수가 자신도 통치할 능력이 있다고 확신한다는 것을 알았다. 그들은 키루스의 근위대와 아주 가까운 관계일 뿐 아니라 대부분 키루스와도 자주 만나는 사이였다. 그것은 그가 그들을 어떻게든 이용하려면 어쩔 수 없는 일이었다. 그 지역에서는 그에게 어떤 방식으로든 일이 터질 수 있는 큰 위험이 항시 도사리고 있었던 것이다.

47 따라서 그의 마음속에는 늘 그들이 초래할 수 있는 위험을 제거해야 한다는 생각이 자리 잡고 있었지만, 그들을 무장 해제시켜 전쟁 수행 능력이 없도록 만들려 하지는 않았다. 왜냐하면 그것은 부당한 일일뿐더러 자신이 일구었던 제국을 파멸시킬 수도 있었기 때문이다. 다른 한편 그는 그들이 자신에게 오지 못하게 금지하거나 자신이 그들을 불신한다는 기색을 보인다면 오히려 그들을 한꺼번에 적으로 만들 수 있다고 믿었다. **48** 그런 방법들보다 나은 방법으로, 명예를 굳게 지키면서도 키루스 자신의 안전에 대단히 유익한 것이 한 가지 있었다. 그것은 힘센 귀족들을 자신의 친구로 삼고, 또 그들끼리도 친구가 되도록 만드는 것이었다. 여기서 우리는 그가 그들을 친구로 삼기 위해 구사한 방법을 알아보기로 하자.

II

1 우선 키루스는 항상 마음에서 우러나오는 친절한 태도로 사람들을 대했다. 우리를 증오하는 듯한 사람을 사랑하거나 우리에게 악의를 품은 사람에게 선의로 대하기란 쉽지 않듯이, 마찬가지로 사랑하고 선의가 있는 사람으로 알려진 사람은 자신이 사랑받고 있다고 믿

는 사람에게서 증오를 사지 않는 법이다.

2 당시 키루스는 돈을 선물하면서 우의를 다질 형편이 아직 못 되었으므로, 주변 사람들을 배려하고 그들을 위해 일하며 그들의 행운을 함께 즐거워하고 그들의 아픔을 함께 공감함으로써 그들의 사랑을 얻으려 했다. 이후 그는 돈으로 우의를 다질 수 있는 능력을 갖추게 되었는데, 같은 양의 경비를 지출하면서 인간이 서로에게 보여줄 수 있는 친절로써 음식을 함께 먹고 마시는 것만큼 쉽게 먹혀 들어갈 수 있는 것이 없다는 것을 그는 처음부터 알고 있었던 것 같다. 3 이러한 믿음에서 그는 우선 여느 때처럼 자신의 식탁에 많은 사람이 함께 먹을 수 있을 만큼 풍성하게 음식을 차렸다. 그리고 자신과 동료들이 먹을 만큼의 양만 남기고 나머지는 전부 그가 행운을 빌어주려는 친구들에게 나누어주었다. 또한 그는 수비를 맡고 있는 병사들, 그를 시중하는 부하들, 또는 누구든 그가 좋게 평가하는 사람들에게 수시로 음식을 선물로 보냈다. 이런 식으로 그는 자신을 기쁘게 하려는 다른 사람들의 마음을 알고 있다는 것을 표현하곤 했다.

4 또한 키루스는 칭찬하고 싶은 하인에게 식탁에 나온 음식을 주기도 했다. 게다가 그는 어느 하인에게도 모든 음식을 그의 식탁에서 제공하도록 했다. 그렇게 하면 개를 기를 때와 같이 그들에게 상당한 선의를 심어줄 수 있다고 생각했기 때문이다. 또 그는 어느 친구를 군중에게서 사랑을 받게 하고 싶을 때에는 식탁에 나온 음식을 그 친구에게 주었다. 이러한 방식은 상당한 효과가 있었다. 지금도 왕궁의 식탁에 나온 음식을 선물로 받으면 누구나 크게 환영한다. 다른 사람들은 그 선물을 받은 사람을 명예롭게 여기며 무엇이든 마음먹은 대로 할 수 있는 권한이 있는 인물로 생각한다. 물론 왕이 보내는 선물은 당연히 받는 사람에게 큰 기쁨을 주지만, 특히 왕궁에서 보내는 음식을 받으면 다른 선물보다 훨씬 감사하는 마음이 크기 마련이다.

5 사실 그것은 그다지 놀라운 일이 아니다. 큰 도시에서는 온갖 예술이 모두 뛰어난 수준으로 발달하는 것과 마찬가지로 왕궁의 음식도 뛰어난 솜씨로 만들어진 것이기 때문이다. 작은 도시에서는 한 기술자가 의자와 문짝과 쟁기를 전부 만든다. 간혹 집 짓는 솜씨까지 갖춘 기술자도 더러 있지만, 대부분은 그저 자신이 먹고 살 만한 일거리를 찾는 데 급급할 뿐이다. 그러므로 여러 기술이 있는 사람이 그 모든 기술에 능숙하기란 불가능하다. 그에 반해 큰 도시에서는 각종 분야에서 많은 인력이 필요하므로 보잘것없는 한 가지 기술만 있는 사람이라 해도 먹고살기에 충분하다. 예를 들어 남성용 신발만 만드는 사람이나 여성용 신발만 만드는 사람도 있는 것이다. 또한 대도시에는 신발을 꿰매는 기술로만 먹고사는 사람도 있고, 제화용 가죽을 자르거나 가죽 조각들을 이어 붙이는 사람이 별도로 있는가 하면, 그런 공정은 전혀 수행하지 않고 부품들만 꿰어 맞춰 신발을 만드는 사람도 있다. 당연한 이야기지만 고도로 전문화된 작업에만 전념하는 사람은 그만큼 그 분야에서 최고 솜씨를 자랑하게 되는 것이다.

6 주방과 관련해서도 그와 똑같이 말할 수 있다. 한 사람이 식탁을 차리고, 빵을 굽고, 요리들을 차례로 하나씩 마련해야 한다면 그는 할 일이 너무나 많을 수밖에 없다. 하지만 고깃국을 끓이는 사람, 고기와 생선을 굽는 사람, 빵을 만드는 사람 등이 각기 따로 있고, 한 가지 종류만 만드는 사람이라 해도 충분히 좋은 평판을 받을 수 있다면, 그런 주방에서는 모든 것이 훨씬 더 나은 방식으로 만들어질 것이 분명하다.

7 이렇게 키루스는 음식을 선물로 이용하여 친구를 만드는 기술이 누구보다도 뛰어났다. 또한 그는 호의를 얻는 다른 방법에서도 아주 뛰어났는데, 이제는 그것을 살펴보기로 하자. 비록 그의 수입은 어느 누구보다도 훨씬 많았지만, 그가 남들에게 주는 선물의 양도 그 누구

보다 더 많았다. 오늘날까지도 여러 왕들이 선물을 많이 베푸는 관습은 바로 키루스에게서 시작된 것이다. 8 그 페르시아 왕보다 부자 친구가 더 많은 사람이 또 누가 있겠는가? 자기 친구들을 아름다운 옷으로 장식해주는 사람이 페르시아 왕 말고 또 누가 있겠는가? 팔찌, 목걸이, 금을 박아넣은 말고삐 같은 한눈에 알아볼 수 있는 화려한 선물을 주는 왕이 또 어디 있겠는가? 누구나 잘 알다시피 그가 선물로 준 것이 아니라면 어느 누구도 그런 물건을 가질 수 없게 되어 있기 때문이다. 9 또한 그렇게 많은 선물을 베푼 덕분에 주변 사람들에게서 형제나 부모, 자식보다도 더 사랑받는 인물이 된 왕이 키루스 이외에 또 누가 있겠는가? 몇 개월이나 걸려 먼 곳까지 원정을 가서 적을 응징한 왕이 키루스 외에 또 누가 있겠는가? 정복해서 제국을 건설했고 죽은 뒤에도 자신이 복속시킨 백성들에게서 '아버지'라는 칭송을 받은 사람이 키루스 이외에 누가 있겠는가? 키루스는 분명히 약탈자의 이름이 아니라 은인의 이름이기 때문이다. 10 나아가 우리는 그가 다름 아닌 선물과 훈장을 수여하는 방식으로 이른바 '왕의 눈'과 '왕의 귀'를 얻었다는 사실을 발견했다. 그는 무엇이든 자신에게 이익이 되는 정보를 전해준 사람에게는 두둑한 대가를 지불했으므로 많은 사람들은 자신의 눈과 귀를 이용하여 왕에게 좋은 정보를 전하는 첩자가 되려 했던 것이다. 11 그 결과 왕에게는 많은 '눈'과 많은 '귀'가 생겼다. 하지만 그렇다고 해서 키루스가 특별히 한 사람을 정해서 자신의 '눈'으로 삼았다고 생각한다면 그것은 오산이다. 한 사람이 보고 들을 수 있겠지만 그것은 적다. 어느 한 사람만을 정해서 보고 들게 한다면, 다른 모든 사람들에게는 관심을 기울이지 말라고 명령하는 것과 같을 것이다. 또한 특정한 사람이 그의 '눈'이라는 것을 사람들이 알게 된다면, 사람들은 그를 경계할 것이다. 사정은 그와 달랐다. 키루스는 관심을 끌 만한 것을 보고 들었다고 주장할 수 있는 사람은 어느 누구의 이야기든지 모두 들으려 했기 때문이다. 12 그래서 "왕은 많은 눈과 많은 귀를 가졌다"는 말이 생겼다. 사람들은 마치 왕이 듣고 있기라도 한 것처럼 어디서든 왕의 불신을 살 만한 말을 하지 않도록 조심했으며, 마치 왕이 자기 앞에 있는 것처럼 왕에게해가 될 만한 일도 하지 않으려 했다. 따라서 아무도 왕을 경멸하는 말은 누구에게든 감히 하지 못했을 뿐 아니라, 사람들이 모인 자리에서는 마치 그 가운데 왕의 눈과 귀가 많이 있는 것처럼 언행을 함부로 하지 않았다. 내가 보기에 키루스에 대한 사람들의 이러한 태도에 어떤 이유가 있다면 그것은 작은 호의의 대가로 큰 호의를 베풀고자 한 그의 정책이라고밖에 달리 설명할 도리가 없다.

13 세상에서 가장 부유한 사람이 아낌없이 선물을 준다는 것은 당연한 일이다. 그러나 키루스가 선물뿐만 아니라 친구들에 대한 관심과 배려마저도 아끼지 않았다는 것은 주목할 만한 사실이다. 키루스가 친구들에 대한 관심에서 누구에게 뒤지는 것을 다른 무엇보다도 수치스럽게 여겼다는 것이 비밀이 아니었음은 누구나 알고 있는 사실이었다. 14 사람들은 그의 말을 인용하여 좋은 양치기와 좋은 왕의 의무는 똑같다고까지 말한다. 좋은 양치기는 자신의 양에서 이익을 끌어내면서도 양들을 행복하게 해주어야 하며(물론 양들이 행복하다고 말할 수 있다면), 그와 마찬가지로 왕도 자신의 백성과 도시에서 이익을 얻어내려면 백성과 도시를 행복하게 해주어야 한다. 그가 이런 이론을 지지했다는 것을 알면 그가 친구들에 대한 관심에서도 다른 모든 사람들을 능가하려고 열망했다는 것은 결코 놀랄 만한 일이 아니다. 15 그에 대한 증거의 하나로, 키루스는 크로이소스에게 그 이론의 올바름을 분명하고도 현실적으로 증명해보였다. 키루스가 자기 집에 어느 누구보다도 많은 황금 보물을 쌓아둘 수 있는 처지이면서도 그렇게 많은 선물을 베풀면 결국 가난해질 것이라고 크로이소

스가 경고했을 때의 일이다.

키루스는 크로이소스에게 이렇게 말했다고 한다. "그대는 지금 내게 금이 얼마나 있을 거라고 생각하오? 그러니까 내가 권좌에 오른 이후 금을 얼마나 많이 모았을 거라고 생각하냐는 말이오."

16 크로이소스는 상당히 많은 양일 것이라고 대답했다.

키루스가 다시 말했다. "그렇다면 크로이소스, 그대가 신임하는 여기 이 사람을 히스타스파스와 함께 보내서 알아보시오. 그리고 히스타스파스, 자네는 내 친구들을 차례로 찾아가서 내가 어떤 사업 때문에 돈이 필요하다고 전하게. 실제로도 나는 지금 돈이 더 많이 필요하니까 말이야. 그리고 그들에게 각자가 나에게 줄 수 있는 돈의 양을 글로 적어서 봉투 속에 밀봉한 다음 그것을 크로이소스의 사자에게 전해서 이곳으로 가져오도록 하게."

17 그리고 키루스는 자신이 말한 내용을 글로 적어서 봉투에 넣고 히스타스파스에게 주어 자기 친구들에게 전하라고 했다. 또한 그는 모든 봉투 속에 친구들에게 히스타스파스를 키루스의 친구로 받아들이라는 요구도 써넣었다.

히스타스파스가 친구들을 만나고 크로이소스의 사자가 명부를 가져왔을 때 히스타스파스는 이렇게 말했다. "키루스 왕이시여, 폐하께서는 이제부터 저를 부자로 여기셔야 합니다. 폐하의 서신 덕택에 저는 엄청난 선물을 가지고 돌아왔으니까요."

18 그러자 키루스가 말했다. "크로이소스, 여기 이 사람만으로도 우리는 보물창고 하나를 벌써 얻었다오. 다른 친구들에 관해서는 명부와 거기에 적힌 금액을 살펴보고, 내가 돈을 써야 할 경우 얼마나 되는 돈이 준비되는지 보시오."

크로이소스가 그 금액을 모두 더해본 결과, 거기에 적힌 액수는 자신이 그 무렵 키루스에게 그동안 모아놓은 돈이 있으면 잘 보관해두라고 말한 액수의 몇 배나 되는 것이었다. **19** 사실이 분명해졌을 때 키루스는 이렇게 말했다고 한다. "나도 상당한 돈을 가지고 있다는 것을 이제 알았소, 크로이소스? 하지만 그대는 내게 이 돈을 모아 내 왕궁에 간직하라고 제안하겠지. 감시인을 붙여두고 모든 재산을 관리하게 하면서 이 재산 때문에 여러 사람의 질시와 증오를 받으라고 말이오. 그러나 내가 친구들을 부자로 만들면 내 돈도 거기에 있는 동시에, 어느 감시인보다도 나 자신과 우리 공동의 운명을 더 잘 지켜줄 충직한 감시인들을 거느리고 있는 셈이오. **20** 한 가지 더 말해주리다. 실은 나 자신도 재물에 대한 열정에서 완전히 자유롭지는 못하다오. 그 열정은 신이 인간의 영혼 속에 넣어주신 것이며, 그것으로써 신은 우리 모두를 똑같이 가난하게 만드셨소. 하지만 나 역시도 다른 사람들과 마찬가지로 재물에 대한 탐욕이 있소. **21** 그래도 나는 여느 사람들과 다르다고 생각하오. 사람들은 필요 이상으로 많은 것을 손에 넣고 결국 그 가운데 일부를 묻어놓았다가 썩게 만들지. 게다가 피곤할 만큼 보물을 셈하고, 크기를 재고, 무게를 달고, 자랑하고, 감시하느라 열심이라오. 그렇게 집안에 많은 보물을 가지고 있으면서도 음식을 많이 먹으면 배가 터질 테니까 많이 먹지도 못하고, 옷을 많이 입으면 숨이 막힐 테니까 많이 입지도 못하오. 그들은 그저 남는 보물이 짐스럽다는 것을 알게 될 뿐이오. **22** 나는 신의 인도에 따라 늘 더 많은 것을 얻게 되었소. 내가 보기에 나 자신에게 필요한 것 이상을 얻는 경우에 나는 그것을 친구의 필요를 충족시키는 데에 쓰오. 그리고 다른 사람들을 부유하게 하고 친절하게 함으로써 나는 그 불필요한 재산으로 사람들의 우정과 충성을 사는 것이오. 또한 그로써 나는 안전과 명예를 대가로 거둬들이는 것이오. 그것들은 결코 썩지 않으며 많이 가져도 부담이나 해가 되지 않는 것이라오. 오히려 명예가 커지면 커질수록 매력도 커지고 부담도 가벼워지는 법이오. 명예는 그것을 가진 사람들의 마음을 더 가볍게 만드는 법이라오.

23 크로이소스, 내 말을 들어보시오. 나는 많은 것을 지니고 그 많은 것을 지키는 사람이 가장 행복하다고 여기지 않소. 만약 그게 행복이라면 도시 성벽을 지키는 병사는 도시의 모든 것을 지키고 있으니까 가장 행복한 사람이어야 할 것이오. 정직한 방법으로 많은 것을 획득하고 그것을 고상한 목적으로 사용하는 사람이 바로 내가 가장 행복하다고 여기는 사람이오."

키루스는 이렇게 설교했을 뿐만 아니라 그 설교대로 실천한 사람이었다.

24 그밖에도 그는 대다수 사람들이 건강하고 힘이 있을 때는 각종 생활필수품들을 마련하고 건강한 사람들에게 필요한 물건들을 많이 모으지만, 병에 걸렸을 때 소용이 될 만한 물건들은 전혀 준비하지 않는다는 것을 알았다. 그래서 그는 이 문제를 해결하기로 마음먹었다. 이를 위해 그는 비용을 아끼지 않고 주변에 어느 누구라도 유용하다고 말하는 최고의 의사들 그리고 각종 도구와 약품, 음식물 등을 수집했다. 그는 이러한 모든 물건을 수집하여 그의 궁정에 반드시 저장했다. 25 어느 누가 병이 들고 키루스가 그 병자의 회복에 관심이 있으면 그는 환자를 방문해서 필요한 물건들을 모두 내주었다. 또한 의사를 자신의 의약품 창고에 데려가거나 함께 치료할 때면 언제나 그 의사에게 치하하는 일을 잊지 않았다.

26 이와 같은 방법과 기타 여러 수단으로 키루스는 우선 자신이 사랑받고 싶은 사람들의 관심과 애정을 붙잡으려 했다.

또한 사냥할 때도 키루스는 사람들에게 아름답고 좋은 것에 대한 경쟁심을 부추기려는 목적으로 상을 내걸고 경기하는 방식을 자주 사용했다. 그의 의도는 우월성을 실천하려는 데 있었으므로 이런 사냥에는 대개 칭찬이 뒤따랐다. 그러나 그런 경기는 귀족들 간의 다툼과 질시를 조장하기도 했다.

27 그밖에 키루스는 사실상 법이나 다름없는 명령을 내렸다. 그에 따르면 공적 행동에서든, 상을 타기 위한 경기에서든 판결이 필요한 문제가 발생할 경우에는 판결을 요구하는 사람들이 판관을 선택할 때 서로 동의해야 한다는 것이었다. 그러므로 참가자들이 저마다 가장 영향력 있는 사람을 판관으로 확보하려 하고, 그 사람이 키루스와 가장 친한 인물일 것은 지극히 당연했다. 또한 판결에서 승리하지 못한 사람은 승자를 질시하고, 자기 편을 들어주지 않은 판관을 싫어할 수밖에 없었다. 그 반면에 승리한 사람은 자신이 대의명분에 따른 정의로 승리했으므로 누구에게도 감사할 필요가 없다고 생각했다.

28 키루스의 사랑을 얻으려는 사람들은, 어디에서나(심지어 공화국에서도) 사람들이 그러하듯이, 서로를 시기하는 경우가 많았다. 그래서 대개 그들은 공동의 이해관계가 걸린 일에는 키루스에게 협력했다가도 그 일이 끝나면 곧바로 뿔뿔이 흩어져 서로 상대방을 제거하려고 했다.

결국 키루스는 영향력이 큰 시민들에게 자기들끼리 사랑을 나누게 하기보다 키루스 자신을 더 사랑하도록 만들려고 한 것이었다.

III

1 그다음에는 키루스가 어떻게 처음으로 자신의 궁전에서 나와 당당하게 행진했는지 살펴볼 차례다. 여기서 그것을 언급하는 데는 적절한 이유가 있다. 우리가 보기에 그가 공식적으로 화려하게 모습을 드러낸 것은 신민들의 존경을 이끌어내기 위해 고안한 기술 가운데 하나였기 때문이다. 그는 행진을 출발하기 전에 페르시아인과 동맹

자들 중에서 공직을 맡고 있는 사람들을 불러모은 다음 그들에게 메디아 의상을 지급했다(페르시아인이 메디아 의상을 입은 것은 그때가 처음이었다). 옷을 나눠주면서 그는 신이 선택한 성소(聖所)까지 당당하게 행진한 다음 그곳에서 친구들과 함께 제사를 올리고 싶다고 말했다. 2 "그러므로 여러분은 이 의상을 입고 해가 뜨기 전까지 궁정으로 오시오. 그리고 페르시아인 페라울라스가 내 이름으로 행하는 지휘에 따라 줄을 서시오. 내가 행렬을 이끌 때 여러분은 정해진 순서에 따라 나를 따르시오. 하지만 우리가 행진하는 방식보다 더 나은 생각이 있는 사람은 우리가 돌아온 뒤 곧바로 내게 말해주시오. 모든 일은 여러분이 최선이며 가장 적당하다고 생각하는 것에 따라 진행되어야 할 테니까 말이오."

3 키루스는 귀족들에게 가장 아름다운 의상을 지급한 다음 그동안 많이 만들어둔 또 다른 메디아 의상들을 가져오게 했다. 그것들은 자주색, 검정색, 붉은색, 짙은 적갈색 등 여러 색깔의 화려한 외투였다. 그는 그 옷들을 지휘관들에게 지급하고, 그것을 각자의 친구들에게 입히라고 명했다. "지금까지 내가 여러분을 치장해주었듯이 여러분도 친구들을 치장해주시오."

4 그 자리에 있던 한 사람이 물었다. "폐하는 언제 입으실 것입니까?"

"왜, 내가 여러분을 치장해주는데 나 자신을 치장하지 않을 것 같소? 틀림없이 여러분과 잘 어울리게 할 테니 염려 마시오. 나는 어떤 옷을 입는다 해도 멋지게 보일 거요."

5 그렇게 해서 그들은 각자 자신의 거처로 가서 친구들을 불러 메디아 의상을 지급했다.

키루스는 페라울라스가 잘 해줄 것으로 믿었다. 그는 평민 출신이었으나 미와 질서를 볼 줄 아는 안목이 있고 키루스를 만족시킬 수 있을 만큼 명민한 인물이었다(페라울라스는 일찍이 각자의 성과에 따라 논공행상을 해야 한다는 키루스의 제안을 지지했던 바로 그 사람이다). 그래서 키루스는 그를 불러 행렬을 이끌 계획을 말해주었다. 그에 따르면 행진은 키루스의 충성스런 친구들에게는 웅장하게 보이도록 하고, 불만을 품은 자들에게는 두려움을 품게 하는 것이어야 했다. 6 용의주도한 연구 끝에 그들이 행진 방식을 합의한 뒤 키루스는 페라울라스에게 이튿날의 행진이 정확히 그들이 정한 대로 진행되도록 하라고 명했다. "행진 중의 지시는 모두들 자네에게 복종하라는 명령을 이미 내려두었네. 하지만 사람들이 자네의 지휘를 더 쉽게 따르도록 하기 위해서 여기 이 튜닉들을 가져가서 창기병들의 지휘관들에게 주게. 그리고 이 기병용 망토들은 기병부대 지휘관들에게 나눠주고, 전차부대 지휘관들에게는 또 다른 이 튜닉들을 전하게."

페라울라스는 그 옷들을 가지고 갔다. 7 지휘관들은 그를 보자 이렇게 말했다. "페라울라스, 당신은 지휘관인 우리마저도 지휘하니 참 대단한 사람임이 틀림없소이다."

그에 대해 페라울라스는 이렇게 대답했다. "결코 그렇지 않소. 겉으로는 그렇게 보일지 모르지만 나는 그저 짐꾼일 뿐이라오. 그건 그렇고 두 벌의 외투를 가져왔소. 하나는 그대 것이고 다른 하나는 다른 사람 것이오. 당신이 먼저 선택하시오."

8 그 말을 듣고 외투를 받은 지휘관은 즉시 시기심을 잊고 어느 것을 택하는 게 더 좋을지 자문을 구했다. 페라울라스도 기꺼이 충고해주고 나서 이렇게 말했다. "내가 부여한 선택권을 당신이 포기한다면 다음번에 내가 봉사하러 올 때에는 내가 다른 종류의 하인이 되어 있는 것을 볼 것이오." 지침에 따라 모든 것을 분배한 뒤 페라울라스는 즉각 모든 면에서 행진을 최대한 웅장하게 보이도록 하기 위한 준비에 들어갔다.

9 이튿날 동이 트자 해가 뜨기 전까지 모든 준비가 끝났다. 병사들은 오늘날의 페르시아군과 마찬가지로 왕이 지나갈 길을 가운데 두고 거리 양측에 도열해 있었다. 그 가운데로는 고위직 인물들 이외에는 누구도 들어갈 수 없었다. 또한 경찰들도 회초리를 손에 든 채 그 안으로 들어오려는 사람이 있으면 후려칠 준비를 하고 있었다.

대열의 선두로, 대문 앞에는 약 4천 명의 창기병들이 네 줄로 섰고 2천 명이 대문 양 옆으로 늘어섰다. **10** 기병들은 모두 말에서 내린 채 각자 자신의 말 옆에 서 있었다. 그들은 상의의 소매 안으로 손을 찔러 넣은 자세였는데,[1] 요즘에도 왕이 사열할 때면 그렇게 한다. 페르시아 병사들은 거리의 오른편, 나머지 동맹군 병사들은 왼편에 도열했고, 전차 부대도 그와 마찬가지로 양편에 절반씩 나누어 자리를 잡았다.

11 그때 왕궁의 대문이 활짝 열리면서 행렬의 선두가 보였다. 제우스와 수도승들이 지시한 다른 신들에게 바치는 특별히 잘생긴 네 마리 황소가 어깨를 나란히 하고 나왔다. 페르시아인은 다른 행렬에서보다 더 꼼꼼하게 신성을 지닌 것들이 행렬을 인도하도록 신경을 써야 한다고 생각한 것이다. **12** 황소들의 뒤로 태양신에게 바치는 말들이 나왔으며, 그 뒤로 제우스에게 바치는 전차가 나타났다. 이 전차는 화환으로 장식되었고 전차를 끄는 백마들은 금으로 된 멍에가 씌

---

1) 페르시아 병사들은 왕의 면전에서 복종의 표시로 상의의 소매 안에 손을 넣게 되어 있었다. 이렇게 손이 소매 안에 들어가 있으면 무력을 행사하는 것이 불가능하기 때문이다. 소(少)키루스(Cyrus the Younger, 이 책의 주인공 키루스의 후손인 기원전 5세기의 인물로서 페르시아 왕위를 노리다가 실패했다—옮긴이)는 친척 두 사람이 그 규칙을 지키지 않았다는 이유로 처형한 적도 있었다(『헬레니카』*Hellenica*, II, i, 8).
『헬레니카』는 기원전 4세기 그리스 역사가인 테오폼포스의 저작이다—옮긴이.

워져 있었다. 그다음에는 태양신에게 바치는 또 한 대의 전차가 나왔는데, 역시 화환으로 장식되었고 백마들이 끌고 있었다. 그 뒤로 자주색 천이 덮인 말들이 끄는 세 번째 전차가 행진했으며, 불이 타고 있는 커다란 제단을 든 사람들이 그 뒤를 따랐다.

13 그다음에 드디어 전차를 탄 키루스가 모습을 드러냈다. 머리에는 높은 왕관을 쓰고, 흰색이 섞인 자주색 튜닉(이런 옷은 왕만이 입을 수 있다)과 진홍색으로 물들인 바지, 자주색 망토를 입은 차림이었다. 그는 또한 왕관 밑에 머리띠를 둘렀고 그의 친척들도 같은 표시를 했는데, 이 풍습은 오늘날에도 유지되고 있다. **14** 키루스의 손은 소매 바깥으로 나와 있었다. 그와 함께 전차를 타고 있는 사람도 키가 컸지만 키루스보다는 작았다. 실제로 키루스의 키가 컸는지, 또는 다른 이유가 있었는지는 모르지만 어쨌든 키루스의 키가 훨씬 더 커 보였다.

사람들은 그를 보자 모두들 그의 앞에 엎드렸다. 사람들이 그런 경의의 예의를 갖춘 이유는 미리 경의를 표하는 행위를 하라는 지시를 받기도 했고, 키루스의 웅장한 풍모에 압도되었기도 했으며, 키루스의 외모가 워낙 빼어나 보여서 쳐다볼 수 없었기 때문이기도 했다. 어쨌든 키루스 이전까지는 페르시아인이 그렇게 엎드린 자세를 취한 적이 없었다.

15 그때 키루스의 전차가 앞으로 나섰다. 4천 명의 창기병이 선두를 이끌고 2천 명은 키루스가 탄 전차의 양측을 둘러쌌다. 또 축제 복장을 한 3백 명가량의 권표봉지자들이 말을 타고 전통적인 창을 들고서 그 뒤를 따랐다. **16** 그다음에는 키루스가 개인적으로 소유한 약 2백 마리의 말들이 황금 고삐와 수를 놓은 옷으로 장식된 차림으로 행진했다. 그 뒤에 2천 명의 창병들이 따랐고, 또 그 뒤에 페르시아의 원래 기병부대 1만 명이 1백 명씩 1백 줄로 정사각형을 이루어 행진

했다. 크리산타스가 그들의 지휘를 맡고 있었다. 17 그들의 뒤로 히스타스파스가 지휘하는 똑같이 편제된 페르시아 기병부대 1만 명이 행진했다. 또 다타마스가 지휘하는 똑같은 부대 1만 명이 그 뒤를 따랐고, 그 뒤에는 가다타스가 지휘하는 더 많은 기병들이 행진했다. 18 그리고 메디아, 아르메니아, 히르카니아, 카두시아, 사키아의 기병부대들이 뒤를 이었으며, 기병들이 지나간 다음에는 페르시아인 아르타바타스(Artabatas)가 지휘하는 4열로 편제된 전차부대가 따랐다.

19 키루스가 행진하는 동안 수많은 군중이 키루스에게 이런저런 사연을 저마다 탄원하기 위해 구름처럼 모여들었다. 그래서 키루스는 따라오던 권표봉지자들을 세 명씩 자기 전차 좌우에 배치하고 사람들의 탄원을 접수하게 했다. 또한 그는 사람들에게, 누구든 자신에게 바라는 것이 있을 경우 기병부대 지휘관에게 말하면 자신에게까지 전달되리라고 말했다. 그 말을 듣자 사람들은 어느 장교에게 접근해야 하는지 생각하면서 앞다투어 기병부대가 행진하는 대열을 따라갔다.

20 이따금 키루스는 친구들 중에서 군중의 사랑을 받게 하고 싶은 사람을 하나씩 불러 이렇게 말했다. "행렬을 따라가는 사람들 중 누가 자네의 관심을 끌기 위해 애쓰는 사람이 있으면 이렇게 하게. 전혀 중요하지 않은 이야기라고 생각하면 그에게 관심을 보이지 말게. 단, 누가 공정함에 관해 자네에게 물으려 하면 내게 와서 전해주게. 나와 함께 그 탄원을 논의하기로 하세."

21 키루스가 부를 때마다 호명된 사람은 전속력으로 달려와 부름에 응했으므로 키루스의 권위와 부하들의 복종심은 더욱 대단해 보였다. 하지만 한 사람 예외가 있었다. 태도가 약간 촌스러운 사람이었던 다이페르네스(Daïphernes)라는 자는 키루스의 명에 즉각 복종하지 않음으로써 나름대로 독립성을 보여줄 수 있다고 생각했다. 22

그것을 본 키루스는 다이페르네스가 다가와서 이야기하기 전에 권표봉지자 한 사람을 보내 더 이상 그가 필요없다는 전갈을 전하게 했다. 그러고는 다시 그를 부르지 않았다. 23 그러나 다이페르네스 다음으로 호명된 사람이 다이페르네스보다 빨리 키루스에게 달려왔을 때 키루스는 그에게 행진하던 말 가운데 한 마리를 내주고, 권표봉지자에게 명해서 어디든지 그가 원하는 곳으로 말을 가져다주라고 시켰다. 그 광경을 본 사람들은 그것을 크나큰 영예라고 여겼으므로 그 사건 이후 더 많은 사람들이 호명된 그 사람에게 관심을 보였다.

24 대열이 성소에 이르자 그들은 제우스에게 제사를 지냈고 황소들을 도살했다. 그런 다음 그들은 데려온 말들을 태양신을 찬미하는 불길 속에 집어넣었다. 그리고 수도승들이 지시하는 대로 대지의 신에게 제사를 드리고, 마지막으로 시리아의 수호 영웅들에게도 제사를 드렸다. 25 그 뒤 그 지역이 경주하기에 적합해 보이자 키루스는 멀리 5스타디아쯤 떨어진 곳을 목표물로 정하고, 여러 민족의 기병들에게 차례로 그곳까지 전속력으로 말을 달리라고 명했다. 그에 따라 키루스 자신은 페르시아 기병부대와 함께 달렸는데, 그동안 기병술에 각별한 관심을 기울인 덕분에 병사들을 한참 뒤로 따돌리고 선두로 들어왔다. 메디아 기병부대에서는 키루스에게서 말을 선물로 받은 아르타바주스가 우승했고, 키루스에게 반기를 든 적이 있었던 아시리아 기병부대에서는 가다타스가 첫 번째로 들어왔다. 아르메니아 기병부대에서는 티그라네스가, 히르카니아 기병부대에서는 말 주인의 아들이 우승했다. 또 사키아 기병부대에서는 어느 하급 병사가 다른 병사들을 거의 절반 가까이나 따돌리고 우승했다. 26 그러자 키루스는 젊은이를 불러 그 말을 왕국과 바꾸지 않겠느냐고 물었다.

병사는 이렇게 대답했다. "싫습니다. 저는 이 말을 왕국과 바꾸는 대신 용감한 사나이에게 감사를 표시하고 싶습니다."

27 "좋다. 그럼 네가 눈을 감고 돌을 던져도 틀림없이 용감한 사나이를 맞힐 수 있는 곳으로 안내하겠다."

"좋습니다. 저는 이 흙덩이를 던지겠습니다." 사키아 병사는 이렇게 말하고 흙덩이 하나를 집어들었다.

28 키루스는 자기 친구들이 모여 있는 곳을 손으로 가리켰다. 그러자 젊은이는 눈을 감고 흙덩이를 던졌는데, 마침 말을 타고 가던 페라울라스가 그 흙덩이에 맞았다. 그때 그는 키루스의 명령을 받고 어떤 전갈을 전하러 가던 참이었다. 그러나 흙덩이에 맞고서도 그는 몸을 돌리지 않고 임무를 수행하기 위해 가던 길을 계속 갔다.

29 사키아 병사는 눈을 뜨고 자신이 누구를 맞혔는지 물었다.

"여기 있는 아무도 맞지 않았다."

"정말 여기 있는 분들은 아무도 맞지 않았군요."

"분명히 그렇다. 너는 저기 전차들 사이로 매우 빠르게 달려가는 사람을 맞혔다."

"그런데 왜 그는 돌아보지 않는 거죠?"

30 "아마 미쳤기 때문일 게야." 키루스가 대답했다.

이 말을 들은 젊은이는 흙덩이를 맞은 사람이 누구인지 알아보러 갔다. 그는 페라울라스의 턱이 흙과 피로 범벅이 되어 있는 것을 발견했다. 흙덩이에 맞을 때 코가 깨져 피가 난 것이었다. 젊은이는 그에게 가서 흙덩이에 맞았느냐고 물었다.

31 "지금 네가 보는 바와 같다." 페라울라스가 대답했다.

"그렇다면 제가 이 말을 드려야겠군요."

"왜 주는 거지?"

사키아 병사는 자초지종을 이야기하고 이런 말을 덧붙였다. "적어도 제 생각에는 틀림없이 용감한 사나이를 맞힌 것 같군요."

32 그러자 페라울라스가 대답했다. "나보다 부자인 사람에게 그 말

을 주는 편이 더 현명한 일일 게다. 하지만 네가 준다면 고맙게 받겠다. 그리고 네 공격을 받게 하신 신께 기도해서, 네가 그 선물을 내게 준 것을 후회하는 일이 없도록 해달라고 하겠다. 여기 내 말을 타고 돌아가거라. 나도 곧 그곳으로 가마."

이렇게 해서 두 사람은 서로 말을 바꿔 탔다.

카두시아 기병부대의 경주에서는 라티네스(Rhathines)가 우승했다.

33 또한 키루스는 전차부대들에게도 경주를 허락했다. 승자들에게는 우승컵과 소를 주었는데, 제사를 올리고 연회를 열도록 하기 위해서였다. 그런 다음 키루스는 자신이 상품으로 받은 소는 직접 데려갔으나 우승컵은 페라울라스에게 주었다. 그가 대원수를 맡아 왕궁에서부터 시작한 행진을 성공적으로 이끈 데 대한 감사의 표시였다.

34 이렇게 해서 키루스 때문에 왕의 행진이 정례화되었다. 왕이 제사를 봉헌하지 않을 경우 제물이 빠진다는 것만 빼면 오늘날까지도 그 행진은 과거와 다를 바 없다.

행진이 모두 끝난 뒤 그들은 도시로 돌아갔다. 집이 있는 자는 자기 집으로 갔고, 집이 없는 자는 군대 숙소로 갔다.

35 페라울라스는 자기에게 말을 준 사키아 병사를 집에 초청해서 즐겁게 해주고 많은 물품을 주었다. 또 식사할 때 그는 키루스에게서 받은 컵으로 건강을 빌며 건배했고, 그에게 컵도 주었다.

36 사키아 병사는 여러 가지 아름다운 이불과 멋진 가구, 많은 하인들을 보고 이렇게 말했다. "페라울라스, 제게 말해주십시오. 당신은 원래부터 부자였습니까?"

37 "부자였냐고! 그렇지 않다네. 모두들 잘 알다시피 전에는 직접 일해서 먹고사는 처지였지. 내 아버지는 고된 노동과 빠듯한 살림으로 우리 식구를 부양하면서도 나를 소년 학교에 보내주셨지. 하지만

내가 청년으로 성장하자 아버지는 나를 빈둥거리게 내버려두지 않고 농장에 데려가 일을 시켰어. 38 농장에서 나는 아버지가 돌아가실 때까지 아주 조그만 땅뙈기에서 농사를 지어 아버지를 부양했지. 사실 그다지 나쁜 땅은 아니었고 오히려 정직한 땅이었다네. 씨앗을 뿌리고 가꾸어주면 공정하고도 정직한 결실을 주었으니까. 하지만 수확은 별로 많지 않았어. 그래도 아주 좋을 때는 간혹 배로 이익을 올리기도 했지. 그런 식으로 나는 집에서 살았다네. 그러나 지금 자네가 보는 모든 것은 키루스가 내게 주신 거라네."

39 "그래도 당신은 얼마나 행복한 사람입니까? 이유야 여러 가지가 있겠지만 어쨌든 당신은 가난했다가 부자가 되었으니까 말입니다. 굶주려 살다가 부자가 되었으니, 그 이유 하나만으로도 당신은 당신의 재산을 훨씬 더 즐길 수 있을 겁니다."

40 "이보게, 사키아 친구. 자네는 내가 더 많이 가질수록 더 행복하게 살 것이라고 생각하는 모양이군. 그런데 실은 부자가 된 뒤에 나는 가난했을 때보다 더 먹지도, 마시지도, 잠자지도 못한다네. 부자가 된 탓에 오히려 나는 전보다 더 다른 사람들을 돌보고 배려해야 하고, 더 많이 나눠주게 되었지. 41 지금은 많은 식솔들이 내게 밥과 옷을 달라고 아우성이고 때로는 의사도 불러달라고 야단이야. 게다가 늑대가 양을 물어가거나 황소가 벼랑에서 떨어져 죽은 이야기를 나한테 하거나, 소떼가 병들어 죽는다고 말하러 오네. 온통 걱정거리뿐이라네. 그렇게 보니까 가난했을 때보다 부자가 되니 오히려 골칫거리가 더 많아진 것 같다네."

42 "하지만 모든 일이 잘 굴러간다면, 당신은 이렇게 많은 축복을 받았으니 저보다 몇 배는 행복하시겠지요."

"사키아 청년, 재산이 주는 즐거움은 분명 크지만 그것을 잃었을 때의 고통도 그에 못지않다네. 자네도 나중에 내 말이 사실이라는 걸

알게 될 거야. 부자들은 잠을 잊을 만큼 즐거워하지도 못하면서 무엇이라도 잃어버리면 그 걱정 때문에 한숨도 자지 못하는 사람들이라네."

43 "또한 무엇이라도 손에 넣으면 그 즐거움 때문에 한숨도 자지 못하는 사람들이기도 하겠죠."

44 "그렇다네. 소유가 획득만큼 즐거운 일이라면 부자는 분명히 가난한 자보다 비할 수 없이 행복하겠지. 그러나 선량한 사키아 청년이여, 많은 것을 가진 사람은 응당 신을 위해, 친구들을 위해, 또 자기 집 문으로 들어오는 나그네들을 위해 많은 것을 베풀어야 한다네. 그러니까 확실히 말하건대, 돈을 소유하는 데 지나친 쾌락을 느끼는 사람은 누구나 돈을 써야 한다는 데 지나친 아픔을 겪는다네."

45 "그렇군요. 하지만 저는 그런 사람이 아닙니다. 제 행복관은 많이 소유하고 많이 지출하는 겁니다."

46 "그렇다면 신의 이름으로 말하건대 자네 자신을 행복하게 하면서 동시에 나도 행복하게 해보게! 이 모든 재산을 갖고 소유하면서 마음대로 사용하게. 나는 그저 손님으로만 대접해주면 되네. 아니, 손님보다 더 홀대해도 상관없네. 나는 자네가 베푸는 것에 무조건 만족할 테니까."

47 "농담이시겠죠."

그러나 페라울라스는 자신의 제안이 진담이라고 서약까지 했다. "게다가 키루스가 내게 준 것 이외에 다른 것들도 자네에게 다 주겠네. 이를테면 궁정 출입이나 야전 참가를 면제해주겠네. 자네는 그저 집에 머물면서 재산만 지니고 있으면 되네. 내가 자네를 대신해서 모든 의무를 다해줌세. 또한 만약 내가 키루스의 궁정에서, 또는 어떤 작전에 참가해서 얻는 것이 있으면 그것도 자네에게 가져다주겠네. 그럼 자네는 더 많은 부를 지닐 수 있게 될 것이네. 다만 내게서 이 걱정거리만 가져가주게. 자네가 내 짐을 덜어준다면 나는 자네가 키루스에게만이 아니라 나에게도 크게 헌신했다고 생각할 걸세."

48 그들은 대화를 거듭한 끝에 그 제안대로 실행하기로 합의했다. 이렇게 해서 한 사람은 많은 재산을 가지게 되었기 때문에 행복하다고 생각했고, 다른 한 사람은 재산 관리인 덕분에 자기 마음대로 행동할 수 있는 여가를 얻게 되어 행복하다고 여기게 되었다.

49 이제 페라울라스는 자연스럽게 '선한 사람'이 되었다. 다른 사람에게 봉사하는 것만큼 그에게 즐겁고 유익한 일은 없었다. 그는 인간이야말로 모든 생물 가운데 가장 선하고 감사할 줄 아는 존재라고 생각했다. 사람들은 누구나 칭찬을 받으면 자신을 칭찬한 사람을 칭찬해주며, 남의 은혜를 입으면 그 은혜를 갚으려 하며, 누가 자신에게 친절을 베풀면 그것을 선의로 갚으며, 누가 자신을 사랑하면 그를 싫어할 수 없으며, 특히 다른 어느 생물과 달리 부모가 살아 있을 때나 죽은 뒤에도 부모의 사랑을 갚으려 열심히 노력하는 데 비해 다른 생물들은 감사할 줄도 모르고 무정하다는 게 그의 생각이었다. **50** 그래서 페라울라스는 세속의 부를 가진 데 따르는 근심을 떨쳐버리고 친구들에게 헌신할 수 있다는 생각에 크게 기뻐했다. 또한 사키아 청년도 역시 많은 부를 가질 수 있고 누릴 수 있게 되었다는 생각에 기뻐했다. 사키아 청년은 페라울라스가 항상 뭔가를 더 가져오기 때문에 그를 사랑했다. 그리고 페라울라스는 사키아 청년이 모든 것을 잘 관리해주었기 때문에 그를 사랑했다. 사키아 청년이 관리해야 할 것은 갈수록 늘어났지만 그럼에도 그 때문에 페라울라스와 다투지 않았다.

이렇게 해서 두 사람은 행복하게 살았다.

IV

1 키루스는 제사를 올린 다음 자신의 승리를 축하하는 성대한 연회를 열었다. 그 자리에 그는 자신의 지배를 찬미하고 그를 가장 충성스럽게 찬양했던 친구들을 초대했다. 초대받은 인물 중에는 메디아의 아르타바주스, 아르메니아의 티그라네스, 고브리아스, 히르카니아 기병부대 사령관 등이 포함되었다. **2** 권표봉지자의 대장을 맡은 가다타스는 왕실의 살림을 책임지고 있었다. 손님들이 키루스와 식사할 때마다 가다타스는 자신의 자리도 만들지 않고 손님들의 시중을 들었다. 그러나 손님들이 없을 때는 키루스와 함께 식사했다. 키루스가 그와 함께 있는 것을 좋아하기 때문이었다. 가다타스는 그렇게 봉사한 대가로 키루스에게서 많은 귀중품을 받았으며, 키루스의 영향력에 힘입어 다른 사람들에게서도 많은 것을 받았다.

3 초대받은 손님들이 식사하러 왔을 때 키루스는 그들의 좌석을 아무렇게나 정하지 않고 자신의 왼편에 자신이 가장 존중하는 사람을 앉게 했다. 왼편은 오른편보다 배반의 음모가 더 쉽게 노출될 수 있기 때문이었다. 그리고 두 번째로 존중하는 사람은 자신의 오른편에 앉혔으며, 세 번째는 다시 왼편, 네 번째는 다시 오른편의 순서로 자리를 배정했다. **4** 그는 손님들 각각에게 자신이 배려하고 있다는 것을 공식적으로 알게 하는 것이 좋은 방법이라고 생각했다. 왜냐하면 가장 귀한 손님이 특별한 찬양이나 상을 받지 않는다면 손님들 간에 경쟁심이 일어나지 않을 것이기 때문이었다. 반면 가장 공이 큰 손님이 가장 큰 우선권을 누린다는 것이 겉으로 드러나면, 모두들 상석을 차지하기 위해 다투기 마련이었다.

5 이런 식으로 키루스는 모임이 있을 때 각자에게 배당된 좌석을 통해서 자신이 가장 존중하는 사람이 누구인지 공식적으로 알려지

게 했다. 하지만 그는 배당된 좌석을 영구히 고정시키지는 않았다. 그는 누가 고상하게 처신하면 그 사람을 더 명예로운 좌석으로 올려주고, 잘못 처신하는 사람이 있으면 더 낮은 좌석으로 강등시키는 것을 원칙으로 삼았다. 또한 키루스는 가장 명예로운 좌석에 앉은 사람이 좋은 것들을 가장 많이 받지 못한다면 그것은 자신에 대한 불신이라고 여겼다. 키루스 시대에 도입된 이러한 관습은 오늘날 우리 시대까지도 유지되고 있다.

6 손님들이 식사를 하러 모였을 때 고브리아스는 넓은 영토를 지배하는 사람의 식탁에 온갖 산해진미가 차려져 있다는 것에 전혀 놀라지 않았다. 오히려 그가 놀란 이유는 키루스 때문이었다. 그렇게 커다란 행운을 얻은 키루스가 마땅히 누릴 수 있는 음식의 맛을 혼자서 즐기지 않고 굳이 손님들에게 나눠주려 애쓰는 것이었다. 심지어 고브리아스는 키루스가 그 자리에 참석하지 않은 친구들에게까지 맛있는 음식을 챙겨 보내는 것도 자주 보았다. 7 식사가 끝나자 키루스는 남은 음식을 모두 다른 사람들에게 보냈는데 ─남은 음식은 아주 많았다─ 고브리아스는 그것을 보고 이렇게 말하지 않을 수 없었다. "키루스, 전에 저는 폐하께서 가장 위대한 장군이라는 점 때문에 어느 누구보다도 뛰어난 분이라고 생각했습니다. 그런데 지금 보면 신에게 맹세컨대 폐하께서는 장군으로서뿐만 아니라 누구보다도 친절한 분입니다."

8 "그렇고 말고. 게다가 나는 장군으로서 행동하는 것보다 친절한 행동을 하는 것에서 더 큰 즐거움을 느낀다오."

"어째서 그렇습니까?"

"왜냐하면 장군의 위치에서는 반드시 사람들에게 해를 가해야 하지만 친절한 상황에서는 사람들에게 베풀 수 있기 때문이오."

9 그 뒤 식사를 마치고 술을 마실 때 히스타스파스가 물었다. "키루

스, 제가 폐하께 알고 싶은 것을 여쭤봐도 불쾌하시지 않겠습니까?"

"그럼, 전혀 불쾌하지 않다네. 그 반대로 나는 자네가 어떤 것을 알고 싶은데도 묻지 않는다면 오히려 불쾌할 걸세."

"그렇다면 말해주십시오. 폐하께서 저를 부르실 때 제가 오지 않은 적이 있었나요?"

"쉿!"[2]

"또는 복종할 때도 제가 마지못해 복종한 적이 있었습니까?"

"아니, 그런 적이 없었네."

"또는 제가 폐하의 명령을 무엇이든 따르지 않은 것이 있었습니까?"

"그렇지 않았지."

"그러면 폐하께서 보시기에 제가 즐겁게, 열심히 일하지 않은 적이 있었습니까?"

"전혀 아니라네."

10 "그런데 도대체 왜 폐하께서는 크리산타스를 저보다 더 명예로운 자리에 앉게 하셨습니까?"

"진짜 이유를 알고 싶나?"

"그럼요."

"사실을 들으면 화를 내지 않겠나?"

11 "아닙니다. 오히려 저는 무시당하지 않았다는 생각에 기뻐할 것입니다."

"그렇다면 좋네. 첫째, 여기 이 크리산타스는 부르러 보낼 필요가 없다네. 부르기 전에도 늘 대기하고 있지. 둘째, 그는 언제나 명령받

---

2) 그리스어에 따르면 "좋은 징조의 이야기를 하라", 즉 좋은 분위기의 침묵을 계속 지키라는 뜻이다.

은 일만 처리할 뿐 아니라 자신이 보기에 우리를 위해 해주었으면 좋겠다는 일까지 한다네. 동맹자들과 연락을 취해야 할 일이 있으면 그는 언제 말하는 게 좋을지 내게 조언해준다네. 또한 내가 동맹자들에게 어떤 사항을 전달하고 싶은데 직접 말하기가 망설여지는 경우에 그는 늘 알아서 그들에게 자신의 견해인 것처럼 말해준다네. 그러므로 적어도 그런 점들로 미루어볼 때 그가 심지어 나 자신보다도 내게 더 필요한 사람이라는 것은 당연하지 않은가? 그리고 마지막으로, 그는 늘 그가 가진 재산이 자신에게 충분하다고 말하면서 늘 내게 이득이 될 만한 새로운 재산을 찾으려 한다네. 그래서 내가 나 자신에게 주는 것보다도 더 큰 즐거움과 행운을 가져다주지."

12 그러자 히스타스파스가 대답했다. "헤라 여신께 맹세컨대 저는 그저 이 질문을 폐하께 한 것만으로도 기쁩니다."

"왜 그런가?"

"왜냐하면 저도 앞으로 그와 같이 할 것이기 때문입니다. 다만 한 가지는 확신하지 못하겠습니다. 폐하의 행운에 어떻게 기쁨을 나타내야 할지 모르겠습니다. 박수를 칠까요? 아니면 웃음을 터뜨릴까요? 어떻게 해야 합니까?"

그 말을 듣고 아르타바주스가 말했다. "페르시아 춤이라도 추지 그러나?"[3]

그의 이야기에 웃음이 터져나왔다. 13 그러나 연회가 진행되자 키루스는 고브리아스에게 이렇게 질문했다. "고브리아스, 이제 그대는 처음 우리 편이 되었을 때보다 한결 가벼운 마음으로 여기 있는 내

---

3) 이 농담의 전체 요점을 알 수 없기 때문에 '페르시아 춤'이 무엇인지는 확실치 않다. 하지만 몸짓이 많이 들어가는 춤인 것은 분명하다. 아르타바주스는 히스타스파스의 애원하는 듯한 이야기를 끊기 위해 그 춤으로 익살을 부린 것이기 때문이다.

친구들 중 한 사람에게 그대의 딸을 주고 싶지 않소?"

"제가 진심을 말해도 될까요?"

"물론이오. 거짓을 요구하는 질문은 분명히 아니오."

"그럼 좋습니다. 이제 저는 전보다 가벼운 마음으로 딸을 내주고 싶습니다."

"그 이유를 우리에게 말해줘도 되겠소?"

"물론이죠."

"그럼 말해주시오."

14 "전에 저는 그들이 기꺼이 고통과 위험을 견디는 것을 보았지만, 이제는 자제해서 자신의 행운을 절제하는 것을 보고 있습니다. 키루스여, 저는 보통 불운을 견디는 것보다 행운을 조심하는 것이 훨씬 어려운 일이라고 알고 있습니다. 대부분의 인간을 오만의 위험에 빠뜨리는 것은 행운이고, 모든 인간에게 자제심을 불어넣는 것은 불운이기 때문입니다."

15 "히스타스파스, 고브리아스가 하는 말을 들었나?"

"예. 그가 제게 많은 술잔들을 보여주는 것보다 그런 말을 많이 한다면 제가 그의 딸에게 더 빨리 구혼할 것입니다."

16 고브리아스가 히스타스파스에게 말했다. "그런 속담이 글로 적혀 있는 것은 많이 봤다네. 만약 자네가 내 딸을 아내로 삼는다면 그술잔들도 아낌없이 자네에게 주겠네. 하지만 술잔이 자네 마음에 들지 않는다면 여기 크리산타스에게 주겠네. 그는 식탁에서 자네의 자리도 빼앗았으니 말일세."

17 키루스가 말을 거들었다. "한 가지 더 있네, 히스타스파스. 여기 있는 다른 사람들도 마찬가지지만, 그대들 가운데 누구든 청혼한다는 것을 내게 알려주면 내가 얼마나 큰 도움을 줄지 깨닫게 될 걸세."

18 고브리아스가 말했다. "그럼 결혼시킬 딸이 있는 사람이라면 누

구에게 알려야 합니까?"

키루스가 대답했다. "그야 내게 알려야지. 나는 그 문제에 조예가 깊기 때문이오."

그때 크리산타스가 끼여들었다. "무슨 조예 말씀이십니까?"

19 "자네들에게 어떤 짝이 어울릴지 잘 안다는 말일세."

"그렇다면 제게 말해주십시오. 제게는 어떤 아내가 가장 잘 어울릴 것 같습니까?"

20 "우선 키가 작아야 하네. 자네 키가 작기 때문이지. 만약 자네가 키 큰 여자와 결혼한다고 해보세. 입을 맞추고 싶은데 아내가 똑바로 서 있다면 자네는 강아지처럼 깡충 뛰어올라야 할 게 아닌가?"

"그 말씀은 지극히 옳습니다. 게다가 저는 잘 뛰어오르지 못하기 때문에 입맞춤을 하지도 못할 겁니다."

21 "그다음, 자네에게는 들창코인 여자가 잘 맞는다네."

"그건 왜 그렇습니까?"

"왜냐하면 자네가 매부리코니까 그렇지. 매부리코는 들창코와 아주 잘 어울린다네."

"그렇다면 저녁을 먹지 않은 아내와 배불리 먹은 남편처럼 서로 잘 어울린다는 뜻인가요?"

"바로 그거야. 배불리 먹어 배가 바깥쪽으로 휜 사람과 굶주려 배가 안쪽으로 휜 사람은 서로 잘 맞지."

22 "그렇다면 말입니다. 무뚝뚝한 왕에게는 어떤 종류의 아내가 잘 어울릴 것 같습니까?"[4]

이 말에 키루스는 너털웃음을 터뜨렸고 주위 사람들도 모두 따라

---

4) 여기서 설명된 대립물의 원칙에 따르면, '무뚝뚝하고 냉담한'(ψυχρός) 남자는 '열렬하고 뜨거운'(θερμή) 아내를 얻어야 한다. 23번의 'ψυχρός'는 유머 감각이 없는 '둔감하다'는 뜻으로도 쓰인다.

웃었다.

23 히스타스파스가 계속 웃음을 멈추지 못하며 말했다. "저는 바로 그것 때문에 폐하가 부럽습니다."

"무엇 때문에?"

"그렇게 무뚝뚝하시면서도 우리를 웃기시니 말입니다."

"글쎄, 자네가 이런 농담을 많이 만들어서 결혼할 여성에게 말해주면 자네는 아주 재치 있는 사람으로 이름이 나지 않겠나?"

그들은 이렇게 서로 농담을 주고받았다.

24 그 뒤 키루스는 여성용 장신구 몇 개를 티그라네스에게 내주면서 그의 아내에게 선물로 주라고 명했다. 그의 아내는 용감하게 전장에까지 남편을 따라와 도왔기 때문이었다. 또한 아르타바주스에게는 황금 술잔을 주었고, 히르카니아 왕에게는 말과 그밖에 많은 아름다운 선물들을 주었다. 그리고 고브리아스에게 이렇게 말했다. "고브리아스, 그대에게는 그대의 딸에게 어울리는 남편감을 주겠소."

25 그러자 히스타스파스가 말했다. "부디 저를 그에게 주셔야 합니다. 그렇지 않으면 온갖 속담을 다 말하겠습니다."

"그래? 그러면 자네는 그 여인을 취하기에 걸맞는 재산을 가지고 있는가?"

"그럼요. 몇 배는 될 겁니다."

"그럼 자네의 재산은 어디 있나?"

"바로 저기, 폐하의 의자에 있습니다. 폐하는 저의 친구니까요."

고브리아스가 말했다. "저는 만족합니다." 그러고는 오른손을 뻗으며 이렇게 덧붙였다. "그를 제게 주십시오, 키루스. 그를 받아들이겠습니다."

26 키루스가 히스타스파스의 오른손을 잡고 고브리아스의 손에 쥐어주자 그는 그 손을 잡았다. 그런 다음 키루스는 히스타스파스에

게 화려한 선물을 많이 주어 아내가 될 여인에게 전하게 했다. 그리고 크리산타스를 가까이 끌어당겨 그에게 입을 맞추었다.

27 아르타바주스가 말했다. "키루스, 폐하께서 제게 주신 컵은 크리산타스에게 주신 것처럼 금으로 된 것이 아니군요."

"그럼 자네에게도 똑같은 선물을 주지."

"언제요?"

"지금으로부터 30년 뒤에."

"그럼 그때까지 기다리겠습니다. 제가 그 선물을 받을 때까지 돌아가시면 안 됩니다. 준비하고 계십시오."

이렇게 해서 연회가 끝났다. 그들이 자리를 뜰 때 키루스도 자리에서 일어나 손님들을 문까지 배웅했다.

28 그 이튿날 키루스는 동맹군으로 자원했던 병사들 가운데 자신의 곁에 머물겠다고 한 사람들만 제외하고 군대를 모두 해산해서 각자 자기 고향으로 돌아가게 했다. 그곳에 머문 병사들에게는 집과 땅을 주었는데, 이것들은 오늘날까지도 그 후손들의 소유로 남아 있다. 머문 병사들은 주로 메디아인과 히르카니아인이었다. 키루스는 집으로 돌아가는 장교와 사병들에게도 많은 선물을 주어 만족스럽게 귀환하도록 했다.

29 그다음에 그는 자신의 병사들에게도 사르디스에서 얻은 전리품을 분배해주었다. 장군들과 그 부관들에게 엄선한 몫을 주고—각자 전공에 따라 받았다—나머지를 병사들에게 분배했다. 장군들에게 적절한 몫을 분배할 때 그는 그 기준을 장군들의 판단에 맡겼다. **30** 각급 장교들은 휘하 장교들의 전공을 따져서 나머지를 분배했다. 그리고 마지막으로 남은 전리품은 하사관들이 휘하 사병들의 전공을 조사해서 각자의 자격에 따라 나누어주었다. 이렇게 해서 모두가 공정한 몫을 가질 수 있었다.

31 병사들이 모두 주어진 몫을 받고 난 뒤 일부는 키루스에 관해 이런 식으로 말했다. "이렇게 우리에게 많이 준 것을 보면 키루스는 엄청난 재산을 가졌음이 틀림없어."

"엄청나다마다! 하지만 키루스는 혼자서 재산을 차지할 사람이 아냐. 자신이 가지는 것보다 남에게 주는 것을 더 즐거워하는 분이지."

32 키루스는 자신에 관해 이러한 평판이 나도는 것을 듣고 친구들과 참모들을 모두 소집하여 다음과 같이 말했다. "친구들이여, 전에 나는 실제보다 더 많은 재산을 가졌다는 평판을 얻고 싶어하는 사람들을 본 적이 있소. 그들은 그래야만 자신이 멋진 신사로 여겨진다고 생각했소. 하지만 내가 보기에 그런 사람들은 오히려 자신이 바라는 것과는 정반대가 될 가능성이 많소. 큰 재산을 모았다는 이야기를 들으면서도 그 재산으로 자기 친구들을 돕지 않는다면, 적어도 내가 보기에는 미천한 혈통의 인간일 뿐이오.[5]

33 그에 반해 자기 재산이 얼마나 되는지를 비밀로 삼고 싶어하는 사람들도 있소. 내가 보기에는 그것도 역시 친구들에게 비열하게 대하는 것이오. 그의 친구들은 도움이 필요하지만, 진실을 모르기 때문에 자신의 어려움을 그에게 털어놓지 못하고 고통을 겪고 있소.

34 나는 자기 재산의 규모를 공개하고 그에 비례하여 신사로서 처신하는 것이 가장 솔직한 방법이라고 생각하오. 그러므로 나는 여러분에게 여러분이 볼 수 있는 한 내가 가진 모든 것을 보여주고 싶고, 여러분이 볼 수 없는 것은 내가 설명하고 싶소."

35 이렇게 말하면서 키루스는 그들에게 자신이 가진 많은 화려한 물건들을 보여주고, 쉽게 보이지 않게 보관되어 있던 물건들을 설명

---

5) Ελευθέριος와 ἀνελευθερία는 다음 두 가지 뜻이 있다. 첫째, 자유민 또는 미천한 혈통, 둘째, 방종하거나 탐욕스런 성격.

하였다. 그리고 결론적으로 말했다. **36** "친구들이여, 여러분은 이 모든 것이 당신들의 것이 아닌 것과 마찬가지로 나의 것도 아니라고 생각해야 하오. 내가 그 재산을 모은 이유는 나 혼자서 다 써버리기 위해서가 아니라(그럴 수도 없지만) 여러분 중 누가 공을 세웠을 때 보수를 주기 위해서요. 또한 여러분 중 필요한 것이 있는 사람은 내게 와서 원하는 대로 가져갈 수 있게 하기 위함이오."

그의 이야기는 이상과 같았다.

V

1 바빌론의 사정이 그가 도시를 비워도 상관없을 만큼 잘 조직되었다고 생각한 키루스는 페르시아로 여행할 준비를 하고 그에 따라 다른 사람들에게 지침을 내렸다. 그리고 여행에 필요하다고 생각하는 모든 것을 충분히 갖춘 뒤 그는 즉시 페르시아로 출발했다.

2 여기서 우리는 그가 아무리 짐이 많다고 하더라도 얼마나 정연하게 여행에 필요한 커다란 짐을 꾸렸는지, 그리고 얼마나 빨리 목적지에 도착했는지 살펴볼 필요가 있다. 대왕이 야영하는 곳마다 그의 모든 수행원들은 여름이나 겨울이나 그들의 천막을 가지고 야영지까지 그를 따라갔다.

3 처음에 키루스는 자신의 천막이 동쪽을 향해야 한다는 것을 규칙으로 삼았다. 그리고 그는 우선 근위대 창병들의 천막이 왕의 천막과 어느 정도 거리를 두어야 하는지 정했으며, 그다음에는 오른쪽에 빵 굽는 사람들, 왼쪽에 요리사들, 오른쪽에 마굿간, 왼쪽에 나머지 짐 싣는 동물의 자리를 배치했다. 그밖의 다른 것들을 배치할 때도 모두가 키루스의 야영지를 알 수 있도록 크기와 위치를 다르게 정했다.

4 그들이 다시 짐을 꾸릴 때는 각자 자신이 맡은 물건들을 챙겼고 다른 사람들은 그 짐을 짐승들의 등에 실었다. 그 덕분에 짐꾼들도 한꺼번에 모여 각자 맡은 짐을 자신의 짐승에게 실을 수 있었다. 이런 식으로 작업할 경우 천막 하나의 짐을 꾸리는 데 필요한 시간이면 모든 천막의 짐을 충분히 처리할 수 있다.

5 짐을 푸는 작업도 마찬가지 방식으로 진행했다. 필요한 물품들을 모두 제 시간에 준비하기 위해 각자가 처리해야 할 일을 할당했다. 이런 식으로 작업하면 한 부분을 처리하는 데 필요한 시간에 모든 준비를 마칠 수 있었다.

6 식량을 맡은 하인들이 각자 자신의 위치가 있듯이, 병사들도 야영할 때면 각 부대의 종류별로 적절한 장소가 있었다. 그들은 모두 자기 위치를 알고 있었으므로 조금의 마찰도 없이 일사불란하게 움직였다. **7** 키루스는 살림살이를 관리하는 데서도 질서를 원칙으로 삼았다. 따라서 누구든 무엇을 원할 경우 어디 가서 찾아야 할지 알고 있었다. 그러나 키루스는 군대 각 부서의 질서가 더 우선한다고 생각했다. 왜냐하면 전쟁에서 성공적으로 공격할 가능성은 신속함에 달려 있으며, 군사적 임무에서 태만한 자들 때문에 빚어지는 손실은 대단히 심각한 것이기 때문이었다. 또한 전쟁에서는 의무를 기민하게 수행함으로써 얻는 이득이 무엇보다도 중요하다고 키루스는 생각했다. 그런 이유 때문에 그는 그와 같은 질서를 유지하기 위해 각별히 애를 썼다.

8 따라서 먼저 자신부터 야영지의 한가운데에 자리를 잡았다. 가운데가 가장 안전하다고 보았기 때문이었다. 그러고 나서 키루스가 편하게 여기는 가장 믿을 만한 추종자들이 자리를 잡았고, 그들 옆에는 기병부대와 전차부대가 둥그렇게 원을 그리며 포진했다. **9** 그 부대들은 안전한 위치에 있어야 했다. 야영하고 있을 때 기병부대와 전

차부대는 즉각 맞서 싸울 무기를 잡지 못하고, 제 기능을 수행하려면 상당한 시간 동안 무장을 갖춰야 하기 때문이다.

10 키루스와 기병부대의 오른쪽과 왼쪽은 방패수 부대의 자리였고, 키루스와 기병부대의 앞쪽과 뒤쪽은 궁수부대의 자리였다. **11** 키루스는 중장보병과 큰 방패로 무장한 병사들을 나머지 군대 주변에 마치 성벽처럼 포진시켰다. 강력한 보병이 군대의 전면에 있으면 유사시에 그 뒤에서 기병들이 안전하게 무장할 수 있기 때문이었다.

12 나아가 키루스는 투창병부대와 궁수부대에게 중장보병처럼 무기를 옆에 놓고 잠자라고 명했다. 한밤중이라도 행동에 나서야 하는 경우가 있다면 즉각 준비하게 하기 위해서였다. 중장보병은 적과 바로 맞붙어야만 전투를 벌일 수 있으므로 그 부대들은 적이 공격할 때 중장보병의 머리 위로 창과 화살을 날릴 준비를 갖추고 있었다.

13 모든 지휘관은 자신의 천막 위에 기치를 내걸었다. 도시를 공략할 때 견문이 넓은 지휘관은 대다수 주민들의 집, 특히 가장 유명한 시민들의 집을 잘 알아내듯이, 야영지에서도 키루스의 부관들은 각급 지휘관들의 거처를 잘 알았으며, 각자의 기치에도 익숙했다. 그래서 키루스가 어느 지휘관을 찾을 경우 부관들은 그를 찾아다닐 필요도 없이 곧장 빠른 길로 그에게 달려갔다. **14** 모든 부대가 확연히 구분되자 어느 곳의 질서가 정연하고 어느 곳에서 명령이 제대로 집행되지 않고 있는지를 한결 쉽게 알아볼 수 있었다. 이윽고 모든 일이 다 정비되자 키루스는 밤이든 낮이든 적이 공격해온다 할지라도 자신의 야영지에서 매복에 걸려 실패하고 말리라고 믿었다.

15 또한 그는 전술이란 단순히 아군의 오(伍)와 열(列)을 쉽게 넓힐 수 있도록 편제한다거나, 길다란 포진에서 방진(方陣)으로 변화시킨다거나, 적군이 오른쪽에서 오느냐, 왼쪽에서 오느냐, 뒤에서 오느냐에 따라 차질 없이 전선을 바꾸어 대항한다거나 하는 것만을 뜻하지

않는다고 생각했다.6) 그가 생각하는 전술에는, 상황에 따라 아군을 몇 개의 부대로 나누어 가장 유리한 지점에 배치하고, 필요한 경우 신속하게 적진 앞에 모일 수 있도록 하는 것도 포함되었다. 키루스는 노련한 전술가에게는 그러한 모든 자격이 필수적이라고 생각했으며, 자신도 그렇게 되기 위해 노력했다.

16 그런 식으로 행군하면서 그는 늘 그때그때의 사정을 고려하여 명령을 내렸다. 하지만 야영지에서는 대체로 앞서 본 것과 같은 편제가 이루어졌다.

17 행군을 거듭하여 메디아 부근에 이르렀을 때 키루스는 잠깐 길을 틀어 키악사레스를 방문했다. 인사를 나눈 뒤 키루스가 처음으로 키악사레스에게 한 말은 바빌론에 그가 사용할 저택과 공식 사령부를 마련해놓았으니 언제든 바빌론에 오면 그곳을 거처로 삼으라는 이야기였다. 이 말을 전하고 키루스는 많은 화려한 선물을 키악사레스에게 주었다. **18** 키악사레스는 선물을 받은 다음 자기 딸을 키루스에게 소개했다. 그녀는 키루스에게 황금으로 된 왕관과 팔찌, 목걸이, 그리고 대단히 아름다운 메디아 의상을 가져다주었다. **19** 공주가 키루스의 머리에 금관을 얹자 키악사레스가 말했다. "키루스, 지금 네게 시중을 드는 내 딸을 너의 아내로 주겠다. 네 아버지는 내 아버지의 딸과 결혼했고 그 아들이 지금 너다. 이 내 딸아이는 네가 소년 시절에 우리집에 와서 놀아주곤 했던 그 아이다. 사람들이 이 아이에게 누구와 결혼할 거냐고 물으면 이 아이는 '키루스'라고 대답

---

6) "우리는 아일리아누스(Aelianus)에게서(『전술론』*Tact*, 27권) 그것이 종렬(縱列, κατὰ ζυγά)로 늘어선 부대를 이용하여 양 날개만 자리를 바꾼 대항포진인지, 아니면 전체 부대(κατὰ λόχους 또는 στίχους)를 이용하여 대오를 바꾸어 후방군이 전방으로 가고 전선과 양 날개가 모두 변하는 대항포진인지에 대해 배운다. 후자의 목적은 최정예 부대를 전방에 투입하려는 데 있다"(홀든〔Holden〕).

하곤 했단다. 딸과 더불어 나는 네게 메디아 전체를 지참금으로 주겠다. 마침 내게는 아들이 없으니까 말이다."

20 그가 이렇게 말하자 키루스가 대답했다. "외삼촌, 저는 진심으로 외삼촌의 가족과 딸과 선물을 받아들입니다. 또한 제 아버지와 어머니의 허락을 얻으면 외삼촌의 제안을 받아들이고 싶어요."

키루스는 이렇게 대답하고, 키악사레스와 그의 딸이 기뻐할 만한 온갖 선물을 주었다. 그런 다음 키루스는 페르시아로 떠났다.

21 여행을 계속하여 페르시아 접경지대에 이르렀을 무렵 키루스는 군대의 주력을 그곳에 둔 채 친구들과 함께 페르시아의 수도로 향했다. 거기서 그는 모든 페르시아인이 제사를 올리고 축제를 벌이기에 충분할 만큼의 짐승들을 데려갔으며 아버지와 어머니, 친구들, 그리고 원로와 유지 등 많은 귀족에게 줄 선물도 가져갔다. 또한 그는 모든 페르시아 사람들에게 선물을 주었는데, 오늘날까지도 대왕이 페르시아에 올 때면 그런 풍습을 지키고 있다.

22 그 뒤 캄비세스는 페르시아의 원로들과 최고위직 대신들을 소집했다. 그는 이 자리에 키루스를 불러다놓고 이렇게 말했다. "나의 페르시아 친구들이여, 나는 여러분의 왕이므로 당연히 여러분에게 선의를 가지고 있소. 그리고 키루스는 나의 아들이므로 나는 그에게도 역시 선의를 가지고 있소. 그러므로 우리 양측에 모두 이익이 된다고 생각되는 것을 내가 솔직히 털어놓는 편이 좋겠다고 생각하오.

23 과거에 여러분은 키루스에게 군대를 주고 지휘권을 맡김으로써 키루스의 행운을 만들어주었소. 그런 배경에다 신의 도움을 받아 키루스는 이제 여러분에게 누구보다도 좋은 소식을 전해주었고 페르시아인을 아시아 전역에서 가장 명예로운 민족으로 만들었소. 물론 그의 원정에 동참한 사람들은 성과에 합당한 대가를 얻었으며, 키루스는 지휘관들에게 봉급과 지원을 아끼지 않았소. 또한 키루스는 페

르시아 기병부대를 창건함으로써 페르시아인을 평원의 지배자로 만들어주었소.

24 그러므로 만약 키루스와 여러분이 미래에도 마음이 변치 않는다면 양측은 서로 큰 이득을 주게 될 것이오. 하지만 만약 키루스가 현재의 성공에 의기양양한 나머지 자기 과시에 사로잡혀 다른 민족에게 한 것처럼 페르시아인을 다스리려 든다면, 또는 만약 여러분이 키루스의 권력을 질시하여 그를 군주에서 폐위시키려 한다면, 양측은 서로의 이익을 제대로 얻지 못하게 될 것이오. **25** 설사 일이 그렇게까지는 되지 않는다 하더라도 내가 보기에는 양측이 공동의 제사를 올리고 신을 증인으로 삼아 서약을 하는 것이 가장 좋을 듯하오. 키루스는 혹시 누가 페르시아에게 적대 행위를 한다거나 페르시아의 국체를 전복시키려 한다면, 온 힘을 다해 페르시아를 도울 것이라고 서약해야 하오. 또 여러분 페르시아인은 만약 누가 키루스의 군주자리를 빼앗으려 한다거나 신민들 가운데 누가 반란을 일으키려 한다면 키루스가 어떤 방식으로 여러분에게 요구하든지, 여러분은 자기 자신만큼 키루스를 구하기 위해 도우러 오겠다고 서약해야 하오.

26 내가 살아 있는 한 페르시아 왕좌는 나의 것이오. 그러나 내가 죽으면—물론 그런 경우가 올 텐데—마땅히 그 자리는 키루스에게 전해주시오. 키루스가 페르시아에 와 있을 때에는 지금 내가 하듯이 그가 여러분을 대표하여 제사를 올리는 신성한 관습을 유지해야하오. 그리고 그가 다른 곳에 가 있으면 여러분이 적임자라고 생각하는 우리 가족 중 한 사람이 그 신성한 의무를 대행하는 것이 좋을 듯하오."

27 캄비세스가 이야기를 마친 뒤 키루스와 페르시아 대신들은 왕의 제안을 받아들였다. 그들이 신을 증인으로 하여 서약을 한 이래로 오늘날까지 페르시아인과 그들의 왕은 그런 관계를 유지하고 있다.

그런 절차가 모두 끝난 뒤 키루스는 떠났다.

28 돌아오는 길에 키루스는 메디아에 들러 키악사레스의 딸과 결혼했다. 부모의 동의는 그전에 이미 받아두었다. 지금까지도 사람들은 그녀의 빼어난 미모에 관해 이야기하고 있다(그러나 일부 역사가들은 키루스가 어머니의 자매와 결혼했다고 주장한다. 하지만 만약 그랬다면 그 여자는 필경 아주 늙었을 것이다). 결혼을 한 뒤 키루스는 곧바로 신부와 함께 바빌론으로 떠났다.

VI

1 바빌론에 돌아온 키루스는 자신이 정복한 나라들에 총독들을 파견하여 다스리기로 결정했다. 그러나 성채 주둔군의 사령관들과 전국에 산재한 수비대의 지휘관들을 관할하는 일은 다른 누구에게 맡기지 않고 자신이 직접 담당하려 했다. 그런 조치를 취한 목적은, 만약 어느 총독이 자신의 재력이나 인력을 믿고 노골적으로 무례하게 나오거나 불복종을 꾀한다면 즉각 그 속주 내에서 총독에 대한 반대파와 직면토록 하려는 데 있었다. **2** 그것을 위해 키루스는 먼저 총독으로 파견할 주요 지휘관들을 불러모아 사전에 지침을 내림으로써 그런 사정을 미리 숙지하도록 했다. 그렇게 해야만 그들이 더 자발적인 태도를 취할 수 있다는 것이 그의 생각이었다. 그는 그들이 총독으로 취임한 뒤에 그런 조치를 알게 된다면, 마치 키루스가 자신을 사적으로 불신하는 것처럼 여기고 언짢아할 수도 있다고 생각했다. **3** 그래서 키루스는 그들을 소집하여 다음과 같이 말했다.

"친구들이여, 우리는 정복한 국가들에 수비대와 지휘관들을 놔두고 왔소. 정복지를 떠날 때 나는 지휘관들에게 아무런 문제도 일으키지 말고 요새를 수비하고만 있으라는 지침을 내려두었소. 그들은 내

지침을 충직하게 따랐으므로 나는 그들에게 계속 그 위치를 유지하게 할 참이오. 다만 나는 그곳에 총독을 파견하기로 결정했소. 백성들을 다스리고, 공물을 받고, 민병대에 봉급을 지불하고, 기타 신경을 써야 할 일을 돌보기 위함이오. 4 나아가 나는 여기 모인 여러분 중에서 내가 이따금 다른 나라에 파견하여 일을 처리하게 했던 사람들에게 그곳에서 땅과 집을 갖고 살게 하기로 결정했소. 어디로 가든 자신의 거처에서 살면서 현지 백성들에게서 공물을 받아내는 일을 하면 되오."

5 이렇게 말한 뒤 키루스는 많은 친구들에게 자신이 정복한 여러 나라의 집과 하인을 주었다. 오늘날까지도 이 나라, 저 나라에 흩어져 있는 그들의 재산은 후손들에게 물려져 내려온다. 다만 그 소유자들은 대부분 궁정에 거주하고 있다.

6 키루스가 다시 말을 이었다. "그런 나라에 총독으로 파견되는 사람들은 정직한 사람이어야 하오. 그들은 자신이 파견되어 가는 속주의 현지에서 생산되는 좋은 것들을 여기로 보내서 이곳에 있는 우리가 각지에서 나오는 좋은 것들을 나눠가질 수 있도록 해야 하오. 그것은 결코 불공정한 처사가 아니오. 만약 어느 곳에서든 위험이 발생한다면 우리가 즉각 달려가서 보호해줄 것이기 때문이오."

7 이것으로 키루스는 그 문제에 관한 연설을 마쳤다. 그리고 친구들 중에서 현지에 적극적으로 가려는 사람들과 가장 적격으로 보이는 사람들을 발탁하여 여러 나라에 총독으로 보냈는데, 누가 어디로 갔는지는 다음과 같다. 메가비주스(Megabyzus)는 아라비아로, 아르타바타스는 카파도키아로, 아르타카마스는 대(大)프리지아로, 크리산타스는 리디아와 이오니아로, 아두시우스는 카리아로(카리아인들이 그를 보내달라고 청원했다), 파르누쿠스는 아이올리스와 헬레스폰트의 프리지아로 각각 파견되었다. 8 키루스는 킬리키아나 키프로

스, 파플라고니아는 총독을 파견하지 않았는데 그 이유는 그 나라들이 키루스의 바빌론 원정에 자발적으로 참여했기 때문이었다. 그러나 그는 그 나라들에게도 공물은 바치라고 명했다.

9 당시 키루스가 조직한 편제는 지금까지도 운영되고 있다. 성채의 주둔군은 왕의 직접 통제를 받으며, 주둔군의 지휘관들은 왕이 임명하고 왕의 명단에 등록되어 있다.

10 또한 키루스는 자신이 파견한 총독들에게 모든 면에서 자신이 행한 대로 모방하라는 명령을 내렸다. 우선 총독은 함께 간 페르시아 병사들과 동맹국 병사들로 기병부대와 전차부대를 조직했다. 그다음에는 현지의 유력자들을 총독의 궁정에 참석하도록 하고, 적절한 자제심을 발휘하여 그들이 원하는 만큼 소유할 수 있도록 배려했다. 왕실에서 그렇게 하는 것처럼 그들의 자식들은 총독의 궁정에서 교육을 받도록 했다. 총독은 사냥을 나갈 때 수행원들을 데려가서 자신도 훈련하고 그들에게도 무예 훈련을 시켰다.

11 그는 총독으로 갈 사람들에게 이러한 말을 덧붙였다. "권력에 비례하여 가장 많은 전차를 보유하고 가장 뛰어난 기병들을 거느리고 있는 사람에게는 페르시아인과 나의 귀중한 동맹자이자 귀중한 보호자라는 영예를 부여할 것이오. 또한 그 사람에게는 응당 나와 마찬가지로 가장 영예로운 좌석을 줄 것이오. 그리고 그 사람의 식탁에는 나의 식탁과 마찬가지로, 먼저 그의 식솔들을 배불리 먹인 다음 친구들이나 고귀한 행동을 한 사람에게 매일 상으로 내릴 수 있을 만큼 많은 음식이 차려지도록 하시오.

12 공원을 만들어 야생동물들을 그 안에 넣으시오. 훈련을 하지 않은 사람은 음식을 먹지 말 것이며, 말도 훈련을 받기 전에는 마초를 주지 마시오. 단지 인간의 힘만으로는 여러분의 행운이 영구히 보장될 수 없소. 나도 용감해야 하고 내 주변의 사람들도 용감하도록 해

야만 여러분에게 도움을 줄 수 있소. 그와 마찬가지로 여러분도 스스로 용감해지고 여러분 주변 사람들도 용감하게 만들어야만 나의 동맹자가 될 수 있소.

13 지금 내가 여러분에게 내리는 모든 지침 중에는 노예들에게 내린 명령이 전혀 없다는 점을 유의하시오. 여러분에게 내린 지시를 나도 직접 이행할 것이오. 나는 여러분에게 나를 본보기로 좇을 것을 명하노니, 여러분은 여러분이 직책에 임명한 자들에게도 여러분을 본보기로 좇으라고 명하시오."

14 (당시 키루스가 행한 조직 편제는 지금까지도 왕의 휘하에 있는 모든 주둔군이 따르고 있으며, 총독의 궁정에서도 똑같은 방식을 행한다. 크든 작든 모든 왕실과 관청은 그런 식으로 운영된다. 또한 손님들 중 직위와 권한이 있는 사람은 영예로운 좌석을 준다. 모든 공식 여행은 키루스가 했던 것처럼 수행되며, 정치적 업무는 소수의 부서장들에게 집중되어 있다.)

15 자신의 지침대로 수행하려면 어떻게 해야 하는지 이야기한 다음 키루스는 각자에게 군대를 주어 총독으로 파견했다. 또한 그는 이듬해에 원정과 병사, 무기, 말, 전차 등에 대한 사열이 있을 테니 만반의 준비를 다하라는 지시를 내렸다.

16 키루스가 실제로 제도화시켰는지 아닌지는 확실치 않지만 그러한 사열의 관습도 역시 지금까지 시행되고 있다. 매년 중앙에서 파견된 사람은 군대를 거느리고 속주들을 순방하면서 총독에게 도움을 주고, 반란의 기미를 보이는 총독을 다스리고, 어느 총독이 세금을 징수하고 주민들을 보호하는 일을 소홀히 하지는 않는지, 토지는 잘 경작되고 있는지, 또는 왕의 명령을 등한시하는 총독이 있는지를 조사한다. 그가 사태를 바로잡을 수 없을 경우에는 왕에게 보고해서 왕이 문제가 있는 총독에게 조치를 취한다. 흔히 '왕의 아들'이나 '왕

의 형제', '왕의 눈'이 가고 있다는 말은 그러한 사열관의 행차를 의미한다. 하지만 어떤 때는 그가 얼굴조차 내밀지 못하는 경우도 있다. 어디에 있든 간에 그는 왕의 명령을 받으면 즉각 돌아와야 하기 때문이다.

17 키루스가 방대한 제국을 관리한 방법 중에 지금까지 사용되고 있는 것을 또 한 가지 살펴볼 수 있다. 그 방법을 통해 키루스는 아무리 먼 곳이라 하더라도 신속하게 그 지역의 사정을 파악할 수 있었다. 그는 말 한 마리가 쓰러지지 않는 한도에서 지칠 때까지 달리면 하루에 어디까지 갈 수 있는지 실험으로 알아낸 다음 적절한 거리마다 역(驛)을 설치하고 말과 말을 돌보는 사람을 배치했다. 또 모든 역에는 관리를 배치하여 문서와 서신을 접수하고 배달하는 한편 지친 말과 기수를 쉬게 하고 교대하도록 해주는 일을 처리하게 했다. **18** 이러한 급행 연락망은 밤중에도 멈추지 않고 밤의 심부름꾼이 낮의 심부름꾼과 교대하여 문서를 운반한다. 그래서 사람들은 이 연락망이 두루미보다도 빠르다고 말한다. 사람들의 이야기가 사실이라면 그것은 틀림없이 세상에서 가장 빠른 육상 연락망일 것이다. 그런 방법을 이용하면 모든 정보를 즉각 입수하여 최대한 신속하게 일을 처리할 수 있다.

19 해가 바뀌자 키루스는 군대를 바빌론에 모았는데, 전하는 바에 따르면 말 12만 마리에 낫이 달린 전차가 약 2천 대, 보병이 약 60만 명이었다고 한다. **20** 그 대군이 그를 위해 준비되자 키루스는 원정을 떠났는데, 이 원정에서 그는 시리아에서 인도양에 이르기까지 세상의 모든 나라를 정복했다고 전한다. 그다음에 그는 이집트로 원정을 가서 그 나라를 정복했다고 한다.

21 그 무렵 키루스의 제국은 동쪽으로는 인도양, 북쪽으로는 흑해, 서쪽으로는 키프로스와 이집트, 남쪽으로는 에티오피아에 이르렀다.

제국 바깥의 지역들은 사람이 살 수 없는 곳이었다. 한쪽 방면은 너무 덥고, 다른 쪽은 너무 추우며, 또 다른 쪽은 물이 너무 많고, 네번째 방면은 물이 너무 없기 때문이었다. **22** 키루스는 자기 영토의 한가운데에 거처하면서 겨울에는 날씨가 따뜻한 바빌론에서 일곱 달을 보냈고, 봄에는 수사에서 세 달을 지냈으며, 한여름에는 엑바타나(Ecbatana)[7])에서 두 달 동안 살았다. 그런 식으로 그는 늘 봄과 같은 따뜻함과 서늘함을 즐겼다고 한다.

　23 게다가 백성들은 그에게 대단히 헌신적이었으므로 어느 민족이든 자기 나라에서 나는 아주 귀중한 물품을 키루스에게 보내지 않으면 스스로에게 손해를 끼치는 것처럼 생각할 정도였다. 모든 도시는 저마다 특별한 과일, 현지에서 기르는 짐승, 독특한 공예품을 키루스에게 바쳤다. 모든 사람이 키루스를 즐겁게 해주면 자신이 부자가 될 것이라고 생각했다. 사실 그 생각은 옳았다. 키루스는 사람들에게서 그들이 많이 가진 물건을 받으면서도 그 대가로 그들이 필요한 것을 내주었기 때문이다.

VII

　1 이러한 성취 속에서 오랜 세월을 보낸 뒤 나이가 많이 들자 키루스는 재위 기간 중 일곱 번째로 페르시아를 방문했다. 그의 부모는

---

7) 현재의 이란 중부 지방인 하마단(Hamadān) 지역을 가리키는 고대 그리스어다. 오론테스산맥 북동쪽에 있는 도시로 메디아의 수도였고, 아케메네스 왕조의 여름 궁정이었다. 헤로도토스는 데이오세스(Deioces)왕이 이 도시를 건설했으며, 7개의 벽으로 둘러싸여 있었다고 전한다. 메디아와 아케메네스 왕조 시기에 해당하는 것으로 추정되는 많은 유물이 발견되었는데, 이 유물들은 고대에 이 도시가 국제적인 교역장소로 이용되었음을 추정하게 한다―옮긴이.

당연히 오래전에 세상을 떠났으므로 키루스는 관례에 따라 제사를 올린 다음, 페르시아인의 전통적 축제를 열어주고 관례대로 그들에게 많은 선물을 베풀었다.

2 왕궁에서 잠들었을 때 그는 꿈속에서 환영을 보았다. 인간 형상을 한 엄숙한 환영이 그에게 나타나 이렇게 말했다. "준비하라,[8] 키루스. 그대는 곧 신에게 오게 될 것이다." 환영이 간 뒤 잠에서 깨어난 그는 자신의 삶이 얼마 남지 않았다는 것을 짐작할 수 있었다. 3 그래서 그는 페르시아인이 희생물을 바치는 데 익숙해진 대로 조상신 제우스, 헬리오스, 그밖의 신들에게 제사를 올렸다. 제사를 지내면서 그는 이렇게 기도했다. "오, 조상신 제우스와 헬리오스와 모든 신들이시여, 그동안 수많은 찬란한 원정에서 도와주신 데 대한 감사의 표시로 이 제물들을 바칩니다. 제사의 징조, 하늘의 계시, 새들의 비행, 전조에 찬 말들을 통해 신들께서는 제가 해야 할 일과 하지 말아야 할 일을 제게 보여주셨습니다. 이제 저는 신들께 진심 어린 감사를 드립니다. 지금껏 저는 신들의 보살핌을 받아왔으며, 성공을 거둔 뒤에도 인간의 한계를 넘어선 자부심에 즐거워하지 않았습니다. 또한 앞으로도 신들께서는 제 자식들, 아내, 친구들, 나라에게 크나큰 번영과 행복을 계속 내려주시기를 간청합니다. 그리고 제게는 신들께서 부여한 삶에 걸맞은 죽음을 내려주시기를 바랍니다."

4 기도를 마친 뒤 그는 제사를 끝내고 집으로 돌아왔다. 집에 가서 몸을 뉘고 싶은 생각이었다. 시간이 되어 목욕 담당자들이 와서 목욕을 하라고 권했다. 하지만 그는 쾌적한 휴식을 즐기고 있는 중이라고 그들에게 말했다. 다시 시간이 되자 식사 담당자들이 그를 위해 식사

---

8) 말 그대로의 뜻은 '짐을 꾸려라'이다. Varro, *de R.R.* I. 1의 다음 구절을 참고하라. "annus octogesimus admonet me ut sarcinas colligam antequam proficiscare vita(80의 나이가 먼저 묶여 있는 짐을 삶에서 떠나보내라고 나에게 충고했다)."

를 준비했다. 키루스의 영혼은 식욕이 없었으나 갈증은 느꼈으므로 즐겁게 음료를 마셨다.

5 그다음 날에도, 또 그다음 날에도 같은 일이 반복되자 그는 아들들을 불러모았다. 마침 아들들은 아버지를 따라와 페르시아에 머물고 있었다. 아들들이 오자 키루스는 다음과 같이 말했다.

6 "나의 아들들, 그리고 내 주변의 모든 친구들이여, 내 삶은 이제 거의 끝났도다. 여러 이유로 나는 그것을 확신할 수 있다. 내가 죽으면 그대들은 내가 행운의 축복을 누린 사람이라고 생각하고 행동하리라. 어렸을 때 나는 아이들이 가장 좋다고 여기는 과일들을 모두 땄다. 청년 시절에 나는 청년들이 가장 좋다고 여기는 모든 것을 누렸다. 나이가 들었을 때 나는 사람들이 가질 수 있는 가장 좋은 것을 가지고 살았다. 세월이 가고 나이를 먹을수록 내가 지닌 힘은 늘 커져만 갔으므로 나는 늙어서도 젊은 시절에 비해 약해졌다는 생각을 해본 적이 없었다. 내가 아는 한 내가 얻으려고 해서 손에 넣지 못한 것은 하나도 없다.

7 게다가 내가 사는 동안 내 친구들은 나의 노력으로 성공하고 행복해졌으며, 나의 적들은 나 때문에 복속을 당했다. 또한 전에는 아시아에서 큰 역할을 하지 못했던 내 나라는 이제 나에 의해 어느 나라보다도 영광스런 나라로 발돋움했다. 내가 정복한 것 중에서 내가 유지하지 않은 것은 하나도 없다. 과거를 돌아보면 나는 내가 원하는 대로 살아왔다. 그러나 나는 언제고 불쾌한 일을 보거나 듣거나 경험하게 될지 모른다는 걱정을 늘 떨치지 못했으므로 오만해지거나 행복에 겨워 지나치게 흥분하지 않을 수 있었다.

8 그러나 이제 내가 죽으면 신들께서 내게 주신 내 아들들이 내 뒤를 이을 것이고 내 친구들과 내 나라는 계속 행복하게 살리라. **9** 그러니 어찌 내가 축복의 즐거움과 불멸의 명성을 누리지 않을 수 있

으랴?

하지만 나는 내가 남기게 될 왕좌의 처리에 관해서도 내 뜻을 밝혀야 한다. 그래야만 왕위 계승이 분란거리가 되지 않으리라. 아들들아, 나는 너희를 똑같이 사랑한단다. 그러나 주변의 충고라든가 모든 문제에서의 통솔력을 따져볼 때 나는 경험이 가장 많은 맏이가 내 뒤를 잇는 것이 가장 편리한 방법이라고 생각한다. **10** 나도 역시 내 나라와 여러분에게서 거리에서나, 좌석을 정할 때나, 말을 할 때 연장자—형제만이 아니라 일반 시민들도 가리킨다—에게 우선권을 양보하라고 배웠다. 아들들아, 전부터 나는 너희에게 연장자를 자신보다 존경하고 더 젊은 사람들에게서 존경을 받으라고 가르쳤다. 그러니 내가 말한 것은 세월과 관습과 법에 의하여 인정된 것으로 여기도록 하여라. **11** 그러므로 캄비세스, 네가 신들의 선물이자 내 선물인 왕좌를 차지하거라.[9] 아직 왕좌가 내게 있을 때 네게 넘기마.

타나옥사레스(Tanaoxares), 네게는 메디아와 아르메니아, 카두시아의 총독 직위를 주마. 이 직책을 네게 줌으로써 나는 네 형에게 더 큰 권력과 왕의 직함을 물려주는 대신 네게는 걱정거리가 더 적어지는 더 큰 행복을 주었다. **12** 네가 어떤 인간적 쾌락을 잃게 될지는 내가 알 수 없다. 하지만 아마 너는 인간에게 쾌락을 가져다준다고 생각하는 모든 것을 가지게 될 것이다. 어려운 일에 진력하고, 많은 걱정거리 때문에 마음놓고 쉴 새도 없고, 내가 그랬던 것처럼 경쟁과 다툼에 시달리고, 반역과 음모를 제거하는 것 등은 모두 총독으로서의 너의 직위 때문이 아니라 왕으로서의 권력 때문에 반드시 생겨나

---

9) 캄비세스는 키루스의 아버지 이름이기도 하고 맏아들의 이름이기도 하다. 이렇게 대를 하나씩 건너뛰어 같은 이름을 사용하는 관습은 고대에 흔히 볼 수 있으며, 유럽에서는 중세까지도 이어진다. 샤를(마르텔) - 피핀 - 샤를(마뉴) - 피핀으로 이어지는 카롤링거 왕조 초기 왕들이 그런 예다—옮긴이.

는 현상이다. 따라서 왕의 자리에 있으면 행복이 수없이 중단될 수밖에 없느니라.

13 캄비세스, 너는 너의 제국을 유지하는 것은 이 황금 왕홀(王笏)이 아니라는 것을 잘 알아야 한다. 군주가 가진 가장 참되고 확실한 왕홀은 바로 충직한 친구들이다. 그러나 사람이 자연적으로 충직하다고 생각하지 말아라. 또 우리 모두가 자연의 다른 속성이 늘 같다고 생각하는 것처럼 같은 사람이 항상 충직할 것이라고 생각하지 말아라. 너는 네 친구들이 스스로 충직하게 되도록 만들어야 한다. 그런 친구를 얻는 것은 강요가 아니라 친절을 통해서만 가능하단다. 14 다른 사람들이 네 군주권을 보호하도록 만들기 위해서는 너와 같은 피를 지닌 사람에서부터 시작하거라. 너도 알다시피 동료 시민은 외국인보다 더 가깝고 식사를 같이 한 사람은 그렇지 않은 사람보다 더 가깝기 마련이란다. 같은 혈통에서 태어나 같은 집에서, 같은 어머니에게서 자라고, 같은 부모의 사랑을 받고, 같은 아버지와 어머니와 말을 했다면 그보다 더 가까울 수 있겠느냐? 15 그러므로 너희 두 사람은 신들께서 묶어주신 형제간의 유대와 축복을 헛되이 저버리지 말고 그것을 토대로 하여 그 위에 다른 사랑의 결실들을 쌓아야 한다. 그렇게 한다면 너희 둘의 사랑은 다른 누구도 뛰어넘을 수 없을 만큼 강고한 것이 되리라. 형제에 대해 배려하는 것은 자기 자신을 돌보는 것과 같으니. 형제의 위대함을 가장 명예롭게 여기는 사람은 바로 형제가 아니더냐? 그리고 위대한 인물의 권력에 의해 다른 누구보다 명예로워질 사람은 바로 형제가 아니더냐? 또한 만약 형제가 위대한 인물이라면 그의 형제만큼 그에게 누가 되기를 두려워할 사람이 또 있겠느냐?

16 그러므로 타나옥사레스야, 너는 어느 누구보다도 네 형에게 복종해야 하며 가장 열심히 형을 도와야 한다. 왜냐하면 싫든 좋든 네

형의 운명과 누구보다 밀접한 관계에 있는 사람이 바로 너이기 때문이다. 또 이것도 명심해야 한다. 네가 형제에게서보다 더 많은 혜택을 얻어낼 수 있는 사람이 또 누가 있겠느냐? 네가 도움을 청하고 그 대가로 동맹자가 되어줄 사람이 형제 말고 또 누가 있겠느냐? 네 형제를 네가 사랑하지 않는 것만큼 수치스러운 일이 또 어디 있겠느냐? 이 세상에 네가 형제의 명예를 지켜주는 것보다 더 고귀한 일이 또 어디 있겠느냐? 너를 자기 마음속에 첫 번째 사랑의 자리에 놓고 다른 사람들의 질시는 상관도 하지 않을 사람이 네 형 캄비세스 말고 또 누가 있겠느냐?

17 우리 조상들의 신을 걸고 부탁하건대, 내 아들들아, 적어도 너희가 나에게 기쁨을 주려고 조금이라도 배려한다면 부디 서로 존경해주어라. 한 가지 분명히 말해둘 게 있다. 너희는 잘 모르겠지만 나는 이 세상의 삶을 끝내고 나면 더 이상 존재하지 않을 것 같구나. 내가 이 세상에 살 때조차 너희는 내 영혼을 보지 못하였구나. 그러나 영혼이 이룩해놓은 것을 통해 그 존재만을 감지했을 뿐이다. 18 부당한 대우를 받은 사람들의 영혼이 그들의 피를 흘리게 만든 사람들의 가슴속에 어떤 공포를 불러일으키는지, 사악한 자들이 가는 길에 그 영혼들이 어떤 복수의 신들을 보내는지 너희는 본 적이 있느냐? 또한 너희는 죽은 자의 영혼이 산 자의 마음속에 아무런 위치도 차지하지 못하는데도 죽은 자를 기리는 마음이 계속 남아 있으리라고 생각하느냐? 19 나는 그렇지 않다고 확신한다. 하지만 아들들아, 나는 아직까지 확신하지 못했다. 영혼은 과연 죽을 수밖에 없는 신체 속에 갇혀 있는 한에서만 살아 있으며, 신체에서 풀려나면 죽어버리는 걸까? 하지만 신체에 삶을 부여하는 것은 신체 속에 깃든 영혼이 아니냐? 20 또한 나는 이것도 확신하지 못했다. 영혼은 지성 없는 신체에서 결별하게 되면 곧바로 지성을 원하게 될까? 하지만 영혼이 물질

에서 아무런 구속도 받지 않고 순수하게 해방되고 나면, 영혼은 아마도 고도로 지성적이 될 게다. 인간이 원초적 요소들로 용해되면, 영혼을 제외한 모든 부분은 분명히 유사한 물질로 돌아올 것이다. 존재할 때도 보이지 않고 떠날 때도 보이지 않는 것은 영혼뿐이야."

21 키루스는 이야기를 계속했다. "생각해보아라. 이 세상에 죽음과 가장 가까운 것은 바로 잠이다. 잠자고 있을 때 인간의 영혼은 가장 신적인 모습으로 드러나며, 마치 미래를 기대하는 것처럼 보인단다. 그때 영혼이 육신의 굴레에서 가장 자유로이 벗어난 상태이기 때문이지.

22 내 생각이 사실이라면, 즉 영혼이 신체를 떠날 수 있다면, 내가 너희에게 부탁하는 대로 하고 너희는 내 영혼에게 존경을 보여주어라. 그러나 그렇지 않고 영혼이 신체 안에 머물다가 신체와 더불어 죽는 것이라면, 너희는 적어도 신들을 두려워해야 한다. 영원한 존재, 전지전능한 존재, 이 질서정연한 우주를 유지하는 존재, 완벽하고 늙지 않으며 결점이 없고 형용 불가능한 아름답고 숭고한 존재를 두려워할 줄 알아야 한다. 그럼으로써 너희는 사악하거나 타락한 언행을 결코 하지 말아야 한다.

23 하지만 신들 앞에서 너희는 부단히 이어지고 있는 모든 인류를 존중하는 태도도 보여야 한다. 신들께서는 너희를 어둠 속에 감춰주시지 않으므로 너희가 한 일은 늘 모든 사람이 보는 앞에 남게 될 것이다. 너희가 한 일이 순수하고 아무런 부정도 없다면 너희의 힘은 모든 인류에게 명백히 드러날 것이다. 그러나 너희가 서로에 대해 부정한 음모를 꾸민다면 너희는 모든 사람의 눈앞에서 신뢰받을 권리를 몰수당하게 될 것이다. 누구보다도 서로 사랑해야 할 너희가 서로에게 해를 끼친다면 아무도 너희를 믿지 않을 테고, 심지어 너희를 믿고 싶어도 믿을 수 없을 것이다.

24 너희가 서로에게 어떻게 대해야 하는지 지금까지 내가 너희에게 충분한 교훈을 주었다면 그것으로 좋다. 그러나 만약 그렇지 않다면 너희는 과거의 역사에서 그것을 배워야 한다. 역사야말로 가장 좋은 교훈의 원천이기 때문이다. 대체로 부모는 늘 자기 자식에게 친구였고, 형제도 서로에게 친구였다. 그러나 때로는 부모 형제 간에도 불화가 생기기도 한단다. 두 가지 길 중 어느 것이 더 이익이 될지는 너희도 알 수 있을 테니 잘 판단하고 서로 의논하거라.

25 이상으로 충분한 듯싶다.

아들들아, 내가 죽고 나면 내 시신은 금이나 은, 그 어느 것으로도 장식하지 말고 그냥 흙에 맡겨두어라. 흙은 온갖 아름답고 좋은 것을 낳고 길러주니, 흙과 하나가 되는 것보다 더 큰 축복이 또 어디 있겠느냐? 나는 언제나 사람의 친구로 살아왔으니 죽어서도 인간에게 큰 이익을 가져다주는 흙의 일부가 되고 싶구나.

26 이제 마무리할 때가 되었다. 내 영혼이 내 신체에서 빠져나가고 있는 것 같구나. 영혼이 떠날 때가 된 모양이야. 그러니 내가 아직 살아 있는 동안 내 손을 잡거나 내 얼굴을 보고 싶어하는 사람이 있다면 가까이 오게 해라. 하지만 아들들아, 내가 죽어 몸을 천으로 덮은 뒤에는 누구도, 심지어 너희조차도 내 몸을 보지 않기를 바란다.

27 페르시아인과 우리 동맹자들을 모두 내 장례식에 초청하거라. 그리고 신적인 존재가 되든 또는 아무런 존재가 아니든, 이제부터 나는 영원한 안전을 되찾고 앞으로는 어떤 악도 내게 다가오지 못하게 되었으니 모두들 이를 기뻐하도록 해라. 또한 축복받은 사람을 기리는 자리에 알맞게 모든 손님들을 성의껏 대접한 다음 돌려보내거라.

28 내 마지막 유언도 명심하거라. 너희가 친구들을 잘 대한다면 너희의 적을 징벌할 수 있으리라. 이제 작별할 시간이다, 내 자식들아. 내게 했듯이 어머니에게도 작별 인사를 하거라. 살아 있거나 죽은 내

모든 친구들에게도 작별을 고하노라."

이 말을 마치고 키루스는 아들들과 손을 맞잡은 뒤 자신의 몸을 덮고 죽었다.

*

다음의 VIII장은 후대에 크세노폰의 저작에 추가된 것으로 여겨진다. 아마 그의 저작을 검토한 뒤에 이루어진 일종의 역사적 평가인 듯하다. 따라서 이 부분은 키루스가 태어나고, 자라고, 정복을 이루고, 왕국을 세우고, 제국의 다양한 행정 편제를 완성하고, 죽는 과정을 다룬 이전까지의 부분과 완벽한 통일성을 이루지 못하고 있다. 메디아가 아테네에 영향을 미쳤다는 것을 강력히 반대하는 사람이라면 이 책에서처럼 페르시아식 제도를 미화하는 것을 못마땅히 여겼을 법하다. 그래서 이 부분을 쓴 사람은 여기서 초기의 고결한 페르시아인의 후손들이 타락해 가는 과정을 서술하고 있다.

이 장은 모든 원고와 판본들에 나온 그대로 여기에 수록되었다. 하지만 독자들은 여기서 마치고 더 이상 읽지 않아도 상관없다.

VIII

〔1 키루스의 제국이 아시아의 모든 왕국 중에서 가장 크고 가장 번영했다는 점은 확실하다. 제국의 경계는 동쪽으로 인도양, 북쪽으로 흑해, 서쪽으로 키프로스와 이집트, 남쪽으로 에티오피아에 이르렀다. 규모는 그렇게 방대했지만 제국은 키루스 한 사람의 의지에 따라 다스려졌다. 키루스는 자신의 신민들을 존중했으며, 마치 자신의 자식들인 것처럼 그들을 돌보았다. 또한 신민들은 키루스를 아버지처럼 존경했다. 2 하지만 키루스가 죽은 뒤 곧바로 그의 자식들은 불화를 빚어 국가와 민족이 반란을 일으켰고 모든 상황이 악화일로를 걸

었다. 내가 말하는 것이 사실임을 입증하기 위해 나는 먼저 페르시아인이 종교를 대하는 태도부터 시작하려 한다.

초기에 페르시아의 왕들과 관료들은 아무리 흉악한 범죄자를 처리할 때도 그들이 맺은 서약을 지키려 했으며, 그들이 한 모든 맹세에 충실하려 했다.

3 그러한 명예에 대한 품성이 없었더라면, 또 그들이 자신들의 평판에 충실하지 않았더라면 누구도 그들을 신뢰하지 않았을 것이다. 지금 어느 한 사람도 더 이상 그들을 신뢰하지 않는 이유는 그들에게 그러한 품성이 사라진 탓이다. 소(少)키루스[10]의 원정에 참여한 그리스 장군들은 그 원정에서조차 페르시아인에게 믿음을 가질 수 없었다. 그러나 과거 페르시아 왕들에 대한 신뢰감 때문에 그들은 왕의 권력에 복종했으며, 왕의 명에 따라 참수를 당했다. 또한 그 원정에 참여한 수많은 야만인들도 이러저러한 약속에 속아넘어가서 망하게 되었다.

4 그러나 다음 사례가 보여주듯이 현재의 페르시아인은 더욱 나쁘다. 예를 들어 과거에는 누가 목숨을 걸고 왕을 지켰다든가, 어느 국가나 민족을 정복하여 왕에게 바쳤다든가, 왕을 위해 영광스런 일을 했다면 그는 명예를 누리고 승진의 혜택을 받았다. 그러나 지금은 오히려 악행으로 왕에게 이득을 가져다주는 자가 가장 큰 명예를 누리고 있는 실정이다. 이를테면 미트라다테스(Mithradates)[11]가 자기 아버지인 아리오바르자네스(Ariobarzanes)[12]를 배반한다든가, 레오미

---

10) 앞에 나온 'Cyrus the Younger'를 가리킨다─옮긴이.

11) '미트라 신의 선물'이라는 뜻이다. 자기 아버지인 아리오바르자네스에게 반란을 일으켜 왕이 되었다─옮긴이.

12) 기원전 387년경부터 리디아, 이오니아, 프리지아의 총독이었다. 귀족 출신으로 아테네 및 스파르타와 우호관계를 두텁게 했다. 기원전 366년경 서부 아나

트레스(Rheomi-thres)[13]라는 사람처럼 자신의 가장 신성한 서약을 위반하고 자기 아내와 자식들은 물론 친구의 자식들까지 이집트 왕에게 볼모로 바친 것이 그런 경우다.

5 그러한 도덕성의 상태를 보면, 아시아인은 모두 사악하고 타락한 자들이라는 것을 알 수 있다. 지배자들이 어떤 인물이든 상관없이 그 휘하의 백성들 대부분이 타락해 있기 때문이다. 이런 면에서 그들은 현재 전보다 더욱 기강이 어지러워지고 있다.

6 특히 돈에 관한 문제를 볼 때 그들은 정직하지 못하다. 그들은 많은 죄를 지은 자만이 아니라 아무런 잘못을 저지르지 않은 사람들도 잡아들인다. 그리고 정의라는 것은 모든 이에게 벌금을 물리게 한다. 그러므로 부자들은 많은 죄를 저지른 범죄자들처럼 늘 공포 속에서 살아가고 있으며, 악인들이 권력에서 자신보다 우월한 자들과 밀접한 관계를 맺기를 꺼려하는 것처럼 부자들도 그들과 밀접한 관계를 맺기를 꺼린다. 실제로 그들은 왕의 군대에 입대하는 것마저 회피하려 한다. 7 그들은 신에 대한 불경과 인간에 대한 부정을 저지르고 있기 때문에 누구든 그들과 전쟁을 벌이면 별다른 접전도 없이 그들의 나라를 마음대로 누비고 다닐 수 있다. 그럴 정도로 그들의 기강은 모든 면에서 과거보다 훨씬 악화되어 있다.

8 그다음으로 말할 것은, 지금 그들은 과거와 달리 신체의 힘을 그

톨리아 지역의 총독들을 규합하여 페르시아 왕 아르타크세르크세스 2세(재위: 기원전 404-기원전 358?)에 대항했으나 실패했다. 그의 아들, 미트라다테스가 반란을 일으켰고, 아리오바르자네스는 처형당했다—옮긴이.

13) 아리오바르자네스가 이집트의 왕인 타코스에게 파견한 인물이다. 자신의 아내와 자식들 및 반란에 가담한 자들의 아들들을 이집트 왕에게 볼모로 제공하고, 돈과 병력을 얻어왔다. 아시아로 돌아와서는 페르시아 왕에게 자신이 가져온 돈과 병력 및 반란에 참가한 자들을 페르시아 왕에게 넘겼다. 이는 이집트에 잡혀 있는 볼모들의 운명을 배려하지 않은 배반행위였다—옮긴이.

다지 중시하지 않는다는 점이다. 예를 들어 과거에는 침을 뱉거나 코를 풀지 않는 것이 그들의 관습이었다. 그런 관습을 지켰던 이유는 신체의 습기를 모아두기 위해서가 아니라 일과 땀으로써 신체를 강건히 하려는 의도에서였다. 그러나 지금도 침을 뱉거나 코를 풀지 않는 것이 여전히 관습이기는 하지만 그 의미는 상당히 달라졌다. 즉 그들은 일로 습기를 배출하려 하지 않는 것이다. **9** 전에는 하루에 한 끼만 먹고 하루 종일 일하는 것이 그들의 관습이었다. 그래서 업무와 고된 작업에 하루 종일 종사할 수 있었다. 지금도 하루에 한 끼만 먹는 관습은 여전히 유지하지만, 그들은 일찍 아침을 먹는 자가 아침식사를 하는 시간부터 먹기 시작하여 잠자리에 들 시간까지 온종일 먹고 마신다.

10 또한 과거에 그들은 연회장에 요강을 놓지 않는 관습이 있었는데, 그 이유는 술을 지나치게 마신 탓에 마음과 몸이 흐려지는 일을 피하기 위해서였다. 지금도 요강을 놓지 않는 관습은 지키지만, 그 이유는 과거와 다르다. 이제 그들은 술에 너무 취했을 때에는, 어떤 것을 가지고 들어오기보다는 걸어서 나갈 수 있을 정도로 똑바로 서 있을 수 없게 되면 밖으로 실려 나가도록 한다.

11 그들의 원래 관습 가운데는, 행군할 때 아무것도 먹고 마시지 않으며 먹고 마신 데 따르는 생리적 욕구의 처리를 남에게 보이지 않게 했다. 지금도 그러한 절제는 행해지지만, 실은 행군 기간이 워낙 짧은 탓에 생리적 욕구를 거부해도 별로 놀랄 일이 아니다.

12 과거에는 사냥을 자주 나가곤 하여 사람과 말을 충분히 훈련시켰다. 그러나 아르타크세르크세스(Artaxerxes)[14]와 그의 궁정 관료들

---

14) 페르시아의 왕(기원전 404-기원전 358?)으로 다리우스 2세의 아들이다—옮긴이.

이 술에 탐닉한 이래로 그들은 옛날처럼 스스로 사냥을 나가지 않고 다른 사람들을 사냥하러 나가게 하지도 않는다. 오히려 어느 누가 순전히 신체 단련을 위해 친구들과 함께 사냥을 자주 가면 궁정 관료들은 질투심을 감추지 못하고 그가 자기들보다 나은 사람인 것처럼 처신한다고 여기며 그를 증오한다.

13 지금도 소년들을 궁정에서 교육하는 관습은 남아 있다. 그러나 기병 훈련과 연습은 사라졌는데, 그 이유는 자신이 말 다루는 솜씨를 선보이고 두각을 나타낼 기회가 없어졌기 때문이다. 또한 과거에 소년들은 궁정에서 판결이 난 법적 사건들을 전해들으면서 정의를 배웠지만 지금은 완전히 뒤바뀌었다. 이제 소년들은 좀더 많은 뇌물을 준 측이 소송에 이긴다는 것을 분명히 알고 있기 때문이다. 14 과거에 소년들은 땅에서 나는 생산물의 성질을 알고 있었으므로 유용한 것을 이용하고 유해한 것을 멀리할 줄 알았다. 그러나 지금은 남에게 가능한 한 많은 해를 끼치기 위하여 그것을 배우는 것처럼 보인다. 세상에서 그곳만큼 독으로 생명을 잃는 사람이 많은 곳은 없다.

15 게다가 지금 그들은 키루스의 시절보다 훨씬 나약해졌다. 예전에 그들은 페르시아인에게서 물려받은 전통적인 규율과 절제심이 있으면서도 메디아의 의상과 사치품을 좋아했다. 그러나 지금은 페르시아적 기강이 사라진 대신 메디아의 나약함만이 그대로 남아 있다.

16 그들의 나약함에 관해 좀더 자세히 설명하는 것이 좋겠다. 우선 그들은 의자의 속을 솜털로 채우는 것에도 만족하지 못하고 양탄자 위에 침대의 기둥을 세워 바닥이 최대한도로 푹신푹신하도록 만들었다. 또한 전에도 온갖 종류의 빵과 페이스트리(pastry)[15]를 만들

---

15) 밀가루 반죽 과자—옮긴이.

어 식탁에 놓았는데, 이러한 것들을 사용하지 않는 것은 아니지만 늘 새로운 것을 만들려고 하고 있다. 육류 음식도 마찬가지다. 빵과 육류의 분야에서 그들은 기술자에게 늘 새로운 요리를 개발하게 하고 있다.

17 겨울이면 그들은 머리와 몸과 다리에 옷을 입는 데 만족하지 못하고, 손가락 끝까지 두텁게 소매로 감싸는 데다가 장갑까지 낀다. 그 반면 여름이면 그들은 나무와 바위가 만들어주는 그늘에 만족하지 못하고, 사람들을 주변에 세워 인공적으로 그늘을 만들게 하고 있다.

18 그들은 가급적 많은 술잔을 만드는 것을 커다란 자부심으로 삼는다. 그러나 부정한 수단으로 술잔을 손에 넣는 사건이 드러나도 그들은 수치로 여기지 않는다. 부정직하고 더러운 방법으로 이득을 취하는 풍조가 점점 만연하고 있기 때문이다.

19 또한 옛 관습 중에는 외출할 때 도보로 걷지 않는 것이 있었는데, 그 이유는 바로 기사처럼 당당하게 보이기 위해서였다. 그러나 요즘에는 기사도보다 부드러운 안장을 더 중요하게 여기기 때문에 침대보보다 말에 입히는 옷이 더 많아졌다. **20** 그렇다면 군사적 무용 (武勇)에서도 전보다 크게 뒤질 것이라는 예상은 당연하지 않을까? 과거의 민족적 관습에 따르면 토지를 가진 지주들은 자신의 재산으로 기병들을 육성하고, 전쟁이 벌어질 경우에는 그들을 출전시켰으며, 전방에서 나라를 지키는 임무를 맡은 사람들은 복무에 대한 봉급을 받았다. 그러나 지금은 지배자들이 자신이 거느린 짐꾼, 빵 굽는 자, 요리사, 술 따르는 자, 목욕탕 시종, 집사, 식탁 시중꾼, 심부름꾼 등 밤에 쉬고 아침에 일어나는 자들을 기사로 선발하고 있다. 게다가 눈썹을 그리고 뺨을 붉게 물들여 자신과 다른 사람들을 아름답게 꾸미는 미용사들까지도 마구잡이로 기사가 되어 당당하게 봉급을 받고 있다. **21** 그렇게 하면 기사의 충원은 될 수 있겠지만 그 병력은 전

쟁에서 아무런 쓸모가 없다. 현실에서도 그런 문제점은 명백히 드러난다. 그들의 땅을 마음대로 유린하는 적들은 방어하는 군대보다 자기 동료들 때문에 오히려 거추장스러워할 정도다. **22** 키루스는 원거리 척후병을 폐지했고, 말과 병사들을 모두 흉갑으로 무장시켰으며, 병사들 각자에게 던지는 창을 지급했고, 육박전을 전개하는 방법을 개발했다. 그러나 지금은 원거리 척후병도 없을 뿐 아니라 육박전을 벌일 만한 기량도 없다. **23** 보병은 여전히 키루스 시절의 전투대형에 투입된 병사들처럼 약한 방패와 미늘창 그리고 검을 가지고 있다. 그러나 지금은 기꺼이 육박전을 벌이려고 하지 않는다.

24 키루스가 만들었던 낫이 달린 전차도 이제 더 이상 키루스의 원래 목적대로 사용되지 않는다. 키루스는 전차 마부를 승진시키고 존경의 대상으로 승격시켜 중무장한 적진 속으로 돌진할 수 있게 했다. 하지만 요즈음의 지휘관들은 전차 마부를 알지도 못하며, 미숙련 마부도 숙련된 마부 못지않게 잘 활용할 수 있다고 생각한다. **25** 그러한 미숙련 마부도 싸울 수는 있다. 그러나 그들은 적진을 뚫고 들어가기도 전에 일부는 타의로 넘어지고 일부는 자의로 전차에서 뛰어내린다. 그래서 마부 없는 전차는 적에게보다 오히려 자기 진영에 더 큰 피해를 주는 것이다. **26** 그러나 설사 전시에 필요한 모든 것을 제대로 갖추고 있다 하더라도 그들은 노력하지 않는다. 그들은 자기들끼리 싸울 경우에도, 또 그리스인이 공격해올 경우에도 그리스 용병의 도움이 없으면 누구도 전쟁에 나가려 하지 않는다. 심지어 그들은 그리스에 대항할 때에도 그리스인의 도움이 있어야만 전쟁을 수행할 수 있음을 알고 있다.

27 이제 나는 내 스스로 정한 과제를 완수했다고 생각한다. 지금까지 나는 요즘의 페르시아인과 그 지배하에 살고 있는 종족들이 그들의 조상들과는 달리 신을 존경하지 않고, 친척들에 대한 의무에 충실

하지 못하며, 모든 사람을 정직하게 대하지 못하고, 전쟁에서 용감하지 못하다는 점을 입증했다고 주장한다. 내 견해와 반대되는 견해를 옹호하는 사람이 있다면 먼저 페르시아인의 행실을 조사해보면 내 주장이 사실임을 알 수 있게 될 것이다.]

히에론[1] (또는 티라니쿠스)

I

1 시인 시모니데스(Simonides)[2]가 어느 날 참주(僭主, tyrannos)[3]

---

1) 크세노폰이 이 글의 주인공으로 제시하는 히에론은 기원전 478년부터 기원전 466년까지 시라쿠사의 참주였던 히에론 1세를 말하는 것 같다. 그는 역시 참주였던 겔론의 동생으로, 겔론이 죽은 뒤 시라쿠사의 통치자가 되었다. 그는 시칠리아에 대한 카르타고의 영향력이 약해진 틈을 이용하여 시라쿠사의 세력을 키웠다. 그가 거둔 가장 큰 업적은 기원전 474년 쿠마이에서 에트루리아인을 물리쳐 캄파니아(이탈리아 남부에 있는 평야 지역)에 사는 그리스인들을 구한 것이다. 이 사건을 기념하는 문구가 새겨진 청동 투구(런던 대영박물관 소재)가 올림피아에 바쳐졌다. 그는 낙소스와 카타나(카타니아)를 정복하여 시칠리아 동부 해안의 주도권을 장악했다. 그는 낙소스와 카타나 주민들을 레온티니로 옮겨 살게 했고, 후에 도리스족을 카타나에 정착시켜 카타나를 재건했다. 기원전 466년 아이트나(Aetna)에서 죽었으며 그곳에 묻혔다. 그는 정력적인 해외 정책을 통하여 큰 명성을 얻었다. 그는 또한 그리스의 축제를 후원했고, 아이스킬로스·핀다로스·크세노파네스·시모니데스 같은 문학가들을 후원하여 그들에게서 찬사를 받았다―옮긴이.

2) 시모니데스는 기원전 6세기-기원전 5세기에 활동했던 그리스 시인으로 케오스 이울리스(Iulis) 출신이고, 레오프레페스의 아들이다. 페이시스트라토스의 아들인 히파르코스가 정권을 장악했을 때 그의 후원을 받으며 활동했으며, 후에 이 책의 주인공인 시라쿠사의 히에론의 후원을 받아 활동하다가 죽었다.

히에론(Hieron)을 찾아왔다. 두 사람이 휴식을 취한 뒤 시모니데스
가 말했다.

"히에론이여, 전하께서 저보다 더 잘 알고 계시는 것에 관해 설명
해주시겠습니까?"

히에론이 이렇게 대답했다. "그대 같은 현자보다 내가 더 잘 아는
것이 대체 무엇이겠소?"

그의 시가 온전히 남아 있는 것은 하나도 없으며, 단지 몇몇 단편들만 전한다.
남아 있는 단편들로 추정해보건대, 그는 서정시에서 추도사, 산문에 이르기까
지 여러 장르의 작품활동을 했던 것으로 추정되며, 특히 올림픽 경기의 승리자
들을 위한 에피니키온 송시의 창시자였던 것으로 보인다. 그는 돈을 받고 시를
쓴 최초의 그리스 시인으로 알려져 있으며, 여러 지역의 참주들에게서도 후원
을 받았다.

당대에 시모니데스는 커다란 명성을 누렸으며, 특히 기원전 480년 테르모필라
이에서 페르시아군과 맞서 싸운 스파르타군의 활약에 관한 그의 시는 기념비
적인 작품으로 평가된다. 그의 명성이 워낙 높았기 때문에, 많은 그리스의 경구
문들이 그의 작품으로 잘못 알려지기도 했다. 시모니데스는 90세까지 장수했
으며, 아크라가스(Acrgas)에 묻혔다고 전해진다—옮긴이.

3) 참주를 가리키는 단어인 티라노스(tyrannos)는 리디아어에서 유래한 말로 원
래는 왕과 동의어로 사용되었다. 그리스인이 이 말을 차용하기 시작한 것은 기
원전 7세기 무렵부터이다. 티라노스는 그리스에 도입된 이후 때때로 왕이라는
의미로도 사용되었지만, 일반적으로는 아무런 세습적인 자격 없이 자기 힘으
로 권력을 장악한 절대권력자를 가리키는 말로 사용되었다.

대개 참주들은 사회의 불안과 대립 상황을 이용하여 불법적으로 정권을 장악
했다. 참주들이 불법적으로 정권을 장악하고 장기간 통치하기는 했지만, 그들
이 반드시 폭력적으로 통치하거나 억압적인 것은 아니었다. 그들이 민중의 지
지를 받는 경우가 많이 있었기 때문에, 처음에는 참주라는 말에 부정적 의미가
내포되어 있지 않았다. 가령 대표적 참주인 페이시스트라토스(Peisistratos, 기
원전 600-기원전 527)는 민중의 지지를 얻어서 정권을 장악했으며, 중소농민층
을 육성하고 시민공동체 의식을 강화하는 데 노력했다. 페이시스트라토스가
이와 같이 훌륭한 정치를 폈기 때문에, 당대인들은 페이시스트라토스의 통치
기간을 아테네의 황금기라고 생각했다. 그러나 후에 참주정이 붕괴하고 참주
정에 반대했던 귀족과 지식인들이 참주제를 부정적으로 묘사하면서 그 용어는
지금까지도 부정적인 이미지를 가지고 있다. 참주제를 부정적으로 묘사했던

2 "제가 알기로 전하께서는 전에 평민이었다가 참주가 되셨습니다. 그렇다면 전하께서는 두 가지 신분을 모두 경험하셨으니 참주의 삶과 평민의 삶에서 인간의 즐거움과 고통이 어떻게 다른지 저보다 잘 아실 것입니다."

3 "그렇다면 먼저 그대가 평민의 삶을 내게 일깨워주시구려. 현재 그대는 평민이 아니오? 그다음에는 내가 그대에게 양자의 차이를 잘 말해줄 수 있으리다."

4 그러자 시모니데스가 말하기 시작했다. "좋습니다, 전하. 제가 관찰하건대 평민은 주로 눈을 통해 보는 것, 귀를 통해 듣는 것, 코를 통해 냄새 맡는 것, 입을 통해 먹는 음식, 그리고 우리가 잘 아는 것을 통한 성관계에서 쾌락과 고뇌를 느낍니다. **5** 찬 것과 더운 것, 단단한 것과 무른 것, 가벼운 것과 무거운 것을 구분할 때 우리는 몸 전체로 쾌락과 고통을 느끼는 것 같습니다. 또한 우리가 좋고 나쁜 것으로 느끼는 즐거움이나 괴로움은 어떤 때에는 정신을 통해서만 느끼고, 또 어떤 때에는 정신과 신체를 통해 느끼는 것 같습니다. **6** 잠을 자면 쾌락을 얻는다는 것은 분명히 알지만 언제, 어떻게, 무엇에 의해 그렇게 되는지는 전혀 알지 못합니다. 아마도 깨어난 상태의 어떤 것이 잠든 상태보다 우리에게 더 명확한 인지를 주는 게 아닐까 싶습니다."

7 그 말에 히에론이 이렇게 대답했다. "그렇다면 시모니데스여, 나로서는 참주라고 해서 그대가 방금 말한 내용 이외의 것을 인지할 수는 없는 것 같구려. 적어도 지금까지는 과연 참주의 생활이 평민의 생활과 조금이라도 다른 점이 있는지 알지 못하겠소."

대표적인 지식인은 플라톤과 아리스토텔레스였다. 이들은 참주제를 그리스의 여러 도시국가들이 취하고 있는 정치체제 가운데 가장 나쁜 것이라고 규정했다─옮긴이.

8 "이런 점에서 다르죠. (참주의) 쾌락은 그러한 수단들을 통해 몇 배로 늘어나고 괴로움은 그만큼 줄어듭니다."

"그렇지 않소, 시모니데스. 참주는 검소하게 살아가는 평민보다 쾌락이 훨씬 적다는 점을 명심하시오. 괴로움이 훨씬 더 많다오."

9 그러자 시모니데스가 말했다. "전하께서 말씀하시는 것은 믿을 수 없습니다. 만약 전하의 말이 사실이라면 왜 그토록 많은 사람들이, 특히 유능하다는 평판을 받고 있는 사람들이 참주가 되고 싶어하겠습니까? 또 왜 모두들 참주를 시샘하겠습니까?"

10 "제우스 신께 맹세컨대, 그 이유는 사람들이 두 가지 삶을 모두 살아보지는 못했지만 나름대로 그 삶에 관해 추측하고 있기 때문이오. 우선 그대에게 진실을 말한다는 것을 보여주기 위해 눈으로 보는 것에서 시작해봅시다. 그대도 그것에서부터 이야기를 시작하는 것 같으니 말이오.

11 첫 번째로, 추측컨대 우리 같은 참주들은 직접 가서 볼 수 있는 구경거리를 제대로 보지 못하오. 알다시피 나라마다 구경할 만한 것들은 각기 다양하오. 평민들은 자기가 원하는 대로 아무 도시나 가서 그런 것들을 볼 수 있소. 흔히 벌어지는 축제에 가서 사람들이 귀중하게 여기는 물건들이 모여 있는 것을 얼마든지 구경할 수도 있다오. **12** 하지만 참주들은 그럴 수 없소. 참주는 현지의 사람들보다 자신의 힘이 더 강하지 못한 곳에 가면 안전을 장담할 수 없기 때문이오. 또한 참주가 자기 나라에서 가지고 있는 재산을 다른 사람들에게 맡기고 해외로 나간다면 그것 역시 안전하지 못한 일이오. 혹시라도 남에게 지배권을 빼앗기고 그와 같은 부정을 저지른 자에게 복수할 힘마저도 잃어버릴까 하는 걱정 때문이라오.

13 그렇다면 그대는 '그런 구경거리들을 가져오게 하면 가만히 앉아서 그것들을 볼 수 있지 않겠느냐'고 말할지도 모르겠소. 하지만

시모니데스여, 그렇게 할 수 있는 참주는 거의 없다오. 어떤 물건이든 참주에게 가져다줄 수 있는 장사치들은 그 대가로 자신이 평생 동안 수많은 사람에게서 받아낼 수 있는 돈의 몇 배나 되는 금액을 일순간에 참주에게서 받으려 할 것이기 때문이오.”

14 히에론의 말을 듣고 시모니데스가 말했다. “그러나 설사 구경거리를 보는 것은 어쩔 수 없다 하더라도 최소한 듣는 것이라면 만족할 수 있을 것입니다. 무릇 참주라면 아주 달콤한 찬사는 수없이 들을 수 있을 테니 말이죠. 참주의 곁에 있는 모든 사람은 참주가 하는 말과 행동에 찬사를 던지기 마련입니다. 감히 어느 누구도 참주의 면전에서 비난하는 말을 하지는 못할 테니 가장 듣기 싫은 욕설 같은 것은 듣지 않아도 되겠죠.”

15 그러자 히에론이 이렇게 반문했다. “나쁜 말이라고는 전혀 하지 않는 자들에게서 참주가 대체 어떤 쾌락을 얻을 수 있다는 말이오? 더구나 그들이 품고 있는 모든 생각이 명백히 참주에게 나쁜 것이라면 어떻겠소? 또한 늘 참주에게 찬사만 바치는 자들에게서 참주가 대체 어떤 쾌락을 얻을 수 있겠소? 더구나 그들의 찬사가 단지 아첨을 위한 것이라면 어떻겠소?”

16 “히에론이여, 그 점에서는 전하의 주장에 분명히 동의하겠습니다. 가장 달콤한 찬사는 가장 자유로운 자들에게서 나오는 법이니까요. 하지만 그렇다 해도 성숙한 인간으로 발전하는 데 도움이 되는 쾌락을 주지 못하는 사람을 믿으려 들지 않는 것은 인지상정이 아니겠습니까?”

17 “시모니데스여, 우리가 평민보다 먹고 마시는 데 더 큰 쾌락을 누린다는 사실은 나도 잘 알고 있소. 아마 평민들도 자신이 먹는 음식보다 우리가 먹는 음식에 더 큰 쾌락을 느낄 것이오. 평범함을 넘어서는 것은 무엇이든 쾌락을 주기 마련이오. **18** 그런 이유 때문에

모든 사람은 축제를 기뻐하지만 참주들만은 그렇지 않소. 참주들은 식탁이 언제나 풍요롭기 때문에 축제에서 더 이상 쾌락이 늘어날 가능성이 없소. 그러므로 우선 쾌락의 가능성에서 보면 참주는 평민보다 불행한 것이오. **19** 그다음으로 그대도 분명히 경험했겠지만 필요 이상으로 많은 것을 누리는 사람일수록 음식에 그만큼 쉽게 물리는 법이오. 그러므로 쾌락의 지속에서도 역시 많은 음식을 먹을 수 있는 사람은 검소하게 살아가는 사람보다 행복하지 않소."

20 "하지만 제우스 신께 맹세컨대, 더 풍요로운 음식을 섭취하는 사람이 그렇지 못한 사람보다 더 큰 쾌락을 느낀다는 것이 순리일 것입니다."

21 "그렇다면 시모니데스여, 모든 행위에서 최대의 쾌락을 얻는 사람은 모든 행위를 좋아한다고 생각하오?"

"물론입니다."

"그렇다면 좋소. 그대는 참주들이라고 해서 식탁에서 평민들보다 항상 더 큰 쾌락을 느끼리라고 생각하오?"

"아닙니다. 그렇지는 않죠. 오히려 음식이 맛없게 느껴지는 경우도 있겠죠."

22 "많은 사람이 참주에게 바치기 위해 애써 만든 음식들도 당연히 맵거나 쓰거나 시거나 하지 않겠소?"

"그렇습니다. 그런 음식들은 보통 사람에게 맞지 않습니다."

23 "따라서 그 음식들은 실상 연약하고 병든 사람이 원하는 것일 뿐이오. 나도 알고 아마 그대도 잘 알겠지만, 음식을 즐겁게 먹는 사람이라면 굳이 이런 궤변 따위는 필요치 않을 것이기 때문에 하는 말이오."

24 시모니데스가 말했다. "전하께서 값비싼 향유를 몸에 바르면 전하 자신보다 주변 사람들이 오히려 그 냄새를 즐거워할 겁니다. 음식

을 배불리 먹은 사람이 자신의 좋지 못한 냄새를 주변 사람들보다 덜 느끼는 것도 마찬가지겠죠."

25 "게다가 음식에 관해서 말하자면, 언제나 온갖 음식을 먹을 수 있는 사람은 어떤 음식도 동경하지 않는다오. 하지만 뭔가 부족한 사람은 그 부족한 것이 자기 앞에 나타나면 언제나 환희로 가득 차게 되는 법이오."

26 "성의 쾌락도 마찬가지라고 생각합니다. 그것도 참주정치를 바라는 마음과 비슷하게 위험한 것입니다. 누구나 가장 아름다운 상대방과 성교를 하고 싶어하기 때문이지요."

27 히에론이 말했다. "지금 그대는 중요한 것을 지적했소. 바로 우리가 평민들보다 훨씬 불리한 점이오. 결혼만 해도 그렇소. 첫째로, 부와 권력이 더 높은 배우자와의 결혼이 있소. 그것이 가장 좋은 결혼이며, 신랑에게 커다란 쾌락을 줄 것이오. 둘째로, 동등한 입장에서의 결혼이 있소. 그러나 지위가 낮은 배우자와의 결혼은 불명예스럽고 쓸모가 없소. **28** 그렇다면 참주는 외국 여성과 결혼하지 않는 한 불가피하게 더 낮은 지위의 여성과 결혼할 수밖에 없소. 당연히 참주는 그 결혼에 만족할 수 없게 되오. 게다가 버젓한 집안의 여성과 결혼하면 커다란 쾌락을 얻을 수 있겠지만, 노예와 결혼하면 비록 쓸모는 있다 하더라도 만족을 얻지 못할뿐더러 무시당하지는 않는다 해도 심한 걱정과 고통에 사로잡히게 된다오.

29 하지만 그렇다고 해서 참주가 소년과의 성관계를 즐기면 여성과의 성관계에 비해 자손을 낳는 것이 어려워지게 되오. 그러므로 생각하건대 성의 쾌락은 사랑이 수반될 때 훨씬 더 커질 수 있소. **30** 그러나 참주에게 사랑은 금물이오. 사랑은 수중에 가진 것에서 쾌락을 얻기보다 수중에 없는 것을 동경하는 데서 쾌락을 얻으려 하기 때문이오. 마치 갈증의 경험이 없는 사람이 물의 맛을 즐길 수 없는 것처

럼 사랑의 경험이 없는 사람은 달콤한 성의 쾌락을 경험하지 못할 것이오."

31 그 말을 들은 시모니데스는 웃음을 터뜨리며 이렇게 말했다. "무슨 말씀을 하시는 겁니까, 히에론이여? 그러니까 전하는 소년을 사랑하는 것이 참주의 본능이라는 사실을 부인하는 겁니까? 그렇다면 전하는 어떻게 사람들이 최고의 미소년이라고 부르는 다일로쿠스(Dailochus)를 사랑할 수 있었습니까?"

32 "맹세컨대 시모니데스여, 그 이유는 내가 그에게서 얻을 수 있는 것을 손에 넣으려 함이 아니라 참주에게 전혀 어울리지 않는 것을 손에 넣으려 하기 때문이오. 33 내가 다일로쿠스를 사랑하는 진정한 이유는 바로 자연이 인간에게 아름다움에서 얻어내라고 명하는 것을 얻기 위함이오. 하지만 나는 그것과 더불어 사랑[4]도 얻으려 하오. 나는 차라리 나 자신을 상해할지언정 그에게서 힘으로 그것을 빼앗고 싶지는 않소. 34 나는 적에게서 억지로 빼앗는 행위를 가장 불쾌한 일로 여기며, 소년들에게서 자발적으로 얻는 호의를 가장 유쾌한 일로 생각하오. 35 예를 들어 받은 사랑을 되돌려주는 사람의 눈길은 유쾌하며 질문과 대답도 유쾌하지만, 싸움과 다툼은 성적으로 가장 화나는 일이오. 36 내 생각은 이렇소. 소년들에게서 억지로 빼앗은 쾌락은 성관계라기보다는 강도짓이오. 강도에게는 이익을 얻고 적에게 고통을 주는 것이 쾌락이겠지만, 자신이 사랑하는 사람의 고통 속에서 쾌락을 얻는 것, 입맞춤을 하고 증오를 받는 것, 애무하고 혐오를 받는 것은 모두 슬프고 안타까운 불행이 아니겠소? 37 평민

---

4) 여기서 사랑, 즉 'philia'는 사랑받는 사람의 편에서 말하는 사랑을 뜻한다. 히에론은 이 대목(29의 끝)에서, 자신에게서 생겨나지 않은 'eros'(색정적이고 열정적인 사랑)와 사랑받는 자가 되돌려주지 않는 'philia'(사랑, 호감, 우정)를 구분하고 있다. 'Meta philia'와 비슷한 개념은 29 앞에 나온 'meta erotos'이다.

들은 사랑받는 사람이 자신을 위해 뭔가 해줄 때에는 그것을 사랑에서 나오는 호의라고 즉각 이해할 수 있소. 왜냐하면 평민들은 사랑하는 사람이 자신을 위해 아무런 강요 없이 봉사한다고 생각하기 때문이오. 그러나 참주는 그렇다고 해서 자신이 사랑을 받고 있다고 믿을 수는 없는 노릇이오. 38 당연한 일이지만, 두려움을 지닌 채 봉사하는 사람들은 온갖 수단을 다해서 자신을 친구처럼 보이게 하려고 노력할 것이오. 그러나 참주를 타도하려는 음모는 바로 참주를 가장 사랑하는 것처럼 가장하는 자들이 꾸미는 짓이오."

II

1 그 이야기에 대해 시모니데스는 이렇게 말했다. "글쎄, 전하께서 말씀하시는 불리한 점들은 내가 보기에 아주 사소한 것 같습니다. 진실하다는 평판을 받는 사람들은 대부분 맛있는 음식에서 불리한 점을 기꺼이 감수하려 하며, 심지어 성관계마저도 절제하고 있으니 말입니다. 2 그러나 전하 같은 참주는 다음과 같은 점에서 평민들보다 훨씬 낫습니다. 참주는 큰 사업을 구상하고, 신속하게 실행에 옮깁니다. 여분의 것들을 많이 가지고 있으며 뛰어난 말, 아름다운 무기들을 많이 소유하고 있습니다. 자신의 여성에게 질 좋은 장식품을 주고, 최고급 가구를 갖춘 웅장한 저택에서 삽니다. 게다가 거느린 하인들도 수에서나 능력에서나 최고 수준이죠. 적들에게 위해를 가할 수도 있고 친구들에게 호의를 베풀 수도 있습니다."

3 그의 말을 듣고 히에론이 말했다. "그렇게도 많은 사람이 참주에게 완전히 속고 있다는 사실이 당연하게 생각되는구려, 시모니데스. 내가 보기에 사람들은 그저 겉으로 비쳐지는 모습만으로 어떤 사람이 행복하다거나 불행하다고 여기는 것 같소. 4 요즘의 참주는 자

신이 가진 값비싼 재산을 누구나 알 수 있도록 공개하고 있소. 하지만 인간의 행복과 불행이 저장되어 있는 곳은 여전히 참주의 영혼 속에 단단히 감춰져 있다오. 5 사람들이 그 점을 눈치채지 못하고 있는데, 앞에서 말했듯이 그것은 내가 보기에 당연한 일이오. 그러나 그대도 역시 모르고 있다는 점은 유감이구려. 눈보다 마음을 통해 많은 것들을 이해할 수 있는 뛰어난 통찰력으로 높은 평판을 받고 있는 그대인데도 말이오. 나는 그 점이 놀랍소. 6 하지만 나는 내 경험으로 분명하게 알고 있소. 시모니데스여, 참주는 가장 큰 선(善)의 가장 작은 몫을 가지며, 가장 큰 악의 가장 큰 몫을 가질 뿐이라오. 7 예를 들어봅시다. 평화가 인간을 위한 커다란 선이라면 참주에게는 그 평화의 가장 작은 몫이 주어지며, 전쟁이 커다란 악이라면 참주에게는 전쟁의 가장 큰 몫이 주어지게 되오. 8 우선 평민들은 자신들의 도시가 전쟁의 소용돌이에 휘말리지 않는 한 어디든 마음대로, 누가 자신을 죽일지 모른다는 걱정을 전혀 하지 않고 여행할 수 있소. 그러나 참주는 어디를 가든 적지에 있다는 자세로 처신해야 하오. 적어도 항상 무장을 갖춰야 하고 무장한 경호대에게 둘러싸여 있어야 하오. 9 게다가 평민들은 적국의 어느 곳을 방문한다 해도 최소한 귀국한 뒤에는 안전하리라고 믿을 수 있소. 하지만 참주는 자신의 도시에 돌아온 뒤에도 많은 적들에게 둘러싸여 있는 셈이오. 10 또한 강적이 도시를 침공할 경우, 또는 성 바깥에 있는 약한 사람들이 위험에 처해 있을 경우, 모두들 적어도 요새 안으로 들어온 뒤에는 안전하다고 여길 것이오. 하지만 참주는 자기 집 안에 있을 때에도 위험에서 벗어나지 못한다오. 오히려 집 안에서 각별한 경계를 해야 한다고 생각한다오. 11 나아가 평민들에게는 조약이나 강화가 맺어지면 전쟁이 끝난 것이오. 하지만 참주는 자신에게 복속된 자들과는 강화를 맺을 수 없을 뿐 아니라 조약을 한시도 진정으로 믿을 수 없소.

12 물론 도시들 간에 전쟁이 벌어질 수도 있고, 참주가 다른 영토를 복속시키기 위해 전쟁을 일으킬 수도 있소. 이런 전쟁에서는 도시 안의 사람들이 겪는 모든 고난을 참주도 겪는다오. **13** 평민들이나 참주나 모두 무장해야 하고, 경비해야 하며, 혹시라도 패배할 경우에는 피해도 입고 전쟁의 고통도 함께 겪는 것이오. **14** 그런 점에서는 평민들과 참주가 똑같소. 그러나 평민들은 다른 도시와의 싸움을 통해 쾌락을 얻을 수 있지만, 참주에게는 그런 것이 없소. **15** 한 도시가 전투에서 적을 제압하고 나면, 적을 물리침으로써 얻는 쾌락이 얼마나 큰지 모른다오. 적을 추격하고 잡아죽이는 것은 대단한 기쁨이며, 자신이 거둔 성공, 자신이 얻은 명성, 자기 도시의 힘을 증강시켰다는 만족감은 엄청난 것이라오. **16** 모두들 자신이 계획에 참여했다고 내세우며 적을 많이 죽였다고 주장하오. 허풍과 과장이 워낙 심한지라 실제로 죽은 적들보다 죽였다는 적들의 수가 더 많을 정도라오. 그만큼 평민들에게 전쟁의 승리란 고귀한 일이오.

17 그러나 참주는 누군가 반역을 꾀하고 있다는 기미를 눈치채고, 실제로 그런 음모를 밝혀내 반역자들을 처형한다고 해서 자기 도시의 힘이 강해지지 않는다는 점을 알고 있소. 오히려 자신이 다스리는 사람들이 더 적어지므로 기뻐할 수도 없는 것이오. 참주는 그런 행위를 자랑스럽게 여기지 않으며, 사건을 가급적 축소하려 하고, 일을 처리하는 과정에서 부정을 저지르지 않았다는 변명을 하려 하오. 그렇기 때문에 그가 한 일은 자신에게 고귀한 일로 여겨지지 않는 것이오. **18** 또한 참주가 두려워하는 자들이 죽었다고 해서 참주는 용기를 얻는 게 아니라 오히려 전보다 경비를 더욱 철저히 하려 하오. 결국 참주는 내가 그대에게 보여주는 것과 같은 전쟁을 평생토록 치르는 것이오."

III

1 히에론은 이야기를 계속했다. "이제는 우정에 관해 생각해봅시다. 참주들에게도 우정이 있으니까 말이오. 그것이 인간에게 그렇게 좋은 것인지 고찰해봅시다. 2 우정이란 분명히 누군가에게서 사랑을 받는 사람이 느끼는 것이오. 그 사람과 함께 있는 것, 그에게 호의를 베푸는 것이 좋고, 그가 없으면 그리워하고, 그가 돌아오면 반가이 맞이하고, 그와 더불어 그의 물건들에서 즐거움을 나누고, 그가 곤경에 처하면 그를 돕는 마음이 바로 우정이오.

3 게다가 우정이 인간에게 매우 좋고 유쾌한 것이라는 사실은 시민들도 잘 알고 있소. 대개의 시민들이 죽여도 좋다고 법으로 정한 것은 간부(姦夫)뿐인 것도 바로 그 때문이오. 사람들은 아내가 남편에게 가진 우정을 파괴하는 자가 바로 간부라고 믿고 있다오. 4 설사 어떤 여성이 모종의 불행으로 성관계를 갖게 된다 해도, 그녀의 남편이 아내의 우정이 훼손되지 않았다고 믿는다면 그는 아내를 모욕하지 않을 것이오.

5 나 자신도 많은 사랑을 받고 있다고 생각하므로 나는 신들과 사람들에게 사랑을 받는 사람에게는 저절로 혜택이 돌아간다고 믿고 있소. 6 하지만 이러한 면에서도 역시 참주는 어느 누구보다도 불리하오.

하지만 시모니데스여, 내가 진실을 말하고 있는지 알고 싶다면 이 점을 숙고해주기 바라오. 7 가장 굳건한 우정은 확실히 부모가 자식들에게, 자식들이 부모에게, 형제가 형제에게, 아내가 남편에게, 동료가 동료에게 품고 있는 감정이오. 8 따라서 그 점을 신중하게 숙고한다면 그대는 평민들이 주로 그런 종류의 사랑을 받는 반면 참주들은 대개 그렇지 못하다는 사실을 알 수 있을 것이오. 참주는 흔히 자기 자식들을 죽이고, 자식들의 손에 죽으며, 참주의 형제들 또한 다른 사람의 희생자가 되고, 누구보다도 친한 친구라고 믿는 아내와 동료에 의해 파멸하는 경우가 많기 때문이오. 9 그러니 참주가 어떻게 다른 사람의 사랑을 받는다고 생각할 수 있겠소? 오히려 참주는 본능적으로 끌리는 사람이나 법에 의해 강제로 참주를 사랑하도록 되어 있는 사람에게 미움을 받는 법이라오."

IV

1 히에론의 이야기는 계속 이어졌다. "조금이라도 이런 처지에 있는 사람이라면 어떻게 큰 이득에서 불이익을 당하지 않겠소? 상호 신뢰 없이 어떤 종류의 동료애가 달콤할 수 있겠소? 신뢰가 없는데 남편과 아내가 친근함을 품을 수 있겠소? 주인이 자신을 믿어주지 않는데 어떤 하인이 기쁘게 일하겠소? 2 이렇듯 사람에 대한 신뢰 면에서 참주는 거의 공유할 수 있는 게 없다오. 참주는 평생토록 자신이 먹는 음식을 불신할 뿐만 아니라 신들께 제사를 올리기 전에도 먼저 시종들에게 명해서 제사 음식을 맛보게 하는 습관이 있을 정도라오. 뭔가 좋지 않은 음식을 먹게 될까 하는 우려에서 그러는 것이오.

3 이번에는 사람들에게 대단히 중요한 조국을 봅시다. 시민들은 아무런 급료도 받지 않고 서로를 경비병으로 삼아 노예들에게, 악당들에게 맞서고 있으므로 어떤 시민도 비참한 죽음을 당하지 않을 수 있소. 4 시민들의 용의주도함은 심지어 살인 공범자라도 무죄가 아니라는 법을 만들 정도에까지 이르렀소. 조국 덕분에 시민들은 모두 안전하게 삶을 살아갈 수 있는 것이오. 5 그러나 이 점에서도 역시 참주의 처지는 정반대요. 시민들은 참주 살해범에게 보복을 하는 게 아니라 오히려 큰 명예를 부여하오. 또 평민들을 살해한 범인의 경우처럼

참주 살인자를 성스런 의식에서 배제시키는 게 아니라 오히려 그의 행위에 대해 신전에 조각상까지 세워주면서 찬양하고 있소.

6 혹시 참주가 평민들보다 많은 것을 가지고 있기 때문에 더 큰 쾌락을 얻지 않겠느냐고 생각한다면 그것은 오산이오, 시모니데스. 운동선수가 자신이 평민들보다 힘이 강한 것을 즐거워하지 않고 오히려 상대 선수에 비해 힘이 약하면 괴로워하듯이, 참주도 평민들보다 많이 가진 것을 기뻐하지 않고 오히려 다른 참주들보다 적게 가진 것을 괴로워한다오. 다른 참주들을 자기 재산의 경쟁자로 여기기 때문이오.

7 또한 참주가 바라는 것이라고 해서 참주가 평민들보다 먼저 그것을 얻게 되는 것도 아니라오. 왜냐하면 평민들은 집, 밭, 가내 노예 등을 원하지만, 참주는 다른 도시들, 영토 확장, 항구, 강력한 성채 등을 원하기 때문이오. 그런 것들은 평민들이 가지고 싶어하는 물건보다 손에 넣기가 훨씬 어렵고 위험하오.

8 나아가 그대는 참주만큼 가난한 평민은 거의 없다는 사실도 알게 될 것이오. 재산의 많고 풍부함은 단지 가짓수로만 측정되는 게 아니라 사용할 수 있는지의 여부로 측정되기 때문이오. 그러므로 필요를 넘어서는 돈은 많은 돈이지만, 필요를 충족하지 못하는 돈은 적은 돈이라오. **9** 아무리 재산이 많은 참주라 해도 자신이 써야 할 몫에 견주면 평민들의 재산보다 풍부한 게 아니오. 평민들은 매일매일 필요한 경비를 마음대로 줄일 수 있지만 참주는 자신의 삶을 보호하는 데 드는 경비가 가장 크고 가장 필요하기 때문에 그럴 수 없는 처지라오. 그 경비를 삭감한다면 곧장 파멸할 것이오.

10 정당한 수단으로 자신이 필요한 것을 얻을 수 있는 사람들을 가난하다고 불쌍히 여기는 사람이 있겠소? 또 악하고 비열한 수단으로 살아갈 수밖에 없는 사람들을 비참하고 가난하다고 말하지 않는 사

람이 있겠소? 11 참주는 생애의 대부분을 신전과 인간들을 부당하게 약탈하면서 살아갈 수밖에 없는 사람이오. 왜냐하면 참주는 늘 필요한 경비를 맞추기 위해 돈이 더 필요하기 때문이오. 이 세상에 전쟁이 끊이지 않는 것처럼 참주들도 군대를 육성하지 않으면 파멸할 수밖에 없다오."

V

1 히에론은 이야기를 계속했다. "참주가 겪는 또 다른 호된 고통을 말해주리다, 시모니데스여. 참주는 평민들뿐만 아니라 지체 높고, 현명하며, 정의로운 사람들과 친하지만 사실 그들을 존경하기보다는 두려워한다오. 용감한 자는 자유를 위해 무슨 일을 할지 몰라 두려워하고, 현명한 자는 무슨 음모를 꾸밀지 몰라 두려워하며, 정의로운 자는 군중이 그를 따를까 두려워하는 것이오. 2 그 두려움 때문에 그런 사람들을 남몰래 제거하려 한다면 참주의 곁에는 정의롭지 못하고, 무절제하고, 비열한 사람들만 남게 되지 않겠소? 정의롭지 못한 자를 신뢰하는 이유는 그들도 참주처럼 언젠가 시민들이 자유로워져서 자신의 주인이 되면 어떡하나 하는 두려움이 있기 때문이오. 무절제한 자를 신뢰하는 이유는 그들이 현재 방탕하기 때문이고, 비열한 자를 신뢰하는 이유는 그들 스스로 자유로워질 가치가 없다고 생각하기 때문이오. 내가 보기에 이 고통은 모진 것이오. 생각 같아서는 선량한 사람들을 쓰고 싶지만, 실제로는 다른 사람들을 쓰지 않을 수 없기 때문이오.

3 게다가 참주는 시민을 사랑하지 않을 수 없소. 시민이 없다면 참주는 생명을 부지할 수도, 행복해질 수도 없기 때문이오. 그러나 참주정치는 시민들의 조국마저도 곤경에 빠뜨리게 만든다오. 참주는

시민들이 용감해지는 것도, 무장을 잘 갖추는 것도 환영하지 않기 때문이오. 그래서 참주는 차라리 시민들보다 이방인들[5]을 더 강하게 육성하여 그들을 경비병으로 삼기 마련이오. 4 그러나 좋은 시절이 찾아와서 물자가 풍부해질 때에도 참주는 그것을 환영하지 않는다오. 참주는 사람들이 넉넉지 못한 상황에서 더 잘 복종한다는 것을 알고 있기 때문이오."

VI

1 히에론은 계속 말했다. "시모니데스여, 내가 일개 평민이었을 때 누렸던 쾌락을 그대에게 분명히 말해주고 싶소. 이제 나는 참주가 되었으므로 그런 쾌락을 모두 빼앗겨버렸소이다. 2 나는 내 또래의 동료들과 어울렸고 그들에게서 기쁨을 얻었으며, 그들도 내게서 기쁨을 얻었소. 평화와 평온을 바랄 때면 나는 나 자신에게 동료였소. 연회에 파묻혀 살다가 인간 생활의 어려움을 모두 잊기도 했고, 노래와 축제와 춤에 넋을 송두리째 빼앗겨버리기도 했으며, 연회장에 함께 있던 사람들과 성교를 하고픈 욕구에 빠지기도 했소. 3 그런데 이제는 내게서 기쁨을 얻는 사람이 없어졌고, 내 동료들은 친구가 아니라 노예가 되어버렸소. 또한 동료들에게서 나에 대한 호의를 전혀 발견할 수 없기 때문에 동료들과의 유쾌한 친교도 사라져버렸소. 지금 나는 마치 매복에 걸린 것처럼 독한 술과 잠을 경계한다오. 4 군중을 두려워하면서도 고독을 두려워하고, 경호대가 없는 것을 두려워하면서도 경호하는 자들을 두려워하고, 내 주변의 사람들이 무장하지 않는 것을 바라면서도 비무장한 상태를 환영할 수 없는 것, 이런 상황

---

5) 여기서 이방인들(strangers)은 용병들을 가리킨다──옮긴이.

을 어떻게 고통스럽지 않다고 하겠소? **5** 게다가 시민보다 이방인을, 그리스인보다 야만인을 더 신뢰하고, 노예를 거느리고 싶어하면서도 노예를 자유롭게 해줄 수밖에 없는 것, 이런 상황이야말로 두려움으로 갈팡질팡하는 조짐이 아니고 그 무엇이겠소?

6 두려움이란 마음 안에 있을 때에는 그저 고통일 뿐이지만 마음 바깥에서는 모든 쾌락을 망쳐버리는 것이라오. **7** 시모니데스여, 그대도 전쟁 경험이 있고 적진 가까이에서 싸워본 적이 있다면, 그때 어떤 음식을 먹었고 어떻게 잠을 잤는지 상기해보시오. **8** 당시 그대가 겪었던 고통을 참주가 겪고 있다오. 그것도 더 아프게. 참주는 앞에만 적을 둔 게 아니라 사방에 적을 두고 있기 때문이오."

9 그 말을 듣고 시모니데스가 히에론의 이야기를 가로막으며 말했다. "전하께서는 너무 극단적으로 말씀하시는 것 같습니다. 물론 전쟁은 무서운 것이죠. 하지만 히에론이여, 그럼에도 우리는 전쟁에 임할 때 병사일 수밖에 없으므로 먹고 자는 데 별로 불만이 없습니다."

10 그러자 히에론이 다시 말했다. "그렇소, 시모니데스. 법이 병사들을 감시하고 있으므로 병사들은 자기 자신만을 걱정하면 되오. 하지만 참주는 병사들을 농부처럼 고용하고 급료를 주어야 하오. **11** 그리고 병사들은 다른 능력이 필요 없이 단지 충성스럽기만 하면 되오. 그러나 어떤 일을 맡기려 하든 많은 일꾼들보다 정작 충성스런 한 사람을 찾기가 훨씬 더 어렵다오. 더욱이 경비를 맡은 병사들이 단지 급료 때문에 복무할 경우, 또는 참주에게 고용되어 오랫동안 받게 될 급료보다 참주를 죽임으로써 받는 돈이 더 클 경우에는 말할 것도 없소.

12 아마 그대가 우리 같은 참주를 부러워하는 이유는 참주가 친구들에게 호의를 베풀 수 있기 때문이거나, 자신의 적을 지배할 수 있기 때문이겠지만 그것은 사실이 아니오. **13** 우선 친구에 관해 말해봄

시다. 그대에게서 많은 것을 받은 친구가 언제라도 신속하게 그대가 없는 곳으로 가고 싶어 안달하는 것을 뻔히 알면서도 어떻게 그대는 친구에게 호의를 베풀고 있다고 생각하겠소? 친구가 참주에게서 받은 것은 참주의 명령권 바깥으로 나가기 전까지는 아무도 그게 자기 것인지 모른다오. **14** 다음에는 적에 관해 말해봅시다. 모든 신민들이 자신의 적이라는 것을, 또 그 적들을 모두 완전히 죽이거나 사슬에 묶어놓을 수 없다는 것을 뻔히 알면서 어떻게 참주가 적들을 지배하는 것이 가능하다고 말할 수 있겠소? 설사 적들을 완전히 제압할 수 있다 하더라도 그 경우 참주가 다스릴 사람은 누가 남아 있겠소? 그들이 모두 적이라는 것을 알기에 참주는 늘 그들을 경계하면서도 그들을 쓰지 않을 수 없는 것이오.

15 시모니데스여, 참주는 자기가 두려워하는 시민들을 그냥 살게 내버려두기도 어렵고 죽이기도 어렵다는 점을 명심하시오. 그것은 마치 좋은 말이 있는데 그 말이 자신에게 커다란 해를 가할지 모른다는 두려움에서 올라타지 못하는 것과 마찬가지요. 그래서 그 말의 주인은 말의 가치 때문에 말을 죽이지도 못하고 그냥 내버려두지도 못하면서 끊임없이 위험의 한복판에서 경계를 늦추지 못하는 것이오. **16** 그러니까 참주는 다루기 까다로우면서도 유용한 많은 재산을 두고도 어쩌지 못하는 사람이오. 그 재산은 그것을 가진 주인에게만 아니라 가지지 못한 자들에게도 고통을 안겨준다오."

VII

1 이와 같은 히에론의 이야기를 듣고 시모니데스가 입을 열었다. "명예란 과연 대단한 것인 모양입니다. 인간은 온갖 노력을 다하고 위험을 감수하면서까지 명예를 쫓으려 하니까요. **2** 말씀하셨듯이 참

주정치에는 많은 어려움이 따르는데도, 전하께서도 역시 명예를 위해서라면 물불을 가리지 않고 돌진하시는군요. 주변의 모든 사람이 아무런 변명 없이 전하의 명을 따르고, 전하를 찬양하고, 전하를 위해 실내에서 자리를 양보하고, 거리에서 길을 양보하고, 전하의 말과 행동을 언제나 찬미하기를 원하시는군요. 물론 그런 것들이 참주나 또는 존경해야 할 사람에게 신민들이 취해야 할 처신이겠지요.

3 히에론이여, 저는 이렇게 생각합니다. 참된 인간은 그렇듯 명예를 추구한다는 점에서 다른 동물과는 다릅니다. 동물은 누구나 음식과 수면, 성의 쾌락을 원하기 마련이니까요. 하지만 야망이란 본래 비합리적인 동물에게서 나오는 것이 아니고 모든 인간에게 다 있는 것도 아닙니다. 본성적으로 명예와 찬사를 사랑하는 사람은 여느 사람들과 다르며, 그냥 인간이 아니라 참된 인간입니다. 4 따라서 전하께서는 필경 참주정치에 따르는 모든 고통을 기꺼이 감수하려 할 것으로 믿습니다. 전하께서는 다른 모든 사람보다 명예로운 분이니까요. 인간의 쾌락 가운데에서 명예와 관련된 즐거움보다 더 신적인 것에 가까워 보이는 것은 없다고 생각합니다."

5 그러자 히에론이 말했다. "하지만 시모니데스여, 참주의 명예라는 것도 내게는 앞에서 이야기한 성적 쾌락과 비슷한 것으로 여겨지는구려. 6 사랑에서 우러나오는 봉사가 아니라면 그것을 호의라고 생각할 수 없듯이 강요된 성관계는 쾌락일 수 없는 거요. 마찬가지로 두려움에서 나오는 봉사는 명예로운 것일 수 없소. 7 억지로 자리를 양보하는 사람이나 거리에서 어쩔 수 없이 강자에게 길을 양보하는 사람은 실은 자신을 부당하게 대우하는 사람에게 마지못해 경의를 표하는 것이라고 해야 하지 않겠소?

8 게다가 많은 사람은 자신이 미워하는 사람에게 선물을 주기도 하오. 특히 자신이 어떤 해를 당할지 모른다는 두려움에서 그러는 경

우도 많이 있소. 하지만 내가 보기에 그것은 노예의 행위라고 생각되오. 나는 명예란 그것과 정반대되는 행위에서 나온다고 믿고 있소. **9** 참된 인간이 자신에게 호의를 베풀 수 있다고 여기고, 그의 이익이 자신에게도 이익이 된다고 생각해야만 진정한 명예가 나올 수 있는 것이오. 모두들 그런 이유에서 참된 인간을 찬미하고, 그를 위하는 것이 자신의 사적인 이득이라고 여기고, 거리에서 그에게 기꺼이 길을 내주고, 두려움이 아닌 좋아하는 마음에서 자리를 양보하고, 그의 공적인 덕목과 자비를 생각해서 그에게 영관(榮冠)을 부여하고, 기꺼이 그에게 선물을 주는 것, 이것이야말로 그에게 봉사하는 것이고, 그를 진정으로 명예롭게 하는 것이며, 참된 명예라고 불릴 만한 것이라고 나는 생각하오. 그런 명예를 누리는 사람이야말로 축복받았다고 할 수 있소. **10** 그런 사람은 음해를 당하지 않을 것이며, 남에게 해를 주지 않는 한 근심 속에서 살아갈 필요가 없으며, 두려움과 질시를 받지 않고 아무런 위험도 느끼지 않으면서 행복하게 살 수 있을 것이오. 하지만 시모니데스여, 참주는 밤이나 낮이나 모든 사람이 죽어주기를 바라는 부당한 인물로 살아가고 있다오."

11 시모니데스는 히에론의 말을 끝까지 들은 뒤 이렇게 말했다. "하지만 히에론이여, 참주로 산다는 것이 그토록 비참한 것이라면, 또 그것을 전하도 알고 계시다면, 전하께서는 왜 그 커다란 악을 제거하지 않으십니까? 왜 모든 참주가 참주 자리를 얻은 다음에도 참주정치를 그대로 놔두는 겁니까?"

12 "그 점에서도 역시 참주정치는 몹시 곤란하다오, 시모니데스. 어느 것도 제거할 수 없기 때문이오. 자신이 빼앗은 돈을 모조리 원래 주인들에게 돌려주고 그 대신 그들을 묶었던 사슬에 자신이 묶이려 할 참주가 어디 있겠으며, 자신이 처형한 사람들에 대한 복수로 스스로 죽음을 택할 참주가 어디 있겠소? **13** 시모니데스여, 만약 스

스로 목숨을 끊는 것이 누군가에게 이득이 된다면 내가 보기에는 바로 참주에게 이득이 된다오. 자신의 곤란을 끌어안든 내버려두든 어떻게 해도 참주에게는 불리하기 때문이오."

VIII

1 그러자 시모니데스가 말했다. "히에론이여, 전하께서 현재 참주정치에 불만이 있는 것은 당연합니다. 사람들에게서 사랑받기를 바란다면 참주정치는 걸림돌이 되기 때문이죠. 하지만 제 생각에는 지배한다는 것이 반드시 사랑받는 것을 가로막지는 않으며, 그런 면에서 참주의 삶도 평민들의 삶과 같은 장점이 있다고 봅니다. **2** 이 말이 사실인지 아닌지를 검토할 때, 지배자는 큰 권력이 있기 때문에 많은 호의를 베풀 수 있지 않느냐는 것은 고려하지 말기로 합시다. 그 대신 평민들과 참주가 비슷한 일을 한다고 할 때, 둘 중 누가 똑같은 호의를 통해 더 큰 고마움을 느낄 것인지를 고려해봅시다. 우선 가장 작은 사례들에서 시작하겠습니다. **3** 지배자와 평민이 어떤 사람을 만나 우호적으로 접근한다고 합시다. 이 경우 어느 측의 태도가 그 사람에게 더 큰 즐거움을 주겠습니까? 또 평민과 군주가 같은 사람을 칭찬한다고 합시다. 어느 측의 칭찬이 듣는 사람에게 더 큰 즐거움을 주겠습니까? 평민과 군주가 같은 사람에게 제물을 바친다면, 받는 이는 어느 측의 제물에서 더 큰 감사를 느끼겠습니까? **4** 평민과 군주가 병든 사람을 돌본다고 합시다. 그렇다면 가장 큰 권력을 지닌 사람의 보살핌을 받는 것이 훨씬 더 큰 기쁨이 되리라는 것은 명백하지 않습니까? 평민과 군주가 똑같은 선물을 한다고 합시다. 이 경우에도 역시 권력자가 주는 선물은 그 가치의 절반만으로도 평민이 주는 선물 전체의 가치보다 훨씬 큰 것이 되지 않겠습니까? **5** 실제로

저 자신도 지배자에게는 신들이 내린 명예와 영광이 깃들어 있다고 믿습니다. 지배 행위 자체가 인간을 고귀하게 만들기도 할 뿐만 아니라 우리는 어떤 사람이 지배자가 되면 평민으로 살 때보다 그를 바라볼 때 더 큰 즐거움을 느끼게 됩니다. 또한 우리는 우리와 같은 사람들보다 명예가 높은 사람들과 대화하는 데서 더 큰 환희를 맛봅니다.

6 전하께서 참주정치의 가장 큰 폐단으로 여기는 소년들에 관해서도 마찬가지입니다. 그들은 나이 든 노인이 지배해도 화내지 않으며, 사랑하는 사람의 모습이 추해도 신경쓰지 않습니다. 명예롭다는 것 자체가 지배자를 위엄 있게 하므로 불쾌한 점은 씻은 듯이 사라지고 고귀한 점만 더욱 눈부시게 빛납니다.

7 전하께서는 평민들보다 훨씬 더 큰 은혜를 베풀 수 있고 훨씬 더 많은 선물을 줄 수 있는 처지입니다. 그렇다면 전하께서는, 똑같은 호의를 베풀 때 사람들에게서 더 큰 감사를 받는다고 해서 반드시 평민들보다 더 많은 사랑을 받아야 한다고 생각하십니까?"

8 히에론이 즉시 대답했다. "그렇지는 않소, 시모니데스여. 우리는 평민들과 달리 다른 사람의 증오를 산다는 전제하에서 모든 일을 처리할 수밖에 없기 때문이오. 9 우리는 우리에게 필요한 상황이 닥칠 때 돈을 강제로 거둬들여야 하고, 사람들을 시켜 보호할 필요가 있는 것들을 보호해야 하며, 부정한 자를 징계해야 하고, 무례한 자를 감금해야 하오. 또한 육상으로든 해상으로든 긴급한 원정이 필요할 때면 그 일을 게으름뱅이에게 맡겨서는 안 된다오. 10 게다가 참주에게는 용병이 필요하오. 시민들에게 그것보다 더 큰 부담은 없소. 왜냐하면 시민들은 참주가 용병들을 거느리는 이유가 용병들에게 자신과 동등한 명예를 부여하기 위해서가 아니라 용병들을 이용하여 이득을 취하려 한다는 데 있다고 믿기 때문이오."

IX

1 이 말에 대해 시모니데스는 이렇게 이야기했다. "그런 사안들을 돌보아야 한다는 사실을 부정하지는 않습니다, 히에론이여. 하지만 제가 보기에 그 가운데 어떤 사안은 커다란 증오를 부를 것이며, 어떤 사안은 서로에게 고마운 일이 될 것입니다. 2 그럴 때 최선의 길이 무엇인지 가르쳐주고, 그런 일들을 가장 고상하게 처리하는 사람을 칭찬하고 존경하면, 상호 존중으로 나아갈 수 있을 것입니다. 그 반면에 태만한 자가 일 처리를 못했다고 비난하거나, 강요하거나, 징계하거나, 꾸짖는다면 필연적으로 상호 증오할 수밖에 없습니다. 3 그러므로 지배자는 강제가 필요한 자를 징계할 때에는 다른 사람을 시키고 그 자신은 상을 주는 일을 해야 합니다. 지금의 사정은 그것이 좋은 방침임을 확증해줍니다. 4 여러 합창단이 경연을 벌일 때 집정관은 상을 주는 일을 하고, 단원들을 불러모으는 일은 각 합창단의 단장에게 맡깁니다. 또 단원들을 가르치거나 노래를 게을리하는 대원을 징계할 때에도 다른 사람들을 시킵니다. 이렇게 하면 경연이 벌어질 때 감사의 마음은 모두 집정관에게로 향하고, 반발심은 다른 사람들에게 가게 됩니다. 5 정치적인 사안들을 이런 식으로 처리하지 못하게 가로막는 것은 무엇일까요? 모든 시민들이 가문에 따라, 분야에 따라, 무리에 따라 임무가 할당되고 부서마다 지도자들이 배치되었는데도 말입니다. 6 합창단처럼 이 부서들에게 상을 수여한다면, 다시 말해 무기를 잘 관리했다든가, 훈련을 잘했다든가, 기병으로서의 태도가 올바르다든가, 전쟁에서 무훈을 세웠다든가, 계약 관계에 성실하게 임했다든가 하는 등의 이유로 상을 줄 경우에는 모든 일이 경쟁을 통해 일사불란하게 진행될 것입니다. 7 맹세컨대 틀림없습니다. 신속한 원정이 필요하면 언제든 명예를 추구하여 원정을

출발할 것이고, 돈이 필요하면 즉시 돈을 갖다 바칠 것입니다. 어느 것보다 유용하면서도 경쟁을 통해서 집행하기가 어려운 게 농사이지만, 농사도 역시 토지를 잘 경작했다고 누가 밭이나 촌락을 상으로 내린다면 저절로 크게 발달할 것입니다. 그밖에도 시민들 중에서 열심히 일하는 사람들이 좋은 일들을 많이 이룰 것입니다. 8 세수입도 증대할 것이며, 근검절약이 실천되어 여가가 사라질 것입니다. 여러 악행조차도 바쁜 사람들에게는 자연히 줄어들기 마련입니다.

9 수입이 도시에 이득을 가져다주면, 이 분야에서 일하는 사람의 명예가 높아져서 더 많은 사람들이 수입에 뛰어들게 될 것입니다. 또한 도시를 위해 손쉬운 징세법을 개발하는 사람이 존경을 받으면, 이 분야로 생각이 집중되어 온갖 방법이 개발될 겁니다. 10 요컨대 모든 분야에서 어떤 이로운 것을 도입한 사람이 그에 마땅한 명예를 얻는다면, 많은 사람이 거기에 자극을 받아 좋은 것을 만드는 데 앞다투어 뛰어들게 된다는 말입니다. 또한 유용한 것에 많은 사람이 관심을 가지면, 결국 그것을 발견하고 사용할 것임이 틀림없습니다.

11 하지만 히에론이여, 혹시 많은 사람에게 상을 주다가 비용이 너무 많이 들지 않을까 걱정된다면, 상을 이용해서 구매할 수 있는 것보다 더 값싼 품목은 없다는 점을 명심하십시오. 기병, 운동선수, 합창대의 경연에서 작은 상을 내리면 사람들의 돈과 열성과 노력을 끌어낼 수 있습니다."

X

1 그러자 히에론이 말했다. "시모니데스여, 그 문제들에 관해서는 내게 잘 이야기해준 것 같소. 그런데 용병에 관해서는 해줄 말이 없소? 용병 때문에 미움을 사고 싶지는 않으니 말이오. 혹시 그대는 지

배자가 우정을 얻으면 그때부터는 더 이상 경호대가 필요없다는 말을 하고 싶은 것이오?"

2 시모니데스가 대답했다. "물론 경호대는 필요합니다. 말도 그렇듯이 사람도 자신의 욕구가 완전히 충족될수록 그만큼 오만해지기 때문입니다. 3 경호대가 불러일으키는 공포는 그런 사람들을 억누르는 데 도움이 되죠. 또 귀족들에게는 용병을 이용하는 것보다 더 큰 시혜가 없다고 봅니다. 4 전하는 전하 자신의 경호대로서 그들을 지원해주었지만, 지금까지 많은 주인들이 자기 노예의 손에 비참하게 죽은 것 또한 사실입니다. 그렇다면 용병들에게 내려야 할 첫 번째 명령은 그들에게 전 시민의 경호대라는 사실을 깨닫게 해주는 것입니다. 따라서 언제든 문제가 발생하면 그들은 즉시 달려가 도움을 주어야 합니다. 용병들에게 도시에 늘 출몰하는 악당들을 물리치라는 명령을 내린다면, 시민들은 그들의 도움을 받았다고 생각할 것입니다. 5 그와 더불어 이 용병들은 보통 사람들에게 믿음과 안전을 주고, 전하의 가축과 나라 전역에 흩어져 있는 가축들을 보호해줄 것입니다. 나아가 용병들은 방어 임무를 수행함으로써 시민들에게 개인 생활을 돌볼 수 있는 여가를 줄 수 있습니다. 6 또한 적이 비밀스럽고 기습적으로 공격한다면 늘 무장을 갖추고 부지런히 훈련하는 병사들이 아니라면 어느 누가 신속하게 적을 미리 발견하고 저지하겠습니까? 원정이 필요할 때 시민들에게 용병보다 더 유용한 것이 또 어디 있겠습니까? 용병들은 누구보다 먼저 노력하고, 위험을 감수하고, 시민들을 지켜줄 것입니다. 7 인근의 도시들을 생각해봅시다. 항시 무장하고 있는 도시들이 특별히 평화를 바랄 필요성은 없지 않겠습니까? 조련이 잘된 용병들은 친구들의 재산을 잘 지켜주고 적들을 격파할 수 있습니다. 용병들은 부정한 짓을 저지르지 않는 사람에게는 아무런 해도 끼치지 않고, 악을 저지르려는 사람만을 잡아 가두

고, 부당함으로 시달리는 사람을 도우려 하고, 시민들을 위해 조언해 주고, 시민들의 위험을 대신 감수한다는 것을 분명히 깨닫는다면, 시민들은 용병을 유지하기 위한 비용을 선뜻 내놓지 않을까요? 시민들이 개인적으로 자신을 보호하고자 한다면 그보다 더 많은 비용이 들기 때문입니다."

XII

1 시모니데스가 계속 말했다. "히에론이여, 전하께서는 공동의 이익을 위해 전하의 사유 재산을 기꺼이 내놓아야 합니다. 참주가 도시를 위해 지출하는 돈은 자신의 사유 재산을 위해 지출하는 돈과 달리 더 필요한 곳에 사용할 수 있습니다. 2 우선 막대한 비용을 들여 집안을 치장하는 것과 도시 전체에 성벽을 두르고, 신전과 열주식(列柱式) 건물을 세우고, 시장과 항구를 건설하는 것 중에 어느 쪽이 전하의 위엄을 더해주겠습니까? 3 무장에 관해서도 마찬가지입니다. 전하 자신이 화려한 무장을 갖추는 것과 도시 전체가 성벽으로 무장하는 것 중에 어느 쪽이 전하의 적들에게 더 강력해 보이겠습니까? 4 세수입을 말해볼까요? 전하의 사유 재산만 이익을 낳게 만드는 것과 전 시민들의 재산을 그렇게 만드는 것 중에 어느 쪽이 더 큰 세수입을 낳겠습니까? 5 흔히 가장 고귀하고 웅장한 일이라고 여기는 전차 경주마를 사육하는 문제를 보겠습니다. 전하께서 직접 그리스인을 불러다가 말을 사육시켜 경주에 내보내는 것과 전하의 도시에 사는 사육자들이 경쟁 속에서 말을 사육하는 것 중에 어느 쪽이 더 낫다고 생각하십니까? 경주에서의 승리도 그렇습니다. 전하의 경주마가 우승하는 것과 전하께서 다스리는 도시의 행복 중에 어느 쪽이 더 고귀한 것이겠습니까? 6 제 생각으로는 참주가 평민들과 경쟁을 벌인다

는 것 자체가 부적절합니다. 전하께서 승리하면 전하는 많은 돈을 들여 승리를 따냈다는 이유로 존경 대신 질시를 받을 테고, 전하께서 패배하면 모든 이의 조롱거리가 될 것입니다.

7 하지만 히에론이여, 전하께서 경쟁할 상대는 다른 도시들을 다스리는 다른 참주들입니다. 전하의 도시를 가장 행복한 곳으로 만든다면 전하는 인간들의 경기 중에서 가장 고상하고 웅장한 경기에서 승자가 되는 것입니다. 8 우선 신민들의 사랑을 얻으십시오. 그것이 바로 전하께서 바라셔야 할 것입니다. 그러면 전하의 승리를 알리는 목소리는 하나가 아니라 여럿이 될 것이고 모든 사람이 전하의 덕을 노래할 것입니다. 9 관심의 대상이 되면 전하께서는 평민들만이 아니라 다른 도시들에서도 사랑을 받을 것입니다. 평민들만이 아니라 모든 사람이 공적으로 전하에게 감탄할 것입니다. 10 그렇게 되면 전하는 어디든 마음대로 가서 구경하더라도 안전할 수 있습니다. 또 이 도시의 구경거리를 볼 수도 있습니다. 전하께서 이곳에서 늘 축제를 개최하면 지혜로운 것, 아름다운 것, 좋은 것을 보여주려는 사람들이 많이 올 것이고 전하를 위해 일하려는 사람들도 많이 올 것입니다. 11 주변에 있는 모든 사람들을 전하의 동맹자로 만들고, 주변에 없는 모든 사람이 전하를 보고 싶어하도록 만드십시오. 그러면 전하께서는 사람들의 사랑과 존경을 받게 됩니다. 미인이 있다면 전하께서 굳이 유혹하지 않아도 미인이 전하를 유혹할 것입니다. 약간의 해를 입을 우려는 있겠지만요. 12 전하께서는 자발적으로 전하에게 복종하는 사람들을 얻을 것이며, 자발적으로 전하를 배려하는 사람들을 만날 것입니다. 설사 조금 위험이 따른다 해도 전하께서는 동맹자만이 아니라 투사와 열성분자들을 얻을 테니 걱정할 것 없습니다. 많은 선물이 값을 할 것이므로 전하께서는 함께할 만한 동지가 없어 난처한 상황은 겪지 않을 것입니다. 모두들 전하의 좋은 선물에 기뻐할 테고

전하의 것이 마치 자신들의 것인 양 목숨을 걸고 지켜줄 것입니다. 13 보물에 관해서는, 친구들의 재산도 모두 가지게 될 테니 아무 걱정할 필요가 없을 것입니다.

그러나 히에론이여, 친구들에 대한 믿음을 굳건히 가지십시오. 그렇게 해야 전하도 튼튼해집니다. 도시를 증강시켜야 전하의 권력이 더욱 강력해집니다. 그것을 위해 동맹자들을 얻으십시오. 14 조국이 곧 전하의 영지라고 생각하고, 시민들을 전하의 동료로, 친구들을 전하의 자식으로, 아들들을 전하 자신으로 여기고 그들에 대한 은혜를 아끼지 마십시오. 15 은혜를 베푸는 데 친구들보다 낫다는 것을 입증하면, 전하의 적들은 전하에게 전혀 항거할 수 없게 됩니다. 이 모든 일들을 한 뒤에는 이 점을 명심하십시오. 전하께서 얻게 되는 모든 것 중에 가장 고귀하고 가장 축복받은 재산은 사람들과 행복하게 만나는 일입니다. 전하께서는 행복하셔도 질시를 받지 않게 될 것입니다."

크세노폰 연보

기원전 530년 　키루스 사망.

469년 　소크라테스 출생.

460년 　투키디데스 출생.

430년 　크세노폰, 아테네에서 출생.

427년 　플라톤 출생.

424년 　델리움(Delium) 전투.

400년경 　투키디데스 사망.

401년 　크세노폰, 소(少)키루스의 아시아 원정에 참가하여 쿠낙
사(Cunaxa) 전투에서 패한 후, 그리스군 귀환작전인 '만인
대(萬人隊)의 후퇴'를 주도.

399년 　소크라테스 사망.

398년 　크세노폰, 팀브론(Thimbron) 군대에 합류.

396년 　크세노폰, 스타르타 왕 아게실라오스(Agesilaos)를 도와
스파르타 - 페르시아 전쟁에 참가.

394년 　크세노폰, 스파르타 왕 아게실라오스를 도와 코로네아
(Coronea) 전투에 참가하여 아테네와 그 동맹군을 격파.
그 후 아테네에서 추방되어 망명자 신분이 됨. 아게실라오
스에게서 영지로 받은 스킬로스에 정착.

384년 　아리스토텔레스 출생.

371년   크세노폰, 스파르타의 권세가 기울자 코린토스로 이주하
        여 정착.
365년경 크세노폰, 아테네가 테베에 대항하여 스파르타와 동맹을
        맺으면서 그에 대한 추방령을 해제하자 본국으로 귀환.
354년경 크세노폰, 코린트에서 사망.
347년   플라톤 사망.

옮긴이의 말

"우리의 미래는 과거 속에 있다"는 말이 있다. 이것이 고전이 갖는 힘일 것이다. 고전이란 시대가 지나면서 사라지는 것이 아니라, 미래를 통해 다시 나타나곤 한다. 그렇다고 해서 고전이 변치 않는 영원한 진리를 갖고 있는 것은 아니다. 오히려 고전이란 한 가지 의미로 해석되거나 규정될 수 없을 정도로 복잡하고 열려진 텍스트다. 따라서 고전은 어느 시대에서나 새로운 미래를 설계할 수 있는 근거가 될 수 있다. 『키루스의 교육』도 이런 점에서 예외가 아니다. 고대 페르시아의 어느 한 군주에 대한 이야기에 국한되는 것이 아니라, 과거와 현재를 넘어선 새로운 지평에서 정치적 인간(political man)에 대해 색다른 말을 전해주고 있는 것이다.

이 책은 한국학술진흥재단 2000년도 동서양학술명저 번역지원사업의 도움으로 출판하게 되었다. 『키루스의 교육』은 고대 그리스의 정치철학자 크세노폰(Xenophon)의 대표적인 저작으로써 역사소설 형식으로 쓰인 글이다. 따라서 페르시아 제국을 건설한 주인공인 키루스(Cyrus)에 대한 역사적 사실뿐만 아니라, 그에 대한 크세노폰의 소설적 창작까지 곁들여져 있어서 독자의 흥미를 돋우고 상상력을 자극하는 글이라 할 수 있다.

이번 번역에는 밀러(Walter Miller)가 1914년 영어로 처음 번역한 후 여러 차례 수정을 거쳐 1983년도에 재출판한 미국 하버드 대학의 고전시리즈 영어본을 주 텍스트로 사용하였다. 이 영어본은 그리스어 원전을 같이 포함하고 있기 때문에 영어본과 원본을 대조하면서 번역할 수 있었다. 그리고 본문 외에 부록으로「히에론」을 첨부하였다. 왜냐하면「히에론」은 『키루스의 교육』과 함께 크세노폰이 생각하는 참다운 군주, 즉 정치적 인간에 대해 가장 중요한 통찰력을 제공해주는 저작이기 때문이다. 여기서 사용한「히에론」은 켄드릭(Marvin Kendrick)이 번역하고 베너데트(Seth Bernardete)가 수정한 영어본을 주 텍스트로 삼았다.

번역을 완성하는 데는 서양사를 전공한 정기문 교수의 공이 컸다. 책 전체를 감수해준 정기문 교수 덕분에 키루스가 살던 고대 페르시아 시대의 상황을 정확히 이해하면서 번역할 수 있었다. 또 외우(畏友) 남경태의 공도 이루 말할 수 없다. 전문번역가인 남경태는 역사소설이 자칫 학술서로 둔갑될 뻔한 위험에서 나를 구출해주었다. 깔끔한 문장들은 모두 그의 덕택이다. 번역출판이 진행될 수 있도록 도와준 한국학술진흥재단의 김석호 선생과 한길사의 서상미 선생, 또 꼼꼼하게 교정을 보아준 백은숙 선생께도 깊이 감사를 드린다. 그리고 번역에 매달리느라 함께 시간을 보내지 못한 가족들에게 미안한 마음과 고마운 심정을 이곳을 빌려 전하고자 한다.

2005년 1월
고황산 푸른솔에서
이동수

찾아보기

한길그레이트북스 인류의 위대한 지적 유산을 집대성한다

지은이 크세노폰

크세노폰(Xenophon, 기원전 430-기원전 354년경)은 아테네 출신으로 소크라테스의 애제자다. 플라톤에 비해 크세노폰이 잘 알려지지 않은 까닭은 크세노폰의 성장배경이나 주의·주장이 그리스 전통을 잇는 플라톤과 다르기 때문이다. 크세노폰은 기사 가문의 아들로 태어나 장군이 되고 정치가로 활동한 경력을 바탕으로 역사적·철학적 저작을 서술했다. 플라톤은 '좋은 삶'에 대한 소크라테스의 문제의식을 '이데아'와 '이상국가'라는 철학적 교의를 앞세워 심화시키고 있는 반면, 크세노폰은 '좋은 삶'이란 '정치적 삶'이며 정치세계에서 진정 필요한 자는 '정치교사'가 아니라 '정치가'라고 말한다. 그리고 그는 페르시아를 대제국으로 건설한 군주인 키루스(Cyrus, 재위 기원전 557년경-기원전 530)를 '좋은 정치'에 대한 해답을 제시해주는 진정한 '정치가'로 평가한다. 키루스를 흠모한 그는 소(少)키루스(키루스 3세)의 원정(기원전 401)에 참가했다. 그러나 이 원정은 무모한 소키루스 때문에 실패했는데, 크세노폰 자신은 '만인대(萬人隊)의 후퇴'를 통해 장군으로서의 명성을 드높였다. 그리스로 돌아온 크세노폰은 존경하는 스승인 소크라테스를 죽인 아테네에 실망하고, 스파르타 왕 아게실라오스를 좇아 그의 참모가 되었다. 그 후 망명자가 되어 떠돌다 말년에야 복권되어 아테네로 돌아갈 수 있었으며, 코린토스에서 죽음을 맞이했다. 그의 저작은 정치, 군사, 역사, 철학, 수필을 망라하는데, 주요 저작으로는『키루스의 교육』외에『헬로니카』『메모라빌리아』 『아나바시스』『심포지움』『소크라테스의 변명』등이 있다.

옮긴이 이동수

이동수(李東秀)는 서울대학교 정치학과에서 학사와 석사학위를 받았고, 미국
밴더빌트 대학교(Vanderbilt University)에서 정치학 박사학위를 취득했다.
대통령직속 녹색성장위원회 위원, 대통령실 정책자문위원, 경희대학교
공공대학원장과 교무처장을 역임했으며, 현재 경희대학교 공공대학원 교수로 재직
중이다. 주요 저서로는 『시민은 누구인가』(편저), 『한국의 정치와 정치이념』(공저),
『Political Phenomenology』(공저) 등이 있다. 논문으로는 「지구시민의 정체성과
횡단성」 「민주주의의 이중성」 「고대 그리스 비극에 나타난 민주주의 정신」 등이 있다.

감수자 정기문

정기문(鄭技紋)은 서울대학교 역사교육학과를 졸업하고, 동 대학원에서 역사학으로
석사학위를 받았다. 이후 서울대학교 서양사학과에서 「디오클레티아누스 대제의
경제정책」으로 문학 박사학위를 받았다. 서울대학교 인문학연구소 연구원을 거쳐
지금은 군산대학교 역사철학부 역사전공 교수로 있다. 주요 연구분야는 서양
고대·중세사이며, 저서로는 『역사학자 정기문의 식사(食史)』 『처음부터 다시 배우는
서양고대사』 『교회가 가르쳐주지 않은 성경의 역사』 『14가지 테마로 즐기는 서양사』
등이 있다. 옮긴 책으로는 『공간과 시간의 역사』 『종말의 역사』 『성인 숭배』 등이 있다.

● 이 도서의 국립중